Lese-Rechtschreibstörung

Claudia Steinbrink

Thomas Lachmann

Lese-Rechtschreib-störung

Grundlagen, Diagnostik, Intervention

Springer VS

PD Dr. Claudia Steinbrink/Prof. Dr. Thomas
Lachmann
Technische Universität Kaiserslautern
Fachbereich Sozialwissenschaften
Fachgebiet Psychologie II (Kognitive und
Entwicklungspsychologie)
Erwin-Schrödinger-Straße, Gebäude 57
67663 Kaiserslautern

ISBN 978-3-642-41841-9   ISBN 978-3-642-41842-6 (eBook)
DOI 10.1007/978-3-642-41842-6

Die Deutsche Nationalbibliothek verzeichnet diese Publikation in der Deutschen Nationalbibliografie;
detaillierte bibliografische Daten sind im Internet über http://dnb.d-nb.de abrufbar.

Springer VS
© Springer-Verlag Berlin Heidelberg 2014

Planung und Lektorat: Marion Krämer, Bettina Saglio
Redaktion: Andrea Prölß, Maren Klingelhöfer
Einband: eStudio Calamar
Herstellung: Crest Premedia Solutions (P) Ltd., Pune, India

Gedruckt auf säurefreiem und chlorfrei gebleichtem Papier

Springer VS ist eine Marke von Springer DE. Springer DE ist Teil der Fachverlagsgruppe
Springer Science+Business Media
www.springer-vs.de

Danksagung

Wir möchten uns bei verschiedenen Kollegen, Mitarbeitern und Studierenden bedanken, die uns im Prozess des Schreibens dieses Lehrbuchs auf die eine oder andere Weise unterstützt haben. Zunächst gilt unser Dank Andrea Prölß, die die Entstehung dieses Buches von Anfang an begleitet und durch inhaltliche Diskussionen, die Erstellung von Graphiken und formale Korrekturen des Textes unterstützt hat. Weiterhin möchten wir uns bei Corinna Christmann, Jochen Fischer, Marcus Hasselhorn, Maria Klatte, Karin Landerl, Cees van Leeuwen sowie den Studierenden der ersten Kohorte des Masterstudiengangs »Psychologie kindlicher Lern- und Entwicklungsauffälligkeiten« an der Technischen Universität Kaiserslautern für inhaltliche Diskussionen und kritische Anmerkungen zum Text bedanken. Kirstin Bergström, Tina Weis, Andreas Schmitt und Natalia Schneider danken wir für formale Textkorrekturen.

Weiterhin sei Marion Krämer und Bettina Saglio für die Betreuung dieses Buchprojekts beim Springer-Verlag sowie Antje Grass für die Erstellung von Graphiken gedankt.

Nicht zuletzt möchten wir uns bei Anton, Karin, Leonie, Marcus, Martin und Nanda bedanken, die die Entstehung dieses Lehrbuches geduldig bis interessiert mitverfolgt und unsere mit dem Schreibprozess einhergehenden geistigen wie räumlichen Abwesenheiten heldenhaft ertragen haben.

Claudia Steinbrink und Thomas Lachmann
Kaiserslautern, im Februar 2014

Vorwort

In den letzten Jahren haben wir uns daran gewöhnt, den Erfolg von Bildungsverläufen an Standards bzw. dem entsprechenden individuellen Kompetenzerwerb zu messen. Unter dieser Perspektive ist offensichtlich, dass der persönliche Bildungserfolg wesentlich vom Erwerb zentraler Schlüsselkompetenzen abhängig ist. Die Schriftsprache ist zweifelsohne eine solche zentrale Schlüsselkompetenz, wenn nicht sogar *die* zentrale Schlüsselkompetenz in formalen Bildungssystemen wie dem unseren. Es kommt daher nicht von ungefähr, dass die Vermittlung der Schriftsprache und der für ihre Beherrschung notwendigen Fertigkeiten des Lesens und Rechtschreibens zu den zentralen Aufgaben des Grundschulunterrichts gehört.

Vor gut zehn Jahren schreckten die Befunde der internationalen Schulleistungsvergleichsuntersuchung PISA die deutschsprachige Öffentlichkeit auf, dokumentierten diese doch, dass etwa jeder fünfte Fünfzehnjährige in den deutschsprachigen Ländern über nur unzureichende Lesekompetenzen verfügt. Neuere Hinweise über eine Quote von 14 Prozent funktionaler Analphabeten unter den deutschsprachigen Erwachsenen unterstreichen die Notwendigkeit, dass wir beim schulischen Vermitteln von Schriftsprache zukünftig vermehrt Anstrengungen unternehmen müssen. Jüngste Schätzungen schließlich gehen davon aus, dass etwa jedes elfte Kind in Deutschland, das über eine intakte allgemeine Lernfähigkeit verfügt, gravierende Schriftsprachschwierigkeiten im Grundschulalter zeigt und somit das Etikett »lese-rechtschreib-gestört« erhält.

Dieser alarmierende Zustand wirft eine Reihe von Fragen auf:
- Wie entwickeln sich die Fertigkeiten für einen erfolgreichen Erwerb der Schriftsprache?
- Welche Phänomene stehen hinter dem Etikett der Lese-Rechtschreibstörung (LRS) und wie wird diese (von wem) definiert?
- Was sind die Ursachen von LRS?
- Wie lassen sich die kognitiven Voraussetzungen des erfolgreichen Schriftspracherwerbs diagnostizieren? Wie die Frage klären, ob im Individualfall eine LRS vorliegt oder nicht?
- Welche Möglichkeiten der Prävention gibt es, um zu verhindern, dass Kinder eine LRS ausbilden? Welche Förderansätze sind besonders vielversprechend, wenn es bereits zu einer LRS gekommen ist?

In dem vorliegenden Lehrwerk von Claudia Steinbrink und Thomas Lachmann werden in kenntnisreicher, differenzierter und engagierter Weise aktuelle Antworten auf all diese Fragen gegeben. Dabei zeigen die Autoren, dass sie die Thematik sowohl aus der Perspektive der Verhaltensforschung als auch aus der der Neurowissenschaften beherrschen. Der interessierte Einsteiger in die Thematik findet einen reichen Fundus an Details und Reflexionsanstößen. Beim ersten Lesen mag man den Eindruck gewinnen, von der Komplexität der Sachverhalte, Begriffe und Zusammenhänge »erschlagen« zu werden. Mit fortschreitendem Studium des Textes stellt sich jedoch das Gefühl ein, dass es sich lohnt, Zeit und Anstrengung für ein vertieftes Bearbeiten des Lehrbuches zu investieren.

Auch für Fortgeschrittene in der Thematik der Lese-Rechtschreibschwierigkeiten ist das Buch anregend. Selbst der Experte findet hier eine Reihe von Positionen und Argumentationsketten, die herausfordernd sind, bisweilen zum Widerspruch ermuntern und zumindest zum Nachdenken animieren.

Das vorliegende Werk gibt nicht nur einen guten Überblick über die Phänomene der Lese-Rechtschreibschwierigkeiten und ihre Bedeutung für den Alltag der betroffenen Kinder. Es skizziert nicht nur den Stand der Ursachenforschung sowie der für die Praxis entscheidenden Möglichkeiten der Diagnostik, Prävention und Behandlung, sondern es macht gleichzeitig deutlich, wo die Lücken unseres Wissens in diesem Bereich sind und welche Fragen aus welchen Gründen derzeit zwangsläufig nicht abschließend zu beantworten sind.

Es bleibt zu hoffen, dass das von Claudia Steinbrink und Thomas Lachmann vorgelegte Lehrwerk nicht nur von Studierenden unterschiedlicher Studiengänge reichhaltig genutzt wird, sondern auch von interessierten Lehrkräften, die sich etwa in der Grundschule tagein tagaus um das Vermitteln der Schriftsprache bemühen, von in der außerschulischen Praxis tätigen Psychologinnen und Psychologen, Lerntherapeutinnen und -therapeuten sowie von Kinder- und Jugendpsychiatern.

Prof. Dr. Marcus Hasselhorn
Deutsches Institut für Internationale Pädagogische Forschung
Frankfurt am Main, im November 2013

Inhaltsverzeichnis

Einleitung

1

1.1 Lese-Rechtschreibstörung als umschriebene Entwicklungsstörung

Wir betrachten es im Allgemeinen als Selbstverständlichkeit, dass in modernen Industriegesellschaften nahezu alle Menschen nach ein paar Schuljahren fließend lesen und schreiben können. Dabei handelt es sich beim Erlernen der Schriftsprache um eine der erstaunlichsten Leistungen des menschlichen Gehirns, denn es verfügt »von Haus aus« nicht über Strukturen oder Funktionen, die spezifisch für diese Fertigkeit wären. Gleichzeitig handelt es sich um eine der **komplexesten Leistungen** des Gehirns, denn es müssen eine ganze Reihe verschiedener Funktionen, die sich in ganz unterschiedlichen Phasen der menschlichen Evolution entwickelt haben, **modifiziert und koordiniert** werden, um in der Lage zu sein, einen Text wie diesen lesen und verstehen oder schreiben zu können (Lachmann 2002). An erster Stelle stehen dabei Funktionen der **sprachlichen Verarbeitung**, denn letztlich ist ein Text nichts anderes als codierte Sprache. Tatsächlich ist es auch so, dass wir selbst beim leisen Lesen in der Regel innerlich sprechen.

Aus evolutionärer Sicht ist die Sprache eine sehr junge Errungenschaft der Menschheit und auch die Hirnstrukturen, die im Wesentlichen für Funktionen der Sprachverarbeitung verantwortlich sind (▶ Kap. 2), haben sich erst in jüngerer Zeit herausgebildet (Lachmann et al. 2012; Dehaene und Cohen 2007), im Gegensatz zu Hirnstrukturen, die andere an der Schriftsprachverarbeitung beteiligte Funktionen steuern, wie die visuelle Objekterkennung oder die Okulomotorik. Auch was die Ontogenese, also die individuelle Entwicklung angeht, entwickeln sich die am Schriftspracherwerb beteiligten Funktionen zu unterschiedlichen Zeitpunkten und über eine unterschiedlich lange Zeit hinweg. Wir können aber ganz grob davon ausgehen, dass bei einem normalen Entwicklungsverlauf ein Mensch im Alter von 4 bis 5 Jahren über alle funktionalen Voraussetzungen für den Schriftspracherwerb verfügt, auch wenn sich diese im weiteren Entwicklungsverlauf noch verändern und spezifizieren (z. B. die zentrale Hörverarbeitung; Wetzel et al. 2011).

In der Regel funktioniert der Schriftspracherwerb bei adäquater Instruktion erstaunlich reibungslos. Sicherlich gibt es das eine oder andere Kind, das sich etwas schwerer tut oder dem auch am Ende der Grundschule noch viele Fehler beim Schreiben passieren, zum Beispiel Regelfehler, wie etwa bei der Groß- und Kleinschreibung. Man würde aber in diesen Fällen immer noch von einem normalen Schriftspracherwerb sprechen: Auch diesen Kindern ist es möglich, relativ mühelos über die Schriftsprache zu kommunizieren – eine essenzielle **kulturelle Schlüsselfertigkeit (Kulturtechnik)**. Einige wenige Kinder haben hingegen dauerhafte Probleme beim Erlernen des Lesens und Schreibens und werden diese Fertigkeiten statistisch gesehen nie in dem Grade erwerben wie die breite Masse der Bevölkerung. Lässt sich dies nicht durch sensorische Beeinträchtigungen (z. B. Seh- oder Hörstörung) oder allgemeine Faktoren des Lernens (z. B. kognitive oder motivationale Faktoren, Aufmerksamkeit, Feinmotorik) und Lehrens (z. B. nicht ausreichende pädagogische Instruktion aufgrund mangelnder Deutschkenntnisse oder eines längeren Krankenhausaufenthalts) erklären, so spricht man von einer **Lese-Rechtschreibstörung** (▶ Kap. 3).

Natürlich gibt es auch Erwachsene, deren Schulbildung lange zurückliegt und die vielleicht mangels Übung inzwischen weit unterdurchschnittlich gut lesen oder schreiben. Das Charakteristische an der Lese-Rechtschreibstörung ist jedoch, dass die Betroffenen die schriftsprachliche Fertigkeit gar nicht erst adäquat erlernt haben – und zwar aufgrund einer beeinträchtigten **Entwicklung zugrundeliegender Funktionen**, es handelt sich also um eine **Entwicklungsstörung**. Dies grenzt die Lese-Rechtschreibstörung auch von einer **erworbenen (degenerativen) Störung** des Schriftsprachgebrauchs ab, beispielsweise, wenn ein Erwachsener nach einer Schädigung des Gehirns bestimmte sprachrelevante Fertigkeiten verliert. Die Abweichung in der Entwicklung zeigt sich bei der Lese-Rechtschreibstörung außerdem **umschrieben**, das heißt, sie ist spezifisch für die schriftsprachrelevanten Funktionen und äußert sich auch nur in dementsprechenden Leistungen (außer bei Komorbiditäten, ▶ Kap. 3). Dies grenzt die Lese-Rechtschreibstörung von allgemeinen oder **tiefgreifenden** Entwicklungsstörungen ab (z. B. Autismus), bei denen Erleben und Verhalten deutlich breiter beeinträchtigt sind und im Zuge derer auch Störungen des Schriftspracherwerbs auftreten können (► Kap. 3).

1.2 Streit über die diagnostischen Kriterien

Wie bereits erörtert, wird die Lese-Rechtschreibstörung als eine **umschriebene Störung in der Entwicklung schriftsprachrelevanter Funktionen** definiert. Für die Diagnostik impliziert diese Annahme, dass bei den Betroffenen (abgesehen von Komorbiditäten, ► Kap. 3) die selektive Beeinträchtigung der schriftsprachrelevanten Leistungen nachweisbar sein sollte, d. h. nicht schriftsprachrelevante Leistungen sollten relativ zur Vergleichspopulation unauffällig und individuell besser als schriftsprachliche Leistungen sein (**doppeltes Diskrepanzkriterium**, ► Kap. 3), da die allgemeine kognitive Entwicklung und das Erlernen anderer spezifischer Fertigkeiten unbeeinträchtigt verlaufen (Teilleistungsstörung). Allerdings besteht **kaum Einigkeit über die Kriterien,** die konkret erfüllt sein müssen, um tatsächlich von einer selektiven Beeinträchtigung der Lese-Rechtschreibleistung sprechen zu können. Diskutiert wird, ob, und wenn ja, wie man, folgend der Annahme einer umschriebenen Störung, neben dem Nachweis der schlechteren Lese-Rechtschreibleistung in Bezug zur Vergleichspopulation die **Diskrepanz** zwischen individueller allgemeiner kognitiver Leistungsfähigkeit und individueller Lese-Rechtschreibfähigkeit bestimmen sollte und ob diesbezüglich die allgemeine Intelligenz (Spearman 1904) ein geeignetes Maß wäre (Marx 2004; Stanovich 1994; Linder 1951).

Es existieren in Wissenschaft und Praxis sogar Ansätze, die davon ausgehen, dass es sich bei Lese-Rechtschreibproblemen gar nicht um eine eigene, relevante diagnostische **Kategorie** handelt, sondern dass die entsprechenden Kinder einfach nur langsamer lesen und schreiben lernen – es sich also »nur« um **dimensionale** Entwicklungs- und Lernvariationen handelt, etwa so, wie Menschen sich darin unterscheiden, wie schnell und wie gut sie das Autofahren oder das Golfspielen lernen (Naegele und Valtin 2003; Valtin 2009). Diese Analogien stammen aus Valtin (2009), wobei allerdings

fraglich bleibt, ob es sich beim Golfspielen um eine essenzielle Kulturtechnik handelt und es sicherlich auch höchstens sekundär für einen erfolgreichen Lebensweg sein dürfte, ob man einen oder drei Versuche für das Einparken benötigt (► Exkurs »Genauer betrachtet: Warum keine umschriebene Musikalitätsstörung in der ICD?« in ► Abschn. 3.5). Diese Vertreter der dimensionalen Sichtweise postulieren auch (Naegele und Valtin 2003), dass die Lese-Rechtschreibstörung keinesfalls auf erblich disponierte hirnfunktionelle oder -strukturelle Besonderheiten zurückzuführen sei, was angesichts der erdrückenden Evidenz für eine solche Determination jedoch recht fraglich erscheint (► Kap. 4). Im vorliegenden Buch gehen wir von einer kategorialen Abweichung in der Entwicklung der Schriftsprachfertigkeiten aus.

Die im Rahmen der **klinischen Diagnosemanuale** der Weltgesundheitsorganisation (WHO: *International Classification of Diseases,* ICD) und der nationalen Medizinverbände (z. B. American Psychiatric Association: *Diagnostic and Statistical Manual of Mental Disorders,* DSM) entwickelten Leitlinien (► Kap. 3) beinhalten die einzigen relativ klar formulierten diagnostischen Kriterien die, zumindest im klinischen Kontext, allgemein und international anerkannt, wenngleich auch nicht unumstritten sind. Diese klinische Definition der Lese-Rechtschreibstörung (z. B. WHO) folgt der eher nomothetischen Logik der nosologischen Klassifikationssysteme in der Medizin (► Kap. 3), welche bei fehlenden Erkenntnissen zu den Störungsursachen oft stark syndromatologisch, statistisch deskriptiv geprägt sind, d. h. die diagnostischen Kriterien basieren hauptsächlich auf der Beschreibung bestimmter Symptome, die entsprechend ihrer Stärke und Kombination eine allgemeingültige Diagnose innerhalb eines Kategoriensystems von Krankheiten (Störungen) bestimmen. Für die Diagnose der Lese-Rechtschreibstörung muss unter adäquaten Lernbedingungen eine testdiagnostisch nachweisbare Beeinträchtigung vorliegen, die sich spezifisch in den schriftsprachrelevanten Leistungen niederschlägt (umschriebene Entwicklungsstörung, siehe oben). Außerdem dürfen **keine peripheren sensorischen Störungen** und **keine allgemeine geistige Behinderung** vorliegen, da dann andere Kategorien der Klassifikationssysteme in Betracht kämen. Dabei handelt es sich um Ausschlussvorbehalte und den Nachweis der Erwartungsabweichung, nicht um einen unterstellten linearen Zusammenhang zwischen Intelligenz und Leseleistung per se (was den Klassifizierungssystemen gelegentlich »unterstellt« wird). Die genauen klinischen Kriterien werden in ► Kap. 3 besprochen und diskutiert.

Wir haben bisher allgemein von Lese-Rechtschreibstörung gesprochen. Der Begriff impliziert, dass eine Beeinträchtigung der Lese- wie auch der Schreibleistungen nachweisbar ist. Natürlich basieren Lesen und Schreiben größtenteils auf denselben sprachlichen Repräsentationen und entsprechenden Verarbeitungsprozessen. Wie wir jedoch noch ausführlicher darstellen werden (► Kap. 2), unterscheiden sich Lesen und Schreiben aber auch in vielerlei Hinsicht, weswegen man das Schreiben nicht einfach als »Lesen in umgekehrter Reihenfolge« betrachten kann. Es stellt sich deshalb die Frage, ob eine Störung in einer der beiden schriftsprachlichen Fertigkeiten vorliegen kann, während die jeweils andere intakt ist. Dieser Logik folgend gäbe es dann eine isolierte Lesestörung, eine isolierte Rechtschreibstörung sowie eine kombinierte Störung (Schulte-Körne 2010). Wir werden diese Frage diskutieren, wenn wir die Klassifikation und das Erscheinungsbild der Lese-Rechtschreibstörung genauer behandeln (► Kap. 3). Im englischsprachigen Raum, aus dem der überwiegende Teil der Publikationen zum Thema Lese-Rechtschreibstörung stammt, wird üblicherweise der Begriff *developmental dyslexia* (der bereits 1887 von dem deutschen Arzt Rudolf Berlin eingeführt wurde; Berlin 1887) verwendet, der sich direkt auf Lesedefizite bezieht (gelegentlich wird auch der Begriff *specific reading disability* verwendet), abgegrenzt von den Begriffen *developmental dysgraphia* oder *spelling disorder*, welche sich auf Rechtschreibprobleme beziehen. Wir werden in diesem Buch durchgehend den Begriff Lese-Rechtschreibstörung verwenden, unabhängig vom differenzierten Leistungsprofil (auch wenn wir über englischsprachige Studien berichten).

1.3   Lese-Rechtschreibstörung als schulische Herausforderung

Die Lese-Rechtschreibstörung ist in erster Linie weniger ein klinisches als eher ein pädagogisches, schulisches Problem. Natürlich sind, wie bei allen Lernstörungen, die Grenzen zum kinderpsychiatrischen Bereich fließend, aber in der Regel sind eher Lehrer, Erzieher und Eltern und nicht unbedingt Ärzte gefordert, wenn es darum geht, ein Kind mit Problemen beim Erlernen des Lesens und Schreibens zu unterstützen, wenngleich bei der Diagnostik die Hinzuziehung eines Arztes sinnvoll und teilweise gefordert ist (z. B. beim Ausschluss sensorischer Störungen).

In der Bundesrepublik Deutschland ist die schulische Bildung Ländersache und damit existieren so viele Definitionen und Richtlinien zur Diagnostik und schulischen Förderung von Kindern mit Lese-Rechtschreibstörung wie es Bundesländer gibt. Alle Richtlinien basieren auf den eher allgemein gehaltenen Beschlüssen der Kultusministerkonferenzen (2003, 1978), in denen das **Recht auf individuelle Förderung entsprechend des jeweiligen Lernentwicklungsstandes** festgelegt wurde. Einige der Länderverordnungen richten sich bei der Umsetzung recht stark nach der klinischen Definition und basieren damit im Wesentlichen auf der oben erwähnten doppelten Diskrepanz im Sinne einer Teilleistungsstörung (Linder 1951). Andere weichen stark von dieser Logik ab, bleiben allerdings dann auch oft recht unkonkret. Die in unregelmäßigen Abständen erfolgenden Modifizierungen der Förderrichtlinien der Länder und deren Ergänzungen (Erlässe, Beschlüsse) sorgen im praktischen Alltag leider nicht selten dafür, dass bei Eltern, Schülern und Lehrern große Unsicherheit bezüglich der Diagnostik und Therapie der Lese-Rechtschreibstörung, aber auch hinsichtlich der Zuständigkeiten und der Rechte besteht. Die gravierenden Unterschiede zwischen den Bundesländern hinsichtlich der Definition und der Förderkonzepte bei Kindern mit Lese-Rechtschreibstörung drücken sich auch in den verschiedenen Bezeichnungen der Entwicklungsstörung aus. So existieren in der Bundesrepublik Deutschland amtliche Begriffe wie »Besondere Schwierigkeiten im Lesen und/oder

Rechtschreiben« (entspricht der Terminologie der Kultusministerkonferenz), »Legasthenie«, »Lese-Rechtschreibstörung«, oder »Lese-Rechtschreibschwäche«. Teilweise stehen hinter gleichen Begriffen unterschiedliche Definitionen und Förderkonzepte, teilweise stehen aber auch unterschiedliche Begriffe für annähernd gleiche Definitionen und Förderansätze (Lachmann 2005). Im Freistaat Bayern werden zum Beispiel innerhalb eines Erlasses (mit der Terminologie »Schwierigkeiten« in der namentlichen Bezeichnung, die sich innerhalb des Erlasses aber nicht wiederfindet) unterschiedliche Begriffe mit differenzialdiagnostischer Relevanz (d. h. Ätiologie und Verlauf sind unterschiedlich) definiert. Der Begriff »**Legasthenie**« (Linder 1951) wird dabei synonym mit dem Begriff »Lese- und Rechtschreib*störung*« verwendet und basiert stark auf dem Störungskonzept der klinischen Klassifikationssysteme. Davon abzugrenzen ist der Begriff der »**Lese-Rechtschreib*schwäche***« als »vorübergehendes legasthenes Erscheinungsbild«, das »nicht entwicklungsbiologisch und zentralnervös begründet ist«, sondern durch zeitlich begrenzte, besondere Belastungsfaktoren wie Schulwechsel oder traumatische Erlebnisse in der Familie oder Schule verursacht wird. Unglücklicherweise wird die offizielle Kurzbezeichnung für die Lese-Rechtschreibschwäche in Bayern, »LRS«, in anderen Bundesländern, in der deutschsprachigen Literatur und üblicherweise auch in der Praxis für die »Lese-Rechtschreibstörung« und gelegentlich auch für Lese-Rechtschreibschwierigkeiten verwendet, was zu Verwirrungen führen kann. Davon abgesehen bleibt es fraglich, wie der bayerische Kinderneuropsychiater oder Schulpsychologe bei einem Schulkind entscheiden soll, ob die für beide Kategorien gleichen Symptome (»legasthenes Erscheinungsbild« bei LRS) neurobiologisch bedingt und andauernd oder umweltbedingt und vorübergehend bestehen (▶ Kap. 3). Außerdem ist es schwierig nachzuvollziehen, warum sich die erwähnten Belastungsfaktoren bei einer Lese-Rechtschreibschwäche (LRS) spezifisch auf die sprachrelevanten Fächer auswirken sollen. Im Alltag setzt sich oft die Praxis durch, LRS bei schwacher Symptomausprägung in Form einer geringeren Diskrepanz zwischen Intelligenz und Lese-Rechtschreibleistung zu diagnostizieren und Legasthenie bei starker Symptomatik, was vielleicht praktikabel, aber nicht im Sinne des Erfinders ist. In diesem Buch werden wir die Abkürzung »LRS« (außer an dieser Stelle und bei Eigennamen wie »LRS-Klassen« im folgenden Exkurs) nicht verwenden.

Die bayerische Förderrichtlinie wird besonders von Gegnern der klinischen Definition der Lese-Rechtschreibstörung heftig kritisiert (Naegele und Valtin 2003), nicht zuletzt wegen der Verwendung des Begriffes »Legasthenie«, der seit Linder (1951) stark mit der kategorialen Diskrepanzdefinition assoziiert ist. Allerdings sollte auch erwähnt werden, dass in der Praxis die Diagnostik und Förderung der Kinder mit Lese-Rechtschreibstörung nach unserer Erfahrung in Bayern besser funktioniert als in manchen Bundesländern, in denen eher wenig konkret und kaum verbindlich gehaltene Richtlinien gelten (z. B. Rheinland-Pfalz). Dazu trägt auch die besondere Ausrichtung der schulpsychologischen Beratung in Bayern bei, die zum großen Teil durch Lehrer mit schulpsychologischer Sonderqualifizierung (eigener Lehramtsstudiengang an drei bayerischen Universitäten) umgesetzt wird. Diese Fachkräfte, die in den regulären Schuldienst eingebunden sind, können eine bestimmte Stundenzahl für schulpsychologische Diagnostik und Beratung abrechnen.

Aufgrund all der schulpolitischen Unterschiede kann es vorkommen, dass einem Kind in einem Bundesland spezifischer Förderbedarf im Bereich des Lesens und Schreibens bescheinigt wird, während ein anderes Bundesland diesen Bedarf bei demselben Kind nicht anerkennen würde. Auch die Förderung würde bei ein und demselben Kind in unterschiedlichen Bundesländern ganz unterschiedlich aussehen – die Palette reicht vom bloßen Nachteilsausgleich, zum Beispiel in Form einer Diktatbefreiung, bis hin zur zeitlich begrenzten, separaten Beschulung, wie z. B. im Freistaat Sachsen (▶ Exkurs »Genauer betrachtet: LRS-Klassen: Diagnostik und Förderung bei Lese-Rechtschreibstörung im Freistaat Sachsen«; entstanden in Zusammenarbeit mit den LRS-Lehrern der Connewitz-Grundschule Leipzig).

Genauer betrachtet: LRS-Klassen: Diagnostik und Förderung bei Lese-Rechtschreibstörung im Freistaat Sachsen

Ein umfassendes System der Diagnostik und Förderung bei Lese-Rechtschreibstörung gibt es im Freistaat Sachsen (Verwaltungsvorschrift des Sächsischen Staatsministeriums für Kultus zur Förderung von Kindern mit Lese-Rechtschreibschwäche, 2008). Es beruht zum großen Teil auf der in der ehemaligen »Deutschen Demokratischen Republik« erfolgreich etablierten Förderung von Kindern mit Lese-Rechtschreibstörung (Weigt 1980) und existiert heute flächendeckend nur noch im Freistaat Sachsen (eingeschränkt und modifiziert auch in anderen Bundesländern). Auf der Basis der entsprechenden Verwaltungsvorschrift haben sich die fünf sächsischen Regionalschulämter auf ein weitgehend einheitliches und großenteils standardisiertes, schrittweises Vorgehen geeinigt. Die konkrete Durchführung obliegt zwar den Schulen, unterscheidet sich lokal jedoch nur geringfügig. Ende des ersten Halbjahres der 2. Klasse (Dezember) wird von der Lehrkraft im Fach Deutsch mit allen Kindern ein standardisiertes Siebungsverfahren (Screening) zur Früherkennung von Leselernschwierigkeiten (Diagnostische Bilderlisten, DBL; Dummer-Smoch 2000) durchgeführt, bei dem die Kinder Bilder erkennen und die entsprechenden Wörter aufschreiben sollen. Mit Kindern, deren Fehlerzahl bei den

DBL über einer festgelegten Grenze liegt, wird ein weiteres standardisiertes diagnostisches Verfahren zum Schreiben durchgeführt (Hamburger Schreib-Probe, HSP; May 1996) und ein Diktat geschrieben. Die Ergebnisse der im Screening als »auffällig« diagnostizierten Kinder werden dokumentiert und mit den Erziehungsberechtigten besprochen. Stimmen diese zu, wird mit den entsprechenden Kindern zentral, an einer der sogenannten LRS-Stützpunktschulen, Mitte des zweiten Halbjahres der 2. Klasse ein mehrtägiges »Feststellungsverfahren LRS« durch ein Team aus speziell ausgebildeten Lehrern, Logopäden und Psychologen durchgeführt. Dieses beinhaltet neben der Messung der allgemeinen Intelligenz (Grundintelligenztest, CFT; Cattell et al. 1997), der Durchführung einer Reihe weiterer diagnostischer Tests zum Lesen und Schreiben und der Einholung von medizinischen Untersuchungsergebnissen auch die Durchführung von Probestunden in Mathematik und Übungen, wie sie im Deutschunterricht typisch sind (z. B. Gedicht abschreiben). Wichtigste Grundlage für die abschließende diagnostische Empfehlung bildet die Diskrepanz zwischen diagnostizierter Lese-Rechtschreibfähigkeit und allgemeiner Intelligenz, wie in den klinischen Manualen gefordert

(► Kap. 3). Daneben fließen jedoch auch qualitative Aspekte (z. B. Fehlerarten) und Erfahrungswerte der Pädagogen in die Urteilsbildung ein. Bei positiver Diagnostik besteht für die Erziehungsberechtigten die Möglichkeit zur Beantragung der Förderung des Kindes in einer der »LRS-Klassen« der LRS-Stützpunktschulen. Da in diesen Klassen den acht bis maximal 16 Kindern der reguläre Lehrstoff der Klassenstufe 3 über zwei Jahre verteilt vermittelt wird, bietet diese Form der Beschulung sehr viel mehr Freiräume und Zeit für den Deutschunterricht und gezielte schriftsprachliche Instruktion: So gibt es beispielsweise einen »spezifischen muttersprachlichen Unterricht« und spezifische Einzelförderungen durch speziell geschulte LRS-Lehrer. Insbesondere die Einzelförderung ermöglicht es, beim Schüler Lücken im »Fundament« des Schriftspracherwerbs, deren Aufarbeitung im gewöhnlichen Lehrplan der 3. Jahrgangsstufe nicht mehr vorgesehen ist (z. B. phonologische Bewusstheit), zu schließen. Nach Beendigung der Förderung erfolgt die Versetzung in die 4. Klasse der Herkunftsschule. In den letzten Jahren ist immer wieder von der Abschaffung der LRS-Klassen in Sachsen die Rede. Angesichts der beachtlichen Erfolge dieser Förderform (Lachmann 2005) raten jedoch viele Experten davon ab.

1.4 Forschung zu Ursachen der Lese-Rechtschreibstörung

Die fehlende Einigkeit über die Diagnostik und Förderung bei Lese-Rechtschreibstörung in der Bildungspraxis liegt vor allem auch daran, dass die wissenschaftliche Forschung bislang keine einheitlichen und klaren Erkenntnisse über die Ursachen liefern konnte. Dabei steht kaum eine andere Lern-

störung so im Fokus der wissenschaftlichen Forschung wie die Lese-Rechtschreibstörung, ganz im Gegensatz zu anderen Entwicklungsstörungen, wie beispielsweise der umschriebenen Rechenstörung, die erst seit einigen Jahren stärkeres Interesse erregt-kaum eine kognitive Funktion oder Hirnregion, deren inadäquate Entwicklung nicht bereits als Ursache der Lese-Rechtschreibstörung diskutiert wurde, was natürlich auch Ausdruck der

Komplexität der schriftsprachlichen Fertigkeit ist. Man kann aber auch umgekehrt argumentieren: Die Uneinigkeit über die Definition und damit über die diagnostischen Kriterien der Lese-Rechtschreibstörung führt dazu, dass wissenschaftliche Studien zur Ursachenforschung kaum vergleichbar sind, da sie gegebenenfalls unterschiedliche gruppendefinierende Kriterien verwendet haben (siehe hierzu eine Übersichtsarbeit von Lachmann und Geyer 2003). Die entsprechend **heterogene Befundlage** macht eine systematische Darstellung des Wissensstandes schwierig. Im Folgenden werden wir uns dem Wissensstand deshalb zunächst aus der historischen Perspektive nähern, bevor wir uns in ▶ Kap. 4 mit dem aktuellen Stand der Forschung hinsichtlich der Ursachen der Lese-Rechtschreibstörung beschäftigen.

1.4.1 Anfänge der wissenschaftlichen Erforschung der Lese-Rechtschreibstörung

Die systematische Erforschung der Lese-Rechtschreibstörung begann Ende des 19. Jahrhunderts und basierte auf zwei wesentlichen Impulsen in jener Zeit, auf die wir hier etwas näher eingehen möchten: erstens die Entstehung der **pädagogisch-psychologischen Testdiagnostik** und zweitens die bahnbrechenden Fortschritte der **klinischen Neuropsychologie und Hirnforschung** (Lachmann 2002). In den darauffolgenden 100 Jahren gab es eine ganze Reihe weiterer wesentlicher Impulse: die Entstehung der experimentellen Psychologie (Wundt 1918), die Entwicklung der Informationstheorie (Ash 1965) sowie die Etablierung der Linguistik als moderne Wissenschaft (Chomsky 1957) bis hin zu den Fortschritten in der genetischen Forschung (▶ Kap. 4) und der Anwendung psychophysiologischer und bildgebender Verfahren (Posner und Raichle 1996). Dennoch kann man die heute existierende Fülle von teils sehr kontroversen Ansätzen ganz grob den beiden ursprünglichen Impulsen zuordnen: einerseits den eher **pädagogisch-psychologisch orientierten Theorien**, bei denen Schwierigkeiten beim Lesen und Schreiben als Folge einer **unspezifischen Entwicklungsvariation** gesehen werden (dimensional), welche eine be-sondere pädagogische Herausforderung darstellen, und andererseits den eher **medizinisch-psychologisch orientierten Theorien**, die von mehr oder weniger **erblich bedingten Prädispositionen hirnphysiologischer Defizite des Individuums** ausgehen (kategorial: normal versus gestört). Schleider (2009) argumentiert, dass das medizinisch-psychologische Störungskonzept vor allem im außerschulischen Bereich und in der akademischen Forschung verwendet wird, während die in der schulischen Praxis tätigen Pädagogen eher von dimensionalen Unterschieden ausgehen. Tatsächlich erfreut sich aber gerade das medizinisch-psychologische Störungskonzept bei Lehrern und Lernberatern wie auch bei Interessenverbänden (z. B. Bundesverband für Legasthenie und Dyskalkulie, BVL) einer beträchtlichen Beliebtheit, während es unter akademischen Forschern auch umstritten ist (Valtin 2009). Zwar wird diese grobe Unterteilung der Fülle der kontroversen Ansätze nicht wirklich gerecht, im Folgenden sollen aber, bevor wir auf weitere theoretische Entwicklungen eingehen, zunächst die oben erwähnten Impulse der modernen Schriftsprachstörungsforschung skizziert werden.

Ende des 19. Jahrhunderts wuchs bei Pädagogen das Interesse an **differenzieller Lernforschung**, da in den Industriestaaten der Erwerb der Kulturtechniken statt eines Privilegs weniger nunmehr zum allgemeinen Recht und auch zur Pflicht aller wurde und sich die Standards der allgemeinen Schulbildung so weit entwickelt hatten, dass es überhaupt möglich war, schulische Leistungen von Kindern zu vergleichen und Rückschlüsse auf individuelle Lernvoraussetzungen zu ziehen. Dies führte zur Entwicklung von ersten diagnostischen Testverfahren (Stern 1912; Binet 1905), von denen sich Praktiker erhofften, die Unterschiede in den Lernvoraussetzungen der Schüler zu erkennen und zu klassifizieren, um entsprechende pädagogische Förderkonzepte entwickeln zu können. Zunächst stand dabei die allgemeine geistige Entwicklung im Vordergrund, um beispielsweise die Schulreife eines Kindes oder eine allgemeine Lernbehinderung feststellen zu können. Bald wuchs jedoch auch das Interesse an der spezifischen Diagnostik des Schreibens (Thorndike 1911) und Lesens (Thorndike 1914). In den 30er Jahren des 20. Jahrhunderts standen den Praktikern bereits eine Reihe von **standardisierten Lese- und Schreibtests** zur Verfügung (Gates et al. 1939; Thorndike 1921), die unterschiedliche Aspekte des Schriftspracherwerbs skalierten (u. a. Satzverständnis, Worterkennung, visuelle Wahrnehmung), um individuelle Defizite bei Kindern erkennen und entsprechend pädagogisch darauf einwirken zu können. Dabei fiel schnell auf, dass einige Kinder besondere Schwierigkeiten beim Schriftspracherwerb zeigten, was jedoch **nicht als Störung, sondern als Lernbesonderheit** verstanden wurde, die nach besonderen Lehr- und Fördermaßnahmen verlange (Gates 1927). Schwierigkeiten beim Erlernen der Schriftsprache entstünden nach Gates und Kollegen (1939) vor allem deshalb, »weil man dem Schüler versucht, Lesen und Schreiben beizubringen, bevor er dafür bereit ist«.

Der zweite wesentliche Impuls für die Erforschung der Lese-Rechtschreibstörung ergab sich aus den enormen Fortschritten der **Hirnforschung** in der zweiten Hälfte des 19. Jahrhunderts (Kussmaul 1878; Wernicke 1874; Broca 1861), insbesondere aus der Erkenntnis, dass **selektive Beeinträchtigungen** (Hirnläsionen) ganz bestimmter Areale einer Hemisphäre im Großhirn (Cortex), sei es durch externe Verletzungen, einen Infarkt (Schlaganfall) oder durch raumfordernde Prozesse im Gehirn erwachsener Patienten (z. B. Tumore), zum Ausfall ganz bestimmter kognitiver Leistungen führen, die vorher unauffällig waren (z. B. Aphasie; Broca 1861). Morgan (1896) und Kerr (1896) gehörten zu den ersten Medizinern, die eine Analogie von erworbenen Ausfällen durch Schädigung bestimmter kortikaler Hirnareale bei Patienten zu einer angeborenen **Störung in der Entwicklung genau dieser Hirnareale** bei Kindern annahmen (Analogieannahme). Morgan (1896) beschrieb in einer Fallstudie ein 14-jähriges Schulkind namens Percy ohne Defizite der gesprochenen Sprache und mit normaler Intelligenz, aber mit ganz erheblichen Problemen beim Lesen und Schreiben (seinen eigenen Namen schrieb er »Precy«) und unterstellt, dass sich, **erblich bedingt**, bei diesem Kind genau jene Hirnregionen inadäquat entwickeln, die bei Patienten mit sogenannter **Wortblindheit** (Kussmaul 1878) durch eine linkshemisphärische Schädigung beeinträchtigt sind (*congenital word-blind-*

ness). Hinshelwood (1917) bezeichnet diese kortikale Hirnregion später als »visuelles Wortzentrum«.

Während Hinshelwood noch stark an der Analogieannahme festhielt, stellte der amerikanische Arzt Orton (1925) weniger strukturelle Abweichungen bestimmter klar lokalisierbarer Hirnteile, sondern vielmehr **Aspekte der Hirnentwicklung** in den Vordergrund. Er vermutete eine genetisch bedingte Störung in der **Entwicklung der Hemisphärendominanz** als Ursache für die Lese-Rechtschreibstörung, deren Auswirkung auf den Schriftspracherwerb auch von Person- und Umweltfaktoren beeinflusst wird und damit prinzipiell **therapierbar** ist. Dementsprechend sprach er auch von einer **Entwicklungsstörung** (*developmental word-blindness*). Diese Sichtweise impliziert, dass die Symptome in bestimmten Phasen der normalen Schriftsprachentwicklung zunächst typisch sind, bei Lese-Rechtschreibstörung jedoch ohne spezielles pädagogisches Training persistieren, da die Entwicklung der Hemisphärendifferenzierung bei diesen Kindern nicht adäquat verläuft. Als Beleg für seine These führte Orton seine systematischen Beobachtungen an, die er während seiner praktischen Tätigkeit in der Lernberatung (vgl. Richardson 1989) gesammelt hatte. Es handelte sich um Phänomene, die bereits vorher in Zusammenhang mit der Entwicklung der Hemisphärendifferenzierung diskutiert wurden: der relativ hohe Anteil an **Linkshändern** unter den Schülern mit selektiven Problemen beim Schriftspracherwerb, die besondere Fähigkeit dieser Schüler zum **spiegelbildlichen Lesen und Schreiben**, und dass diese Kinder beim Lesen und Schreiben häufig Buchstaben vertauschen. Beim zuletzt genannten Phänomen unterschied er **statische Vertauschungsfehler**, wobei einzelne Buchstaben fälschlicherweise wie ihre räumlich transformierten Alternativen gelesen oder geschrieben werden (»b« statt »d«), von **kinetischen Vertauschungsfehlern**, bei denen die Anordnung von Buchstaben innerhalb eines Wortes vertauscht wird (»saw« statt »was«). Diese Vertauschungsfehler hielt er für das Kardinalsymptom der Lese-Rechtschreibstörung, die er entsprechend auch als »**Strephosymbolia**« (griechisch für »gedrehte Symbole«) bezeichnete (Orton 1925). Alle weiteren Auffälligkeiten, so auch phonologische

Fehler, bezeichnete er als Sekundärsymptome. Ortons Theorie beeinflusste die Forschung zur Lese-Rechtschreibstörung nachhaltig, wurde jedoch auch von Beginn an (Robinson 1946; Gates und Bernett 1933), insbesondere aber in den letzten 50 Jahren kritisiert. Da Ortons Theorie, dem Trend jener Zeit folgend, ursprünglich aus der Idee eines »visuellen Wortzentrums« heraus entstand, wobei er selbst nicht von klar lokalisierbar beeinträchtigten Regionen ausging, wird, der Terminologie folgend, in der Literatur oft fälschlicherweise unterstellt, seine Theorie basiere auf der Annahme, dass betroffene Kinder die Buchstaben visuell nicht differenzierten oder gar, dass sie nicht richtig sehen könnten (Vellutino und Fletcher 2007; Miles und Miles 1999; Vellutino 1987). Tatsächlich vermutete Orton aber, dass erst auf einer sogenannten »Symbolebene der Informationsverarbeitung« (*visual associative level*; Orton 1928), nach heutiger Terminologie ausgedrückt, eine **Störung in der Verbindung zwischen visueller und phonologischer Repräsentation** zu Buchstabenvertauschungen führt, und schloss visuelle Wahrnehmungsprobleme für die Diagnose sogar aus. Das seiner Theorie zugrundeliegende neurologische Erklärungsmodell lässt sich allerdings mit heutigem Erkenntnisstand nicht mehr aufrechterhalten (siehe dazu die Übersichtsarbeiten von Lachmann 2008, 2002). Die grundsätzlichen Ideen Ortons sind jedoch zweifelsohne als Meilenstein in der wissenschaftlichen Erforschung der Ursachen der Lese-Rechtschreibstörung zu bewerten, da er erstens das Interesse an spezifischen Lernstörungen im Bereich des Lesens und Schreibens bei Praktikern und Wissenschaftlern weltweit enorm erhöhte, zweitens ein Konzept der Lese-Rechtschreibstörung entwickelte, das anstelle einer reinen Analogieannahme und einer engen hirnanatomischen Lokalisierung (Struktur) vielmehr von einer graduellen Abweichung in der hirnphysiologischen Entwicklung ausging, drittens soziale Faktoren und interindividuelle Unterschiede berücksichtigte und viertens keine unheilbare Hirnerkrankung annahm, sondern von der Therapierbarkeit durch gezieltes pädagogisches Vorgehen überzeugt war (er empfahl seinen Ansatz als *neurological basis of education*; Orton 1928, 1925). Auch wenn seine konkreten Ansichten zur Anatomie und Physiologie der Buchstabenver-

arbeitung heute nicht mehr haltbar sind – mit seiner Annahme eines Defizits auf der »assoziativen Ebene« der Verarbeitung ist er weniger weit von den modernen neurowissenschaftlichen Ansätzen über Lesesysteme und Funktionen der Buchstaben-Laut-Zuordnung entfernt, als mancher allzu spöttische Kritiker wahrhaben möchte (siehe auch ▶ Exkurs »Genauer betrachtet: Vertauschungsfehler: Ein alter Hut?« in ▶ Abschn. 3.6.2).

Wie erwähnt gab es in den vergangenen Jahrzehnten eine Reihe weiterer wichtiger Impulse in der Erforschung der Lese-Rechtschreibstörung, von denen wir hier nur auf zwei kurz eingehen möchten. Nach der Etablierung der Linguistik als moderne Wissenschaft (Chomsky 1965, 1957) war es die junge **psycholinguistische Forschung**, die in den späten 60er Jahren eine neue Sichtweise auf die Schriftsprache und deren Erwerb initiierte. Ihre Vertreter verstanden Lesen und Schreiben als **primär sprachliche Prozesse** und sahen dementsprechend Defizite in der Verarbeitung sprachlicher, insbesondere **phonologischer Informationen** (▶ Kap. 4) als Ursache für Probleme beim Schriftspracherwerb (»phonologische Wende«, Lachmann 2002). In ihrer sehr einflussreichen Arbeit zeigten Liberman und Kollegen (1971) beispielsweise, dass Kindern mit Leseproblemen viel mehr phonologisch begründete Lesefehler als die von Orton postulierten Vertauschungsfehler unterlaufen. Zahlreiche weitere Studien (einen Überblick geben Miles und Miles 1999) stärkten in den folgenden Jahren Erklärungsansätze im Sinne eines phonologischen Verarbeitungsdefizits als Ursache für Lese- und Schreibprobleme und verwiesen den bis dato vorherrschenden Ansatz Ortons zunehmend in die historischen Teile der Einführungskapitel der Lehrbücher (s. unten ▶ Exkurs »Genauer betrachtet: Orton returns: Widerlegt und doch am Puls der Zeit«). Heute sind Theorien zum phonologischen Verarbeitungsdefizit bei Lese-Rechtschreibstörung mit ihren verschiedenen Akzentuierungen und Spezifizierungen dominierend in der internationalen Literatur (vgl. Snowling 2001). Auch im vorliegenden Buch gehen wir besonders auf die Rolle der phonologischen Informationsverarbeitung für den Schriftspracherwerb (▶ Kap. 2) und dessen Störung (▶ Kap. 4) ein.

Genauer betrachtet: Orton returns: Widerlegt – und doch am Puls der Zeit

Die Studie von Liberman und Kollegen (1971) wird oft als Beweis gegen Ortons Theorie der Vertauschungsfehler angeführt (Miles und Miles 1999). Die Autoren zeigten, dass die meisten Lesefehler in ihrer Stichprobe phonologischen Ursprungs waren und Vertauschungsfehler eine untergeordnete Rolle spielten. Lachmann und Geyer (2003) argumentieren allerdings, dass die Ergebnisse dieser Studie nicht generell als Beleg gegen die Relevanz von Vertauschungsfehlern bei Lese-Rechtschreibstörung gewertet werden können: Zunächst wurden nicht Kinder mit diagnostizierter Lese-Rechtschreibstörung mit normal lesenden Kindern verglichen, sondern innerhalb einer unausgelesenen Stichprobe (in regulären Schulklassen) die schlechteren Leser (unteres Leistungsdrittel) mit dem Rest der Kinder der relativ kleinen Stichprobe. Ein Viertel aller Lesefehler in der Gruppe der schlechten Leser waren Vertauschungen im Sinne Ortons. Orton (1925) hat zwar die Vertauschungsfehler als Kardinalsymptom bezeichnet, jedoch nie behauptet, dass diese Fehler die einzigen seien, die bei Kindern mit Lese-Rechtschreibstörung auftreten. Insofern wären die Ergebnisse der Studie nicht im Widerspruch zu Ortons Theorie. Viel wichtiger jedoch, Orton vertrat einen Störungsansatz (▶ Abschn. 1.4.1), er erwartete also die Vertauschungsfehler vor allem bei Kindern mit Lese-Rechtschreibstörung und nicht, dass deren Häufigkeit von der Lesequalität innerhalb der Population normal lesender Kinder abhängt.

Der Grund, warum Ortons Theorie heute als widerlegt gelten kann, so Lachmann und Geyer (2003), ist nicht das Verhältnis phonologischer Fehler zu Vertauschungsfehlern in Studien wie der von Liberman und Kollegen (1971), sondern inhaltlicher Natur: Ortons Annahmen über die Verarbeitung visueller Objekte im Großhirn, über die Prozesse und Strukturen, welche die Verbindung von visuellen und lautlichen Repräsentationen sicherstellen, und über die Kommunikation zwischen den Hemisphären sind mit dem heutigen Kenntnisstand schlichtweg nicht vereinbar (Lachmann 2002). Im Kontext neuerer hirnphysiologischer (Corballis und Beale 1993) und funktionaler Modelle (Rusiak et al. 2007; Lachmann 2002) spielen aber zumindest statische Vertauschungsfehler durchaus eine Rolle bei Erklärungsansätzen zur Lese-Rechtschreibstörung, wenn auch nicht als Kardinalsymptom.

Erheblichen Einfluss auf die Forschung zur Lese-Rechtschreibstörung nahmen auch die **methodischen Weiterentwicklungen** in der kognitiven Neuropsychologie (Ramus 2004). Nachdem die experimentelle Psychologie bereits seit Jahrzehnten differenzierte Methoden der Analyse von Informationsverarbeitungsprozessen bei Personen mit und ohne Lese-Rechtschreibprobleme nutzte, um die Ursachen der Störung des Schriftspracherwerbs zu erforschen, bot die Entwicklung psychophysiologischer (z. B. Elektroenzephalographie, EEG) und bildgebender Verfahren (z. B. Magnetresonanztomographie, MRT) neue Perspektiven zur Erforschung der hirnphysiologischen und -strukturellen Besonderheiten bei den betroffenen Personen (▶ Exkurs »Genauer betrachtet: Funktionsweise von PET und fMRT« in ▶ Abschn. 2.4). Vor allem moderne Verfahren wie die funktionelle Magnetresonanztomographie (fMRT) erlauben es quasi, »dem Gehirn bei der Arbeit zuzuschauen« und so Aussagen über die Art der Informationsverarbeitung, die involvierten Teile des Gehirns und die Stärke der Aktivierung bei bestimmten Verarbeitungsprozessen zu treffen. Wir werden in den folgenden Kapiteln immer wieder auf Studien verweisen, die mit solchen Methoden arbeiten und die unser Verständnis der Lese-Rechtschreibstörung erheblich erweitert haben. Jedoch ist auch vor einer allzu großen Euphorie zu warnen, besonders vor einer vorschnellen Kausalinterpretation der berühmten »bunten Bilder« des Gehirns – in einer methodenkritischen Studie wurde beispielsweise vor ein paar Jahren Hirnaktivität in einem toten Lachs nachgewiesen (Blawat 2009).

1.4.2 Über hundert Jahre Forschung und keinen Schritt weiter?

Heute ist die Masse an wissenschaftlichen Publikationen zum Thema Lese-Rechtschreibstörung kaum noch überschaubar. Über 100.000 Publikationen, davon ca. 17.000 begutachtete Artikel in international gelisteten Zeitschriften (Thomson

Reuters® Web of Knowledge), sind allein in den letzten acht Jahrzehnten zum Thema erschienen. Die Theorien zur Lese-Rechtschreibstörung sind so heterogen, dass sie sich nur schwerlich in ein System zwängen lassen. Man könnte daraus schließen, dass wir weiter denn je davon entfernt sind, diese Entwicklungsstörung zu verstehen, zu erklären und folglich zu therapieren. Eine solch pessimistische Sichtweise erscheint jedoch ungerechtfertigt: Tatsächlich lassen die vielen, obgleich heterogenen Erkenntnisse zum Thema in der Summe eine Reihe von Lehren und auch klare Aussagen zu – und davon handelt dieses Buch.

So können wir heute zweifelsfrei davon ausgehen, dass die **phonologische Verarbeitung eine Schlüsselfunktion** für das Verständnis der Lese-Rechtschreibstörung spielt, und deshalb werden wir im vorliegenden Buch die verschiedenen Aspekte der phonologischen Verarbeitung auch genauer besprechen. Umstritten bleibt allerdings, ob die phonologischen Verarbeitungsdefizite als primäre Ursache anzusehen sind oder ob sie durch zugrundeliegende **nicht-sprachliche Defizite** verursacht werden (Steinbrink et al. 2009; Stoodley et al. 2006; Lachmann et al. 2005) und inwieweit Defizite anderer kognitiver Funktionen, vor allem visuelle, eine Rolle bei der gestörten Schriftsprachentwicklung spielen (Becker et al. 2005; Stein 2002). Hierzu werden wir unterschiedliche Theorien besprechen (▶ Kap. 4).

Es stellt sich allerdings auch die Frage, ob die Lese-Rechtschreibstörung überhaupt **monokausal** begründet ist, d. h., ob die Störung tatsächlich aus einer einzelnen Ursache resultiert oder ob nicht **multikausale Subtypen** existieren. Inzwischen liegen zahlreiche Studien vor, die in der Tat eher auf Letzteres hinweisen, dass also weder Symptomatik noch Ursachen der Lese-Rechtschreibstörung homogen sind (Heim 2008; Lachmann et al. 2005; einen Überblick geben Watson und Willows 1993, ▶ Kap. 3). Mit der Annahme von Subtypen wären auch die uneinheitlichen Ergebnisse verschiedener Studien verständlich: Ob sich ein bestimmtes Defizit in einer Studie nachweisen lässt, hinge demnach von der Zusammensetzung der Stichprobe ab. In einer EEG-Studie konnten Lachmann und Kollegen (2005) beispielsweise zeigen, dass sich für Kinder mit unterschiedlichen Lese-

defiziten auch unterschiedliche zugrundeliegende neurophysiologische Defizite nachweisen lassen. Weil die Lese-Rechtschreibstörung aber frühestens ab Ende der 2. Klasse diagnostiziert werden kann, also nachdem der Schriftspracherwerb schon recht weit fortgeschritten sein sollte, darf der Nachweis eines Defizits in einer bestimmten kognitiven Funktion der diagnostizierten Kinder nicht uneingeschränkt als ursächlich interpretiert werden, da unklar bleibt, ob eben dieses Defizit Ursache oder Folge des gestörten Schriftspracherwerbs ist. Da es sich aber bei den am Lesen und Schreiben beteiligten Funktionen, wie schon besprochen (▶ Abschn. 1.1), um bereits vor dem Schriftspracherwerb etablierte Funktionen handelt, die modifiziert und koordiniert werden, ließe sich dieses **»Henne-Ei«-Problem** dadurch lösen, die betreffenden Funktionen vor dem Schriftspracherwerb zu testen und dann den Prozess des Erlernens des Lesens und Schreibens zu verfolgen und in Beziehung zu den jeweils aktuellen und früheren funktionalen Leistungen zu setzen. Wir werden verschiedene solcher sogenannter **Längsschnittstudien zu Vorläuferfunktionen** besprechen, die es erlauben, die Wirkung entsprechender kognitiver Defizite auf den Verlauf des Schriftspracherwerbs abzuschätzen (z. B. Lyytinen et al. 2008). Aber auch bei dieser Methodik ergeben sich einige Herausforderungen. Welche Funktionen gilt es überhaupt als mögliche Vorläuferfunktionen zu untersuchen? Außerdem bleibt zu bedenken, dass die am Lese- und Schreibprozess beteiligten Funktionen zu Beginn des Schriftspracherwerbs allesamt normal entwickelt sein könnten und sich eine Störung möglicherweise erst aus der inadäquaten Koordination und Automatisierung ergibt (Lachmann 2002; Fawcett 2002, ▶ Kap. 4). Um also zu untersuchen, was die Ursache(n) für gestörten Schriftspracherwerb ist (sind), muss zunächst der **normale Verlauf der Entwicklung der Schriftsprache** verstanden sein (Rayner 1993): Welche Funktionen sind in welcher Art und Weise am Schriftspracherwerb beteiligt und wann und wie erfolgt deren Koordination? Im vorliegenden Buch werden wir deshalb, bevor wir auf die Lese-Rechtschreibstörung eingehen, Theorien und Modelle zum normalen Schriftspracherwerb und zum geübten Lesen und Schreiben in unterschiedlichen Sprachen (z. B. Englisch versus

Deutsch) in einem eigenem Kapitel besprechen (▶ Kap. 2). Auch werden wir in den folgenden Kapiteln immer wieder auf Studien eingehen, die neurowissenschaftliche Methoden nutzen, denn aus der Verhaltensmessung allein kann man nicht unbedingt auf Funktionsdefizite schließen, die der Lese-Rechtschreibstörung zugrunde liegen: Verschiedene Studien haben beispielsweise gezeigt, dass sich ein bestimmtes funktionales Defizit (z. B. in der nichtsprachlichen auditiven Verarbeitung; Stoodley et al. 2006) zwar in den EEG-Parametern, nicht aber in den Verhaltensdaten zeigen kann.

1.4.3   Verfahren zur Diagnostik und Intervention

Wir werden in diesem Buch nicht nur Erklärungsmodelle für die normale und die gestörte Schriftsprachentwicklung, sondern auch entsprechende Diagnoseverfahren (▶ Kap. 5) sowie Förderprogramme zur Prävention von Lese-Rechtschreibschwierigkeiten und zur Intervention bei Lese-Rechtschreibstörung (▶ Kap. 6) besprechen. Auch in diesen Bereichen hat sich mittlerweile gezeigt, dass die phonologische Informationsverarbeitung eine besonders wichtige Rolle spielt, und zwar auch hinsichtlich der **Diagnostik und Förderung *vor* dem Schriftspracherwerb**. Wir werden deshalb im vorliegenden Buch diagnostische Verfahren zur Messung kognitiver Grundlagen des Schriftspracherwerbs behandeln, die Aspekte der phonologischen Informationsverarbeitung erfassen. Weiterhin werden wir aktuelle Testverfahren zur Überprüfung des Lesens, des Rechtschreibens und der Intelligenz vorstellen, da die Ermittlung der Leistung in diesen Inhaltsbereichen für die Diagnostik der Lese-Rechtschreibstörung zentral ist (▶ Kap. 5). Bei der Darstellung von Präventions- und Interventionsprogrammen (▶ Kap. 6) werden Programme zur Förderung kognitiver Basisfunktionen des Lesens und Schreibens ebenso in den Blick genommen wie Programme, die direkt das Lesen und/oder Schreiben trainieren. Aufgrund der Fülle der vorhandenen Programme und Therapieansätze wird es nicht möglich sein, auf alle im deutschen Sprachraum verbreiteten Programme einzugehen. Wir werden uns deshalb auf eine Auswahl derjenigen Förderprogramme beschränken müssen, deren Wirksamkeit in mindestens einer wissenschaftlichen Evaluationsstudie untersucht wurde.

Dass die Qualität der Diagnostik bei wissenschaftlichen Studien einen direkten Einfluss auf den Erkenntnisgewinn und die Vergleichbarkeit mit anderen Studien hat, und dass umgekehrt ein diagnostisches Verfahren nur so gut sein kann wie die wissenschaftlichen Erkenntnisse über die zu diagnostizierende Störung, haben wir bereits besprochen (s. Beginn von ▶ Abschn. 1.4). Diese Logik lässt sich auch auf die Förderprogramme übertragen: Die Entwicklung eines wirksamen Programms setzt Erkenntnisse über die relevanten Funktionen voraus, die es zu trainieren gilt. Umgekehrt kann die positive Wirkung eines Programms auf die Lese-Rechtschreibleistungen als valider Gradmesser für die Relevanz der trainierten Funktionen für den Schriftspracherwerb gelten. Falls jedoch kein Effekt auf die schriftsprachliche Leistung zu verzeichnen ist, spricht dies umgekehrt nicht automatisch gegen die Relevanz der trainierten Komponente: Da gelingende Schriftsprache die Folge eines komplexen Fertigkeitserwerbs ist, bei dem verschiedene kognitive Funktionen modifiziert, koordiniert und über einen jahrelangen Übungszeitraum automatisiert werden (Lachmann und van Leeuwen 2008; Lachmann 2002; ▶ Abschn. 4.3.5), muss das Training einer bestimmten Funktion (z. B. der zeitlichen auditiven Verarbeitung oder der Phonemdiskrimination), die man als ursächlich für den inadäquaten Schriftspracherwerb identifiziert hat, nicht zwangsläufig zu einer Verbesserung des Lesens und Schreibens führen! Dies gilt umso mehr, je weiter die Schriftsprachentwicklung vorangeschritten und je basaler und isolierter die trainierte Funktion ist, das heißt, je weiter sie vom komplexen Gesamtprozess des Lesens oder Schreibens entfernt ist (funktionale Fragmentierung, Lachmann 2002).

1.4.4   Nicht am Ziel, aber auf dem richtigen Weg und einen großen Schritt weiter

Auch wenn nach jahrzehntelanger, intensiver Forschung noch viele Fragen offen bleiben, was das Verständnis der Lese-Rechtschreibstörung, ihre

Ursachen sowie die optimale Förderung und Intervention betrifft, so ist unser Wissensstand insgesamt doch enorm gewachsen, was auch einen veränderten Umgang mit Kindern und Erwachsenen, die unter einer Lese-Rechtschreibstörung leiden, zur Folge hat: Eltern betroffener Kinder und Betroffene selbst haben sich national und international in einflussreichen Interessenverbänden organisiert (z. B. Bundesverband Legasthenie und Dyskalkulie, European Dyslexia Association; ▶ weiterführende Links), in allen Bundesländern gibt es, wie bereits erwähnt, entsprechende gesetzliche Vorgaben für die Förderung und Unterstützung der betroffenen Schülerinnen und Schüler, und insgesamt hat sich das Bild von Menschen mit Lese-Rechtschreibstörung in der Gesellschaft in den vergangen Jahrzehnten deutlich zum Positiven verändert und ist heute überwiegend von Akzeptanz geprägt.

Die Forschung hat außerdem dazu beigetragen, dass eine Reihe von Mythen widerlegt werden konnten, die über lange Zeit das Bild der Kinder und Erwachsenen mit Lese-Rechtschreibstörung mitbestimmt hatten, ganz besonders die Annahme, dass die Betroffenen weniger intelligent oder schlichtweg faul seien. Aber auch, dass eine Lese-Rechtschreibstörung mit besonderen Begabungen assoziiert sei oder daraus resultiere (was oft in Zusammenhang mit der Spiegelschrift und den Rechtschreibfehlern Leonardo da Vincis behauptet wird), kann als widerlegt gelten. Dass Lehrer, Eltern oder die betroffenen Kinder selbst die Hauptverantwortung für das Entstehen einer Lese-Rechtschreibstörung tragen, ist ebenfalls als falsch erkannt worden. Gleichwohl haben die am Bildungsprozess beteiligten Personen, inklusive des Lernenden selbst, einen Einfluss darauf, wie sich die Entwicklungsstörung auf der Verhaltensebene äußert, da es eben auch ein Mythos ist, dass die Lese-Rechtschreibstörung nicht therapierbar sei. Auch wenn bei den Betroffenen die zugrundeliegenden Defizite, trotz der nicht zu unterschätzenden Plastizität in der lebenslangen Hirnentwicklung, wohl über die Lebensspanne hinweg bestehen bleiben, lässt sich die Lese- und Schreibleistung durch das richtige Training (▶ Kap. 6) deutlich verbessern. Ein weiterer, recht hartnäckiger Irrglauben besteht darin, dass die Lese-Rechtschreibstörung »reine Männersache« sei. Gelegentlich wird noch heute

verwundert reagiert, wenn Mädchen einen Nachteilsausgleich beantragen, und tatsächlich wird in der Praxis, begründet durch geschlechtsspezifische Verhaltens- und Bewertungsmuster, immer noch bei deutlich mehr Jungen als Mädchen eine Lese-Rechtschreibstörung diagnostiziert. Shaywitz und Kollegen (1990) konnten zeigen, dass eine rein auf Lesetestergebnissen beruhende Diagnose zu keinen Geschlechtsunterschieden führt (▶ Kap. 3). Rutter und Kollegen (2004) berichten hingegen von mehr betroffenen Jungen als Mädchen. Klar ist auf jeden Fall, dass auch Mädchen in der Schriftsprachentwicklung gestört sein können. Auf weitere Mythen wollen wir jedoch nicht eingehen, wir beschränken uns in diesem Buch auf Ansätze und Modelle, die wissenschaftlich begründet sind.

1.5 Zusammenfassung

Die Schriftsprache ist eine **kulturelle Schlüsselfertigkeit** und eine der komplexesten Leistungen des menschlichen Gehirns, während deren Entwicklung eine Reihe bereits etablierter, kognitiver Funktionen unterschiedlicher Modalitäten rekrutiert, **modifiziert und koordiniert** und über einen längeren Übungszeitraum hinweg **automatisiert** werden. Gelingt dieser Fertigkeitserwerb trotz adäquater Beschulung, normaler kognitiver Fähigkeiten und ohne etwaige sensorische Defizite nicht adäquat und macht sich dies selektiv in schriftsprachlichen Leistungen bemerkbar, so sprechen wir von einer Lese-Rechtschreibstörung als einer **umschriebenen Entwicklungsstörung**. Über die genauen diagnostischen Kriterien besteht derzeit aber keine Einigkeit. Die Kultusministerkonferenz hat für die Bundesrepublik Deutschland das **Recht auf individuelle Förderung** entsprechend des jeweiligen Leistungsstandes des Kindes festgeschrieben, wobei jedes Bundesland eigene Richtlinien zur Diagnostik von und Förderung bei Lese-Rechtschreibstörung erlässt, die sich teilweise beträchtlich unterscheiden.

Auch über die Ursachen der Lese-Rechtschreibstörung besteht keine Einigkeit. Die Ursprünge der Forschung zur Lese-Rechtschreibstörung liegen im Ende des 19. Jahrhunderts und beruhen im Wesentlichen auf zwei Impulsen, der Entwicklung der pädagogisch-psychologischen **Diagnostik** und den Erkenntnissen der **Hirnforschung**. Neben einer Reihe weiterer Impulse, die in den vergangenen 100 Jahren die Forschung zum Thema Schriftspracherwerb und dessen Störung beeinflusst haben, lassen sich die beiden ursprünglichen Traditionslinien bis heute noch relativ stark im Spektrum der Erklärungsmodelle erkennen. Trotz enormer Fortschritte in der Forschung, zum Beispiel durch neue Methoden der Neurowissenschaften, wie der funktionellen Bildgebung, gibt es bis heute eine Vielzahl teilweise kontroverser Theorien zu den Ursachen der Lese-Rechtschreibstörung. Es besteht aber Konsens darüber, dass die **phonologische Informationsverarbeitung** für die Schriftsprachentwicklung, und damit auch für die Entstehung von Lese-Rechtschreibproblemen, eine primäre Rolle spielt. Inwieweit die phonologischen Verarbeitungsprobleme durch zugrundeliegende **nicht-sprachliche Verarbeitungsdefizite** verursacht sind und inwieweit andere kognitive Funktionen kausal mit der Lese-Rechtschreibstörung im Zusammenhang stehen, bleibt Gegenstand weiterer Forschung und Diskussion.

Dieses Kapitel hatte das Ziel, in die Thematik »Lese-Rechtschreibstörung« einzuführen und für offene Fragestellungen zu sensibilisieren, auf die wir später genauer eingehen werden. Dabei wollen und können wir aber keine ultimativen Antworten und »Patentrezepte« liefern, sondern möchten mit diesem Buch den aktuellen Stand der aus unserer Sicht relevanten Forschung erläutern und Ihnen Mut machen, sich näher mit dem komplexen, aber spannenden Thema »Lese-Rechtschreibstörung« auseinanderzusetzen.

Literatur

Ash, R. (1965). *Information theory*. Mineola, New York: Dover.

Becker, C., Elliott, M., & Lachmann, T. (2005). Evidence for impaired visuoperceptual organization in developmental dyslexics and its relation to temporal processes. *Cognitive Neuropsychology, 22*, 499–522.

Berlin, R. (1887). *Eine besondere Art von Wortblindheit (Dyslexie)*. Wiesbaden: Bergmann.

Binet, A. (1905). Analyse de C. E. Spearman, the proof and measurement of association between two things and general intelligence objectively determined and measured. *L'Année Psychologique, 11*, 623–624.

Blawat, K. (23. September 2009). Ein Fisch schaut in die Röhre. *Süddeutsche Zeitung*, ► http://www.sueddeutsche.de/wissen/neuronenforschung-ein-fisch-schaut-in-die-roehre-1.36460

Broca, P. (1861). Remarques sur le siège de la faculté du langage articulé, suivies d'une observation d'aphémie (perte de la parole). *Bulletins de la Société d'anatomique de Paris, 36*, 330–357.

Cattell, R. B., Weiß, R. H., & Osterland, J. (1997). Grundintelligenztest Skala 1 (CFT 1). Göttingen: Hogrefe.

Chomsky, N. (1957). *Syntactic Structures*. Hague/Paris: Mouton.

Chomsky, N. (1965). *Aspects of the Theory of Syntax*. Cambridge, Massachusetts: MIT Press.

Corballis, M. C., & Beale, I. L. (1993). Orton revisited: Dyslexia, laterality, and left-right confusion. In D. Willows, R. S. Kruk, & E. Corcos (Hrsg.), *Visual processes in reading and reading disabilities* (S. 57–73). Hillsdale, New York: Erlbaum.

Dehaene, S. & Cohen, L. (2007). Cultural recycling of cortical maps. *Neuron, 56*, 384–398.

Dummer-Smoch, L. (2000). *Die Diagnostischen Bilderlisten (DBL)*. Göttingen: Hogrefe.

Fawcett, A. (2002). Dyslexia, the cerebellum and phonological skill. In E. Witruk, A. D. Friederici, & T. Lachmann (Hrsg.) *Basic functions of language, reading and reading disability* (265–279). Boston: Kluwer/Springer.

Gates, A. I. (1927). *The improvement of reading: A program of diagnostic and remedial methods*. New York: Macmillan.

Gates, A. I. & Bernett, C. C. (1933). *Reversal tendencies in reading. Causes, diagnosis, prevention and correction*. New York: Teachers College, Columbia University, Bureau of Publications.

Gates, A. I., Bond, G. L., & Russell, D. H. (1939). *Methods of determining reading readiness*. New York: Teachers College, Columbia University, Bureau of Publications.

Heim, S., Tschierse, J., Amunts, K., Wilms, M., Vossel, S., Willmes, K., et al. (2008). Cognitive subtypes of dyslexia. *Acta Neurobiologiae Experimentalis, 68*, 73–82.

Hinshelwood, J. (1917). *Congenital word blindness*. London: Lewis.

Kerr, J. (1896). Congenital word blindness. The Howard Price Essay of the *British Royal Statistical Society*.

Kussmaul, A. (1878). Word-deafness and word-blindness. In H. v. Ziemssen (Hrsg.), *Cyclopedia of the practice of medicine*. London: Sampson Row, Maston, Searle & Rivingston.

Lachmann, T. (2002). Reading disability as a deficit in functional coordination and information integration. In E. Witruk, A. D. Friederici, & T. Lachmann (Hrsg.), *Basic functions of language, reading and reading disability* (S. 165–198). Boston: Kluwer/Springer.

Lachmann, T. (Hrsg.) (2005). *Bildungspolitische Grundlagen für die Diagnose und Förderung von Kindern mit Lese- und Rechtschreibstörung*. Leipzig: Leipziger Universitätsverlag.

Lachmann, T. (2008). Experimental approaches to specific disabilities in learning to read: The case of Symmetry Generalization in developmental dyslexia. In N. Srinivasan, A. K. Gupta, & J. Pandey (Hrsg.), *Advances in Cognitive Science* (S. 321–342). Thousand Oaks, CA: Sage.

Lachmann, T., & Geyer, T. (2003). Letter reversals in developmental dyslexia: Is the case really closed? A critical review and conclusions. *Psychology Science, 45,* 53–75.

Lachmann, T., & van Leeuwen, C. (2008). Different letter-processing strategies in diagnostic subgroups of developmental dyslexia. *Cognitive Neuropsychology, 25,* 730–744.

Lachmann, T., Berti, S., Kujala, T., & Schröger, E. (2005). Diagnostic subgroups of developmental dyslexia have different deficits in neural processing of tones and phonemes. *International Journal of Psychophysiology, 56,* 105–120.

Lachmann, T., Khera, G., Srinivasan, N., & van Leeuwen, C. (2012). Learning to read aligns visual analytical skills with grapheme-phoneme mapping: Evidence from illiterates. *Frontiers in Evolutionary Neuroscience, 4.* doi: 103389/fnevo.2012.00008.

Liberman, I. Y., Shankweiler, D., Orlando, C., Harris, K. S., & Berti, F. B. (1971). Letter Confusions and Reversals of Sequence in the Beginning Reader: Implications for Orton's Theory of Developmental Dyslexia. *Cortex, 7,* 127–142.

Linder, M. (1951). Über Legasthenie (spezielle Leseschwäche). Fünfzig Fälle, ihr Erscheinungsbild und Möglichkeiten zur Behandlung. *Zeitschrift für Kinderpsychiatrie, 18,* 97–143.

Lyytinen, H., Ahonen, T., Lyytinen, P., Poikkeus, A.-M., Leppänen, P., Guttorm, T. et al. (2008). *Juväskylä Longitudinal Study of Dyslexia.* ► https://www.jyu.fi/ytk/laitokset/psykologia/huipputkimus/en/research/JLD_main

May, P. (1996). Die Hamburger Schreibprobe. Grundlegende Rechtschreibstrategien erfassen. *Grundschule, 28,* 17–20.

Marx, P. (2004). *Intelligenz und Lese- Rechtschreibschwierigkeiten. Macht es Sinn, Legasthenie und allgemeine Lese-Rechtschreibschwäche zu unterscheiden?* Hamburg: Dr. Kovac.

Miles, T. R., & Miles, E. (1999). *Dyslexia: A hundred years on.* Buckingham: Open University Press.

Morgan, W. P. (1896). A case of congenital word blindness. *The British Medical Journal, 2,* 1378.

Naegele, I. M. & Valtin, R. (2003) . *LRS – Legasthenie in den Klassen 1–10.* Weinheim: Beltz.

Orton, S. T. (1925). »Word-blindness« in school children. *Archives of Neurology and Psychiatry, 14,* 581–615.

Orton, S. T. (1928). A physiological theory of reading disability and stuttering in children. *New England Journal of Medicine, 29,* 1046–1052.

Posner, M. I., & Raichle, M. E. (1996). *Bilder des Geistes.* Berlin: Spektrum

Ramus, R. (2004). Neurobiology of dyslexia: A reinterpretation of the data. *Trends in Neurosciences, 27,* 720–726.

Rayner, K. (1993). Visual Processes in Reading. In: Willows, D.M., Kruk, R.S., Corcos, E. , *Visual Processes in Reading and Reading Disabilities* (475–480). Hillsdale: Lawrence Erlbaum.

Richardson, T. (1989). *The century of the child: The Mental Hygiene Movement and social policy in the United States and Canada.* Albany, New York: Suny.

Robinson, H. M. (1946). *Why pupils fail in reading.* Chicago: University Press.

Rusiak, P., Lachmann, T., Jaskowski, P., & van Leeuwen, C. (2007). Mental rotation of letters and shapes in developmental dyslexia. *Perception, 36,* 617–631.

Rutter, M., Caspi, A., Fergusson, D., Horwood, L. J., Goodman, R., Maughan, B. et al. (2004). Sex differences in developmental reading disability: new findings from 4 epidemiological studies. *Journal of the American Medical Association, 291,* 2007–2012.

Schleider, K. (2009). *Lese- und Rechtschreibstörung.* München: Reinhardt.

Schulte-Körne, G. (2010). Diagnostik und Therapie der Lese-Rechtschreibstörung. *Deutsches Ärzteblatt, 107,* 718–727.

Shaywitz, S. E., Shaywitz, B. A., Fletcher, J. M., & Escobar, M. D. (1990). Prevalence of reading disability in boys and girls: results of the Connecticut Longitudinal Study. *Journal of the American Medical Association, 264,* 998–1002.

Snowling, M. (2001). From language to reading and dyslexia. *Dyslexia, 7,* 37–46.

Spearman, C. (1904). General intelligence, objectively determined and measured. *Amercian Journal of Psychology, 15,* 201–293.

Stanovich, K. E. (1994). Does dyslexia exist? *Journal of Child Psychology and Psychiatry, 35,* 579–595.

Stein, J. (2002). The neurobiology of reading difficulties. In E. Witruk, A. D. Friederici, & T. Lachmann (Hrsg.), *Basic functions of language, reading, and reading disability* (S. 199–211). Boston: Kluwer/Springer.

Steinbrink, C., Ackermann, H., Lachmann, T., & Riecker, A. (2009). Contribution of the anterior insula to temporal auditory processing deficits in developmental dyslexia. *Human Brain Mapping, 30,* 2401–2411.

Stern, W. (1912). *Die psychologischen Methoden der Intelligenzprüfung.* Leipzig: Barth.

Stoodley, C. J., Hill, P. R., Stein, J. F., & Bishop, D. V. M (2006). Auditory event-related potentials differ in dyslexics even when auditory psychophysical performance is normal. *Brain Research, 1121,* 190–199.

Thorndike, E. L. (1911). A scale for measuring the merit of English writing. *Science, 33,* 935–938.

Thorndike, E. L. (1914). The measurement of ability in reading: Preliminary scales and tests. *Teachers College Record, 15,* 6–76.

Thorndike, E. L. (1921). *Thorndike-McCall reading scale for the understanding of sentences.* New York: Columbia University.

Valtin, R. (2009). *Brauchen wir die Legasthenie? Zum Konstrukt der Legasthenie.* ► http://www.pedocs.de/volltexte/2010/1469/pdf/brauchen_wir_die_legasthenieD_A.pdf

Vellutino, F. R. (1987). Dyslexia. *Scientific American, 256*, 20–27.

Vellutino, F. R., & Fletcher, J. M. (2007). Developmental dyslexia. In M. J. Snowling & C. Hulme, (Hrsg.), *The Science of Reading: A Handbook* (S. 362–278). Malden, MA: Blackwell Publishing.

Watson, C., & Willows, D. M. (1993). Evidence for a visual-processing- deficit subtype among disabled readers. In D. Willows, R. S. Kruk, & E. Corcos (Hrsg.), *Visual processes in reading and reading disabilities* (S. 287–309). Hillsdale, New York: Erlbaum.

Weigt, R. (1980). *Zur Auswahl von Schülern für LRS-Klassen.* Berlin (DDR): Verlag Volk und Wissen.

Wernicke, C. (1874). *Der aphasische Symptomkomplex.* Breslau: Cohn & Weigert.

Wetzel, N., Widmann, A., & Schröger, E. (2011). Processing of novel identifiability and duration in children and adults. *Biological Psychology, 86*, 39–49.

Wundt, W. (1918). *Grundriss der Psychologie.* Leipzig: Körner.

Weiterführende Literatur

Hulme, C. & Snowling, M. J. (2009). Reading Disorders I: Developmental Dyslexia. In C. Hulme & M. Snowling (Hrsg.), *Developmental Disorders of Language Learning and Cognition* (S. 37–89). Oxford: Wiley-Blackwell.

Israel, S. E., & Monaghan, E. J. (Hrsg.)(2007). *Shaping the reading field. The impact of early reading pioneers, scientific research, and progressive ideas.* Newark, DE: International Reading Association.

Willows, D. M., Kruk, R., & Corcos, E. (Hrsg.) (1993). *Visual Processes in Reading and Reading Disabilities.* Hillsdale, N. J.: Lawrence Erlbaum Associates.

Witruk, E., Friederici, A. D., & Lachmann, T. (Hrsg.) (2002). *Basic functions of reading and reading disability.* Neuropsychology and Cognition Series. Boston: Kluwer/ Springer.

Weiterführende Links

Bundesverband Legasthenie und Dyskalkulie (BVL): ▶ http://bvl-legasthenie.de/. Zugegriffen am 27.08.2013

European Dyslexia Association (EDA): ▶ http://www.eda-info.eu/. Zugegriffen am 27.08.2013

Interview mit Sally Shaywitz: The Brain and Dyslexia – What Brain Imaging Can and Can't Tell Us About Reading Difficulties. ▶ http://www.childrenofthecode.org/interviews/shaywitz.htm#WhatBrainScans. Zugegriffen am 27.08.2013

Entwicklung des Lesens und Schreibens

Überblicksfragen

- Auf welchen kognitiven Grundlagen basiert der Schriftspracherwerb?
- Wie entwickeln sich Lese- und Rechtschreibfertigkeiten?
- Wie erfolgt der Lese- und Schreibprozess bei geübten Personen?
- Welche Lesesysteme gibt es im Gehirn und wie verläuft deren Entwicklung?

Um verstehen zu können, inwiefern die Schriftsprachentwicklung bei Personen mit Lese-Rechtschreibstörung von der von Personen mit unbeeinträchtigtem Lese-Rechtschreiberwerb abweicht, muss zunächst erläutert werden, wie die unbeeinträchtigte Entwicklung des Lesens und Schreibens vor sich geht. Deshalb werden wir in diesem Kapitel die allgemeine Entwicklung des Lesens und Schreibens behandeln. In ► Abschn. 2.1 geht es zunächst um die kognitiven Grundlagen des Schriftspracherwerbs. Im Anschluss wird anhand des Phasenmodells der Lese-Rechtschreibentwicklung nach Frith (1985, 1986) erläutert, in welchen Phasen die Schriftsprachentwicklung voranschreitet (► Abschn. 2.2). ► Abschn. 2.3 zeigt dann anhand der Vorstellung von Modellen des Lesens und Schreibens bei kompetenten/geübten Personen auf, wie Lese- und Rechtschreibprozesse nach Abschluss der Schriftsprachentwicklung ablaufen. Das Kapitel schließt mit einer Darstellung der Entwicklung der Lesesysteme im Gehirn (► Abschn. 2.4).

2.1 Kognitive Grundlagen des Schriftspracherwerbs

Schriftsprache ist eine komplexe Kulturtechnik. Wie wir im Einführungskapitel bereits ausgeführt haben, existieren für diese Fertigkeit keine genetisch bedingten spezifischen Strukturen und Funktionen im menschlichen Gehirn. Vielmehr müssen eine Vielzahl bereits existierender kognitiver Funktionen rekrutiert, modifiziert, über einen langen Lernprozess hinweg koordiniert und schließlich automatisiert werden (Lachmann et al. 2012, s. unten ► Exkurs»Genauer betrachtet: Schriftsprachspezifische visuelle Wahrnehmungsstrategien«). Neben visueller Wahrnehmung, Aufmerksamkeit,

Gedächtnis, okulo- und feinmotorischer Steuerung und einer Reihe weiterer wichtiger Funktionen steht dabei die sprachliche Informationsverarbeitung an erster Stelle, denn ein Text ist, wie bereits erwähnt, nichts anderes als codierte Sprache. Da Schüler aber in der Regel zu Beginn des Schriftspracherwerbs in der sprachlichen Entwicklung bereits sehr fortgeschritten sind, unterschätzte man bis in die 70er Jahre des letzten Jahrhunderts hinein die Rolle der Entwicklung von Funktionen der sprachlichen Informationsverarbeitung für den Schriftspracherwerb. So wurde bei Einschulungs- und Screeningverfahren stattdessen oft der Entwicklungsstand der visuellen Wahrnehmung und der Feinmotorik getestet, wie beispielsweise die visuelle Objekterkennung und Diskrimination als Prädiktor für den Erfolg beim Lesenlernen (z. B. im Frostig-Test: räumliche Wahrnehmung, Figur-Grund-Unterscheidung, Formkonstanz) oder visuo-motorische Fertigkeiten, wie z. B. das genaue Zeichnen von Endlosschleifen oder Symbolketten als Prädiktoren für den Erfolg beim Erlernen des Schreibens. Natürlich sind dies wichtige Fertigkeiten für den Schriftspracherwerb, vor allem zu Beginn. Es zeigte sich jedoch, dass die Vorhersagekraft solcher Leistungen auf den späteren Schulerfolg und den Verlauf des Schriftspracherwerbs schwach ist (Steinbrink et al. 2010; s. auch Steinbrink et al. 2012). Heute ist die herausragende Rolle der phonologischen Informationsverarbeitung für den Schriftspracherwerb unbestritten (einen Überblick geben Snowling und Hulme 2007). Aus diesem Grund werden wir im Folgenden zunächst auf die Entwicklung der phonologischen Informationsverarbeitung als kognitive Vorläuferfertigkeit für den Schriftspracherwerb eingehen, bevor wir die Rolle der Entwicklung basaler auditiver und visueller Funktionen besprechen.

2.1.1 Phonologische Informationsverarbeitung

Bei der **phonologischen Informationsverarbeitung** werden phonologische Informationen (d. h. die Sprachlaute einer Sprache) genutzt, um gesprochene oder geschriebene Sprache zu verarbeiten (Wagner und Torgesen 1987). Zusätzlich zu den

Genauer betrachtet: Schriftsprachspezifische visuelle Wahrnehmungsstrategien

Dass die am Leseprozess beteiligten visuellen und sprachlichen Funktionen in ihrer phylogenetischen und ontogenetischen Entwicklung nicht schriftsprachspezifisch sind (Blomert 2011; Dehaene et al. 2010a,b; Lachmann und van Leeuwen 2007; Lachmann 2002) zeigt sich auch in einer Studie von Lachmann und Kollegen (2012) mit erwachsenen Analphabeten ohne Buchstabenkenntnis und einer Kontrollgruppe normal lesender Erwachsener. Die Teilnehmer hatten die Aufgabe, einzeln dargebotene visuelle Reize so schnell und so genau wie möglich einer von zwei vorab instruierten Antwortkategorien (linke versus rechte Antworttaste) zuzuordnen, die jeweils einen Buchstaben und eine geometrische

Figur beinhalteten. Diese Aufgabe kann zwar gänzlich ohne Buchstabenkenntnis bearbeitet werden, jedoch wurden die Konfigurationen so gewählt, dass der Buchstabe der einen Antwortkategorie formähnlich der Figur der jeweils anderen war (z.B. Antwort 1 = »A« oder Rechteck; Antwort 2 = Dreieck oder »L«). Die Kontrollgruppe zeigte Effekte, wie sie für geübte Leser typisch sind: auf Buchstaben erfolgte die richtige Antwort deutlich schneller als auf Figuren. Außerdem beeinflussten Störreize die Verarbeitung von Buchstaben anders als die von Figuren. Analphabeten zeigten hingegen keinerlei Unterschiede bei der Verarbeitung von Buchstaben und Figuren. Dies zeigt, dass die Verarbeitung von visuellen

Reizen mit sprachlicher Codierung bei geübten Lesern anders verläuft als bei Analphabeten, auch wenn die Aufgabe rein visuell lösbar wäre. Dieses Befundmuster wurde als Beleg dafür interpretiert, dass während des Schriftspracherwerbs vorhandene Funktionen verschiedener Modalitäten rekrutiert, modifiziert und im Verlauf des Fertigkeitserwerbs koordiniert und automatisiert werden (▶ Abschn. 4.3.5). Dehaene und Cohen (2007) sprechen von »kulturellem Recycling« kognitiver Funktionen während des Schriftspracherwerbs und zeigten, dass die für das Lesen wichtige sogenannte Visuelle-Wortform-Region im Gehirn das Resultat plastischer struktureller und funktionaler Modifikationen ist.

von Wagner und Torgesen (1987) dargestellten drei Aspekten der phonologischen Informationsverarbeitung mit Relevanz für die Schriftsprachentwicklung werden wir im Folgenden die Bedeutung der Phonemwahrnehmung für den Schriftspracherwerb erläutern.

Phonemwahrnehmung

Die **Phonemwahrnehmung** bezieht sich auf die Fähigkeit, klare Unterschiede zwischen ähnlich klingenden Phonemen (z. B. /b/ versus /p/) zu erkennen und Phoneme zu identifizieren. **Phoneme** (Sprachlaute) sind die kleinsten bedeutungsunterscheidenden lautlichen Einheiten einer Sprache (die gesprochenen Wörter »Bein« und »Pein« unterscheiden sich z. B. hinsichtlich des ersten Lauts, d. h. /b/ versus /p/). Die Wichtigkeit der Phonemwahrnehmung für den Schriftspracherwerb ergibt sich dadurch, dass der schulische Einstieg in den Schriftspracherwerb über die Vermittlung regelhafter Verbindungen zwischen Graphemen und Phonemen erfolgt (sogenannte **Graphem-Phonem-Korrespondenzregeln**, **GPK-Regeln**, vgl. Füssenich und Löffler 2005; siehe ◻ Tab. 2.1). **Grapheme** sind die kleinsten bedeutungsunterscheidenden Einheiten

geschriebener Wörter und bestehen aus Buchstaben oder Buchstabengruppen, die mit einem Phonem korrespondieren (s. unten ▶ Exkurs »Genauer betrachtet: Korrespondenzen zwischen Phonemen und Graphemen im Deutschen«). Im Anfangsunterricht wird den Kindern also z. B. vermittelt, dass zu dem Phonem /p/ das Graphem ⟨p⟩ gehört. Kinder müssen demnach auf der Ebene der Hörwahrnehmung in der Lage sein, auch ähnlich klingende Phoneme (wie z. B. /p/, /b/ und /g/) voneinander abzugrenzen, damit sie verstehen, welche Grapheme welchen Phonemen zugeordnet werden.

In manchen Studien konnte gezeigt werden, dass Phonemwahrnehmungsfähigkeiten die späteren Leseleistungen vorhersagen (Clark et al. 1978; Kavale 1981; Kavale und Forness 2000). Andere Studien fanden zwar keine Belege für diese Annahme (Scarborough 1990; Troost et al. 2004), aber es könnte sein, dass die Phonemwahrnehmung indirekt, nämlich vermittelt über die phonologische Bewusstheit, auf den Schriftspracherwerb einwirkt (McBride-Chang 1996).

Phonologische Bewusstheit

Mit **phonologischer Bewusstheit** ist die Fähigkeit gemeint, von der Bedeutungsebene der

2

Genauer betrachtet: Korrespondenzen zwischen Phonemen und Graphemen im Deutschen

Die Korrespondenzen zwischen Phonemen und Graphemen können prinzipiell aus zwei Richtungen betrachtet werden: Man kann zum einen ausgehend von den Phonemen ermitteln, mit welchen Graphemen die Phoneme typischerweise verschriftet werden. Zum anderen kann man ausgehend von den Graphemen ermitteln, in welche Phoneme die Grapheme typischerweise beim Lesen umgewandelt werden (vgl. Eisenberg 1988). Aus Gründen der Übersichtlichkeit möchten wir uns hier auf eine Richtung beschränken, nämlich die Richtung vom Phonem zum Graphem. In ◘ Tab. 2.1 werden die Korrespondenzen zwischen Phonemen und Graphemen überblicksartig dargestellt.

Wichtig ist zu betonen, dass derartige Phonem-Graphem-Korrespondenzregeln lediglich Auskunft darüber geben, welche Beziehungen zwischen Phonemen und Graphemen mit einer hohen Wahrscheinlichkeit gelten. Diese Regelhaftigkeiten gelten aber nicht für alle Schreibungen. Bei einigen Konsonanten sind zwar die Beziehungen zwischen Phonemen und Graphemen eindeutig (z. B. wird /b/ in 100 % der Fälle als ⟨b⟩ verschriftet; vgl. Thomé 1992), aber meistens gibt es mehrere Alternativen in der Verschriftung von Phonemen (z. B. /i:/ wird zu 82,6 % als ⟨ie⟩ verschriftet, zu 13,9 % als ⟨ih⟩, zu 3,2 % als ⟨i⟩ und zu 0,3 % als ⟨ieh⟩, vgl. Thomé 1992). Dies zeigt, dass die Vermittlung von Beziehungen zwischen Phonemen und Graphemen zwar einen wertvollen Einstieg in den Schriftspracherwerb darstellt, dass beim Erlernen des Schreibens aber auch darüber hinausgehende Regeln der Orthographie Anwendung finden müssen.

---

gesprochenen Sprache abzusehen und stattdessen ihre formalen lautlichen Aspekte zu betrachten. Sie zeigt sich darin, dass lautliche Einheiten in der gesprochenen Sprache bewusst erkannt und manipuliert werden können. Der Erwerb der phonologischen Bewusstheit beginnt in der Regel spontan in der Kindergartenzeit. Dies zeigt sich z. B. daran, dass Kinder spielerisch Wörter in Silben zerlegen (z. B. »Au-to«) oder Reimspiele spielen (z. B. »Haus, Maus, Klaus…«). Formaler ausgedrückt verfügen Kinder über phonologische Bewusstheit, wenn sie Wörter in lautliche Einheiten zerlegen (**Analyse**) oder lautliche Einheiten zu Wörtern zusammensetzen können (**Synthese**). Bezüglich der Entwicklung der phonologischen Bewusstheit unterscheidet man auch zwischen phonologischer Bewusstheit im weiteren Sinne und phonologischer Bewusstheit im engeren Sinne. Die **phonologische Bewusstheit im weiteren Sinne** bezieht sich auf größere lautliche Einheiten wie Silben oder Reime (z. B. Zerlegung eines Wortes in Silben: »Ma-ma« oder Zusammensetzen von Silben zu Wörtern: »Ma« und »ma« ergibt »Mama«). Die **phonologische Bewusstheit im engeren Sinne** befasst sich mit den kleinsten lautlichen Einheiten der Sprache, den Phonemen (z. B. Anlauterkennung: »Mama« fängt mit /m/ an; Phonemsynthese: /m/ und /a/ und /m/ und /a/ ergibt »Mama«; vgl. Steinbrink 2006).

Leseanfänger benötigen phonologische Bewusstheit beim Erlesen von Wörtern, um Grapheme in Phoneme umzucodieren und die Phoneme dann zu einem Wort zusammenzusetzen. Auch für den Einstieg in das Schreiben ist phonologische Bewusstheit wichtig, denn sie ermöglicht die Zerlegung von gesprochenen Wörtern in ihre Phoneme und die anschließende Umwandlung dieser Phoneme in die dazugehörigen Grapheme (vgl. Steinbrink 2006). Eine Vielzahl von Studien belegt, dass phonologische Bewusstheit im Kindergarten- und Schuleintrittsalter die späteren Lesefähigkeiten (Heath und Hogben 2004; Watson et al. 2003; Wagner et al. 1997) bzw. Lese- und Rechtschreibfähigkeiten (Näslund und Schneider 1996; Wimmer et al. 1991) vorhersagt.

Man geht heute davon aus, dass die phonologische Bewusstheit in enger Beziehung mit dem Wissen über Buchstabennamen (**Buchstabenwissen**) steht, und dass beide gemeinsam den Erfolg im Schriftspracherwerb vorhersagen. Wie oben bereits erläutert erfolgt der schulische Einstieg in den Schriftspracherwerb heute in der Regel über die Vermittlung von Graphem-Phonem-Korrespondenzen. Schon vor Schuleintritt bahnen die Entwicklung der phonologischen Bewusstheit und des Buchstabenwissens das Verständnis dieser Korrespondenzen an: Während die phonologische

◘ Tab. 2.1 Korrespondenzen zwischen Phonemen und Graphemen im Deutschen. (Nach Eisenberg, 2006; mit freundlicher Genehmigung von © 2006 J. B. Metzler' sche Verlagsbuchhandlung und Carl Ernst Poeschel Verlag GmbH in Stuttgart)

Konsonanten		Vokale	
Phonem[a] → Graphem	Wortbeispiel	Phonem[a] → Graphem	Wortbeispiel
/p/ → ⟨p⟩	/pɔst/ → ⟨Post⟩	gespannte (lange) Vokale	
/t/ → ⟨t⟩	/toːn/ → ⟨Ton⟩	/iː/ → ⟨ie⟩	/kiːl/ → ⟨Kiel⟩
/k/ → ⟨k⟩	/kalt/ → ⟨kalt⟩	/yː/ → ⟨ü⟩	/vyːst/ → ⟨wüst⟩
/b/ → ⟨b⟩	/bʊnt/ → ⟨bunt⟩	/eː/ → ⟨e⟩	/veːm/ → ⟨wem⟩
/d/ → ⟨d⟩	/dʊʀst/ → ⟨Durst⟩	/øː/ → ⟨ö⟩	/ʃøːn/ → ⟨schön⟩
/g/ → ⟨g⟩	/gʊnst/ → ⟨Gunst⟩	/æː/ → ⟨ä⟩	/bæːʀ/ → ⟨Bär⟩
/kv/ → ⟨qu⟩	/kvaːl/ → ⟨Qual⟩	/ɑː/ → ⟨a⟩	/tʀɑːn/ → ⟨Tran⟩
/f/ → ⟨f⟩	/fʀɔʃ/ → ⟨Frosch⟩	/oː/ → ⟨o⟩	/toːn/ → ⟨Ton⟩
/s/ → ⟨ß⟩	/ʀuːs/ → ⟨Ruß⟩	/uː/ → ⟨u⟩	/muːt/ → ⟨Mut⟩
/z/ → ⟨s⟩	/zamt/ → ⟨Samt⟩	ungespannte (kurze) Vokale	
/ʃ/ → ⟨sch⟩	/ʃʀoːt/ → ⟨Schrot⟩	/ɪ/ → ⟨i⟩	/mɪlç/ → ⟨Milch⟩
/ç/ → ⟨ch⟩	/mɪlç/ → ⟨Milch⟩	/ʏ/ → ⟨ü⟩	/hʏpʃ/ → ⟨hübsch⟩
/v/ → ⟨w⟩	/vɛʀk/ → ⟨Werk⟩	/ɛ/ → ⟨e⟩	/vɛlt/ → ⟨Welt⟩
/j/ → ⟨j⟩	/juŋ/ → ⟨jung⟩	/œ/ → ⟨ö⟩	/kœln/ → ⟨Köln⟩
/h/ → ⟨h⟩	/haːʀt/ → ⟨hart⟩	/a/ → ⟨a⟩	/kalt/ → ⟨kalt⟩
/m/ → ⟨m⟩	/mɪlç/ → ⟨Milch⟩	/ɔ/ → ⟨o⟩	/fʀɔst/ → ⟨Frost⟩
/n/ → ⟨n⟩	/napf/ → ⟨Napf⟩	/ʊ/ → ⟨u⟩	/gʊʀt/ → ⟨Gurt⟩
/ŋ/ → ⟨ng⟩	/juŋ/ → ⟨jung⟩	Reduktionsvokal	
/l/ → ⟨l⟩	/lɪçt/ → ⟨Licht⟩	/ə/ → ⟨e⟩	/kiʀçə/ → ⟨Kirche⟩
/ʀ/ → ⟨r⟩	/ʀɛçt/ → ⟨Recht⟩	Diphthonge	
/ts/ → ⟨z⟩	/tsaːʀt/ → ⟨zart⟩	/aɪ/ → ⟨ei⟩	/baɪn/ → ⟨Bein⟩
		/aʊ/ → ⟨au⟩	/tsaʊn/ → ⟨Zaun⟩
		/ɔʏ/ → ⟨eu⟩	/hɔʏ/ → ⟨Heu⟩

[a] Der Pfeil zeigt die Richtung der Korrespondenz an, d. h. vom Phonem zum Graphem.

Bewusstheit ein grundlegendes Verständnis des phonologischen Aspekts der Schriftsprache vermittelt, gewährt das Buchstabenwissen Einblicke in buchstabenbezogene Aspekte der Schriftsprache. Dabei interagieren phonologische Bewusstheit und Buchstabenwissen in ihrer Entwicklung und unterstützen sich gegenseitig in ihrem Wachstum (Foulin 2005).

Phonologisches Arbeitsgedächtnis

Das **phonologische Arbeitsgedächtnis** dient der kurzfristigen Speicherung sprachlicher Informationen. Bei der Bearbeitung einer kognitiven Aufgabe hält es aufgabenrelevante phonologische Informationen in einem aktiven Zustand. Wenn man beispielsweise eine Telefonnummer im Telefonbuch nachschlägt und sich diese dann so lange merkt, bis man die Nummer ins Telefon eingetippt hat, dann liegt dem in der Regel eine Leistung des phonologischen Arbeitsgedächtnisses zugrunde: Die Ziffernfolge (z. B. 6324) wird in eine sprachliche Repräsentation umcodiert (/sechs drei zwei vier/), welche so lange im phonologischen Arbeitsgedächtnis aktiv gehalten wird, bis die Telefonnummer gewählt ist.

Beim Schriftspracherwerb ist das phonologische Arbeitsgedächtnis am Erlernen von Graphem-Phonem-Zuordnungen beteiligt. Außerdem speichert es in einer Leseaufgabe die einzelnen Phoneme, bevor diese zu Wörtern zusammengesetzt werden (Alloway et al. 2004; Gathercole und Baddeley 1993). Verschiedene Studien haben gezeigt, dass Leistungen des phonologischen Arbeitsgedächtnisses spätere Lesefähigkeiten (Heath und Hogben 2004; Jorm et al. 1984) bzw. spätere Lese- und Rechtschreibfähigkeiten (von Goldammer et al. 2010) vorhersagen.

Abruf phonologischer Repräsentationen aus dem Langzeitgedächtnis

Der vierte Aspekt der phonologischen Informationsverarbeitung, der **Abruf phonologischer Repräsentationen aus dem Langzeitgedächtnis**, bezieht sich auf die Effizienz, mit der visuell präsentierte Objekte in eine phonologische Repräsentation umcodiert werden können. Bei effizientem Abruf phonologischer Repräsentationen aus dem Langzeitgedächtnis können überlernte visuelle Items, wie z. B. Farben oder Buchstaben, sehr schnell und fehlerfrei benannt werden.

Beim Lesen ist der Abruf phonologischer Repräsentationen aus dem Langzeitgedächtnis wichtig, um von einem geschriebenen Wort zu seiner lexikalischen Bedeutung zu gelangen. Studien, die den Abruf phonologischer Informationen aus dem Langzeitgedächtnis über die Messung der **Benennungsgeschwindigkeit** (*rapid automatized naming*, RAN) von Objekten, Farbnamen, Zahlen oder Buchstaben gemessen haben, konnten zeigen, dass die Benennungsgeschwindigkeit die späteren Lesefähigkeiten vorhersagt (Kirby et al. 2010; Wolf et al. 2000).

An dieser Stelle ist aber anzumerken, dass durchaus keine Einigkeit darüber herrscht, wie die Komponente »Benennungsgeschwindigkeit« theoretisch einzuordnen ist (vgl. Kirby et al. 2010). Ist

die Benennungsgeschwindigkeit wirklich als Maß für den Abruf phonologischer Repräsentationen aus dem Langzeitgedächtnis interpretierbar (wie wir es bis hierhin dargestellt haben)? Oder sollte sie eher als Maß der orthographischen Verarbeitung aufgefasst werden? Oder ist sie gar ein Maß für die allgemeine Verarbeitungsgeschwindigkeit? Diese Fragen sind in der zukünftigen Forschung zu klären.

Ist die Bedeutung der Teilkomponenten der phonologischen Informationsverarbeitung für den Schriftspracherwerb abhängig von der Sprache?

Ein Großteil der empirischen Befunde zur Relevanz der phonologischen Informationsverarbeitung für den Schriftspracherwerb stammt aus dem Englischen. Es ist aber nicht unbedingt davon auszugehen, dass die phonologische Informationsverarbeitung in anderen alphabetischen Sprachen eine dem Englischen vergleichbare Relevanz aufweist. Weiterhin könnte es sein, dass die verschiedenen Teilkomponenten der phonologischen Informationsverarbeitung in Abhängigkeit von der Sprache eine unterschiedliche Bedeutung für den Schriftspracherwerb aufweisen. In den letzten Jahren sind verschiedene Studien derartigen Fragen nachgegangen. Dabei konzentrierte man sich bezüglich der Teilaspekte der phonologischen Informationsverarbeitung vor allem auf die Komponenten phonologische Bewusstheit, phonologisches Arbeitsgedächtnis und Abruf phonologischer Repräsentationen aus dem Langzeitgedächtnis bzw. Benennungsgeschwindigkeit (vgl. ▶ Abschn. 2.1.1).

Eine Studie von Ziegler und Kollegen (2010) untersuchte zu einem einzelnen Messzeitpunkt (Klasse 2) verschiedene Prädiktoren der Leseentwicklung in fünf europäischen Sprachen, die sich hinsichtlich der Eindeutigkeit der Graphem-Phonem-Korrespondenzen unterscheiden (Finnisch, Ungarisch, Niederländisch, Portugiesisch, Französisch). Die phonologische Bewusstheit erwies sich in allen fünf Sprachen als wichtige Grundlage der Leseentwicklung, war aber in **transparenten Sprachen** (d. h. solchen mit konsistenter Graphem-Phonem-Zuordnung, z. B. Finnisch) weniger wichtig als in weniger transparenten Sprachen (z. B. Französisch). In einer Längsschnittstudie von

Caravolas et al. (2012) sagten in allen vier untersuchten Sprachen (Englisch, Spanisch, Tschechisch und Slowakisch) exakt dieselben drei Prädiktoren, nämlich phonologische Bewusstheit, Buchstabenwissen und Benennungsgeschwindigkeit, die späteren Lese- und Rechtschreibleistungen voraus. Diese drei Prädiktoren hatten in allen vier Sprachen eine ähnliche Bedeutung für die Vorhersage, während das phonologische Arbeitsgedächtnis in allen Sprachen für die Vorhersage unbedeutend war.

Bezüglich der **deutschen Sprache** berichten Ennemoser und Kollegen (2012) die Ergebnisse zweier Längsschnittstudien, (Kindergarten bis Klasse 4), in denen der Einfluss von Vorläuferfertigkeiten auf die Lesegeschwindigkeit, das Leseverständnis und das Rechtschreiben untersucht wurde. Die Benennungsgeschwindigkeit erwies sich als stärkster Prädiktor für die Lesegeschwindigkeit, gefolgt von der phonologischen Bewusstheit. Bei der Vorhersage des Satzverständnisses ergab sich ein ähnliches Bild. Bei der Vorhersage der Rechtschreibleistungen erwies sich die phonologische Bewusstheit als stärkster Prädiktor. Dieser Befund der unterschiedlichen Relevanz verschiedener Aspekte der phonologischen Informationsverarbeitung für das Lesen und Schreiben im Deutschen deckt sich mit den Ergebnissen einer Studie von Moll und Kollegen (2009), in der ebenfalls die Benennungsgeschwindigkeit besonders enge Zusammenhänge mit dem Lesen, die phonologische Bewusstheit hingegen besonders enge Zusammenhänge mit dem Rechtschreiben aufwies. Insgesamt lassen die Befunde vermuten, dass im Deutschen die phonologische Bewusstheit von ganz besonderer Wichtigkeit für die Rechtschreibentwicklung ist, während die Benennungsgeschwindigkeit eine besondere Bedeutung für die Leseentwicklung hat.

2.1.2 Nicht-sprachliche auditive und visuelle Informationsverarbeitung

Man hat sich in der Forschung auch mit der Frage beschäftigt, ob basale nicht-sprachliche Fähigkeiten der auditiven und visuellen Informationsverarbeitung den Schriftspracherwerb beeinflussen. Besonders wichtig sind hier Ansätze zum Einfluss der Musikwahrnehmung und der zeitlichen auditiven und visuellen Verarbeitung. Diese sollen im Folgenden näher erläutert werden.

Musikwahrnehmung

Es wird angenommen, dass es enge Beziehungen zwischen der Verarbeitung von Musik und der Verarbeitung von Sprache gibt. Dies ist darin begründet, dass die Fähigkeiten, die zur Verarbeitung von Sprache benötigt werden, denen ähneln, die für die Musikverarbeitung notwendig sind. Prozesse der phonologischen Bewusstheit, wie das Zusammenschleifen von Phonemen zu Wörtern und das Zerlegen von Wörtern in Phoneme, ähneln z. B. den Fähigkeiten, die im Bereich der **Rhythmus- und Melodiewahrnehmung** wichtig sind. Da die phonologische Bewusstheit erwiesenermaßen mit dem Schriftspracherwerb in Beziehung steht, liegt also die Annahme nahe, dass auch die Musikverarbeitung auf den Schriftspracherwerb einwirkt. In der Tat konnten Studien zeigen, dass die Musikwahrnehmungsfähigkeiten von Kindergartenkindern (Anvari et al. 2002) und Schulkindern (Huss et al. 2011) mit der Entwicklung der phonologischen Bewusstheit und der Schriftsprachentwicklung zusammenhängen. Auch bei Kontrolle des Einflusses der phonologischen Bewusstheit ergab sich ein Effekt der Musikwahrnehmungsfähigkeiten auf den Leseerwerb. Dies belegt, dass sowohl sprachliche auditive Verarbeitungsmechanismen wie die phonologische Bewusstheit als auch allgemeine nicht-sprachliche auditive Verarbeitungsmechanismen, wie sie für die Musikwahrnehmung benötigt werden, mit dem Schriftspracherwerb in Beziehung stehen.

Zeitliche auditive und visuelle Informationsverarbeitung

In der Literatur sind verschiedene Annahmen darüber formuliert worden, welche Aspekte der zeitlichen Informationsverarbeitung die Entwicklung des Lesens und Schreibens beeinflussen. Auf diese unterschiedlichen Annahmen möchten wir an dieser Stelle nicht eingehen, werden sie aber detailliert in ▶ Kap. 4 beschreiben, wenn wir uns mit den Ursachen der Lese-Rechtschreibstörung befassen.

Bezüglich der **zeitlichen auditiven Verarbeitung** wird angenommen, dass sie die Fähigkeit von

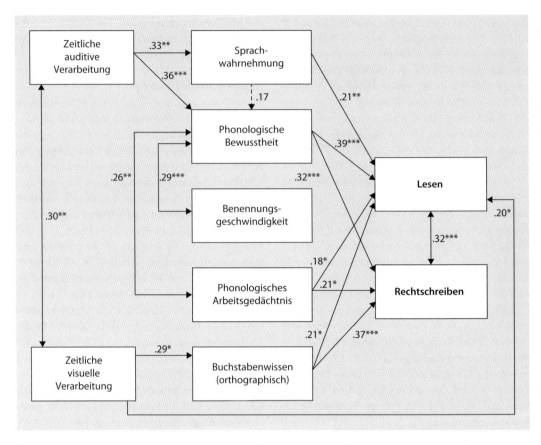

Abb. 2.1   Ergebnisse einer Pfadanalyse zur Vorhersage der Lese-Rechtschreibleistungen in Klasse 1 anhand von vorschulischen Informationsverarbeitungsleistungen (adaptiert nach Boets et al. 2008); * p< .05, ** p< .01, *** p< .001.

Kindern beeinflusst, phonologische Informationen aus dem Sprachsignal zu extrahieren, welche wiederum den Schriftspracherwerb beeinflusst. Die Verarbeitung **schneller zeitlicher Informationen** im Sprachsignal könnte für die phonologische Entwicklung wichtig sein, weil für die Diskrimination von Phonemen (vgl. ▶ Abschn. 2.1.1), die sich in sehr kurzen Zeitfenstern unterscheiden, eine effiziente Verarbeitung schnell aufeinander folgender auditiver Reize erforderlich ist. **Langsamere zeitliche Informationen** im Sprachsignal könnten aber ebenfalls für die Entwicklung der phonologischen Informationsverarbeitung relevant sein, weil sie die Segmentation des Sprachsignals in Silben sowie die Wahrnehmung von Sprachrhythmus und Betonung ermöglichen (Corriveau et al. 2010). Bezüglich der **zeitlichen visuellen Verarbeitung** wird angenommen, dass sie einen Einfluss auf die Entwicklung des Buchstabenwissens hat und dass dieser Effekt

die Entwicklung des Lesens und Schreibens beeinflusst (Boets et al. 2008). Spezifischer wird davon ausgegangen, dass die zeitliche visuelle Verarbeitung die Encodierung von Buchstabenpositionen, die globale Wortformwahrnehmung, die binokulare Stabilität und die Effektivität von Blicksprüngen beeinflusst (Hood und Conlon 2004).

Anhand der Ergebnisse einer belgischen Studie von Boets und Kollegen (2008) soll weiter verdeutlicht werden, wie die zeitliche auditive und visuelle Verarbeitung den Schriftspracherwerb beeinflusst. In dieser Längsschnittstudie wurden verschiedene Maße der phonologischen Informationsverarbeitung (▶ Abschn. 2.1.1) sowie zeitliche auditive und visuelle Verarbeitungsleistungen bei Kindern im letzten Kindergartenjahr erhoben. Am Ende von Klasse 1 wurden dann die Lese-Rechtschreibfähigkeiten der Kinder untersucht. ▫ Abb. 2.1 zeigt, durch welche vorschulischen Maße die Lese- und Rechtschreibleistungen am Ende von Klasse 1 vorhergesagt werden. Wie der Abbildung zu entnehmen ist, war in dieser Studie die zeitliche auditive Verarbeitung mit der Sprachwahrnehmung und der phonologischen Bewusstheit assoziiert, während die zeitliche visuelle Verarbeitung mit dem orthographischen Aspekt des Buchstabenwissens verknüpft war. Zeitliche visuelle Informationsverarbeitung, Sprachwahrnehmung, phonologische Bewusstheit, phonologisches Arbeitsgedächtnis und der orthographische Aspekt des Buchstabenwissens sagten wiederum die Lese- und/oder Rechtschreibleistungen der Kinder vorher. Diese Ergebnisse sprechen für die Annahme, dass die zeitliche auditive Verarbeitung vermittelt über phonologische Leistungen auf den Lese-Rechtschreiberwerb einwirkt, während die zeitliche visuelle Verarbeitung vermittelt über orthographische Leistungen auf diesen einwirkt.

Auch andere Längsschnittstudien erbrachten Belege für einen Einfluss der zeitlichen auditiven Informationsverarbeitung bei Kindergartenkindern und Schulanfängern auf die phonologische Bewusstheit (Corriveau et al. 2010) sowie den Leseerwerb (Hood und Conlon 2004), bzw. den Lese- und Rechtschreiberwerb (Steinbrink et al. im Druck). Die Befundlage bezüglich des Einflusses der zeitlichen visuellen Informationsverarbeitung auf den Schriftspracherwerb ist dagegen weniger eindeutig. In einer Studie von Hood und Conlon (2004) sagten nur die in Klasse 1, nicht aber im Vorschuljahr gemessenen zeitlichen visuellen Verarbeitungsleistungen die Leseleistungen vorher. In einer Studie von Steinbrink und Kollegen (im Druck) leisteten zeitliche visuelle Informationsverarbeitungsleistungen gar keinen eigenständigen Beitrag zur Vorhersage von Lese-Rechtschreibleistungen in Klasse 1 und 2. Weitere Längsschnittstudien sind also nötig, um die Rolle der zeitlichen Informationsverarbeitung für den Schriftspracherwerb genauer zu charakterisieren.

2.2 Phasenmodell der Lese-Rechtschreibentwicklung nach Frith (1985, 1986)

Im Folgenden möchten wir darstellen, wie sich die Entwicklung basaler Lese- und Rechtschreibfähigkeiten vollzieht. Wir möchten uns dabei auf das entwicklungspsychologisch motivierte Modell von Frith (1985, 1986) konzentrieren. Obwohl diesem Modell empirische Daten zum Schriftspracherwerb im Englischen zugrunde liegen und es vermutlich nicht in allen Punkten auf das Deutsche übertragen werden kann (vgl. Scheerer-Neumann 2006; Wimmer und Hummer 1990), gibt es eine Reihe von Gründen, warum eine Darstellung dieses Modells dennoch sinnvoll ist: Zunächst ist die deutsche Schriftspracherwerbsforschung stark von diesem Modell beeinflusst (Scheerer-Neumann 2006). Des Weiteren orientieren sich manche Modelle aus dem deutschen Sprachraum an diesem Modell (z. B. Günther 1986). Weiterhin bietet Friths Modell (1985, 1986) durch die Beschränkung auf drei Phasen des Lese- und Rechtschreiberwerbs einen überschaubaren Rahmen für eine thematische Einführung. Schließlich liegt eine besondere Stärke dieses Modells darin, explizite Vorhersagen darüber zu machen, wie sich die Entwicklung des Lesens und die Entwicklung des Schreibens gegenseitig beeinflussen.

Nach Frith (1985, 1986) verläuft die Entwicklung des Lesens wie des Schreibens in drei aufeinanderfolgenden Phasen, die in einer festgelegten Reihenfolge durchlaufen werden müssen: Die erste Phase ist die **logographische Phase**, die zweite die **alphabetische Phase** und die dritte die **orthographische Phase**. Die Abfolge der Phasen ist deshalb so strikt, weil nachfolgende Phasen auf den spezifischen Lese- und Schreibstrategien der vorhergehenden Phase aufbauen. Die Lese- und Schreibstrategien einer Phase gehen aber beim Übergang in die nächste Phase nicht verloren, sondern bleiben erhalten und können neben den neu erworbenen Strategien weiter verwendet werden.

Im Folgenden werden zunächst die drei Phasen der Leseentwicklung beschrieben, dann die drei Phasen der Schreibentwicklung. Schließlich wird erläutert, wie die Entwicklung des Lesens und Schreibens miteinander interagieren.

2.2.1 Entwicklung des Lesens

Logographische Phase

In der **logographischen Phase der Leseentwicklung** können Kinder bekannte Wörter direkt erkennen, und zwar auf Basis hervorstechender graphischer Eigenschaften. Oftmals fungiert der erste Buchstabe als hervorstechendes Merkmal, anhand dessen ein Wort erkannt wird, während die Abfolge der anderen Buchstaben für die Worterkennung irrelevant ist. Ein Kind in der logographischen Phase könnte also beispielsweise das Wort »Mama« korrekt erlesen, würde aber eventuell das Wort »Milch« fälschlicherweise als »Mama« missdeuten, weil es sich bei der Worterkennung nur am ersten Buchstaben orientiert. Die Wichtigkeit hervorstechender graphischer Eigenschaften für das Lesen in der logographischen Phase zeigt sich auch darin, dass Kinder bekannte Firmennamen anhand der graphischen Aufmachung des Logos erkennen können.

Alphabetische Phase

In der **alphabetischen Phase der Leseentwicklung** werden **Graphem-Phonem-Korrespondenzregeln** (▶ Abschn. 2.1.1) genutzt, um Wörter zu erlesen. In dieser Phase werden die einzelnen Grapheme eines Wortes nacheinander in dazugehörige Phoneme umgewandelt, welche dann synthetisiert, d. h. zusammengeschliffen werden, um das Wort zu lesen. Alphabetische Lesestrategien versetzen Leser in die Lage, auch unbekannte Wörter oder Phantasiewörter zu lesen.

Die alphabetische Lesestrategie ist bei lautgetreuen Wörtern, also solchen, bei denen sich die Grapheme, aus denen ein Wort besteht, korrekt in die dazugehörigen Phoneme übersetzen lassen, sehr erfolgreich. Zum Beispiel kann das Wort »Hut« sehr gut mit Hilfe einer alphabetischen Lesestrategie gelesen werden (H = /h/, u = /u:/, t = /t/ → /hu:t/). Sind Wörter jedoch nicht lautgetreu, so kommt es zu Fehlern beim Lesen. Für die deutsche Sprache ist beispielsweise die sogenannte **Auslautverhärtung** charakteristisch: Am Ende eines Wortes werden Konsonanten hart ausgesprochen. Vergegenwärtigen Sie sich z. B. die Aussprache des Wortes »Hand«: Das »d« wird hart ausgesprochen, also wie ein /t/. Wird beim Erlesen des Wortes »Hand« eine alphabetische Lesestrategie angewandt, so kommt es zu Schwierigkeiten (H = /h/, a = /a/, n = /n/, d = /d/ → /hand/??).

Orthographische Phase

In der **orthographischen Phase der Leseentwicklung** werden bekannte Wörter durch Abruf abstrakter Wortrepräsentationen aus dem Langzeitgedächtnis direkt erkannt (z. B. Hut = /hu:t/) oder werden aus verschiedenen orthographischen Einheiten zusammengesetzt (z. B. Fußball = /fu:s/ + /bal/). Der entscheidende Unterschied zur alphabetischen Lesestrategie besteht darin, dass das Lesen nun auf **größeren Einheiten** basiert und nicht mehr phonologisch ist. Deshalb können unter Nutzung der orthographischen Lesestrategie auch nicht-lautgetreue Wörter problemlos gelesen werden (Hand = /hant/). Das direkte Worterkennen in der orthographischen Phase unterscheidet sich von dem in der logographischen Phase dadurch, dass Wörter nun systematisch in orthographische Einheiten zerlegt werden und das Lesen nicht mehr anhand graphischer Eigenschaften erfolgt.

2.2.2   Entwicklung des Schreibens

Logographische Phase

In der **logographischen Phase der Schreibentwicklung** haben die Schreibversuche der Kinder bereits bestimmte lautliche Bezüge. Zunächst werden so wenige Buchstaben verschriftet, dass es sehr schwer ist, die dahinterstehenden Wörter zu entziffern. Später sind dann sogenannte Skelettschreibungen typisch, die eine gewisse Ähnlichkeit mit dem Wort aufweisen, das das Kind schreiben will (vgl. Thomé 2006).

Alphabetische Phase

In der **alphabetischen Phase der Schreibentwicklung** werden **Phonem-Graphem-Korrespondenzregeln** genutzt (▶ Abschn. 2.1.1), um Wörter zu schreiben. Gesprochene Wörter werden zunächst in ihre Phoneme zerlegt. Dann werden diese Phoneme in die dazugehörigen Grapheme übersetzt und niedergeschrieben. Diese Schreibstrategie ist bei lautgetreuen Wörtern, also solchen, bei denen die Übersetzung der Phoneme in die dazugehörigen Grapheme zu korrekten Schreibungen führt, sehr erfolgreich. So kann ein Kind z. B. mit einer alphabetischen Schreibstrategie das Wort »Oma«

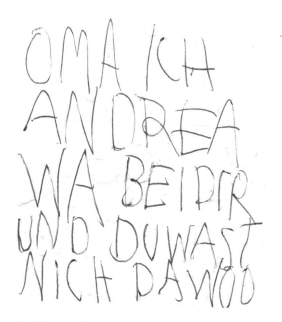

Abb. 2.2 Andrea (5;11 Jahre) schreibt einen Brief an ihre Oma

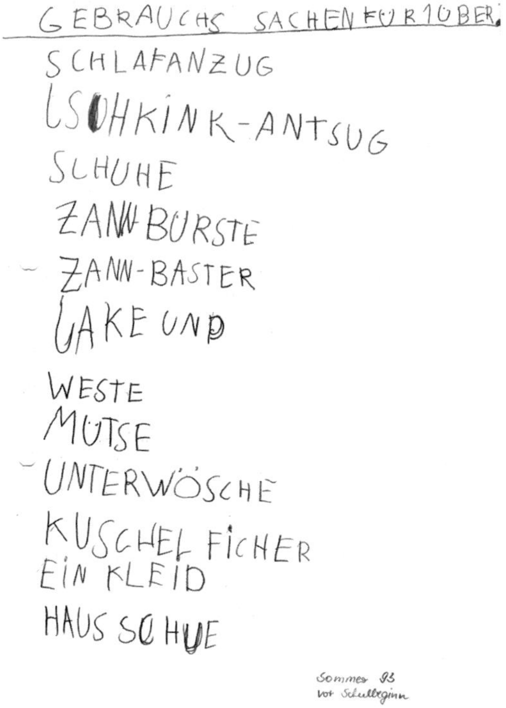

GEBRAUCHS SACHEN FÜR 1 ÜBER,
SCHLAFANZUG
LSOHKINK-ANTSUG
SCHUHE
ZANWBURSTE
– ZANN-BASTER
JAKE UND

WESTE
MUTSE
– UNTERWÖSCHE
KUSCHEL FICHER
EIN KLEID
HAUS SCHUE

Sommer 85
vor Schulbegann

Abb. 2.3 Andrea (6;5 Jahre) schreibt eine Packliste für eine Übernachtung

korrekt schreiben (Abb. 2.2). Sind Wörter jedoch nicht lautgetreu, so kommt es zu Fehlern, beispielsweise bei Wörtern mit Auslautverhärtung (z. B. gesprochenes Wort »Hand«, gesprochen /hant/: /h/ = H, /a/ = a, /n/ = n, /t/ = t → Hant). In Abb. 2.2 werden die Wörter »war« und »warst« anhand einer alphabetischen Strategie verschriftet, und es kommt so zu Rechtschreibfehlern, denn das vokalisierte /r/ ist beim Sprechen nicht oder kaum zu hören. In Abb. 2.3 sind die Verschriftungen der Wörter »Mütze«, »Kuschelviecher« und »Hausschuhe« schöne Beispiele für Fehlschreibungen aufgrund einer alphabetischen Schreibstrategie. Diese Abbildung zeigt darüber hinaus auf, wie dialektale Einflüsse auf die gesprochene Sprache (wie z.B. eine harte Aussprache des Phonems /g/ als /k/ im Baierischen) bei Anwendung einer alphabetischen Strategie zu Rechtschreibfehlern führen können (s. Schreibung des Wortes »Jogginganzug«).

Orthographische Phase

In der orthographischen Phase der Schreibentwicklung können bekannte Wörter durch Abruf abstrakter orthographischer Repräsentationen direkt niedergeschrieben werden (z. B. /hu:t/ = Hut) oder aus verschiedenen orthographischen Einheiten zusammengesetzt werden (z. B. /fu:sbal/ = Fuß + Ball). Im Gegensatz zur alphabetischen Schreibstrategie basiert das Schreiben nun auf **größeren Einheiten** und ist nicht mehr phonologisch. Deshalb werden unter Nutzung einer orthographischen Schreibstrategie auch nicht-lautgetreue Wörter korrekt geschrieben (z.B. /hant/ = Hand).

Als Ergänzung zu Friths (1985, 1986) Konzeptualisierung der orthographischen Phase der Schreibentwicklung möchten wir darauf eingehen, dass es für orthographische Schreibstrategien charakteristisch ist, nun orthographische Regeln anzuwenden. Im Deutschen (vgl. Thomé 2006) gibt es z. B. die sogenannten **Dehnungs- und Dopplungsregeln**: Nach langen Vokalen folgt ein einfacher Konsonant und der lange Vokal selbst wird in einigen Fällen durch ein Dehnungs-h oder ⟨ie⟩ angezeigt (z. B. Ofen, Rate, Miete, Möhre). Dagegen ist nach kurzen Vokalen ein Doppelkonsonant typisch (z. B. offen, Ratte, Mitte). Da man Dehnungs-h und Doppelkonsonanten beim Sprechen nicht hört,

◻ Tab. 2.2   Das Sechs-Stufen-Modell der Schriftsprachentwicklung nach Frith (1985)

Stufe	Lesen	Schreiben
1a	logographisch Niveau 1	(symbolisch)
1b	logographisch Niveau 2	logographisch Niveau 2
2a	logographisch Niveau 3	alphabetisch Niveau 1
2b	alphabetisch Niveau 2	alphabetisch Niveau 2
3a	orthographisch Niveau 1	alphabetisch Niveau 3
3b	orthographisch Niveau 2	orthographisch Niveau 2

zeigt die Verwendung von Dehnungs-h und Doppelkonsonanten beim Schreiben an, dass eine orthographische Schreibstrategie angewendet wird (s. z. B. die korrekte Schreibung des Wortes »Schuhe« in ◻ Abb. 2.3). Dabei wird die orthographische Repräsentation des Wortes entweder direkt aus dem Langzeitgedächtnis abgerufen, oder es wird bewusst eine orthographische Regel verwendet. Ebenso ist die schon genannte korrekte Verschriftung von Wörtern mit Auslautverhärtung ein Zeichen für die Verwendung einer orthographischen Strategie beim Schreiben (vgl. korrekte Schreibung des Wortes »Kleid« in ◻ Abb. 2.3): Die orthographische Repräsentation des Wortes wird entweder direkt aus dem Langzeitgedächtnis abgerufen oder es wird eine sogenannte **Ableitungsregel** verwendet (der Plural von »Kleid« ist »Kleider« mit weichem /d/ → »Kleid« schreibt sich mit »d«).

Interessanterweise kann das Wissen um orthographische Regeln aber auch zu Schreibfehlern führen, weil die Regeln auf die falschen Wörter angewendet werden. Man spricht in diesem Zusammenhang auch von sogenannten **Übergeneralisierungen**. So könnte ein Kind die Dehnungsregel übergeneralisieren und z. B. das Wort »Ofen« als »Ohfen« schreiben. Oder es könnte die Regel der Auslautverhärtung auf den falschen Kontext anwenden und z. B. das Wort »kalt« als »kald« schreiben. Die Verschriftung des Wortes »Zahnpasta« in ◻ Abb. 2.3 ist ebenfalls ein Beispiel für eine Übergeneralisierung: Das Wissen, dass Wörter, die auf /a/ enden oft mit »er« geschrieben werden, auch wenn man das vokalisierte /r/ am Wortende nicht hört (z. B. Vater, Kleider), wird auf das falsche Wort angewandt.

2.2.3 Zusammenhänge zwischen der Entwicklung des Lesens und des Schreibens

Nach Frith (1985, 1986) entwickeln sich Lesen und Schreiben in Abhängigkeit voneinander. Logographische, alphabetische und orthographische Strategien werden jedoch für das Lesen und Schreiben nicht im Gleichschritt erworben. Stattdessen fungiert entweder das Lesen als Schrittmacher für das Schreiben oder umgekehrt. Als **Schrittmacher für die logographische Strategie** fungiert das Lesen, als **Schrittmacher für die alphabetische Strategie** das Schreiben und als **Schrittmacher für die orthographische Strategie** wieder das Lesen. Frith (1986) begründet die Vorreiterfunktion des Schreibens für die alphabetische Strategie damit, dass die sequenzielle Natur der alphabetischen Strategie (d. h. die sequenzielle Verknüpfung von Phonemen und Graphemen) mit der sequenziellen Natur des Schreibens korrespondiert. Die Vorreiterfunktion des Lesens für die logographische und orthographische Strategie begründet sie damit, dass diese Strategien auf einer direkten Erkennung des Wortmaterials basieren, welche eher der Natur des Wortlesens entspricht.

Um die gegenseitigen Abhängigkeiten zwischen Lese- und Rechtschreibentwicklung in ihrem Modell sichtbar zu machen, erweitert Frith (1985, 1986) das Drei-Phasen-Modell der Schriftsprachentwicklung zu einem **Sechs-Stufen-Modell der Schriftsprachentwicklung** (◻ Tab. 2.2).

In diesem Modell wird jede der drei Phasen in zwei Stufen unterteilt, wobei entweder das Lesen oder das Schreiben als Schrittmacher für die Strategie fungiert, die die Phase kennzeichnet. In jeder Phase des Schriftspracherwerbs divergieren auf der ersten Stufe a die Strategien, die für das Lesen und Schreiben verwendet werden (z. B. auf Stufe a der alphabetischen Phase erfolgt das Lesen noch anhand logographischer Strategien, das Schreiben aber bereits anhand alphabetischer Strategien), während auf der zweiten Stufe b die gleichen Strategien Anwendung finden (z. B. auf Stufe b der alphabetischen Phase erfolgen Lesen und Schreiben anhand alphabetischer Strategien). Die Unterteilung jeder Phase in zwei Stufen erlaubt weiterhin eine Differenzierung bezüglich des **Niveaus**, auf dem eine bestimmte Strategie angewendet wird. Die Niveaus unterscheiden sich darin, wie sicher und fortgeschritten die Lese-Rechtschreibfertigkeiten angewandt werden. Auf Niveau 1 sind die Fertigkeiten auf basale Art vorhanden, auf Niveau 2 bereits fortgeschritten und auf Niveau 3 noch weiter ausdifferenziert.

2.3 Lesen und Schreiben nach Abschluss der Schriftsprachentwicklung

2.3.1 Modelle des Wortlesens

In den vorangegangenen Kapiteln haben wir Phasen des Schriftspracherwerbs besprochen. Je weiter die Schriftsprachentwicklung vorangeschritten ist, so könnte man zusammenfassen, desto weniger sind Leser darauf angewiesen, tatsächlich jedes Graphem in ein Phonem zu recodieren und die entsprechenden Laute zu verbinden, um ein Wort zu lesen und damit geschriebene Sprache in gesprochene Sprache zu transformieren. Wörter werden von geübten Lesern oft sehr effektiv als Ganzes »erkannt« (gemeint ist hier Erkennen auf abstrakter Ebene) und direkt decodiert. Dies funktioniert natürlich nur, wenn das entsprechende Wort im Gedächtnis gespeichert ist und als solches schnell erkannt wird. Ein Text besteht aber auch aus seltenen oder gar unbekannten Wörtern, aus zusammengesetzten Wörtern oder aus Wörtern mit Suffix, die das ganzheitliche Decodieren erschweren. Effizientes Wortlesen zeichnet sich offensichtlich

dadurch aus, zwischen verschiedenen Strategien und Repräsentationen optimal zu wechseln.

Das Lesen von Texten kann natürlich nicht allein durch Wortlesestrategien erklärt werden. Die Struktur des Satzes, die Semantik auf Satz- und Textebene, und damit auch Wissen und Erfahrung des Lesenden, spielen ebenfalls eine wichtige Rolle. Geübte Leser sind beispielsweise in der Lage, Wörter, insbesondere Artikel oder Pronomen, gänzlich zu überspringen (einen Überblick gibt Lachmann 2002). Zudem werden beim Lesen (auf Basis der Semantik oder der grammatischen Struktur) implizit und explizit Hypothesen über die im Satz folgenden Wörter generiert. Dies beschleunigt den Leseprozess enorm (und führt bei Nichteintreffen, z. B. »Beim Bäcker kaufe ich gern Fliegen« zu typischen Reaktionen des kognitiven Systems, die auch mit elektrophysiologischen Methoden nachweisbar sind; eine Übersicht bieten Friederici und Lachmann 2002). Dennoch sind Wortlesestrategien essenziell für den Leseprozess, und wir verbleiben deshalb im Folgenden auch auf der Wortebene, zumal diese für die Gesamtthematik des Buches, dem abweichenden Schriftspracherwerb, besonders relevant ist.

Die Idee, dass geübte Leser **unterschiedliche Wortlesestrategien** nutzen, geht bis in die Pionierzeit der Leseforschung zurück (▶ Kap. 1). Bereits Cattell (1886) stellte fest, dass Wörter schneller gelesen werden als sinnfreie aussprechbare Buchstabenfolgen (Nichtwörter) derselben Länge (später *word-superiority effect*: Buchstaben werden innerhalb eines Wortes besser erkannt als isoliert; Wheeler 1970; Reicher 1969). Aber erst Mitte des letzten Jahrhunderts wurden die ersten formalen Modelle für das laute Lesen von englischen Wörtern postuliert (McClelland und Rumelhart 1981; Coltheart 1978, 1980; Forster und Chambers 1973; Marshall und Newcombe 1973; Morton 1969). Die meisten dieser Modelle gehen davon aus, dass es zwei isolierte Verarbeitungsstrategien gibt. Eine der Wortlesestrategien operiert auf der Basis der Regeln der **Graphem-Phonem-Korrespondenz** (GPK-Regeln), wie sie in der alphabetischen Phase (▶ Abschn. 2.2.1) verfestigt werden, so dass Graphem für Graphem nach gelernten Regeln in Laute übersetzt (recodiert) und daraus ein gesprochenes Wort generiert wird. Diese Strategie ist unabhängig von Semantik und Wissen und damit auch für das Lesen von Nichtwörtern (z. B. »takurisul«) anwendbar. Die alternative Strategie greift stattdessen auf das **lexikalische Wissen** zurück (s. orthographische Phase, ▸ Abschn. 2.2.1) und ist damit abhängig von der Vertrautheit des Lesers mit dem Wort und unabhängig von der Graphem-Phonem-Korrespondenz. Das laute Lesen des Wortes ist dann das Resultat eines direkten Abgleichs zwischen dem erkannten Wort und der im Langzeitgedächtnis gespeicherten korrespondierenden Aussprache, auch als Nachschlagen eines Wortes im Lexikon metaphorisiert (*direct dictionary look-up*). Nach Baron (1977) kann die Aktivierung im Lexikon mit und ohne semantische Decodierung erfolgen. Beide Strategien, so die ursprüngliche Annahme, sind voneinander unabhängig (Henderson 1982) und beginnen zur gleichen Zeit (Horse-Race-Modell): die schnellere generiert die Aussprache, die semantische Decodierung oder beides (Baron 1977).

Dual-Route-Modelle des Wortlesens

Das bis heute einflussreichste Modell des Wortlesens, das **Dual-Route-Modell (DRM)**, wurde Ende der 70er Jahre von Coltheart (1978, 1980) entwickelt und in den darauf folgenden Jahrzehnten mehrfach modifiziert und empirisch sowie durch umfangreiche Simulationsstudien, zumindest für die englische Sprache, untermauert (Coltheart et al. 2001). Mit ihrem DRM greifen Coltheart und seine Kollegen verschiedene Annahmen früherer Autoren auf (duale Wortverarbeitung, schwellenbasierte Stufenverarbeitung, *horse race* der Strategien sowie Aktivierung eines »mentalen Lexikons« [kognitives System nach Morton 1969] mit und ohne semantischer Decodierung), erweitern und integrieren diese und führen klar definierte hemmende und aktivierende Verbindungen zwischen Verarbeitungsstufen in ihrem Modell ein. Die neueren Versionen des DRM ermöglichen recht genaue Vorhersagen über die Zeit und Genauigkeit des lauten Lesens einer Graphemfolge (und ggf. deren semantische Decodierung) in Abhängigkeit davon, ob es sich um ein Nichtwort oder ein Wort handelt, ob dieses Wort häufig oder selten ist und ob es in seiner Aussprache entsprechend der GPK-Regeln lautgetreu ist oder nicht. Die Regelhaftigkeit spielt insbesondere bei sogenannten nicht-transparenten Orthographien, wie Englisch, eine wichtige Rolle, da hier die GPK-Regeln bei zahlreichen Wörtern nicht zur korrekten Aussprache führen (z. B. »ea« in „heat" versus »health«). Die Weiterentwicklung des DRM, das **Dual-Route-Cascaded-Modell (DRC-Modell)**, ermöglicht eine computergestützte Modellierung des Leseprozesses, d. h., ein Computerprogramm simuliert die im Modell angenommenen Prozesse des menschlichen Leseverhaltens. Da das DRC-Simulationsprogramm das menschliche Wortleseverhalten und die Leistung von Teilnehmern in Experimenten zur lexikalischen Entscheidung gut vorhersagen kann (Coltheart et al. 2001), können die für das Programm angenommenen Parameter und Prozesse auch für das menschliche Lesen angenommen werden (wobei eine solche Analogie natürlich nicht zwangsläufig mit einem Wahrheitsbeleg für das entsprechende Modell gleichgesetzt werden kann).

◪ Abb. 2.4 stellt das DRC-Modell schematisch dar. Eine detaillierte Beschreibung der einzelnen Stufen und Prozesse findet sich bei Coltheart und Kollegen (2001; Coltheart 2007). Grob zusammengefasst unterscheidet das Modell, ähnlich wie die Vorläufermodelle, eine lexikalische und eine nicht-lexikalische Verarbeitungsroute (Coltheart 1980), wobei innerhalb der lexikalischen Route entweder eine semantische Decodierung stattfindet oder nicht. Zunächst erfolgt jedoch die Analyse der visuellen Eigenschaften (*features*) der einzelnen Schriftzeichen einer Texteinheit. Wir sprechen hier etwas allgemein von Texteinheit und nicht vom Wort, da es sich auch um Nichtwörter handeln kann. Es folgt die Aktivierung von abstrakten Buchstabenpräsentationen, die bereits relativ unabhängig von den visuellen Eigenschaften wie Schrifttyp oder Groß- und Kleinschreibung sind. Die Buchstabenrepräsentationen werden zu Clustern zusammengefasst. In der **nicht-lexikalischen Route**, oft auch phonologische Route genannt, entsprechen diese Cluster einzelnen Graphemen, die dann, strikt von links nach rechts, entsprechend der erlernten GPK-Regeln im Graphem-Phonem-Regelsystem eine serielle Übersetzung in Phoneme erfahren. Im Phonemsystem wird die Aussprache generiert. In der **lexikalischen Route**, oft auch direkte Route genannt, aktivieren diese Cluster eine gespeicherte abstrakte Wortrepräsentation im orthographischen

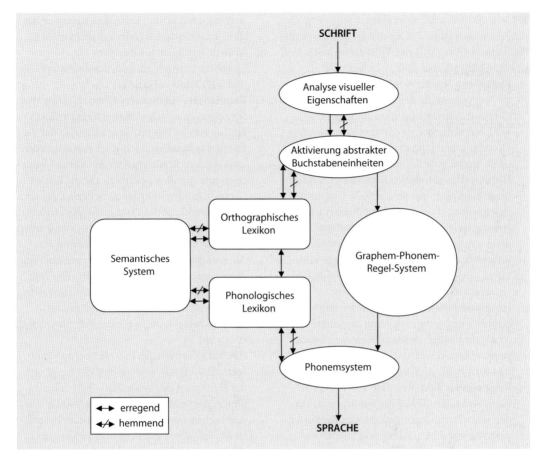

SCHRIFT

Analyse visueller Eigenschaften

Aktivierung abstrakter Buchstabeneinheiten

Orthographisches Lexikon

Semantisches System

Graphem-Phonem-Regel-System

Phonologisches Lexikon

Phonemsystem

⟷ erregend
⟷/ hemmend

SPRACHE

◘ **Abb. 2.4** Schematische Darstellung des Dual-Route-Cascaded-Modells (DRC-Modell). (Nach Coltheart et al. 2001)

Lexikon. Bereits in dieser Stufe erkennt das System, dass es sich um ein bekanntes Wort handelt. Die entsprechende Aussprache ist im phonologischen Lexikon gespeichert und wird über einen Abgleich mit dem Phonemsystem generiert. Die Aktivierung des phonologischen Lexikons kann auch über das semantische System erfolgen, in welchem die Bedeutung eines Wortes gespeichert ist. Streng genommen postuliert das DRC-Modell also drei Verarbeitungsrouten, die nicht-lexikalische GPK-Route, die lexikalisch-semantische Route und die lexikalisch nicht-semantische Route (Coltheart et al. 2001).

Wichtig ist, dass im DRC-Modell alle Stufen der lexikalischen Route zueinander in hemmender oder aktivierender Wechselbeziehung zur jeweils nächsten oder vorangehenden Stufe stehen, mit

Ausnahme der Wechselwirkung zwischen orthographischem und phonologischem Lexikon, die wechselseitig nur aktivierend ist. Zu beachten ist außerdem, dass die semantische und nicht-semantische Route sowie über das Phonemsystem auch die lexikalische und die GPK-Route in Wechselwirkung stehen, bevor die Aussprache erfolgt. Eine weitere wichtige Annahme ist, dass die Repräsentationen der abstrakten Graphemcluster beide Routen aktivieren können. Im DRC-Modell sind die Routen also nicht unabhängig! Zu beachten gilt auch, dass die Idee früherer Modelle aufgegeben wurde, dass bestimmte Schwellen überschritten werden müssen, um innerhalb einer Route die nächste Verarbeitungsstufe zu aktivieren; vielmehr geht man inzwischen mit dem Kaskadenmodell (Coltheart et al. 1993, 2001) davon aus, dass jede

Art von Aktivierung weitergeleitet wird. Mit diesen Annahmen kann das Modell folgende typische Phänomene (Auswahl) des Wortleseverhaltens erklären (Coltheart et al. 2001, Coltheart 2007):

- **Worteffekt**: Wörter werden schneller gelesen als Nichtwörter, da deren Aussprache direkt über eine Aktivierung im Lexikon generiert wird. Sowohl mit als auch ohne semantische Decodierung erfolgt dies schneller als über die nicht-lexikalische Route.
- **Nichtwortlängeneffekt**: Nichtwörter werden umso langsamer gelesen, je mehr Grapheme sie enthalten, da die Graphem-Phonem-Übersetzung seriell vonstattengeht. Wörter werden hingegen, innerhalb eines bestimmten Rahmens, deutlich weniger abhängig von der Länge gelesen, da diese im orthographischen Lexikon als Ganzes aktiviert werden.
- **Häufigkeitseffekt**: Häufige Wörter werden schneller und genauer gelesen als seltene Wörter, da für häufige Wörter die entsprechende Repräsentation im Lexikon stärker ist und damit schneller aktiviert werden kann.
- **Regularitätseffekt**: Reguläre Wörter, deren Aussprache den GPK-Regeln entspricht, werden schneller und genauer gelesen als Wörter, deren Aussprache an einer oder mehreren Stellen von den GPK-Regeln abweicht. Grund hierfür ist, dass im letzteren Fall beide Routen zu widersprüchlichen Informationen auf der Ebene des Phonemsystems führen und damit einen Konflikt erzeugen, der Zeit kostet. Bei regulären Wörtern hingegen sind die Informationen aus beiden Routen kompatibel.
- **Blockeffekt**: Sind reguläre und nicht-reguläre Wörter in separaten Blöcken zu lesen, geschieht dies schneller und genauer als in gemischten Listen, da gelernt wird, dass eine der Routen ausgeblendet werden kann.
- **Reihungseffekt**: Die Stärke des Regularitätseffektes bei nicht-regulären Wörtern hängt von der Lage der Grapheme im Wort ab, die abweichend von der erlernten GPK-Regel ausgesprochen werden müssen. Dieser Effekt ist darauf zurückzuführen, dass Grapheme über die nicht-lexikalische Route seriell von links nach rechts in Phoneme recodiert werden. Damit wirkt der Konflikt zwischen den Informationen aus beiden Routen umso später auf die Verarbeitung ein (oder gar nicht mehr), je mehr regelgetreue Grapheme vor einem Graphem positioniert sind, dessen Aussprache nicht der Regel entspricht.
- **Regularitäts-Häufigkeits-Effekt**: Häufige Wörter zeigen einen schwächeren Regularitätseffekt als seltene Wörter, da der Konflikt auf der Phonemsystemebene schneller zugunsten der lexikalischen Route entschieden werden kann oder eine Aussprache erfolgt, ehe die konkurrierende Information der nicht-lexikalischen Route überhaupt das Phonemsystem erreicht.
- **Pseudohomophoneffekt**: Nichtwörter werden schneller ausgesprochen, wenn sie in ihrer Aussprache Wörtern ähneln oder genauso wie diese ausgesprochen werden (z. B. »Fie« und »Vieh«), da auf der Ebene des Phonemsystems eine Interaktion mit dem phonologischen Lexikon besteht, die in diesem Fall aktivierend rückwirkt.
- **Häufigkeitseffekt des Pseudohomophoneffekts**: Der Pseudohomophoneffekt hängt von der Häufigkeit des Wortes ab – Pseudohomophone, die so ähnlich wie häufige Wörter ausgesprochen werden, werden schneller bearbeitet als jene, die wie seltene Wörter klingen, da bei häufigen Wörtern der aktivierende Einfluss des phonologischen Lexikons steigt.
- **Orthographischer Ähnlichkeitseffekt**: Je ähnlicher die Graphemfolge eines Nichtwortes mit einem Wort oder mehreren Wörtern ist, desto schneller wird sie ausgesprochen, da über das orthographische Lexikon die aktivierende Rolle der lexikalischen Route erhöht wird. Dies gilt nicht für Pseudohomophone.

Erworbene und entwicklungsbedingte Lesedefizite im Dual-Route-Modell

Das **Dual-Route-Modell** hat sich vor allem auch deshalb durchgesetzt, weil es eine Reihe neuropsychologischer Befunde bei Patienten erklären kann, die nach einer selektiven Hirnläsion in ihrem vorher intakten Leseverhalten partielle Ausfälle zeigen, also von einer erworbenen Lesestörung (*aquired dyslexia, alexia*) betroffen sind. So schreiben McCarthy und Warrington (1986), dass einer ihrer englischsprachigen Patienten mit gleicher Genauigkeit wie vor seiner Hirnverletzung Nichtwörter und Wörter lesen könne, die entsprechend der GPK-Regeln korrekt aussprechbar sind, während unregelmäßige Wörter massive Probleme erzeugen; letztere würden von ihm, abhängig von der Häufigkeit des Wortes, oft falsch ausgesprochen, nämlich entsprechend der GPK-Regeln (Regularisierungsfehler). In der Terminologie des DRC-Modells wird dieses Lesemuster mit der selektiven graduellen Beeinträchtigung von Hirnstrukturen auf der linken Seite des parietal-temporalen Großhirns erklärt, welche, so die Schlussfolgerung, die Funktion der lexikalischen Route verantworten. Das Befundmuster wird als *surface dyslexia* (Oberflächendyslexie) bezeichnet (Coltheart et al. 2001; Coltheart 1996). Wird diese Beeinträchtigung im DRC-Computerprogramm durch eine bestimmte Reduzierung der Aktivierung des orthographischen Lexikons simuliert (Coltheart et al. 2001), kann es das Leseverhalten von Patienten mit *surface dyslexia* gut vorhersagen.

Wird von einer entsprechenden selektiven Beeinträchtigung der nicht-lexikalischen, phonologischen Route ausgegangen, spricht man von *phonological dyslexia* (phonologische Dyslexie; Beauvois und Dérouesné 1979; Coltheart 1996; einen Überblick geben Farah et al. 1996). Wörter werden von den Patienten unbeeinträchtigt und abhängig von der Häufigkeit gelesen, unabhängig davon, ob deren Aussprache den GPK-Regeln entspricht oder nicht, während das Aussprechen von Nichtwörtern Probleme bereitet. Ein großer Teil der Patienten in der Fallstudie von Dérouesné und Beauvois (1985) zeigt außerdem beim Nichtwortlesen die vom DRC-Modell vorhergesagten Effekte, die mit dem Wirken der lexikalischen Route erklärt werden, wie den Pseudohomophoneffekt und den orthographischen Ähnlichkeitseffekt. Auch hier können spezifisch modifizierte DRC-Computerprogramme das Leseverhalten der Patienten sehr gut vorhersagen (Coltheart et al. 2001).

Die Vertreter der DRM sehen in den Simulationen der spezifischen Lesedefizite von Patienten mit erworbener Lesestörung weitere Evidenz für ein duales Wortverarbeitungssystem, das auch auf unterschiedlichen Hirnstrukturen basiert. In diesem Zusammenhang stellt sich die Frage, ob die Patientenstudien und die entsprechenden Computerprogramme, welche das Leseverhalten von selektiv beeinträchtigten Patienten vorhersagen, für das Verständnis der entwicklungsbedingten Lese- und Rechtschreibstörung relevant sind. Coltheart (2007) macht dazu eine klare Aussage: »This is so« (S. 10). So simulieren er und seine Kollegen (2001) mit dem DRC-Modell auch das Leseverhalten bei Erwachsenen mit entwicklungsbedingten Lese- und auch Rechtschreibstörungen. Entsprechend werden in einer Reihe von Studien auch die Terminologien *developmental surface dyslexia* (Castles und Coltheart 1996) und *developmental phonological dyslexia* (Temple 1985) verwendet. Kritisch zu hinterfragen bleibt allerdings die Annahme der Analogie (Analogieprinzip ▶ Kap. 1), es handle sich bei den geschädigten Hirnregionen der Patienten mit spezifischen Defiziten im Lesen um dieselben, welche bei Kindern mit vergleichbaren Leseverhalten inadäquat entwickelt sind. Positiv zu bewerten ist jedoch die in dieser Sichtweise enthaltene Annahme von Subgruppen bei der Lesestörung, sowohl hinsichtlich der Symptomatik als auch hinsichtlich der Ursachen (Lachmann et al. 2005).

Relevanz des DRC-Modells für den deutschen Sprachraum

Da die Eleganz des DRC-Modells ganz wesentlich darauf beruht, dass es zwischen dem Lesen unregelmäßiger und regelmäßiger Wörter differenziert, stellt sich die Frage, welchen Erklärungswert es für Sprachen mit transparenter Orthographie, wie Deutsch oder Italienisch hat, in denen die allermeisten Wörter beim Lesen entsprechend der GPK-Regeln ausgesprochen werden (▶ Abschn. 2.1.1). Natürlich existieren auch in transparenten Orthographien unregelmäßige Ausspracheformen, allerdings bei nur ca. 5 % der Wörter (Ziegler et al. 2000), nicht nur bei Fremdwörtern. Aber rechtfertigt dies tatsächlich eine eigene Wortverarbeitungsroute? Ziegler und seine Kollegen (2000) zeigten, dass das DRC-Modell auch das Lesen deutscher Probanden, wenn auch schlechter als das englischsprachiger, doch akzeptabel vorhersagen kann. Share (2008) hingegen argumentiert, dass für transparente Orthographien sehr viel einfachere Erklärungsmodelle ohne lexikalische Route dies ebenfalls leisten. Aber von den speziellen Vorhersagen des DRC-Modells abgesehen kann die prinzipielle Logik dualer Verarbeitung über eine, wie auch immer geartete, Ganzwortstrategie und eine GPK-Route auch für das Deutsche und andere transparente Orthographien übernommen werden, indem man die Unterscheidung häufiger und seltener Wörter mehr in den Vordergrund stellt. Gerade diese Unterscheidung konnte das DRC-Modell in der Studie von Ziegler und Kollegen (2000) für deutsche Leser gut simulieren. Da ein noch so versierter Leser unmöglich mit allen Worten eines Textes so vertraut sein kann, dass er diese vollständig und ganzheitlich lesen könnte, ist eine nicht-lexikalische Strategie sinnvoll. Umgekehrt verlangt schnelles Lesen in jeder alphabetischen Schriftsprache eine Art ganzheitliche Verarbeitung von Wörtern. Dies bringt uns zurück zur Schriftsprachentwicklung (► Abschn. 2.2.1) und zum Beginn dieses Kapitels. Friths Modell geht letztlich davon aus, dass der Leser zu Beginn des Schriftspracherwerbs in der alphabetischen Phase zunächst rein nach GPK-Regeln liest und erst nach Lesepraxis zunehmend abstrakte, orthographische Repräsentationen in einem mentalen Lexikon aufgebaut werden, die es ermöglichen, das Wort als Ganzes zu lesen. Die Grundlogik der dualen Verarbeitung ist also durchaus mit Friths Entwicklungsmodell kompatibel, und obwohl auch die Übertragbarkeit ihres Modells auf das Deutsche kritisch diskutiert wird (Wimmer und Goswami 1994), handelt es sich insgesamt wohl um vergleichbare Grundprozesse des Schriftspracherwerbs bei alphabetischen Schriftsprachen. Demnach lassen sich die Grundannahmen der für das Englische entwickelten Modelle zumindest teilweise auf das Deutsche übertragen, wenn auch für das DRC-Modell weniger gut als für dessen netzwerkbasierte Alternativen, auf die wir im Folgenden kurz eingehen werden.

Netzwerkmodelle des Wortlesens

Es existieren eine Reihe weiterer Modelle zum Wortlesen, die beispielsweise auch die Recodierung auf Silbenebene berücksichtigen (Patterson und Morton 1985) oder die Trennung der Routen weniger streng annehmen (Patterson und Coltheart 1987), sich jedoch insgesamt am Dual-Route-Modell orientieren (eine Übersicht geben Balota et al. 2006). Das **Netzwerkmodell des Lesens** (Plaut 1999; Seidenberg und McClelland 1989) unterscheidet sich davon grundlegend, da es gar keine verschiedenen Verarbeitungswege annimmt. Regularität ist graduell auf einer einzigen Verarbeitungsdimension angeordnet. Die Verarbeitung eines Wortes basiert auf einem für dieses Wort spezifischen Aktivierungsmuster im mentalen Netzwerk, das zwischen orthographischen, semantischen und phonologischen Codes für die Repräsentation dieses Wortes sowie einer Reihe anderer Informationen (z. B. Kontext) parallel operiert und sensitiv für Erfahrungen des Lesers ist. Dies gilt, da es ja keine getrennten Verarbeitungsrouten gibt, auch für Nichtwörter: Auch bei diesen werden semantische Codes mehr oder weniger stark aktiviert. Ähnliche Wörter (oder Nichtwörter) aktivieren ähnliche Aktivierungsmuster. Je komplexer ein Wort/Nichtwort im Netzwerk repräsentiert ist, desto höher die Wahrscheinlichkeit, dass das System an seine Grenzen stößt und Fehler erzeugt. Entsprechende netzwerkbasierte Computerprogramme können das menschliche Leseverhalten und auch die oben angeführten und über das DRC-Modell erklärten typischen Effekte (► Abschn. 2.3.1) gut vorhersagen. Ein entscheidender Unterschied zu den Dual-Route-Modellen ist jedoch, dass das Netzwerk lernend ist, was eine gewisse Realitätsnähe suggeriert. In Analogie zum menschlichen Gehirn wird angenommen, dass eine wiederholte Aktivierung im Netzwerk die entsprechende Repräsentation verstärkt. Zukünftige Aktivierungen erfolgen dann schneller und eher korrekt. Coltheart und seine Kollegen (2001) diskutieren sehr ausführlich die Vor- und Nachteile der Dual-Route-Modelle und der konnektionistischen (Netzwerk-)Modelle. Beide können nicht alle Effekte des Wortlesens erklären, und deshalb werden auch in neueren Publikationen ständig neue Zusatzannahmen definiert, wodurch sich die beiden Modellklassen mehr und mehr annähern.

2.3.2   Modelle des Rechtschreibens

Spezifik des Schreibens

Unterliegen Lesen und Schreiben grundsätzlich denselben kognitiven Prozessen, nur einfach in umgekehrter Reihenfolge? Tatsächlich gehen einige Autoren von einer direkten Übertragbarkeit der Lesemodelle, z. B. des DRC-Modells, auf das Schreiben aus (Rapcsak et al. 2007). Ein ganz grundlegender Unterschied zwischen Lesen und Schreiben besteht zunächst aber darin, dass das Schreiben sehr viel langsamer vonstattengeht als das Lesen, für welches gerade die schnelle Decodierung wichtig ist. So ist im DRC-Modell die Geschwindigkeit, mit der sich die Informationen aus den beiden unterschiedlichen Routen durchsetzen, essenzieller Bestandteil der Logik (*horse race*). Ohne Zusatzannahmen, wie modalitätsspezifische Kurzzeitspeicher (*buffer*; Barry 1994; Caramazza et al. 1987; Morton 1980), lässt sich deshalb die Logik der Lesemodelle nur schwerlich auf das Schreiben übertragen. Ein weiterer Unterschied zwischen dem Lesen und Schreiben besteht darin, dass beim Lesen Wörter als Ganzes erkannt werden können, während »Ganzwortschreiben« natürlich nicht möglich ist: Die Produktion geht nicht nur Graphem für Graphem, sondern muss Buchstabe für Buchstabe erfolgen – unabhängig davon, wie bekannt oder regulär ein Wort ist. Auch hier müssen zusätzliche Resegmentierungs- und Gedächtnisprozesse für das Schreiben angenommen werden. Die Produktion eines Textes impliziert zudem grammatische Aspekte, welche bereits zu Beginn des Schreibens teilweise konstruiert sein müssen. Darüber hinaus spielt bei der Rechtschreibung die Semantik eine besondere Rolle: So ist beispielsweise die Differenzierung zwischen »das« und »dass« ohne semantische Analyse nicht möglich. Weiterhin gibt es Rechtschreibregeln, die beim Lesen keine Relevanz für die Aussprache haben, beim Schreiben aber aktiv hergeleitet werden müssen (z. B. Groß- und Kleinschreibung). Auf Satzebene ist es zudem auch nicht möglich, Artikel oder Pronomen zu überspringen, wie das beim geübten Lesen typisch ist, was das Schreiben auch jenseits der Wortebene verlangsamt. Doch es gibt noch weitere Unterschiede: Im Gegensatz zum Lesen gibt es beim Schreiben verschiedene Formen des möglichen Inputs, also verschiedene Formen, in der die sprachliche Information Zugang zum Schriftsprachverarbeitungssystem findet. Der Input kann visuell (Abschreiben von Text, Wörtern oder Nichtwörtern), auditiv (Diktat von Text, Wörtern oder Nichtwörtern) oder mental (innerliche Generierung von Text, Wörtern oder Nichtwörtern)

erfolgen. Unterschiedliche Formen existieren beim Schreiben auch für den Output, das wahrnehmbare Ergebnis des Verarbeitungsprozesses kann durch Handschrift (eine Hand) oder Tastatur (beide Hände) realisiert werden oder auch oral, durch Buchstabieren. Es existieren also zahlreiche Unterschiede zwischen dem Lesen und dem Schreiben, von denen wir hier nur eine Auswahl diskutiert haben. Zu bedenken gilt auch, dass Menschen, die fließend lesen können, nicht automatisch schreiben können (Venetzky 1991). Handelt es sich beim Lesen und Schreiben also doch um unterschiedliche Prozesse?

Trotz der benannten Unterschiede zwischen Lesen und Schreiben kann man wohl davon ausgehen, dass wesentliche Prozesse beiden Fertigkeiten gemeinsam zugrunde liegen. Wie bereits besprochen (▶ Abschn. 2.2.3) beeinflussen sich Lesen und Schreiben, wenn beide parallel instruiert werden, auch gegenseitig während der verschiedenen Phasen der Schriftsprachentwicklung. Für die Annahme, dass Lesen und Schreiben mit vergleichbaren Modellen erklärt werden können, sprechen auch die Ergebnisse aus Patientenstudien: Ähnlich wie für das Lesen konnte man bei Patienten mit selektiver Hirnschädigung spezifische Beeinträchtigungen des Schreibprozesses finden (Rapcsak et al. 2007), nämlich eine isolierte Störung der lexikalischen Route (Oberflächendysgraphie, *surface dysgraphia*, z. B. Weekes 1996) oder eine isolierte Störung der nicht-lexikalischen Route (phonologische Dysgraphie, *phonological dysgraphia*, z. B. Ogden 1996).

Im Folgenden wollen wir, wie schon bei den Modellen zum Lesen (▶ Abschn. 2.3.1), auf der Wortebene bleiben und uns hier auf die schriftliche Produktion auditiv präsentierter Wörter und Nichtwörter konzentrieren. Wie auch beim Lesen stellen unregelmäßige Wörter eine besondere Herausforderung für den Schreiber dar, insbesondere bei nicht-transparenten Orthographien wie dem Englischen. Da bei diesen Wörtern die Phonem-Graphem-Korrespondenz-Regeln (PGK-Regeln, Analogon zu den GPK-Regeln beim Lesen) nicht angewandt werden können, ist auch für das Schreiben die Annahme einer Art orthographischen Lexikons bzw. bei Netzwerkmodellen eines entsprechenden orthographischen Codes durchaus sinnvoll. Dort müssten dann allerdings auch regelmäßige Wörter gespeichert sein, damit das System überhaupt erkennen kann, wann die PGK-Regeln gelten und wann eine Ausnahmeschreibweise angewandt werden muss. Der Unterschied zwischen dem Deutschen als transparenter Orthographie und nicht-transparenten Orthographien ist beim Schreiben allerdings geringer als beim Lesen, denn im Deutschen sind Laut-Buchstabe-Verknüpfungen beim Schreiben weniger eindeutig als Buchstabe-Laut-Verknüpfungen beim Lesen (Welche Schreibweise ist richtig: Kaan, Kahn oder Kan? Saal, Sahl oder Sal? Haase, Hahse oder Hase?; vgl. ▶ Abschnitt 2.2.2), was sich insbesondere bei unbekannten und seltenen Wörtern bemerkbar macht (Thomé 2006). Beim Schreiben existieren also deutlich mehr alternative Grapheme für ein gehörtes Phonem als beim Lesen alternative Phoneme für ein Graphem (▶ Exkurs »Genauer betrachtet: Korrespondenzen zwischen Phonemen und Graphemen im Deutschen« in ▶ Abschn. 2.1.1). Barry und Seymour (1988) sprechen deshalb nicht mehr von PGK-Regeln, sondern von Wahrscheinlichkeiten der Zuordnung von Phonemen zu Graphemen (*sound-spelling contingency*) und anstelle von regelmäßigen versus unregelmäßigen Wörtern, von hohen versus niedrigen Wahrscheinlichkeiten der Phonem-Graphem-Umsetzung.

Dual-Route- und Netzwerkmodelle des Schreibens

Es gibt deutlich mehr Arbeiten zum Wortlesen als solche, die sich speziell mit dem Schreiben befassen. Schreibmodelle sind oft Teil eines kombinierten Lese-Schreib-Modells (z. B. Morton 1969) mit Erweiterungen oder Modifikationen von Lesemodellen. Im Folgenden wollen wir das **Modell des Schreibens** von Barry (1994) vorstellen, welches direkten Bezug auf das Dual-Route-Modell des Wortlesens von Coltheart (1980) nimmt, jedoch die oben erwähnten Unterschiede zwischen den am Lesen und Schreiben beteiligten Prozessen weitgehend berücksichtigt. Barry (1994) unterscheidet in Analogie zum DRM ebenfalls eine lexikalische und eine nicht-lexikalische Route, die nach der Analyse des akustischen Signals parallel angesteuert werden (◻ Abb. 2.5). Die **lexikalische Route** führt über ein auditives Lexikon, das abstrakte auditive Einheiten enthält, die wiederum die entsprechen-

den Repräsentationen im phonologischen Lexikon aktivieren, zum orthographischen Lexikon. Das orthographische Lexikon kann aber auch direkt vom auditiven Lexikon aktiviert werden, und zwar mit oder ohne Zwischenschaltung des semantischen Systems (analog zur semantisch-lexikalischen versus nicht-semantisch-lexikalischen Route im DRC-Modell). Um den zeitversetzten Schreibvorgang zu realisieren, muss die orthographische Einheit zunächst wieder in Grapheme segmentiert werden, die dann im Graphembuffer gespeichert werden. In der **nicht-lexikalischen Route** aktiviert die akustische Analyse direkt die dazugehörigen Phoneme und speichert diese im Phonembuffer, der allerdings auch Informationen aus dem phonologischen Lexikon der lexikalischen Route erhalten kann. Über die Phonem-Graphem-Umwandlung erfolgt die Übersetzung in Grapheme, die dann im Graphembuffer für das Niederschreiben gespeichert werden. Den beiden modalitätsspezifischen Kurzzeitspeichern (phonologischer Buffer und Graphembuffer) kommt also eine herausragende Rolle zu, da sie Informationen aus beiden Routen erhalten können. Es handelt sich somit um ein interaktives Modell.

In neueren Modellversionen (Martin und Barry 2012; Jones et al. 2009; McCloskey et al. 2006) kommt insbesondere dem Graphembuffer eine besondere Bedeutung zu – schließlich ist es diese Gedächtnisfunktion, die quasi als letztes Modul im Verarbeitungsprozess die Informationen beider Routen integriert und über einen bestimmten Zeitraum für die motorische Umsetzung aktiv hält. Martin und Barry (2012) untersuchten in ihrer Studie die Rolle des Graphembuffers beim Schreiben von auditiv präsentierten Nichtwörtern, deren Verarbeitung ja klassischerweise der nicht-lexikalischen Route zugesprochen wird. In ihrer Weiterentwicklung von Barrys Modell nehmen sie an, dass der Graphembuffer nicht nur einfach Informationen aus dem orthographischen Lexikon und aus der Phonem-Graphem-Umwandlung erhält (wie in Barrys Modell, ◻ Abb. 2.5), sondern mit beiden in wechselseitiger Beziehung steht. Dies impliziert, dass auch das Schreiben von Nichtwörtern stark von lexikalischem Wissen aus dem orthographische Lexikon beeinflusst wird. So beobachteten Martin und Barry (2012), dass die Teilnehmer ihrer Studie diktierte

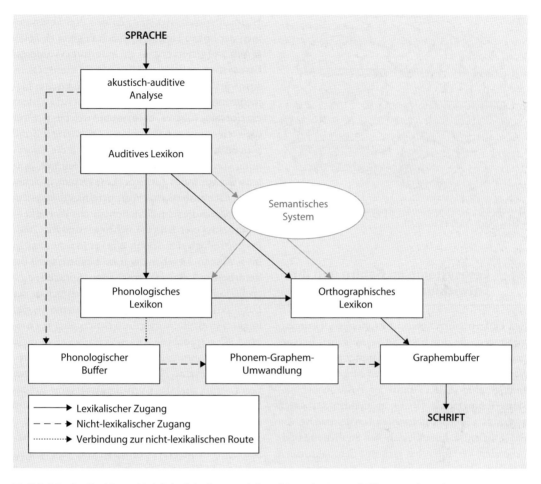

Das Dual-Route-Modell des Schreibens nach Barry (1994; adaptiert nach Klicpera et al. 2007)

Nichtwörter zwar sehr unterschiedlich geschrieben haben, jedoch öfter solche Schreibweisen gewählt wurden, die einer häufigen Phonem-Graphem-Umsetzung für Wörter entsprechen. Die Schreibweise eines Nichtwortes wurde außerdem durch die Schreibweise eines vorher präsentierten Wortes beeinflusst, das sich mit dem folgenden Nichtwort reimt (lexikalischer Primingeffekt, Campbell 1983). Die durch das Wort aktivierte Repräsentation im Graphembuffer scheint die Verarbeitung des nachfolgenden Nichtwortes also zu beeinflussen. Martin und Barry (2012) interpretieren diese Befunde im Sinne eines interaktiven Verarbeitungsprozesses mit einem probabilistisch operierenden Phonem-Graphem-Übersetzungssystem: Die Information aus der Phonem-Graphem-Umwandlung ist also nicht deterministisch, sondern unterliegt bestimmten Wahrscheinlichkeiten (Perry 2003; Barry und Seymour 1988). Dennoch halten die Autoren an der Annahme funktional getrennter Routen fest.

Den Dual-Route-Modellen des Schreibens stehen verschiedene Netzwerkmodelle (konnektionistische Modelle) gegenüber, die keine separaten Verarbeitungskanäle postulieren (Bullinaria 1994). Stattdessen wird ein lernendes Netzwerk vermutet, in welchem ein Wort oder ein Nichtwort durch ein spezifisches Aktivierungsmuster repräsentiert ist, das über diverse Codes spezifische phonologische, semantische, orthographische und weitere Informationen enthält.

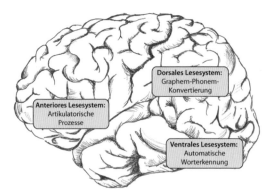

Abb. 2.6   Schematische Darstellung des Lesenetzwerks. (Nach Pugh et al. 2000)

2.4   Lesesysteme im Gehirn und ihre Entwicklung

Seit einigen Jahrzehnten ist es möglich, Hirnaktivierungen, die durch kognitive Aufgaben hervorgerufen werden, mittels sogenannter bildgebender Verfahren wie der funktionellen Magnetresonanztomographie (fMRT) und der Positronen-Emissions-Tomographie (PET) abzubilden (s. unten ▶ Exkurs »Genauer betrachtet: Funktionsweise von PET und fMRT«). Eine Vielzahl von Studien mit bildgebenden Verfahren hat sich mit den neuronalen Korrelaten des Lesens befasst. Im Folgenden wird zunächst dargestellt, welche charakteristischen Lesesysteme involviert sind, wenn Leser, deren Leseentwicklung abgeschlossen ist, eine Leseaufgabe erledigen. Danach wird darauf eingegangen, wie diese Lesesysteme im Prozess der Leseentwicklung ausdifferenziert werden.

2.4.1   Lesesysteme im Erwachsenenalter

Es wird heute davon ausgegangen, dass das Wortlesen geübter erwachsener Leser die Entwicklung eines hochorganisierten kortikalen Systems erfordert, welches die Verarbeitung orthographischer, phonologischer und lexiko-semantischer Merkmale von Wörtern integriert (Sandak et al. 2004). Geübte erwachsene Leser nutzen beim Wortlesen vor allem drei Lesesysteme, welche in der linken

Hirnhälfte lokalisiert sind. Zu den drei Lesesystemen der linken Hirnhälfte (nach Pugh et al. 2000; ◘ Abb. 2.6) gehört erstens ein **anteriores** (vorderes) **Lesesystem**, welches u. a. für Artikulationsprozesse sowie für die aktive Analyse phonologischer Elemente innerhalb von Wörtern relevant ist; zweitens ein **dorsales** (oberes) **Lesesystem**, welches u. a. für die Verbindung von Phonologie, Orthographie und Semantik zuständig ist und somit auch die Zuordnung von Buchstaben und Lauten vornimmt; drittens ein **ventrales** (unteres) **Lesesystem**, welches ein gedächtnisbasiertes Wortidentifikationssystem darstellt, das die schnelle, automatische Worterkennung beim Lesen leistet (s. Schlaggar und McCandliss 2007; Pugh et al. 2000). Wie wir in ▶ Abschn. 2.1 bis ▶ Abschn. 2.3 schon dargestellt haben, spielt die **Verarbeitung der gesprochenen Sprache** eine große Rolle für das Lesen. Dies spiegelt sich in der Lokalisation der wichtigsten Lesesysteme in der linken Hirnhälfte wider, in welcher auch vorwiegend die gesprochene Sprache verarbeitet wird. So ist z. B. das Broca-Areal (eine für die Sprachproduktion relevante Hirnregion) Teil des anterioren Lesesystems, und das Wernicke-Areal (eine für das Sprachverständnis wichtige Hirnregion) ist Teil des dorsalen Lesesystems (Pugh et al. 2000).

Wie wir in ▶ Abschn. 2.3.1 gesehen haben, haben kompetente Leser prinzipiell zwei Möglichkeiten, um ein Wort zu erlesen: Sie können zum einen eine lexikalische Route nutzen, um phonologische Repräsentationen geschriebener Wörter direkt aus dem Langzeitgedächtnis abzurufen. Zum anderen können kompetente Leser mittels einer sublexikalischen Route ein Wort erlesen, indem sie seriell die Grapheme eines Wortes in ihre korrespondierenden Phoneme umwandeln und diese Phoneme synthetisieren. Es wird davon ausgegangen, dass diese zwei Mechanismen im Gehirn durch zwei getrennte, aber dennoch miteinander interagierende neuronale Systeme repräsentiert sind (◘ Abb. 2.6): Die lexikalische Route ist im ventralen Lesesystem repräsentiert, die sublexikalische Route dagegen im dorsalen Lesesystem (Shaywitz und Shaywitz 2008).

Sprachen unterscheiden sich sehr stark bezüglich der **Transparenz der Orthographie**. Das Deutsche gehört zu den sogenannten transparenten Sprachen. Dies bedeutet, dass es relativ eindeutige Entsprechungen zwischen Phonemen und

Genauer betrachtet: Funktionsweise von PET und fMRT (aus Blakemore und Frith 2006)

Das Verhältnis von neuronaler Aktivität und dem Blutfluss im Gehirn

Wenn eine Neuronenpopulation aktiviert wird, brauchen diese Neurone einen größeren Blutzufluss, um Sauerstoff und Glukose »nachzutanken«, ihre Energielieferanten. Diese regelmäßige Energiezufuhr ist entscheidend für die normale Gehirnfunktion – tatsächlich entfällt ein Fünftel aller vom Körper verbrauchten Energie auf das Gehirn. Der enge Zusammenhang zwischen der neuronalen Aktivität und dem mit ihr zusammenhängenden Glukose- und Sauerstoffmetabolismus und also dem Blutfluss ist das Prinzip, auf dem die am häufigsten angewendeten Bildgebungsverfahren beruhen – PET und fMRT.

Messen des Blutflusses im Gehirn mit Hilfe der Positronen-Emissions-Tomographie (PET)

Die Positronen-Emissions-Tomographie (PET) misst Volumen und Ort des Blutflusses im Gehirn. Dafür wird der Versuchsperson gewöhnlich ein so genannter »Tracer« injiziert, das heißt, winzige Mengen einer radioaktiv markierten chemischen Substanz, die vom Blut durch den ganzen Körper transportiert wird. Dieser Tracer kann verfolgt werden, während er mit dem Blut im Gehirn zirkuliert und Positronen aussendet. Eine spezielle Strahlendetektorkamera umgibt den Kopf der Versuchsperson und misst, wo in ihrem Gehirn die vom Tracer ausgesendeten Positronen – und damit das Blut – zu lokalisieren sind.

Anschließend werden die auf diese Weise gewonnenen PET-Daten von leistungsstarken Computern mit Hilfe so genannter »Computertomographie« zu einem mehrfarbigen dreidimensionalen Bild verarbeitet, auf dem man sehen kann, in welchen Regionen des Gehirns der Blutfluss am stärksten zugenommen hat. PET-Studien

liefern unglaublich wichtige Informationen, aber man braucht für sie nun einmal winzige Mengen radioaktiver Substanzen. Daher wird mehr und mehr statt mit PET mit anderen Bildgebungstechniken gearbeitet, bei denen den Probanden keine radioaktiven Substanzen gespritzt werden müssen, vor allem mit der funktionellen Magnetresonanztomographie (fMRT).[1]

Funktionelle Magnetresonanztomographie (fMRT): Gehirnscans mit Hilfe von Magneten

Die Magnetresonanztomographie (MRT) arbeitet mit einem sehr großen Magnetfeld und liefert ohne Injektion von radioaktiven Tracern qualitativ hochwertige, dreidimensionale Bilder von Gehirnstrukturen. Ein großer zylindrischer Magnet erzeugt um den Kopf der Versuchsperson ein Magnetfeld, durch das ein magnetischer Puls gesendet wird. Verschiedene Strukturen im Gehirn (weiße Substanz, graue Substanz, Blutgefäße, Flüssigkeiten und Knochen zum Beispiel) haben unterschiedliche magnetische Eigenschaften und stellen sich deshalb auf dem MRT-Bild unterschiedlich dar. Sensoren im Magnetresonanztomographen zeichnen die Signale der verschiedenen Gehirnstrukturen auf, und ein Computer verarbeitet diese Informationen zu einem Bild. Mit Hilfe von MRT können sowohl an der Oberfläche als auch tief im Inneren des Gehirns liegende Strukturen anatomisch bis ins Einzelne dargestellt werden. Ein solches Bild sieht genauso aus wie eine Röntgenaufnahme.

In den letzten 20 Jahren sind Techniken entwickelt worden, die es den Hirnforschern ermöglichen, mit Hilfe von MRT Bilder vom arbeitenden Gehirn zu gewinnen. Diese Techniken heißen funktionelle Magnetresonanztomographie (fMRT). Wenn Neuronen aktiv werden, brauchen sie Sauerstoff, der ihnen über

das Blut zugeführt werden muss. Dieser vom Blut zugeführte Sauerstoff wird bei der funktionellen Magnetresonanztomographie erkannt, weil Sauerstoff magnetische Eigenschaften hat. Genau wie PET das Volumen des Blutzuflusses in bestimmten Gehirnregionen misst, misst fMRT das Volumen des sauerstoffhaltigen Bluts, das in bestimmte Gehirnregionen geschickt wird. Diese Informationen werden ausgewertet, um die Veränderungen der Gehirnaktivität von Probanden zu messen, die bestimmte Stimuli sehen oder hören oder sonst etwas tun, etwa Fragen beantworten oder Knöpfe drücken.

---

1   Anmerkung der Autoren: Obwohl die Strahlenbelastung bei PET minimal ist, wird diese Methode bei Kindern grundsätzlich nicht angewandt. Somit standen bis zur Etablierung der funktionellen Kernspintomographie nur Studien an Erwachsenen zur Verfügung, um Aussagen zu neurobiologischen Grundlagen der Lese-Rechtschreibstörung zu machen. Da im Erwachsenenalter die neuronalen Korrelate der Entwicklung des Lesens natürlich nicht mehr aufgedeckt werden können, blieb die Frage offen, ob Unterschiede in der Hirnaktivierung zwischen Erwachsenen mit und ohne Lese-Rechtschreibstörung der Störung an sich geschuldet sind, oder lediglich ein Resultat der lebenslangen Erfahrungen mit Schwierigkeiten im Lesen und Schreiben sind. Das Aufkommen der funktionellen Kernspintomographie in den 90er Jahren ermöglichte demnach ganz neue Erkenntnisse zu neuronalen Grundlagen des Schriftspracherwerbs sowie zur Neurobiologie der Lese-Rechtschreibstörung (vgl. Ligges und Blanz 2007).

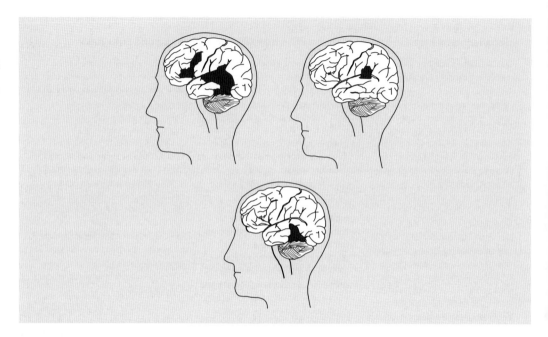

▣ Abb. 2.7   Lesesysteme des Gehirns für Englisch und Italienisch. Das Bild oben links zeigt das gesamte Lesenetzwerk für beide Sprachen zusammen. Das Bild oben rechts zeigt, dass bei italienischen Lesern die Region aktiver ist, die mit der Graphem-Phonem-Übersetzung zu tun hat. Das Bild unten zeigt, dass bei englischen Lesern die Region, die für die gedächtnisbasierte Wortidentifikation zuständig ist, aktiver ist. (Aus Blakemore und Frith 2006)

Graphemen gibt (▶ Exkurs »Genauer betrachtet: Korrespondenzen zwischen Phonemen und Graphemen im Deutschen« in ▶ Abschn. 2.1.1). In einer transparenten Sprache kann man deshalb anhand von Graphem-Phonem-Korrespondenzregeln auch unbekannte Wörter recht sicher und eindeutig erlesen. Anders verhält es sich in den sogenannten intransparenten Sprachen (z. B. Englisch), in denen die Korrespondenzen zwischen Graphemen und Phonemen weniger eindeutig sind (vgl. z. B. die Aussprache der englischen Wörter »tough« und »though«). Deshalb werden in intransparenten Sprachen Lesestrategien bevorzugt, bei denen größere Einheiten des Wortes genutzt werden.

Da ein Großteil unserer Erkenntnisse zu neuronalen Korrelaten des Lesens aus dem angloamerikanischen Sprachraum stammt, stellt sich die Frage, ob Erkenntnisse zu Lesesystemen bei Erwachsenen, die anhand einer intransparenten Sprache wie dem Englischen gewonnen wurden, auf transparente Sprachen wie das Deutsche oder Italienische übertragbar sind. In einer PET-Studie von Paulesu und Kollegen (2000; zitiert nach Blakemore und

Frith 2006) wurden deshalb die Hirnaktivierungen, die italienische und englische Erwachsene beim Lesen zeigten, miteinander verglichen.

Englische wie italienische Erwachsene nutzten grundsätzlich die gleichen Lesesysteme in einer Leseaufgabe (▣ Abb. 2.7, oben links). Bei italienischen Erwachsenen war aber das dorsale Lesesystem stärker aktiviert (▣ Abb. 2.7, oben rechts), weil die transparente Orthographie des Italienischen das eindeutige Erlesen von Wörtern anhand von Graphem-Phonem-Übersetzungen erlaubt. Im Englischen ist dagegen aufgrund der Intransparenz der Orthographie eine Strategie vielversprechender, bei der Wörter direkt aus dem Langzeitgedächtnis abgerufen werden. Deshalb war bei den englischen Erwachsenen das ventrale Lesesystem stärker aktiviert (▣ Abb. 2.7, unten). Diese Ergebnisse zeigen, dass in intransparenten wie transparenten Sprachen grundsätzlich die gleichen Lesesysteme im Gehirn genutzt werden. Allerdings unterscheidet sich das Ausmaß der Nutzung der beteiligten Systeme in Abhängigkeit von der Transparenz der Sprache.

2.4.2 Entwicklung der Lesesysteme im Kindesalter

Um zu verstehen, wie die Lesesysteme erwachsener Leser im Gehirn entstehen, müssen die Veränderungen untersucht werden, die sich im Gehirn vollziehen, wenn Kinder lesen lernen. Beim Lesenlernen werden bereits existierende sprachliche Fähigkeiten sowie Fähigkeiten im Bereich der visuellen Wahrnehmung genutzt. Werden im Prozess der Leseentwicklung orthographische Einheiten (Grapheme) mit phonologischen Einheiten (Phoneme) verbunden (▶ Abschn. 2.1.1), so erfordert dies, dass im Gehirn funktionale Verbindungen zwischen Systemen zur visuellen Objektverarbeitung und Systemen, die in die Verarbeitung gesprochener Sprache involviert sind, entstehen (Schlaggar und McCandliss 2007).

Wir haben in ▶ Abschn. 2.4.1 gesehen, dass sich die drei Hauptlesesysteme bei Erwachsenen in der linken Hirnhälfte befinden. Diese Lesesysteme differenzieren sich im Verlauf der Leseentwicklung heraus. Zu Beginn der Leseentwicklung sind Regionen in der linken und rechten Hirnhälfte am Lesen beteiligt. Mit zunehmender Leseerfahrung wird dann das Lesen immer mehr in die linke Hirnhälfte verlagert, die Aktivität in der rechten Hirnhälfte nimmt mit zunehmender Leseerfahrung sukzessive ab (Schlaggar und McCandliss 2007).

Wie aber genau entwickeln sich die drei Lesesysteme in der linken Hirnhälfte? Es wird davon ausgegangen, dass das anteriore und das dorsale Lesesystem zu **Beginn der Leseentwicklung** eine dominante Rolle beim Lesen einnehmen. Das anteriore Lesesystem (welches u. a. für phonologische Analyseprozesse zuständig ist) wird in enger Verbindung mit dem dorsalen System (welches u. a. die Verbindung von Phonologie, Orthographie und Semantik leistet) genutzt, um neue Wörter zu decodieren und orthographische, phonologische und semantische Merkmale geschriebener Wörter miteinander zu verbinden. Im **späteren Verlauf der Leseentwicklung**, d. h. mit zunehmender Leseerfahrung, wird das ventrale Lesesystem immer wichtiger, welches eine automatisierte Worterkennung leistet und phonologische Repräsentationen geschriebener Wörter direkt aus dem Langzeitgedächtnis abruft (Sandak et al. 2004; Pugh et al.

2000). In der Tat konnten Shaywitz und Kollegen (2002; zitiert nach Sandak et al. 2004) zeigen, dass bei Kindern, die jünger als zehneinhalb Jahre alt sind, das anteriore und dorsale Lesesystem deutlich stärker aktiviert sind als das ventrale Lesesystem. Bei Kindern, die älter als zehneinhalb Jahre sind, wird das ventrale Lesesystem immer stärker beansprucht. Die Aktivierung des ventralen Lesesystems verstärkt sich zudem mit steigender Lesekompetenz der Kinder, was dafür spricht, dass das ventrale System (und damit das lexikalische Lesen) mit zunehmender Leseerfahrung immer wichtiger wird.

Man geht heute davon aus, dass das dorsale Lesesystem eine wichtige Rolle bei der funktionellen Entwicklung des ventralen Lesesystems einnimmt: Der Leseanfänger nutzt zunächst das dorsale System, um sich anhand von Buchstabe-Laut-Zuordnungen neue oder unregelmäßige Wörter zu erschließen. Mit steigender Leseerfahrung dient dieses Lesesystem jedoch mehr und mehr dazu, das ventrale Lesesystem anhand eines interaktiven Prozesses darin zu trainieren, orthographische Muster, die mit häufigen und unregelmäßigen Wörtern in Verbindung stehen, zu erkennen, so dass diese schnell verarbeitet werden können (Schlaggar und McCandliss 2007).

2.5 Zusammenfassung

In diesem Kapitel haben wir den Verlauf der normalen Schriftsprachentwicklung und Modelle des geübten Wortlesens und Wortschreibens besprochen. Wir werden nun die wichtigsten Punkte in Bezug auf die Eingangsfragen zusammenfassen.

Auf welchen kognitiven Grundlagen basiert der Schriftspracherwerb? Im Verlauf des Schriftspracherwerbs müssen verschiedene bereits etablierte kognitive Funktionen koordiniert werden, wobei der sprachlichen Verarbeitung eine besondere Bedeutung zukommt. Insbesondere die folgenden Aspekte der **phonologischen Informationsverarbeitung** gelten als wichtige kognitive Grundlagen des Schriftspracherwerbs und können dessen späteren Erfolg gut vorhersagen.

Phonemwahrnehmung: Die Fähigkeit, Unterschiede zwischen ähnlich klingenden Phonemen wahrnehmen zu können, ist grundlegend für das Verinnerlichen der Graphem-Phonem-/Phonem-Graphem-Korrespondenzregeln.

Phonologische Bewusstheit: Die Fähigkeit, von der Bedeutungsebene der gesprochenen Sprache abzusehen und stattdessen ihre formalen lautlichen Aspekte hinsichtlich größerer lautlicher Einheiten (Silben, Erkennen von Reimen) und Phoneme zu betrachten, wird als eine Voraussetzung dafür gesehen, Grapheme in Phoneme zu übersetzen und die Phoneme anschließend zu einem Wort zusammenzusetzen. Beim Schreiben ermöglicht die phonologische Bewusstheit die Zerlegung von gesprochenen Wörtern in Phoneme und deren anschließende Übersetzung in die dazugehörigen Grapheme. Das Buchstabenwissen steht in enger Beziehung zur phonologischen Bewusstheit.

Phonologisches Arbeitsgedächtnis: Die Fähigkeit, sprachliche Informationen kurzfristig zu speichern, ist wichtig für das Erlernen der Graphem-Phonem-Zuordnungen und Voraussetzung, um während des Lesens die übersetzten Phoneme zu Wörtern zusammenzusetzen bzw. um beim Schreiben die Phoneme bis zum Niederschreiben aktiv zu halten.

Abruf phonologischer Informationen aus dem Langzeitgedächtnis: Die Fähigkeit, visuell präsentierte Objekte effizient in ihre phonologischen Repräsentationen zu übersetzen (*rapid automatized naming*, RAN), scheint für die schnelle lexikalische Decodierung wichtig zu sein, wobei die genauen Zusammenhänge umstritten sind.

Der Anteil dieser Aspekte der phonologischen Informationsverarbeitung am Gelingen des Schriftspracherwerbs ist aber nicht bei allen alphabetischen Sprachen gleich, sondern hängt von der Eindeutigkeit der Graphem-Phonem-Korrespondenzen, der sogenannten **Transparenz** einer Sprache ab. Für das eher transparente Deutsche konnte die besondere Bedeutung der Benennungsgeschwindigkeit für das Lesen und der phonologischen Bewusstheit für das Schreiben nachgewiesen werden. Neben den sprachlichen Funktionen spielen aber auch Aspekte der **nicht-sprachlichen visuellen und auditiven Informationsverarbeitung** eine Rolle bei der Schriftsprachentwicklung. So

wurden Zusammenhänge zwischen der Verarbeitung von **Sprache und Musik** gefunden, die darauf schließen lassen, dass beiden Prozessen gemeinsame Teilfunktionen zugrunde liegen. Zahlreiche Befunde belegen auch, dass die auditive **zeitliche Verarbeitung**, vermittelt über phonologische Leistungen, auf den Schriftspracherwerb einwirkt. Weniger einheitlich sind Befunde zur visuellen zeitlichen Verarbeitung, für die man, vermittelt über orthographische Leistungen, einen Einfluss auf den Schriftspracherwerb vermutet.

Wie entwickeln sich Lese-Rechtschreibfertigkeiten? Die Entwicklung der Schriftsprache verläuft nach Frith in aufeinanderfolgenden Phasen. Sowohl beim Lesen als auch beim Scheiben sind dies die **logographische Phase**, in der graphische Eigenschaften beim Lesen und Schreiben noch entscheidend sind, die **alphabetische Phase**, in der Regeln der Beziehungen zwischen Graphemen und Phonemen angewendet und verinnerlicht werden, und die **orthographische Phase**, in der aufgrund des zunehmenden lexikalischen Wissens orthographische bzw. phonologische Repräsentationen ganzer Wörter aktiviert werden. Lesen und Schreiben beeinflussen sich gegenseitig systematisch in ihrer Entwicklung, wenn sie gleichzeitig instruiert werden. Die orthographische Phase löst die alphabetische Phase zwar ab, geübte Leser und Schreiber können aber zwischen den in beiden Phasen erlernten Strategien hin- und herwechseln.

Wie erfolgt der Lese- und Schreibprozess bei geübten Personen? Das **Dual-Route-Modell** (DRM) des Wortlesens unterstellt, dass es bei geübten Lesern zwei funktional getrennte, aber interagierende Verarbeitungsrouten gibt: eine **nicht-lexikalische Route**, die auf Graphem-Phonem-Korrespondenz-Regeln basiert, und eine **lexikalische Route**, die auf der Ebene ganzer Wörter als orthographische Einheiten operiert. Das Modell kann durch Zusatzannahmen, wie Resegmentierungsprozesse und modalitätsspezifische Gedächtnismodule auch auf das Schreiben übertragen werden. Alternativ nehmen sogenannte **konnektionistische Modelle** an, dass die Verarbeitung eines Wortes auf einem für dieses Wort spezifischen Aktivierungsmuster im **mentalen Netzwerk** basiert, das zwischen orthographischen, semantischen und phonologischen Codes für die Repräsentation dieses Wortes parallel operiert und sensitiv für individuelle Erfahrungen ist.

Welche Lesesysteme gibt es im Gehirn und wie verläuft deren Entwicklung? Sowohl die Entwicklungsmodelle als auch die Modelle des geübten Lesens und Schreibens beziehen sich größtenteils auf das Englische. Deshalb stellt sich die Frage nach der uneingeschränkten Übertragbarkeit auf das Deutsche und andere transparente Sprachen. Ergebnisse neuerer bildgebender Verfahren der Hirnforschung sprechen jedoch dafür, dass die am Lesen und Schreiben beteiligten hochorganisierten kortikalen Strukturen und Funktionen beim Wortlesen (Lesesysteme) sowohl bei transparenten als auch bei weniger transparenten Sprachen aktiviert werden: Das **anteriore Lesesystem** ist bei artikulatorischen Prozessen und an der Analyse phonologischer Elemente beteiligt. Das **ventrale Lesesystem** wird insbesondere bei der automatischen Worterkennung aktiviert und daher mit der lexikalischen Route im Rahmen des DRM in Zusammenhang gebracht. Das **dorsale Lesesystem** ist bei Prozessen der Integration phonologischer, orthographischer und semantischer Information, insbesondere der Graphem-Phonem-Übersetzung involviert und wird deshalb als neuronales Korrelat der nicht-lexikalischen Route diskutiert. Das Verhältnis der Aktivierung der Lesesysteme ist jedoch von der Transparenz der Sprache abhängig. Während des Schriftspracherwerbs verlagert sich die Hirnaktivität beim Wortlesen zunehmend in die **linke Hirnhälfte**, die besonders für sprachliche Verarbeitungsprozesse verantwortlich ist. Mit zunehmender Leseerfahrung und dem damit verbundenen Anstieg des lexikalischen Wissens wächst die Bedeutung des ventralen Lesesystems. Die **Lesesysteme interagieren**, und sie beeinflussen sich auch gegenseitig in ihrer Entwicklung.

❓ Übungsfragen

- Was sind »Phoneme« und was sind »Grapheme«? Beschreiben Sie deren Zusammenhang.
- Nennen Sie verschiedene Aspekte der phonologischen Informationsverarbeitung, die für den Schriftspracherwerb als bedeutsam angesehen werden.

- Erklären Sie, was unter phonologischer Bewusstheit zu verstehen ist und zeigen Sie deren Bedeutung für den Schriftspracherwerb anhand empirischer Befunde auf.
- Dürfen Befunde zur Bedeutung der phonologischen Informationsverarbeitung, die aus dem angloamerikanischen Raum stammen, auf das Deutsche übertragen werden?
- Beschreiben Sie das Phasenmodell der Lese-Entwicklung nach Frith.
- Beschreiben Sie das Phasenmodell der Rechtschreibentwicklung nach Frith. Überlegen Sie sich für jede Phase Beispiele typischer Fehlschreibungen.
- Entwickeln sich Lesen und Schreiben unabhängig voneinander? Erörtern Sie dies!
- Nennen Sie einige typische Phänomene des Wortleseverhaltens geübter Leser.
- Nach welchem grundlegenden Aspekt lassen sich Lesemodelle für geübte Leser schematisch einordnen?
- Erklären Sie das Dual-Route-Cascaded-Modell und erörtern Sie dessen Relevanz für den deutschen Sprachraum.
- Warum können geübte Leser Wörter schneller lesen als Nichtwörter?
- Wodurch unterscheiden sich Lese- und Schreibprozesse?
- Erklären Sie, welche Lesesysteme es gibt, wo diese im Gehirn zu lokalisieren sind und für welche Prozesse sie relevant sind.
- Wie entwickeln sich die Lesesysteme im Gehirn?
- Was versteht man unter »transparenten« bzw. »intransparenten« Orthographien? Wie ist das Deutsche einzuordnen?

Literatur

Alloway, T. P., Gathercole, S. E., Willis, C., & Adams, A. M. (2004). A structural analysis of working memory and related cognitive skills in young children. *Journal of Experimental Child Psychology*, 87 (2), 85–116.

Anvari, S. H., Trainor, L. J., Woodside, J., & Levy, B. A. (2002). Relations among musical skills, phonological processing and early reading ability in preschool children. *Journal of Experimental Child Psychology*, 83, 111–130.

Balota, D., Yap, M. J., & Cortese, M. J. (2006). Visual word recognition: The journey from features to meaning

(A travel update). In M. Traxler & M. A. Gernsbacher (Hrsg.), *Handbook of psycholinguistics* (2. Aufl.) (S. 285–375). Amsterdam: Academic Press.

Baron, J. (1977). Mechanisms for pronouncing printed words: use and acquisition. In D. LaBerge & S. J. Samuels (Hrsg.), *Basic processes in reading: Perception and comprehension* (S. 175–216). Hillsdale, NJ: Erlbaum.

Barry, C. (1994). Spelling routes (or roots or rutes). In G. D. A. Brown & N. C. Ellis (Hrsg.), *Handbook of spelling* (S. 27–49). New York: John Wiley.

Barry, C. & Seymour, P. H. K. (1988). Lexical priming and sound-to-spelling contingency effects in nonword spelling. *Quarterly Journal of Experimental Psychology A: Human Experimental Psychology 40*, 5–40.

Beauvois, M. F. & Dérouesné J. (1979). Phonological alexia: Three dissociations. *Journal of Neurology, Neurosurgery and Psychiatry, 42*, 1115–1124.

Blakemore, S.-J. & Frith, U. (2006). *Wie wir lernen – Was die Hirnforschung darüber weiß.* München: Deutsche Verlags-Anstalt.

Blomert, L. (2011). The neural signature of orthographic–phonological binding in successful and failing reading development. *Neuroimage, 57,* 695–703.

Boets, B., Wouters, J., van Wieringen, A., de Smedt, B., & Ghesquière, P. (2008). Modelling relations between sensory processing, speech perception, orthographic and phonological ability, and literacy achievement. *Brain and Language, 106,* 29–40.

Bullinaria, J. A. (1994). Connectionist Modelling of Spelling. *Proceedings of the 16th Annual Conference of the Cognitive Science Society* (S. 78–83). Hillsdale, NJ: Erlbaum.

Campbell, R. (1983). Writing nonwords to dictation. *Brain and Language, 19,* 153–178.

Caramazza, A., Villa, G. M. G., & Romani, C. (1987). The role of graphemic buffer in spelling: Evidence from a case of acquired dysgraphia. *Cognition, 26,* 59–85.

Caravolas, M., Lervag, A., Mousikou, P., Efrim, C., Litavský, M., Onochie-Quintanilla, E., Salas, N., Schöffelová, M., Defior, S., Mikulajová, M., Seidlova-Málková G., & Hulme, C. (2012). Common patterns of prediction of literacy development in different alphabetic orthographies. *Psychological Science, 23* (6), 678–686.

Castles, A. & Coltheart, M. (1996). Cognitive correlates of developmental surface dyslexia: A single case study. *Cognitive Neurophsychology, 13,* 25–50.

Cattell, J. McK. (1886). The time taken up by cerebral options. *Mind, 11,* 220–242.

Clark, C. R., Bruininks, R. H., & Glaman, G. V. (1978). Kindergarten predictors of three aspects of reading achievement. *Perceptual and Motor Skills, 46,* 411–419.

Coltheart, M. (1978). Lexical accesss in simple reading tasks. In G. Underwood (Hrsg.), *Strategies of information processing* (S. 151–216). London: Academic Press.

Coltheart, M. (1980). Reading, phonological recoding and deep dyslexia. In M. Coltheart, K. Patterson, & J. C. Marshall (Hrsg.), *Deep dyslexia* (S. 197–226). London: Routledge & Kegan Paul.

Coltheart, M. (1996). *Phonological dyslexia.* Hove, UK: Erlbaum.

Coltheart, M. (2007). Modeling reading: The Dual-Route approach. In M. J. Snowling & C. Hulme (Hrsg.), *The science of reading* (S. 6–23). Oxford: Blackwell.

Coltheart, M., Curtis, B., Atkins, P., & Haller, M. (1993). Models of reading aloud: Dual-route and parallel-distributed-processing approaches. *Psychological Review, 100,* 589–608.

Coltheart, M., Rastle, K., Perry, C., Langdon, R., & Ziegler, J. (2001). DRC: A dual-route cascaded model of visual word recognition and reading aloud. *Psychological Review, 108,* 204–256.

Corriveau, K. H., Goswami, U., & Thomson, J. (2010). Auditory processing and early literacy skills in a preschool and kindergarten population. *Journal of Learning Disabilities, 43* (4), 369–382.

Dehaene, S. & Cohen, L. (2007). Cultural recycling of cortical maps. *Neuron, 56,* 384–398.

Dehaene, S., Nakamura, K., Jobert, A., Kuroki, C., Ogawa, S., & Cohen, L. (2010a). Why do children make mirror errors in reading? Neural correlates of mirror invariance in the visual word form area. *Neuroimage, 49,* 1837–1848.

Dehaene, S., Pegado, F., Braga, L. W., Ventura, P., Nunes, G., Jobert, A., Dehaene-Lambertz, G., Kolinsky, R., Morais, J., & Cohen, L. (2010b). How learning to read changes the cortical networks for vision and language. *Science, 330,* 1359–1364.

Dérouesné, J. & Beauvois, M. F. (1985). The »phonemic« stage in nonlexical reading: Data from dyslexia. In K. E. Patterson, J. C. Marshall & M. Coltheart (Hrsg.), *Surface dyslexia: Cognitive and neuropsychological studies of phonological reading* (S. 399–457). Hove, UK: Erlbaum.

Eisenberg, P. (1988). Die Grapheme des Deutschen und ihre Beziehung zu den Phonemen. In J. Baumann, K.B. Günther & U. Knoop (Hrsg.), *Aspekte von Schrift und Schriftlichkeit* (S. 139–154). Reihe: Germanistische Linguistik: Berichte aus dem Forschungsinstitut für Deutsche Sprache. Hildesheim: Olms.

Eisenberg, P. (2006). *Grundriss der deutschen Grammatik – Band 1. Das Wort.* Stuttgart: Metzler' sche Verlagsbuchhandlung.

Ennemoser, M., Marx, P., Weber, J., & Schneider, W. (2012). Spezifische Vorläuferfertigkeiten der Lesegeschwindigkeit, des Leseverständnisses und des Rechtschreibens – Evidenz aus zwei Längsschnittstudien vom Kindergarten bis zur 4. Klasse. *Zeitschrift für Entwicklungspsychologie und Pädagogische Psychologie, 44* (2), 53–67.

Farah, M., Stowe, R. M., & Levinson, K. L. (1996). Phonological dyslexia: Loss of a reading-specific component of cognitive architecture? *Cognitive Neuropsychology, 13,* 849–868.

Forster, K. I. & Chambers, S. M. (1973). Lexical access and naming time. *Journal of Verbal Learning and Verbal Behavior, 12,* 627–635.

Foulin, J. N. (2005). Why is letter-name knowledge such a good predictor of learning to read? *Reading & Writing*, *18*, 129–155.

Friederici, A. D. & Lachmann, T. (2002). From language to reading and reading disability: Cognitive functions and their neural basis. In E. Witruk, A. D. Friederici & T. Lachmann (Hrsg.), *Basic functions of language, reading and reading disability* (S. 9–21). Boston: Kluwer/Springer.

Frith, U. (1985). Beneath the surface of developmental dyslexia. In K. Patterson, J. Marshall & M. Coltheart (Hrsg.), *Surface dyslexia* (S. 301–330). London: Erlbaum

Frith, U. (1986). A developmental framework for developmental dyslexia. *Annals of Dyslexia*, *36*, 69–81.

Füssenich, I. & Löffler, C. (2005). *Schriftspracherwerb – Einschulung, erstes und zweites Schuljahr*. München: Ernst Reinhardt.

Gathercole, S. E. & Baddeley, A. D. (1993). *Working memory and language*. Hove, UK: Lawrence Erlbaum Associates.

Goldammer von, A., Mähler, C., Bockmann, A.-K. & Hasselhorn, M. (2010). Vorhersage früher Schriftsprachleistungen aus vorschulischen Kompetenzen der Sprache und der phonologischen Informationsverarbeitung. *Zeitschrift für Entwicklungspsychologie und Pädagogische Psychologie*, *42* (1), 48–56.

Günther, K. B. (1986). Ein Stufenmodell der Entwicklung kindlicher Lese- und Schreibstrategien. In H. Brügelmann (Hrsg.), *ABC und Schriftsprache: Rätsel für Kinder, Lehrer und Forscher* (S. 32–54). Konstanz: Faude.

Henderson, L. (1982). *Orthography and word recognition in reading*. London: Academic press.

Heath, S. M. & Hogben, J. H. (2004). Cost-effective prediction of reading difficulties. *Journal of Speech Language and Hearing Research*, *47* (4), 751–765.

Hood, M. & Conlon, E. (2004). Visual and auditory temporal processing and early reading development. *Dyslexia*, *10*, 234–252.

Huss, M., Verney, J. P., Fosker, T., Mead, N., & Goswami, U. (2011). Music, rhythm, rise time perception and developmental dyslexia: Perception of musical meter predicts reading and phonology. *Cortex*, *47*, 674–689.

Jones, A. C., Folk, J. R., & Rapp, B. (2009). All letters are not equal: Subgraphemic texture in orthographic working memory. *Journal of Experimental Psychology: Learning Memory and Cognition*, *35*, 1389–1402.

Jorm, A. F., Share, D. L., Maclean, R., & Matthews, R. (1984). Phonological confusability in short-term memory for sentences as a predictor of reading ability. *British Journal of Psychology*, *75*, 393–400.

Kavale, K. A. (1981). The relationship between auditory perceptual skills and reading ability: a meta-analysis. *Journal of Learning Disabilities*, *14* (9), 539–546.

Kavale, K. A. & Forness, S. R. (2000). Auditory and visual perception processes and reading ability: A quantitative reanalysis and historical reinterpretation. *Learning Disability Quarterly*, *23*, 253–270.

Kirby, J. R., Georgiou, G. K., Martinussen, R., & Parrila, R. (2010). Naming speed and reading: From prediction to instruction. *Reading Research Quarterly*, *45*, 341–362.

Klicpera, C., Schabmann, A., & Gasteiger-Klicpera, B. (2007). *Legasthenie: Modelle, Diagnose, Therapie und Förderung*. München: Ernst Reinhardt.

Lachmann, T. (2002). Reading disability as a deficit in functional coordination and information integration. In E. Witruk, A. D. Friederici, & T. Lachmann (Hrsg.), *Basic functions of language, reading and reading disability* (S. 165–198). Boston: Kluwer/Springer.

Lachmann, T. & van Leeuwen, C. (2007). Paradoxical enhancement of letter recognition in developmental dyslexia. *Developmental Neuropsychology*, *31*, 61–77.

Lachmann, T., Berti, S., Kujala, T., & Schröger, E. (2005). Diagnostic subgroups of developmental dyslexia have different deficits in neural processing of tones and phonemes. *International Journal of Psychophysiology*, *56*, 105–120.

Lachmann, T., Khera, G., Srinivasan, N., & van Leeuwen, C. (2012). Learning to read aligns visual analytical skills with grapheme-phoneme mapping: Evidence from illiterates. *Frontiers in Evolutionary Neuroscience*, *4*. doi: 103389/fnevo.2012.00008.

Ligges, C. & Blanz, B. (2007). Übersicht über Bildgebungsbefunde zum phonologischen Defizit der Lese-Rechtschreibstörung bei Kindern und Erwachsenen: Grundlegende Defizite oder Anzeichen von Kompensation? *Zeitschrift für Kinder- und Jugendpsychiatrie und Psychotherapie*, *35* (2), 107–117.

Marshall, J. C. & Newcombe, F. (1973). Patterns of paralexia: A psycholinguistic approach. *Journal of Psycholinguistic Research*, *2*, 175–199.

Martin, D. H. & Barry, C. (2012). Writing nonsense: The interaction between lexical and sublexical knowledge in the priming of nonword spelling. *Psychonomic Bulletin and Review*, *19*, 691–698.

McBride-Chang, C. (1996). Models of speech perception and phonological processing in reading. *Child Development*, *67*, 1836–1856.

McCarthy, R. & Warrington, E. K. (1986). Phonological reading: Phenomena and paradoxes. *Cortex*, *22*, 359–380.

McClelland, J. L. & Rumelhart, D. E. (1981). An interactive activation model of context effects in letter perception. Part 1: An account of basic findings. *Psychological Review*, *88*, 375–407.

McCloskey, M., Macaruso, P., & Rapp, B. (2006). Grapheme-to-lexeme feedback in the spelling system: evidence from a dysgraphic patient. *Cognitive Neuropsychology*, *23*, 278–307.

Moll, K., Fussenegger, B., Willburger, E., & Landerl, K. (2009). RAN is not a measure of orthographic processing: Evidence from the asymmetric German orthography. *Scientific Studies of Reading*, *13* (1), 1–25.

Morton, J. (1969). Interaction of information in word recognition. *Psychological Review*, *76*, 165–178.

Morton, J. (1980). The logogen model and orthographic structure. In U. Frith (Hrsg.), *Cognitive processes in spelling* (S. 117–133). London: Academic Press.

Näslund, J.C. & Schneider, W. (1996). Kindergarten letter knowledge, phonological skills, and memory processes: Relative effects on early literacy. *Journal of Experimental Child Psychology, 62*, 30–59.

Ogden, J. A. (1996). Phonological dyslexia and phonological dysgraphia following left and right hemispherectomy. *Neuropsychologica, 34*, 905–918.

Patterson, K. E. & Coltheart, V. (1987). Phonological processes in reading: A tutorial review. In M. Coltheart (Hrsg.), *Attention and performance XII: The psychology of reading* (S. 421–477). London: Erlbaum.

Patterson, K. E. & Morton, J. (1985). From orthography to phonology: An attempt at an old interpretation. In K. E. Patterson, J. C. Marshall, & M. Coltheart (Hrsg.), *Surface dyslexia: Neuropsychological and cognitive studies of phonological reading* (S. 335–359). Hove, UK: *Erlbaum*.

Paulesu, E., McCrory, E., Fazio, F., Menoncello, L., Brunswick, N., Cappa, S. F., Cotelli, M., Cossu, G., Corte, F., Lorusso, M., Pesenti, S., Gallagher, A., Perani, D., Price, C., Frith, C.D., & Frith, U. (2000). A cultural effect on brain function. *Nature Neuroscience, 3*, 91–96.

Perry, C. (2003). A phoneme-grapheme-feedback-consistency-effect. *Psychonomic Bulletin and Review, 10*, 392–397.

Plaut, D. C. (1999). A connectionist approach to word reading and acquired dyslexia: Extension to sequential processing. *Cognitive Science, 23*, 543–568.

Pugh, K. R., Mencl, W. E., Jenner, A. R., Katz, L., Frost, S. J., Ren Lee, J., Shaywitz, S. E., & Shaywitz, B. A. (2000). Functional neuroimaging studies of reading and reading disability (developmental dyslexia). *Mental Retardation and Developmental Disabilities Research Reviews, 6*, 207–213.

Rapcsak, S. Z., Henry, M. L., Teague, S. L., Carnahan, S. D., & Beeson, P. M. (2007). Do dual-route models accurately predict reading and spelling performance in individuals with acquired alexia and agraphia? *Neuropsychologia, 45*, 2519–2524.

Reicher, G. M. (1969). Perceptual recognition as a function of meaningfulness of stimulus material. *Journal of Experimental Psychology, 81*, 274–280.

Sandak, R., Mencl, E., Frost, S. J. & Pugh, K. R. (2004). The neurobiological basis of skilled and impaired reading: Recent findings and new directions. *Scientific Studies of Reading, 8*, 273–292.

Scarborough, H. S. (1990). Very early language deficits in dyslexic children. *Child Development, 61*, 1728–1743.

Scheerer-Neumann, G. (2006). Entwicklung der basalen Lesefähigkeit. In U. Bredel et al. (Hrsg.), *Didaktik der deutschen Sprache, Band 1* (S. 513–524). Paderborn: Schöningh UTB.

Schlaggar, B. L. & McCandliss, B. D. (2007). Development of neural systems for reading. *Annual Review of Neuroscience, 30*, 475–503.

Seidenberg, M. S. & McClelland, J. L. (1989). A distributed, developmental model of word recognition. *Psychological Review, 96*, 523–568.

Share, D. L. (2008). On the anglocentrisities of current reading research and practice: The perils of over-reliance on an »outlier« orthography. *Psychological Bulletin, 134*, 584–615.

Shaywitz, S. E. & Shaywitz, B. A. (2008). Paying attention to reading: The neurobiology of reading and dyslexia. *Development and Psychopathology, 20*, 1329–1349.

Shaywitz, B. A., Shaywitz, S. E., Pugh, K. R., Mencl, E., Fulbright, R. K., Skudlarski, P., Constable, R.T., Marchione, K. E., Fletcher, J. M., Lyon, G. R., & Gore, J. C. (2002). Disruption of posterior brain systems for reading in children with developmental dyslexia. *Biological Psychiatry, 52*, 101–110.

Snowling, M. J. & Hulme, C. (2007). *The science of reading*. Oxford: Blackwell.

Steinbrink, C. (2006). Was reimt sich auf Maus? – Phonologische Bewusstheit: Eine Grundlage für richtiges Lesen und Schreiben. *Grundschule, 5*, 51–53.

Steinbrink, C., Schwanda, S., Klatte, M., & Lachmann, T. (2010). Sagen Wahrnehmungsleistungen zu Beginn der Schulzeit den Lese-Rechtschreiberfolg in Klasse 1 und 2 voraus? – Zur prognostischen Validität der Differenzierungsproben 1 und 2 nach Breuer und Weuffen. *Zeitschrift für Entwicklungspsychologie und Pädagogische Psychologie, 42*, 188–200.

Steinbrink, C., Klatte, M. & Lachmann, T. (2012). Auch ein förderdiagnostisches Verfahren sollte valide sein! – Replik zu den Stellungnahmen von Dummer-Smoch (2012), Lehmann-Breuer (2012) und Ruoho und Hotulainen (2012) zu Steinbrink et al. (2010). *Zeitschrift für Entwicklungspsychologie und Pädagogische Psychologie, 44*, 99–105.

Steinbrink, C., Zimmer, K., Lachmann, T., Dirichs, M. & Kammer, T. (im Druck). Development of rapid temporal processing and its impact on literacy skills in primary school children. *Child Development*, DOI: 10.1111/cdev.12208.

Temple, C. M. (1985). Reading with partial phonology: Developmental phonological dyslexia. *Journal of Psycholinguistic Research, 14*, 523–541.

Thomé, G. (1992). Alphabetschrift und Schriftsystem – Über die Prinzipien der Orthographie aus schrifthistorischer Sicht. *Zeitschrift für germanistische Linguistik, 20*, 210–226.

Thomé, G. (2006). Entwicklung der basalen Rechtschreibkenntnisse. In U. Bredel et al. (Hrsg.), *Didaktik der deutschen Sprache, Band 1* (S. 369–379). Paderborn: Schöningh UTB.

Troost, J., Brunner, M., & Pröschel, U. (2004). Validität des Heidelberger Vorschulscreenings zur auditiv-kinästhetischen Wahrnehmung und Sprachverarbeitung. *Diagnostica, 50* (4), 193–201.

Venetzky, R. L. (1991). The development of literacy in the industrialized nations of the west. In R. Barr, M. L. Kamil, P. Mosenthal, & P. D. Pearson (Hrsg.), S. 46–67. Mahwah, NJ: Erlbaum.

Wagner, R. K. & Torgesen, J. K. (1987). The nature of phonological processing and its causal role in the acquisition of reading skills. *Psychological Bulletin*, *101*, 192–212.

Wagner, R. K., Torgesen, J. K., Rashotte, C. A., Hecht, S. A., Barker, T.A., Burgess, S. R., Donahue, J., & Garon, T. (1997). Changing relations between phonological processing abilities and word-level-reading as children develop from beginning to skilled learners: A 5-year longitudinal study. *Developmental Psychology*, *33* (3), 468–479.

Watson, C. S., Kidd, G. R., Horner, D. G., Connell, P. J., Lowther, A., Eddins, D. A., Krueger, G., Goss, D. A., Rainey, B. B., Gospel, M. D., & Watson, B. U. (2003). Sensory, cognitive and linguistic factors in the early academic performance of elementary school children: The Benton-IU Project. *Journal of Learning Disabilities*, *36*(2), 165–197.

Weekes, B. (1996). Surface dyslexia and surface dysgraphia: Treatment studies and their theoretical implications. *Cognitive Neuropsychology*, *13*, 277–315.

Wheeler, D. D. (1970). Processes in word recognition. *Cognitive Psychology*, *1*, 59–85.

Wimmer, H. & Goswami, U. (1994). The influence of orthographic consistency on reading development: Word recognition in English and German children. *Cognition*, *51*, 91–103.

Wimmer, H. & Hummer, P. (1990). How German-speaking first graders read and spell: Doubts on the importance of the logographic stage. *Applied Psycholinguistics*, *11*, 349–368.

Wimmer, H., Landerl, K., Linortner, R., & Hummer, P. (1991). The relationship of phonemic awareness to reading acquisition: More consequence than precondition but still important. *Cognition*, *40*, 219–249.

Wolf, M., Bowers, P. G., & Biddle, K. (2000). Naming-speed processes, timing and reading: A conceptual review. *Journal of Learning Disabilities*, *33*, 387–407.

Ziegler, J., Perry, C., & Coltheart, M. (2000). The DRC model of visual word recognition and reading aloud: An extension to German. *European Journal of Cognitive Psychology*, *12*(3), 413–430.

Ziegler, J., Bertrand, D., Tóth, D., Csépe, V., Reis, A., Faisca, L., Saine, N., Lyytinen, H., Vaessen, A., & Blomert, L. (2010). Orthographic depth and its impact on universal predictors of reading: A cross-language investigation. *Psychological Science*, *21*, 551–559.

Weiterführende Literatur

Bowey (2010). Predicting individual differences in learning to read. In M. J. Snowling & C. Hulme (Hrsg.), *The science of reading* (S. 155–172). Oxford: Blackwell.

Klassifikation und Erscheinungsbild der Lese-Rechtschreibstörung

Überblicksfragen

- Was ist eine psychische Störung und wie lässt sich die Lese-Rechtschreibstörung als solche charakterisieren?
- Wie wird die Lese-Rechtschreibstörung im Rahmen der ICD klassifiziert?
- Durch welche Symptome ist das Erscheinungsbild der Lese-Rechtschreibstörung geprägt?
- Welche Kriterien müssen zum Stellen der Diagnose »Lese-Rechtschreibstörung« erfüllt sein?
- Welche Aspekte der ICD-Klassifikation und der diagnostischen Kriterien der Lese-Rechtschreibstörung müssen im Kontext der internationalen Literatur kritisch diskutiert werden?
- Wie hoch ist die Prävalenz der Lese-Rechtschreibstörung?

Im vorangegangenen ▶ Kap. 2 haben wir den Prozess des Schriftspracherwerbs sowie Modelle des Lesens und Schreibens bei geübten Erwachsenen mit normalen Lese- und Schreibfertigkeiten besprochen. Erkenntnisse darüber sind fundamental, um zu verstehen, warum einige Kinder erhebliche Probleme damit haben, die Schriftsprache zu erlernen. Im aktuellen Kapitel wird es um die Definition und das Erscheinungsbild der Lese-Rechtschreibstörung gehen. Im Einführungskapitel (▶ Kap. 1) haben wir bereits erörtert, dass nicht einmal bei der Begrifflichkeit, geschweige denn bei der Definition der Lese-Rechtschreibstörung und den entsprechenden diagnostischen Kriterien Einigkeit besteht. Klinische Klassifikationssysteme, insbesondere die **Internationale statistische Klassifikation der Krankheiten und verwandter Gesundheitsprobleme (International Classification of Diseases, ICD)** der Weltgesundheitsorganisation (WHO) sowie das **Diagnostische und Statistische Manual Psychischer Störungen (DSM)** der American Psychiatric Association (APA), beinhalten diagnostische Kriterien, die zwar durchaus umstritten, aber zumindest in der Medizin allgemein und international anerkannt und auch in vielen nicht-klinischen Kontexten verbindlich sind. In der Bundesrepublik Deutschland stellt die deutsche Modifikation der ICD in ihrer 10. Revision, Version 2013 (ICD-10-GM, im Weiteren als ICD bezeichnet), die amtliche Klassifikation zur Verschlüsselung von Diagnosen in der ambulanten und stationären medizinischen

Versorgung (Stand März 2013) dar und ist auch außerhalb medizinischer Kontexte von erheblicher Relevanz für die Diskussion über die Definition und Diagnostik der Lese-Rechtschreibstörung. Wir werden uns deshalb im Folgenden – auch wenn die Lese-Rechtschreibstörung **eher eine schulische als eine medizinische Herausforderung** darstellt – hauptsächlich auf die Kriterien der ICD beziehen, jedoch nicht ohne diese ausführlich im Kontext der internationalen Forschung zu diskutieren und gegebenenfalls zu kritisieren.

3.1   Klinische Klassifikationssysteme

Ganz allgemein hat eine **Klassifikation** das Ziel, eine planmäßige und möglichst eindeutige Abgrenzung zwischen Elementen vorzunehmen und Ordnung zu schaffen, indem diese Elemente definierten Klassen oder Kategorien zugeordnet werden (Klassenzuordnung). Dazu bedarf es der **Festlegung klassendefinierender Merkmale**, welche die eindeutige Zuordnung eines Elements zu einer Klasse erlauben. Dies trifft auch auf die klinischen Klassifikationssysteme, wie die ICD zu, mit der man seit Ende des 19. Jahrhunderts versucht, zunächst alle Todesursachen (Bertillon-Klassifikation) und in folgenden Ausgaben alle möglichen Krankheiten des Menschen als unterscheidbare Einheiten in einem Kategoriensystem zu ordnen, um damit eine verbindliche Grundlage für klinische Diagnosen zu schaffen. Dafür werden klassenbildende Merkmale auf verschiedenen **pathologischen Dimensionen** definiert. Vorherrschend ist bis heute die Einteilung nach der Erscheinungsform, also nach bestimmten **Symptomen** (Symptomatologie), deren Charakteristik, Stärke, Häufigkeit und Kombination (Syndrom) eine bestimmte Krankheit definieren und sie damit von anderen abgrenzt (Nosologie). Zur Klassifikation von Krankheiten gehören jedoch zunehmend auch klassendefinierende Angaben zu **Entstehung und Verlauf** der Symptomatik (Pathogenese; inklusive Behandlungseffekte, z. B. Resistenzen oder Remissionen) sowie zu deren **Verursachung** (Ätiologie). In vielen Fällen ist dies jedoch nicht möglich, weil schlicht die Erkenntnisse, vor allem zu den Ursachen bestimmter Symptome fehlen (▶ Kap. 1). Dies gilt für alle Teilbereiche der

Tab. 3.1 Gruppen des Kapitels V der ICD: F »Psychische und Verhaltensstörungen«

Codierung	Kategorie
F0	Organische, einschließlich symptomatischer psychischer Störungen
F1	Psychische und Verhaltensstörungen durch psychotrope Substanzen
F2	Schizophrenie, schizotype und wahnhafte Störungen
F3	Affektive Störungen
F4	Neurotische, Belastungs- und somatoforme Störungen
F5	Verhaltensauffälligkeiten mit körperlichen Störungen und Faktoren
F6	Persönlichkeits- und Verhaltensstörungen
F7	Intelligenzstörung
F8	Entwicklungsstörungen
F9	Verhaltens- und emotionale Störungen mit Beginn in der Kindheit und Jugend
F99	Nicht näher bezeichnete psychische Störungen

Medizin, in ganz besonderem Maße jedoch für die psychischen Störungen, zu denen in der ICD und im DSM auch die Lese-Rechtschreibstörung zählt. Erklärtes Ziel der Experten, die sich mit der Festlegung der diagnostischen Kriterien der ICD und des DSM beschäftigen, ist es, in den neuen Auflagen auch im Bereich der psychischen Störungen verstärkt pathogenetisch und ätiologisch begründete Kriterien zu definieren (wie es Kraepelin im Prinzip schon im Jahre 1899 forderte und für die Einteilung der Psychosen umsetzte; Kraepelin 1899). Die noch im Jahr 2013 erwartete 5. Version des DSM hat jedoch gerade diesbezüglich bereits vorab für Kritik und Enttäuschung gesorgt (vgl. Beise 2010). Der Mangel an klaren Ergebnissen aus der Ursachenforschung zwingt die Expertengruppen, sich insbesondere im Bereich der psychischen Störungen nach wie vor stark auf symptomatologische Klassifizierungskriterien zu beschränken.

3.2 Klassifikation der Lese-Rechtschreibstörung nach ICD

Die ICD ist ein **monohierarchisches** Klassifikationssystem, mit dem abgrenzbare Diagnosen auf maximal fünf Hierarchieebenen **alphanummerisch** codiert sind, von links nach rechts zunehmend spezifisch. Die Codierung beginnt stets mit einem Großbuchstaben. Die Buchstaben repräsentieren die ICD-Kapitel I bis XXII und differenzieren grob entsprechende medizinische Teilgebiete, denen die Erkrankung oder die Störung zugeordnet wird, z. B. »A« für Kapitel I, in dem Infektionen und parasitäre Erkrankungen codiert sind, oder »L« für Kapitel VII, in dem die Codes für Krankheiten der Haut und Unterhaut zu finden sind. Die Lese-Rechtschreibstörung ist in Kapitel **V** mit der Codierung **»F« für »Psychische und Verhaltensstörungen«** klassifiziert. Die auf den Buchstaben folgende Ziffer kennzeichnet die **Gruppe** (Bereich, Hauptkategorie), der die Störung zugeordnet wird. Gruppen enthalten stets verschiedene Störungen mit gemeinsamer Charakteristik. Das Kapitel F der »Psychischen und Verhaltensstörungen« wird in zehn solche Gruppen (und eine »nicht näher bezeichnet«-Gruppe) unterteilt (Tab. 3.1). Die Lese-Rechtschreibstörung ist der **Gruppe der Entwicklungsstörungen** mit der Codierung **F8** zugeordnet.

Einzelne Kategorien (Störungseinheiten) stellen die zentrale Klassifikationsebene dar. Sie werden ohne Leerzeichen mit der an dritter Position folgenden Ziffer codiert. Die Lese-Rechtschreibstörung ist der Kategorie F81 **»Umschriebene Entwicklungsstörungen schulischer Fertigkeiten«** zugeordnet. Eine darüber hinausgehende Spezifizierung der Störung kann auf zwei weiteren Hierarchieebenen durch Codierung nach einer Punktsetzung ebenfalls ohne Leerzeichen erfolgen. Die Kategorie F81 beinhaltet sechs **Subkategorien**, jedoch keine weitere Unterteilung mit Hilfe von **Zusatzcodierungen.** Die Lese-Rechtschreibstörung ist als **F81.0** codiert. In den folgenden Abschnitten wird die Klassifikation der Lese-Rechtschreibstörung auf den einzelnen Hierarchieebenen besprochen und diskutiert.

Die Klassifikation psychischer Störungen (Kapitel V der ICD) wurde in verschiedenen Ausgaben in deutscher Sprache (GM) im Auftrag der WHO veröffentlicht. Sie alle enthalten identische **Kriterien für Forschung und Praxis**, unterscheiden sich aber durch Zusatzinformationen, wie zum Beispiel Bemerkungen im Anhang, Referenztabellen zwischen ICD-9 und ICD-10 oder zwischen DSM- und ICD-Kategorien, die für Praktiker nützlich sein können. Bei Zitaten aus den Kriterien für Forschung und Praxis und entsprechenden Seitenangaben stützen wir uns im Folgenden auf die aktuelle Taschenführerausgabe zur ICD (Dilling und Freyberger 2012), als Referenzangabe im Text nutzen wir die Abkürzung »**ICD**« oder die Bezeichnung »ICD-Kriterien«. Zusätzlich zu den Kriterien für Forschung und Praxis wurden »**Klinisch-diagnostische Leitlinien**« für den klinischen Gebrauch und Ausbildungszwecke veröffentlicht. Bei Zitaten und Seitenangaben aus den »Klinisch-diagnostischen Leitlinien« beziehen wir uns auf die aktuelle Ausgabe von Dilling und Kollegen (2011), als Referenzangabe im Text nutzen wir die Abkürzung »**KDL**« oder die Bezeichnung »Leitlinien«. Grundsätzlich widersprechen sich die Angaben und Kriterien in den beiden Formaten ICD und KDL inhaltlich nicht. Die Kriterien für Forschung und Praxis (ICD) enthalten aber gerade auf der Ebene der Subkategorien stärkere Restriktionen, während die Leitlinien (KDL) zusätzlich zu den ICD-Kriterien weitere wichtige Merkmale in Form konkreterer, klinischer Symptombeschreibungen enthalten und dem Diagnostiker insgesamt einen größeren Spielraum bei der Entscheidung lassen. Dies ist kein Widerspruch (empfohlen wird auch die gemeinsame Nutzung), interpretative Spielräume existieren ohnehin, denn es gilt prinzipiell, dass die Klassifikation der WHO **nur als Werkzeug** anzusehen ist. Letztlich trifft der Diagnostiker als Fachmann die Entscheidung über die Diagnose. Die Klassifikation soll dem Diagnostiker in der Praxis helfen, ihn aber nicht entmündigen. Dies wird unter Betonung der individuellen Besonderheiten jeder Einzelperson auch ausdrücklich betont (KDL, S. 23). Die individuelle Diagnose muss aber am Ende aus formalen Gründen (z. B. zur Abrechnung mit Krankenkassen) einer der vorgegebenen Kategorien zugeordnet werden.

3.3 Kapitelebene F: Lese-Rechtschreibstörung als psychische Störung

3.3.1 Das Konzept der psychischen Störung

Seit der sechsten Revision (1948) werden psychische Störungen im Rahmen der ICD klassifiziert. Die Logik medizinischer Klassifizierungssysteme auf psychische und Verhaltensstörungen zu übertragen ist nicht unproblematisch. Zwar folgt auch bei zahlreichen Kategorien anderer Kapitel die Festlegung symptomatischer Kriterien einer gewissen Restwillkür, jedoch liegen in der Regel organische Korrelate und statistische Daten über Symptome vor, die unabhängig von Kulturen die jeweilige Kategorisierung rechtfertigen. Die Frage hingegen, ab wann beispielsweise ein Kind verhaltensgestört ist, unterliegt in hohem Maße **kulturellen Konventionen**. Dies trifft auch für die Lese-Rechtschreibstörung zu: So ist die Definition dessen, welche Lese- und Rechtschreibleistung als »normal« anzusehen ist, vom allgemeinen Bildungsgrad der jeweiligen Bevölkerung abhängig. Ist der Krankheits- oder Störungsbegriff also auf die Lese-Rechtschreibstörung überhaupt anwendbar? Einige Wissenschaftler und Praktiker lehnen dies generell ab (Scheerer-Neumann 2003; Valtin 2001) und sprechen von der Gefahr der **Pathologisierung** und Stigmatisierung Betroffener als Kranke im Sinne einer unheilbaren Unzulänglichkeit. Dementsprechend wird Lese-Rechtschreibstörung nicht als eine Krankheit im Sinne einer **kategorialen Abweichung** vom Normalzustand gesehen, sondern lediglich als schwach ausgeprägte Lese-Rechtschreibleistungen am unteren Ende der Normalverteilung. Dieser Sichtweise liegt die Idee zugrunde, dass die Lese- und Rechtschreibfertigkeiten der Menschen **auf einer Dimension verteilt** sind, d. h., es gibt bessere und schlechtere Leser und Schreiber, jedoch keine zwei distinkten Kategorien, denen Menschen über ihre normalen versus gestörten Lese- Rechtschreibleistungen zuordenbar wären (▶ Kap. 1; Shaywitz S. E. et al. 1992). Bei aller Kritik an den klinischen Klassifizierungssystemen, die sicher an verschiedenen Stellen angebracht erscheint, wollen wir im Folgenden auf einige Punkte eingehen, die für die klinische Klassifikationslogik im Bereich der psychischen und Verhaltensstörungen, und damit auch der Lese-Rechtschreibstörung, sprechen.

Zunächst muss klargestellt werden, dass sich der Krankheitsbegriff über die Zeit der Auflagen bis hin zur derzeit aktuellen 10. Version der ICD deutlich verändert hat. Recht früh schon hat die WHO **Gesundheit** als einen »Zustand des vollständigen körperlichen, geistigen und sozialen Wohlergehens« definiert. Entsprechend kann Gesundheit nicht allein durch das Fehlen von **Krankheit**, aber Krankheit durchaus als Abwesenheit von Gesundheit interpretiert werden. Diese Sichtweise ist hoch humanitär, jedoch praktisch nicht anwendbar und auch kaum mit der Logik der Klassifikationssysteme vereinbar. Für die psychischen und Verhaltensstörungen wurde mit der ICD-10 der Krankheitsbegriff durch den als **wertneutraler** angenommenen Begriff der **Störung** (psychische und Verhaltensstörungen) ersetzt. Auch wenn es keine allgemein anerkannte Definition für eine psychische Störung gibt (auch nicht in der ICD: »Störung ist kein exakter Begriff«; KDL, S. 26), so lässt sich doch die folgende Begriffsbestimmung ableiten: Eine psychische Störung, und damit auch die Lese-Rechtschreibstörung, kann, in Kompatibilität mit den führenden Klassifikationssystemen, als ein **klinisch bedeutsames Erlebens- und Verhaltensmuster** definiert werden, das sich **in der Interaktion einer Person mit seiner Umwelt äußert**. Woraus sich diese Bedeutsamkeit ergibt, werden wir im folgenden Abschnitt erläutern.

3.3.2 Dimensionen der klinischen Bedeutsamkeit einer Störung

Die klinische Bedeutsamkeit einer Störung ergibt sich aus vier Dimensionen, die im Folgenden vorgestellt werden. Dabei gilt es zu beachten, dass keine dieser Dimensionen für sich allein genommen für eine Klassifikation ausreichend ist. Von einer psychischen Störung zu sprechen, basiert demnach auf dem gleichzeitigen Vorliegen mehrerer Indikatoren.

Da das primäre Ziel in einer Klassifikation besteht, also in der kategorialen Unterscheidung zwischen normalen und nicht normalen Erlebens- und Verhaltensmustern, kommt zunächst der **Feststellung der Devianz**, basierend auf objektiv festgelegten Kriterien, die zwischen *normal* und *nicht normal* differenzieren, eine besondere Bedeutung zu. Gemeint ist damit zwar eine statistisch relevante Abweichung, also ein **objektives Maß**, allerdings ist vor allem die Festlegung der **Relevanz** dieses »Maßes« **kultur- und kontextabhängig** und daher mit allen Schwierigkeiten verbunden, die mit dem **Normalitätsbegriff** außerhalb der Statistik zusammenhängen: Eine bestimmte statistisch abweichende Verhaltensweise kann in einem kulturellen Kontext als Störung, in einem anderen hingegen als »normal« gelten. Die Sichtweise kann sich auch im Verlauf der gesellschaftlichen Entwicklung ändern. So galt die Homosexualität bis Anfang der 90er Jahre nach der ICD (9. Revision) noch als psychische Störung, was heute in Deutschland kaum mehr vorstellbar erscheint. Bei der Lese-Rechtschreibstörung bestimmt zum großen Teil die Qualität des Bildungssystems die Kriterien dafür, wie gut ein Kind beispielsweise im Alter von 9 Jahren lesen und schreiben können sollte, und damit auch die statistischen Kriterien dafür, ab wann man von einer Abweichung von der Normalität sprechen kann. Normwerte sind deshalb, auch nach der ICD, grundsätzlich kulturspezifisch zu verwenden. Dennoch erweist sich die Abweichung (Devianz) von der Normalität allein, insbesondere für den Bereich der psychischen Störungen, als unzureichend für eine sinnvolle Klassifikation.

Als eine weitere Dimension der klinischen Bedeutsamkeit gilt der Grad der **psychosozialen Beeinträchtigung**, die mit einem bestimmten Erlebens- und Verhaltensmuster einhergeht – wenn also eine negative Auswirkung auf die Interaktion einer Person mit ihrer Umwelt die Folge oder zu befürchten ist. Auch für die Definition und Klassifikation der Lese-Rechtschreibstörung ist diese Dimension wichtig: Eingeschränkte schriftsprachliche Fertigkeiten **erschweren die Kommunikation** und den **Zugang zum kulturellen Fundus** einer Gesellschaft, und sie behindern den **schulischen Erfolg** wie auch die **Bildungskarriere**. Doch auch bei dieser Dimension der klinischen Bedeutsamkeit existiert eine starke Abhängigkeit vom kulturellen Kontext. Gleichwohl ergänzt diese Dimension aber auch die der Devianz, die nach der ICD allein keine psychische Störung definiert. Eine statistische Abweichung von gesellschaftlich üblichen Erlebens- und Verhaltensmustern, die keinerlei psychosoziale Beeinträchtigungen zur Folge hat, wird demnach nicht als psychische Störung betrachtet. Zur Entscheidung, ob eine Bedeutsamkeit vorliegt, bedarf es allerdings noch weiterer Dimensionen.

Während die eher von der Umwelt bestimmten Dimensionen der Devianz und der psychosozialen Beeinträchtigung den Anspruch der Objektivität erheben, basiert die Dimension des **Leidensdrucks** auf der **subjektiven Wahrnehmung** des Erlebens- und Verhaltensmusters der betreffenden Person. Nach dieser Dimension würde man also dann von einer psychischen Störung sprechen, wenn eine subjektiv wahrgenommene Belastung eines klassifizierbaren Erlebens- und Verhaltensmusters vorliegt, unabhängig davon, ob dieses artikuliert oder von der Umwelt wahrgenommen wird. Natürlich hängt auch die subjektiv wahrgenommene Belastung von sozialen Kontexten ab. Eine subjektive Belastung kann gerade auch deshalb zustande kommen, weil von der Person selbst ein Erlebens- und Verhaltensmuster als von sozialen Normen abweichend wahrgenommen wird oder weil die Person meint, bestimmte Erwartungen der Umwelt nicht erfüllen zu können. Wenn ein Kind beispielsweise in den meisten Schulfächern sehr gute Leistungen erbringt, kann eine starke Abweichung (Devianz, Beeinträchtigung) der Leistung im Fach Deutsch zu starkem Leidensdruck und damit auch zu einer Reihe sekundärer Symptome, z. B. im emotionalen oder motivationalen Bereich, führen (▶ Abschn. 3.6.1).

Eine mögliche **Fremd- oder Selbstgefährdung** ist eine weitere Dimension, die bei der klinischen Bedeutsamkeit eines Erlebens- und Verhaltensmusters im Sinne einer psychischen Störung zu berücksichtigen ist. Ihre besondere Bedeutung liegt zwar eher im Bereich bestimmter affektiver (F3) oder wahnhafter Störungen (F22) – sie ist aber auch für die Lese-Rechtschreibstörung relevant. Zu begründen ist dies durch die mit der Lese-Rechtschreibstörung verbundenen, sozialen Misserfolgs-

erlebnisse und die daraus oft resultierende emotionale Sekundärsymptomatik. So ist bei betroffenen älteren Kindern und Adoleszenten die Suizidgefahr erhöht (Daniel et al. 2006).

Trotz aller Formalisierungsversuche bleibt es schwierig, eine psychische Störung und damit auch die Lese-Rechtschreibstörung vergleichbar objektiv zu kategorisieren, wie etwa eine Organ- oder Infektionserkrankung. Dies wird von den Autoren und Vertretern der ICD auch selbst betont, indem darauf hingewiesen wird, dass die ICD-Klassifikation nicht mehr, aber auch nicht weniger als einen **»vorläufigen gemeinsamen Nenner** einer repräsentativen Gruppe von Experten« repräsentiere. Dennoch stellt die Anwendung der verbindlichen Klassifikation für den psychischen Bereich eine wichtige Voraussetzung für eine gelingende Kommunikation zwischen Praktikern und Forschern, für die Ausbildung klinischen Personals, für die **Vergleichbarkeit von Diagnosen** und damit für die **Epidemiologie** und die wissenschaftliche Erforschung der Ursachen wie auch der Wirkung von Intervention (Evaluation) dar. Außerdem sollten neben den Nachteilen der Klassifikation psychischer Störungen für die Betroffenen, etwa im Sinne einer möglichen Stigmatisierung, auch die Vorteile einer solchen betrachtet werden: So ergeben sich aus einer entsprechenden Diagnose auch **Rechte** für die betroffenen Personen, wie zum Beispiel eine Förderung in LRS-Klassen (▶ Kap. 1), ein schulischer Nachteilsausgleich oder ein möglicher Anspruch auf Eingliederungshilfe (§35a SGB VIII).

3.4 Gruppenebene F8: Lese-Rechtschreibstörung als Entwicklungsstörung

3.4.1 Entwicklungsstörungen in der ICD

Die Begriffe »Entwicklung« und »Entwicklungsstörung«, wie sie in der modernen Psychologie verwendet werden, lassen sich nicht in vollem Maße mit den entsprechenden Begriffen der ICD gleichsetzen, welche den Restriktionen einer eindeutigen Klassifikationslogik genügen müssen. Während in der modernen Psychologie serielle, determinis-

◼ **Tab. 3.2** Kategorien der ICD-Gruppe der Entwicklungsstörungen

F80	Umschriebene Entwicklungsstörungen des Sprechens und der Sprache
F81	Umschriebene Entwicklungsstörungen schulischer Fertigkeiten
F82	Umschriebene Entwicklungsstörung der motorischen Funktionen
F83	Kombinierte umschriebene Entwicklungsstörungen
F84	Tiefgreifende Entwicklungsstörungen
F88	Andere Entwicklungsstörungen
F89	Nicht näher bezeichnete Entwicklungsstörung

Anmerkung: Die Lese-Rechtschreibstörung gehört zur Kategorie F81.

tische Reifungstheorien weitestgehend durch die Sichtweise einer lebenslangen Entwicklung von Erlebens- und Verhaltensmustern als Resultat der aktiven Interaktion zwischen Person und Umwelt (z. B. kulturell definierte Entwicklungsaufgaben) ersetzt wurden, bezieht sich die Klassifikationslogik der ICD rein auf Prozesse der **physiologischen Reifung** des zentralen Nervensystems im **Kleinkind- und Kindesalter**. Dabei liegt der Fokus auf der Festlegung bestimmter statistisch begründeter Kriterien zur Differenzierung zwischen normalen Entwicklungsvarianten und hirnphysiologisch begründeten, klinisch relevanten, **devianten Entwicklungsverläufen** im Sinne einer psychischen Störung (▶ Abschn. 3.3.2). Dass die verschiedenen Entwicklungsstörungen auch von sozialen Faktoren, insbesondere dem familiären Umfeld und der Gesamtpersönlichkeit abhängen, wird selbstverständlich auch von den ICD-Experten angenommen. Für die Klassifizierung spielen sie jedoch nur im Rahmen der Ausschlusskriterien eine Rolle, wie zum Beispiel bei inadäquater Beschulung als alleinige Ursache für Symptome der Lese-Rechtschreibstörung. ◼ Tab. 3.2 gibt die verschiedenen Kategorien innerhalb der Gruppe der Entwicklungsstörungen wieder.

Es gibt eine Reihe von Auffälligkeiten im Verhalten und Erleben von Kindern, die im psycho-

logischen oder pädagogischen Kontext gelegentlich auch als Entwicklungsstörungen bezeichnet werden, jedoch anderen ICD-Gruppen zugeordnet sind, wie beispielsweise die Intelligenzstörungen (F7), die abgegrenzt von degenerativen Erkrankungen weite Teile der Definition einer Entwicklungsstörung erfüllen, oder Verhaltens- und emotionale Störungen mit Beginn in der Kindheit und Jugend (F9), zu denen auch die hyperkinetischen Störungen (F90) gehören. Die Zuordnung ist, soweit festlegbar, symptomatischen, pathogenetischen und ätiologischen Kriterien folgend (pathologische Dimensionen, ▶ Abschn. 3.3.2), teilweise aber auch pragmatischer Natur und daher nicht immer vollständig inhaltlich oder ätiologisch begründbar. So gibt es beispielsweise keinen inhaltlichen Grund dafür, warum jede ICD-Ebene auf gerade zehn Unterebenen (0–9) beschränkt sein soll.

3.4.2 Kriterien einer Entwicklungsstörung

Für die Gruppe der Entwicklungsstörungen werden die folgenden fünf, voneinander nicht unabhängigen Kriterien in der ICD definiert.

1. **Beginn ausnahmslos im Kleinkindalter oder in der Kindheit**
   Probleme beim Lesen und/oder Schreiben können auch bei Erwachsenen erstmals auftreten, bei denen entsprechende Fertigkeiten bereits vollständig und in normalem Maße erworben waren, jedoch die beteiligten Funktionen als Folge einer Deprivation oder einer neurologischen Erkrankung oder Verletzung spezifisch beeinträchtigt sind (z. B. Alexie, R48.0). Einer Entwicklungsstörung werden die Symptome aber nur dann zugeordnet, wenn sich die entsprechend zugrundliegenden **Hirnfunktionen nie voll entwickelt** haben. Für die Definition einer Entwicklungsstörung in diesem Sinne müssen in der ICD, der Logik einer eindeutigen Klassifikation folgend, für die verschiedenen Entwicklungsstörungen Altersgrenzen festgelegt werden, innerhalb welcher sich der entsprechende Entwicklungsprozess vollziehen sollte (z. B. Frühkindlicher Autismus F84.0: Auffälligkeiten bereits

vor dem 3. Lebensjahr) oder entsprechende altersbezogene Begriffe verwendet werden (Kleinkind: 2.–3. Lebensjahr; Kind/Kindheit: 3.–14. Lebensjahr; Schulzeit). Für die Lese-Rechtschreibstörung ist die Altersangabe vor allem an den schulisch vermittelnden Prozess des Schriftspracherwerbs gebunden, der in Ländern mit allgemeiner Schulpflicht üblicherweise im Alter zwischen 6 und 9 Jahren erfolgt (ICD:»während der ersten Jahre der Beschulung«; auf die Kulturabhängigkeit des Alters und der Normen wird in den Leitlinien explizit hingewiesen).

Eine Diagnose der Lese-Rechtschreibstörung nach ICD kann also erst **nach Beginn des Schriftspracherwerbs** erfolgen, meist zwischen dem 9. und 12. Lebensjahr (Warnke 2008), auch wenn in den diagnostischen Kriterien unter »zusätzlichen Einschlusskriterien« einzelne allgemeine Symptome beschrieben werden, die vor dem Schriftspracherwerb auftreten können und auf zugrundeliegende Defizite in der phonologischen Informationsverarbeitung (▶ Kap. 2) schließen lassen (z. B. Uhry 2002). Die ICD-Experten nehmen an, dass sich die der Lese-Rechtschreibstörung zugrundeliegende entwicklungsbedingte, spezifische Hirnfunktionsstörung (»Grundstörung«) sehr früh, also bereits vor dem Schriftspracherwerb, herausbildet und auch weitgehend bestehen bleibt, dass sich aber die damit verbundenen Probleme mit der Schriftsprache **altersabhängig äußern**: Mit zunehmenden Alter, bis ins Erwachsenenalter, werden sie schwächer (siehe Kriterium 5), und es treten häufig Rechtschreibprobleme in den Vordergrund. Eine erstmalige **Diagnose im Erwachsenenalter** erscheint sowohl hinsichtlich der Kriterien der ICD als auch hinsichtlich der postulierten altersabhängigen Symptomatik und der zur Verfügung stehenden diagnostischen Mittel schwieriger, aber nicht unmöglich, solange Belege dafür vorliegen oder sich retrospektiv herleiten lassen, dass die entsprechende Symptomatik bereits im Grundschulalter (»Vorgeschichte«) präsent war (wobei eine objektive und valide Erfassung der Retrospektive wichtig ist; Elbro et al. 1994).

Die Logik der ICD ist aber im Prinzip völlig außer Kraft gesetzt, wenn der Schriftspracherwerb erst im Erwachsenenalter beginnt und sich dabei Symptome einer Lese-Rechtschreibstörung zeigen.

2. **Entwicklungseinschränkung oder -verzögerung von Funktionen, die eng mit der biologischen Reifung des Zentralnervensystems verknüpft sind**

Mit diesem Reifungskriterium wird eine ätiologische Aussage getroffen, die jedoch sehr allgemein bleibt und sich in den Einzelkategorien, die stark symptombezogen deskriptiv organisiert sind, kaum wiederfindet und wenn, dann nur indirekt spezifiziert wird. Die genaue Ätiologie der Entwicklungsstörungen, auch der Lese-Rechtschreibstörungen, wird in der ICD und den Leitlinien ausdrücklich als »unbekannt« bezeichnet (KDL, S. 331), da bisherige Forschungsergebnisse, auch unter Nutzung neuer, z.B. bildgebender Methoden (▶ Kap. 2) keine allgemeingültigen ätiologischen Kriterien rechtfertigen (ICD, S. 367). Die geforderte entwicklungsbedingte hirnorganische Basis der Symptome ist also nicht dahingehend misszuverstehen, dass eine konkrete Struktur als defekt postuliert würde. Vielmehr soll dieses Kriterium die Entwicklungsstörung von aufholbaren Entwicklungsverzögerungen und Entwicklungsvarianten differenzieren, die z.B. durch ungünstige Umwelteinflüsse oder Belastungen bedingt eine ähnliche Symptomatik aufweisen können (▶ Kap. 1, z. B. Lese-Rechtschreib*schwäche* im Bayerischen Fördererlass), die aber nicht mit der biologischen Reifung des Gehirns zusammenhängen. So wird in der ICD beispielsweise bei den Entwicklungsstörungen schulischer Fertigkeiten eine alleinige Verursachung der Symptomatik durch inadäquate Beschulung oder Erziehung als Ausschlusskriterium aufgeführt. In den Leitlinien wird allerdings auch eingeräumt, dass eine klare Diagnose im Sinne einer Differenzierung zwischen hirnorganisch bedingter Symptomatik und Schulproblemen als Folge spezifischer ungünstiger Umwelteinflüsse schwierig sei; leider gäbe es »keinen Weg, um schulische Schwierigkeiten, die aus einem Mangel entsprechender Lernerfahrung herrühren, von denen zu unterscheiden, die auf einer individuellen Störung beruhen« (KDL, S. 330). Damit führen die Autoren einen wesentlichen Punkt der ICD-Kritiker selbst an. Außerdem wird in den Leitlinien ein weiteres Argument vieler Kritiker eingeräumt, nämlich dass die schulischen Fertigkeiten interindividuell stark variieren, was es schwierig mache, entsprechende Probleme als störungsbedingt zu diagnostizieren. Wichtig ist deshalb die Berücksichtigung der Pathogenese.

3. **Stetiger Verlauf ohne Remissionen und Rezidive**

Mit diesem Kriterium soll neben der Symptombeschreibung auf der Ebene der Einzelkategorie und dem ätiologischen Kriterium einer entwicklungsbedingten, hirnorganischen Basis dieser Symptome die **Pathogenese** als weitere pathologische Dimension (▶ Abschn. 3.3.2) berücksichtigt werden, um zwischen normalen Entwicklungsvarianten und klinisch relevanten Entwicklungsverläufen im Sinne einer psychischen Störung differenzieren zu können. Das Kriterium eines stetigen Verlaufes bei Entwicklungsstörungen schließt aus, dass die Symptomatik plötzlich und in **zeitlicher Beziehung zu einem bestimmten Ereignis**, zum Beispiel einem Schul- oder Lehrerwechsel, oder besonderen familiäre Belastungen entsteht, wieder entsteht (Rezidive) oder verschwindet (Remission), verlangt aber nicht die Konstanz der Symptomatik über die Lebensspanne hinweg, d. h., das unterstellte entwicklungsbedingte hirnorganische Defizit bleibt zwar trotz Trainierbarkeit und Hirnplastizität bestehen, die Symptome selbst unterliegen aber, wie bereits erwähnt, einer entwicklungsbedingten Variation, deren konkrete Form auch von Persönlichkeits- und Umwelteinflüssen abhängt. In der Praxis muss der Verlauf i. d. R. retrospektiv betrachtet werden, die Einbeziehung des zukünftigen Verlaufs in die Diagnostik verbietet sich in der Realität durch das Gebot einer schnellen Intervention.

4. **In den meisten Fällen sind vom frühestmöglichen Erkennungszeitpunkt unter anderem betroffen**

a. **Sprache**: Dieses Kriterium generalisiert die Symptomatik früher Sprachprobleme über die Kategorie »Umschriebene Entwicklungsstörung des Sprechens und der Sprache« (F80) hinaus auf die gesamte Gruppe der Entwicklungsstörungen. Für die Lese-Rechtschreibstörung werden Sprach- und Sprechstörungen, auch als Diagnose F80, als häufige **Auffälligkeit in der »Vorgeschichte«** explizit genannt. Außerdem finden sie sich als »mögliches Einschlusskriterium (für besondere Forschungsvorhaben)« in den diagnostischen Kriterien wieder. Dass die sprachliche Verarbeitung, insbesondere die phonologische Informationsverarbeitung, eine zentrale Rolle für das Erlernen des Lesens und Schreibens spielt, haben wir in den beiden vorangegangenen Kapiteln (▶ Kap. 1 und ▶ Kap. 2) ausführlich dargelegt. In der ICD wird zumindest für alphabetische Schriftsprachen eine Störung der Sprachverarbeitung auch als eine wahrscheinliche Ursache auf kognitiver Ebene für die Lese- und Schreibprobleme in Betracht bezogen (▶ Kap. 4), und entsprechende Symptome werden in den Leitlinien genannt und konkretisiert. Eine Reihe von Forschern sehen in Defiziten der schnellen auditiven Verarbeitung die Ursache für Sprachentwicklungsprobleme und auch für spätere Lese-Rechtschreibprobleme, da sie den Aufbau und Abruf phonologischer Repräsentationen anhaltend stören (Tallal 1980; ▶ Kap. 4), andere lehnen den Zusammenhang mit basalen Verarbeitungsdefiziten vollkommen ab (Snowling 2000).

b. **Visuell-räumlichen Fertigkeiten**: Die ICD nimmt Defizite in der visuell-räumlichen Wahrnehmung als typisches frühes Symptom einer Entwicklungsstörung und damit auch für die Lese-Rechtschreibstörung an. Die Rolle der Entwicklung dieser Fertigkeiten beim Erlernen der Schriftsprache und für das Entstehen einer Lese-Rechtschreibstörung wird in der Literatur kontrovers diskutiert (Snowling 2000; Willows 1993). In ▶ Kap. 1 sind wir vor allem auf die von Orton (1925) postulierten Vertauschungsfehler eingegangen, die lange Zeit als wichtigstes Symptom der Lese-Rechtschreibstörung galten, heute eher kritisch diskutiert werden, sich aber in der Beschreibung der Symptome in den Leitlinien wiederfinden. Vertauschungsfehler werden jedoch, auch von Orton (1925) selbst, nicht als rein visuell verursacht gesehen (▶ Kap. 1). Verschiedene Ansätze, auf die wir teilweise in ▶ Kap. 4 noch eingehen werden, nehmen jedoch auch an, dass rein visuelle Defizite, die bereits vor dem Schriftspracherwerb bestehen, für die Lese-Rechtschreibstörung verantwortlich sein können (Stein 2002).

c. **Bewegungskoordination:** Dieses Kriterium generalisiert die Symptomatik früher Probleme in der motorischen Koordination über die Kategorie »Umschriebene Entwicklungsstörung der motorischen Funktionen« (F82) hinaus auf die Gruppe der Entwicklungsstörungen. Für die Lese-Rechtschreibstörung werden motorische Koordinationsdefizite in den Leitlinien konkretisiert. In verschiedenen Studien konnten entsprechende Defizite bei Kindern mit Lese-Rechtschreibstörung nachgewiesen werden (Fawcett 2002; Fawcett und Nicolson 2001; Klicpera et al. 1981). Darüber hinaus konnten Ramus und Kollegen (2003) zeigen, dass auch 25 % der Erwachsenen ihrer Stichprobe von Personen mit Lese-Rechtschreibstörung motorische Koordinationsdefizite aufweisen. Diese Defizite spielen im Ansatz von Fawcett (2002), den wir in ▶ Kap. 4 genauer beleuchten werden, eine besondere Rolle.

5. **Mit dem Älterwerden der Kinder vermindern sich die Störungen zunehmend, wenn auch geringere Defizite oft im Erwachsenenalter zurückbleiben**
Wie bereits bei den oberen Kriterien erläutert, wird angenommen, dass das jeweilige hirnorganische Entwicklungsdefizit (»Grundstörung«) zwar abgeschwächt, aber dennoch bestehen bleibt, die Äußerung auf Symptomebene jedoch altersabhängig ist. Die Erwartung einer Abschwächung der Symptomatik,

die natürlich auch von Persönlichkeits- und Umweltfaktoren abhängt, ist in der Diagnostik gelegentlich schwer vereinbar mit dem Kriterium des geforderten stetigen Verlaufes (Ausschluss Remission). Grundsätzlich wird in der ICD aber das Persistieren (Bestehenbleiben) in irgendeiner Form (»geringe Defizite«) bis hinein in das Erwachsenenalter für die meisten Entwicklungsstörungen angenommen, so auch für die Lese-Rechtschreibstörung.

3.4.3 Diskussion der Kriterien in Bezug auf die Lese-Rechtschreibstörung

Der in der ICD verwendete Begriff »**hirnorganisch**«, welcher suggeriert, bei der Lese-Rechtschreibstörung sei, ähnlich wie bei bestimmten neurologischen Erkrankungen oder Hirnverletzungen, eine klar eingrenzbare Hirnregion betroffen, ist auch innerhalb der ICD-Autorengruppe umstritten (ICD, S. 367). In zahlreichen Studien wurden funktionelle und strukturelle neuronale Korrelate der Lese- und Rechtschreibprobleme von Kindern und Erwachsenen mit diagnostizierter Lese-Rechtschreibstörung gefunden, was tatsächlich dafür spricht, dass der Störung ein **spezifisches neuronales Defizit** zugrunde liegt (Shaywitz B. A. et al. 2007; Galaburda et al. 2006; Shaywitz S. E. et al. 2006, 2003; Csepe 2003; Stein 2002; einen Überblick gibt Habib 2000), und zwar **kulturübergreifend** (Paulesu et al. 2001). Auch wenn die Ergebnisse recht heterogen sind (was gegen eine abgrenzbar betroffene Region spricht) und deshalb keine konkretere, allgemein akzeptierte Aussage zulassen, die sich etwa in ätiologischen Kriterien niederschlagen könnte, erscheint es hinsichtlich der Fülle der Befunde aber durchaus unangebracht, neuronale Ursachen gänzlich abzulehnen (wie z. B. Valtin 2001). Für die Diagnose in der Praxis sind die meisten dieser Ergebnisse aber wenig brauchbar, da sie auf dem Vergleich experimenteller Gruppen beruhen und für individuelle Aussagen nicht geeignet sind. Wie soll ein Diagnostiker dann aber im konkreten Einzelfall entscheiden, ob es sich um eine hirnorganisch bedingte Störung oder um eine umweltbedingte Lernschwäche handelt, zumal die Stärke der Symptomatik im bestimmten Rahmen für die Differenzierung irrelevant ist? Rückschlüsse auf die in der ICD geforderte hirnorganische Determination sind letztlich nur über die **Berücksichtigung der Pathogenese** möglich, also dem Ausschluss temporärer Einflüsse. Die in der ICD erwähnte Häufung von Sprachentwicklungsstörungen und anderen Entwicklungsauffälligkeiten in der Vorgeschichte lässt sich aber nicht als zuverlässiges Kriterium heranziehen (zumal es als interindividuell variierend beschrieben wird), eher die Analyse der weiteren Entwicklung nach der Erstdiagnose, was aber, wie bereits erwähnt, hinsichtlich des Gebots einer schnellen Intervention wenig hilfreich ist.

Wie sich die Symptomatik der Lese-Rechtschreibstörung über die Lebenspanne hinweg verändert, insbesondere über das Kindesalter hinaus, wurde in eine Reihe von Studien untersucht. Verschiedene Autoren (Leinonen et al. 2001; Morton und Frith 1995; Elbro et al. 1994) stimmen weitgehend darin überein, dass phonologische Repräsentations-, Verarbeitungs- und Zugriffprobleme über die Lebensspanne hinweg als grundlegendes Defizit bei Personen mit Lese-Rechtschreibstörung bestehen bleiben, auch wenn die Art und Weise der Äußerung in Abhängigkeit von individuellen Faktoren (Gesamtpersönlichkeit) und von der Transparenz der Sprache variiert (Ziegler et al. 2003; Jimenez 2002; Landerl et al. 1997; Wimmer 1993; ▶ Kap. 2). Für das transparente Finnische konnte beispielsweise gezeigt werden (Leinonen et al. 2001), dass Erwachsene mit Lese-Rechtschreibstörung beim Lesen insgesamt dazu neigen, schneller, aber weniger genau zu lesen als Betroffene im Kindesalter, die bei transparenten Sprachen eher zum sehr langsamen Lesen tendieren und weniger Fehler produzieren. Dennoch bleibt bei transparenter Orthographie auch bei Erwachsenen das Lesetempo das Hauptproblem (Schulte-Körne et al. 2003). Beim Schreiben zeigen betroffene Erwachsene in der finnischen Studie (Leinonen et al. 2001), entgegen der Verlaufsbeschreibung in der ICD, verbesserte Rechtschreibfertigkeiten; die Schreibfehler sind dann meist rein phonologisch begründet.

Die phonologische Informationsverarbeitung spielt also über die gesamte Lebensspanne hinweg eine entscheidende Rolle. Auch die zugrundelie-genden Defizite, z.B. in der zeitlichen Verarbeitung auditiver und sprachlicher Informationen, bleiben über die Lebensspanne hinweg bestehen (Groth et al. 2011; Vandermosten et al. 2011) und neuronale Korrelate der phonologischen Verarbeitungsdefizite lassen sich auch im Erwachsenenalter nachweisen (Shaywitz S. E. et al. 2003). In einer Reihe von Studien wurden aber auch andere als rein auditive und phonologische Verarbeitungsprobleme bei Jugendlichen und Erwachsenen mit Lese-Rechtschreibstörung gefunden, z.B. Defizite in der schnellen visuell-räumlichen Verarbeitung bei betroffenen Adoleszenten (Becker et al. 2005).

Insgesamt lassen zahlreiche Studien den Schluss zu, dass sich Personen **unterschiedlichen Alters mit Lese-Rechtschreibstörung weder auf hirnphysiologischer Ebene noch auf der Ebene der kognitiven Verarbeitung und des Lese-Rechtschreibverhaltens selbst grundlegend unterscheiden.** Unabhängig vom Alter bietet sich ein heterogenes Bild auf allen Ebenen (Heim et al. 2008; Becker et al. 2005; Lachmann et al. 2005; Ramus et al. 2003; Leinonen et al. 2001), wobei sich phonologische Verarbeitungs- und Abrufprobleme bei der Mehrheit der Betroffenen unabhängig vom Alter nachweisen lassen – aber auch andere Verarbeitungsdefizite existieren. Die teilweise festgestellten Veränderungen im Lese- und Schreibverhalten mit zunehmendem Alter der Betroffenen sind wahrscheinlich eher einer individuellen, **kompensatorischen Strategie**, die sich mit dem Alter und der Erfahrung in Abhängigkeit von der **Transparenz der Sprache** herausgebildet hat, **wachsendem Regelwissen** und den **veränderten Anforderungen** an das Lese- und Schreibverhalten (z. B. Fehlertoleranz beim leisen Zeitunglesen Erwachsener versus Vorlesen in der Schule) geschuldet.

3.5 Ebene der Einzelkategorie F81: Lese-Rechtschreibstörung als umschriebene Entwicklungsstörung schulischer Fertigkeiten (F81)

Bei **schulischen Fertigkeiten** handelt es sich um Techniken, die als Resultat eines kulturell bestimmten, institutionell vermittelten Lernprozesses

◻ **Tab. 3.3** Subkategorien der ICD-Kategorie F81 »Umschriebene Entwicklungsstörungen schulischer Fertigkeiten«	
F81.0	Lese- und Rechtschreibstörung
F81.1	Isolierte Rechtschreibstörung
F81.2	Rechenstörung
F81.3	Kombinierte Störungen schulischer Fertigkeiten
F81.8	Sonstige Entwicklungsstörungen schulischer Fertigkeiten
F81.9	Nicht näher bezeichnete Entwicklungsstörung schulischer Fertigkeiten

Anmerkung: Bei den drei letztgenannten Kategorien handelt es sich um schlecht definierte Restkategorien (F81.3, F81.8) bzw. um eine Kategorie, die möglichst vermieden werden sollte (F81.9) (Dilling und Freyberger 2012)

erworben werden. Folglich handelt es sich bei entsprechenden Problemen um Lernprobleme, also um schulische Lernstörungen. Klinisch klassifiziert im Rahmen einer Entwicklungsstörung wird diese Lernstörung aber nur dann, wenn sie, wie bereits erwähnt, auf einem entwicklungsbedingten hirnorganischen Defizit, einer »biologischen Fehlfunktion« (KDL, S. 329) beruht. Führt diese Fehlfunktion zu einer **spezifischen Störung**, also zu Problemen beim Erwerb ganz bestimmter (umschriebener) schulischer Fertigkeiten, während andere Fertigkeiten relativ problemlos erworben werden können, dann handelt es sich um eine **umschriebene Entwicklungsstörung schulischer Fertigkeiten (F81).** Als schulische Fertigkeiten werden Lesen, Rechnen und Schreiben definiert (▶ Exkurs »Genauer betrachtet: Warum keine umschriebene Musikalitätsstörung in der ICD?«). Diese schulischen Fertigkeiten sind vom **Funktionsbereich** her abzugrenzen von umschriebenen Entwicklungsstörungen des Sprechens und der Sprache (F80) sowie der Motorik (F82) und von der **Funktionsbreite** her von diversen autistischen Störungen, die als **tiefgreifende Entwicklungsstörungen** (F84) bezeichnet werden. Der **Nachweis der Umschriebenheit** ist damit wesentlicher Bestandteil der Diagnostik.

◻ Tab. 3.3 gibt einen Überblick über die verschiedenen Subkategorien der ICD-Kategorie F81 »Umschriebene Entwicklungsstörungen schulischer Fertigkeiten«. Entsprechend der inhaltlichen Ausrichtung des vorliegenden Lehrbuches wird in den folgenden Abschnitten (▶ Abschn. 3.6 und ▶ Abschn. 3.7) auf die Subkategorie F81.0 »Lese- und Rechtschreibstörung« fokussiert. Der Subkategorie F81.1 »Isolierte Rechtschreibstörung« wird kein eigenes Kapitel gewidmet, da die diagnostischen Kriterien mit Ausnahme des zu erfassenden Leistungsbereichs und des Ausschlusses bei Devianz von mindestens zwei Standardabweichungen (2 SD) im Lesen identisch sind. Auf die Frage, ob Leseprobleme oder Rechtschreibprobleme auch isoliert auftreten können und ob ihnen eine jeweils spezifische Ursache zugrunde liegt, gehen wir in ▶ Abschn. 3.7.3 genauer ein.

3.6 Ebene der Subkategorie F81.0: Lese- und Rechtschreibstörung

Die Lese-Rechtschreibstörung ist in der ICD auf der Ebene einer Subkategorie (F81.0) innerhalb der Kategorie F81 »Umschriebene Entwicklungsstörungen schulischer Fertigkeiten« klassifiziert. Die korrekte Bezeichnung der Subkategorie lautet »Lese- *und* Rechtschreibstörung«, wir werden aber im Folgenden weiter auf das »und« in der Bezeichnung verzichten, um im gesamten Buch eine konsistente und auch übliche Bezeichnungsweise (z. B. Schulte-Körne 2010) zu garantieren. Die Subkategorie wird nicht in weitere Ebenen unterteilt.

In der ICD wird unter F81.0 zunächst das **allgemeine Erscheinungsbild** der Lese-Rechtschreibstörung beschrieben. Diese Beschreibung haben wir in fünf Punkte unterteilt, die im Folgenden (▶ Abschn. 3.6.1) einzeln dargestellt und erläutert werden. In der Beschreibung finden sich die Kriterien höherer Ebenen wieder (weswegen Redundanzen unvermeidbar sind), allerdings werden sie in diesem Abschnitt für die Lese-Rechtschreibstörung spezifiziert.

Der Beschreibung des Erscheinungsbildes folgen die **diagnostischen Kriterien**, die wir unter ▶ Abschn. 3.6.2 behandeln und erklären werden. Diese zielen auf die Festlegung von **diagnostisch zu überprüfenden** Kriterien ab, die mindestens erfüllt

Genauer betrachtet: Warum keine »umschriebene Musikalitätsstörung« in der ICD?

Rein theoretisch ist es möglich anzunehmen, dass sich ein entwicklungsbedingtes hirnorganisches Defizit selektiv auf andere schulische Fertigkeiten als die des Lesens, Schreibens und Rechnens auswirkt und damit weitere umschriebene Entwicklungsstörungen schulischer Fertigkeiten existieren, wie beispielsweise eine »Musikalitätsstörung« oder eine »Störung bestimmter sportlicher Fertigkeiten«. Gelegentlich wird dies als Argument gegen die Sinnhaftigkeit einer klinisch-kategorialen Definition der Lese-Rechtschreibstörung angeführt. Diesbezüglich greifen allerdings die oben erwähnten Dimensionen der klinischen Bedeutsamkeit einer psychischen Störung (▶ Abschn. 3.3.2): Eine eingeschränkte Musikalität führt beispielsweise mit weitaus geringerer Wahrscheinlichkeit zu einer psycho-sozialen Beeinträchtigung als eine Lese-Rechtschreibstörung, die in erheblichen Umfang die Schulleistungen beeinträchtigen und den Zugang zum kulturellen Fundus einer Gesellschaft erschwert. Außerdem liegen für die Fertigkeiten des Lesens, Schreibens und Rechnens, denen allesamt evolutionär relativ neue Hirnstrukturen zugrunde liegen, umfangreiche Studien über spezifische neuronale Verarbeitungsstrukturen vor, welche die Vermutung einer hirnorganischen Basis rechtfertigen. Prinzipiell jedoch beschränkt sich die ICD-Logik nicht auf die Bereiche des Lesens, Rechnens und Schreibens (KDL, S. 331, Punkt 5).

sein müssen, um die Diagnose »Lese-Rechtschreibstörung« stellen zu können. Sie enthalten teilweise auch allgemeine Angaben zu geforderten diagnostischen Verfahren und zu Devianzkriterien. In den diagnostischen Kriterien finden sich die Forderungen aus der Beschreibung des Erscheinungsbildes größtenteils wieder. In der Literatur werden meist nur die diagnostischen Kriterien F81.0 zitiert, obgleich die Logik der ICD fordert, dass auch alle Kriterien auf höherer Ebene (F81, F8, F) erfüllt sein müssen, um die Diagnose rechtfertigen zu können.

3.6.1   Allgemeines Erscheinungsbild der Lese-Rechtschreibstörung nach ICD

Die ICD beschreibt das allgemeine Erscheinungsbild der Lese-Rechtschreibstörung F81.0 wie folgt:

1. **Das Hauptmerkmal ist eine umschriebene und bedeutsame Beeinträchtigung in der Entwicklung der Lesefertigkeiten, die nicht allein durch das Entwicklungsalter, Visusprobleme oder unangemessene Beschulung erklärbar ist.**
   In diesem Kriterium finden sich die bereits ausführlich besprochenen Kriterien auf der Ebene einer psychischen Störung F (klinisch bedeutsame Beeinträchtigung; ▶ Abschn. 3.3.2), der Ebene der Gruppe F8 (Entwicklungsstö-

rung, die nicht allein auf Umwelteinflüssen beruht; ▶ Abschn. 3.4.2) und der Kategorieebene F81 (Umschriebenheit; ▶ Abschn. 3.5) wieder, die hier für die Lesefertigkeit spezifiziert werden. Bei den sensorischen Defiziten wird nur der Visus als Ausschlusskriterium genannt, obwohl akustische Wahrnehmungsstörungen auf sensorischer Ebene eine mindestens genauso wichtige Rolle spielen dürften.

2. **Das Leseverständnis, die Fähigkeit, gelesene Worte wieder zu erkennen, vorzulesen und Leistungen, für welche Lesefähigkeit nötig ist, können sämtlich betroffen sein.**
   Hier werden allgemeine Symptome genannt, die in den diagnostischen Kriterien und den Leitlinien spezifiziert werden und die wir später im Einzelnen erörtern und diskutieren werden (▶ Abschn. 3.6.2). Bis hierher bezieht sich die Beschreibung des Erscheinungsbildes ausschließlich auf Probleme beim Lesen.

3. **Bei umschriebenen Lesestörungen sind Rechtschreibstörungen häufig und persistieren oft bis in die Adoleszenz, auch wenn einige Fortschritte im Lesen gemacht werden.**
   Leseprobleme werden als notwendige und hinreichende Bedingung definiert und damit als primär angenommen. Probleme beim Schreiben können, müssen aber im Kindesalter nicht vorliegen. Wie auf Gruppenebene (F8) erörtert (▶ Abschn. 3.4.2), nehmen die ICD-Autoren an,

dass sich die Symptomatik bei Entwicklungsstörungen mit zunehmendem Alter verändert und verringert. Für die Lese-Rechtschreibstörung wird nunmehr konkretisiert, dass die Leseprobleme abnehmen, Rechtschreibprobleme hingegen stärker in Erscheinung treten. Diese Annahme haben wir bereits kritisch diskutiert (▶ Abschn. 3.4.3). Allein die Berücksichtigung dieses Verlaufskriteriums rechtfertigt die Benennung der Störung, bei der die beiden Bereiche Lesen und Schreiben »*und*«-verknüpft sind; für die Diagnose im Kindesalter ist diese Bezeichnung jedoch ungeeignet.

4. **Umschriebenen Entwicklungsstörungen des Lesens gehen Entwicklungsstörungen des Sprechens oder der Sprache voraus.**

Die ICD setzt damit klar voraus, dass der Lese-Rechtschreibstörung, wie auf Gruppenebene bereits allgemein gefordert, eine andere Entwicklungsstörung aus dem Bereich F80.0 bis F80.9 (umschriebene Entwicklungsstörungen des Sprechens und der Sprache) vorausgeht. Streng genommen muss also eine entsprechende Diagnose vorliegen, denn es wird hier keine optionale Formulierung wie z. B. »kann« oder »oft« verwendet. Studien belegen zwar die Häufung einer solchen Vordiagnose (Bishop und Snowling 2004) – die Frage bleibt jedoch, inwieweit sie für die Diagnose der Lese-Rechtschreibstörung tatsächlich gefordert werden sollte. In den diagnostischen Kriterien wird diese Voraussetzung jedenfalls nicht erwähnt, auch in den Leitlinien wird sie etwas entschärft (▶ Abschn. 3.6.2).

5. **Während der Schulzeit sind begleitende Störungen im emotionalen und Verhaltensbereich häufig.**

Mit diesem Kriterium verlässt die ICD die übliche Klassifikationslogik bei Entwicklungsstörungen, indem Verhaltens- und Erlebensweisen jenseits der angenommenen Grundstörung und der durch sie verursachten Symptomatik als Kriterium aufgeführt werden. In den diagnostischen Kriterien der ICD (ICD, S. 287 ff.) wird die **Sekundärsymptomatik** nicht explizit als notwendig aufgeführt, in den Leitlinien wird sie aber als typisch beschrieben. In der praktischen Diagnostik können Auffälligkeiten

im emotionalen und Verhaltensbereich demnach dem Gesamtbild der Lese-Rechtschreibstörung zugeordnet werden. Die Formulierung »häufig« gibt dem Praktiker diesbezüglich selbst hinsichtlich der strengen ICD-Kriterien weitgehende Entscheidungsfreiheit. In den Leitlinien werden als typische, aber von Kind zu Kind stark variierende Begleiterscheinungen **emotionale Auffälligkeiten** (Traurigkeit oder Ängste) und **niedriges Selbstwertgefühl**, beides als eher typisch für die frühe Schulzeit, sowie **aggressives, unsoziales Verhalten** als Ausdruck einer Kompensationsstrategie in der späteren Kindheit und Adoleszenz beschrieben.

Wichtig ist allerdings, dass die Sekundärsymptomatik in Form, Stärke und Verlauf nicht zusammen mit anderen Symptomen eine eigenständige ICD-Kategorie aus der Gruppe der **Verhaltens- und emotionalen Störungen (F9)** erfüllen darf. Ansonsten müsste die entsprechende begleitende Störung zusätzlich diagnostiziert werden, da in diesem Fall ein von der Lese-Rechtschreibstörung abgrenzbares Störungsbild, eine **Komorbidität,** vorläge. Nach Schulte-Körne (2010) ist der Anteil diagnostizierter psychischer Störungen im emotionalen und Verhaltensbereich bei Kindern mit Lese-Rechtschreibstörung deutlich erhöht. Eine besonders häufige Komorbidität bei Lese-Rechtschreibstörung sind **hyperkinetische Störungen** (F90), zu denen die einfache Aktivitäts- und Aufmerksamkeitsstörung (F90.0; auch: Aufmerksamkeitsdefizit bei Hyperaktivitätsstörung, ADHS) und die hyperkinetische Störung des Sozialverhaltens (F90.1) zählen. Die für die Entwicklungsstörungen F8 beschriebenen frühen Auffälligkeiten in der motorischen Koordination sowie die in den Leitlinien für die Lese-Rechtschreibstörung aufgeführte verlaufsspezifische Begleitsymptomatik lassen sich gelegentlich schwer differenzieren von der Kernsymptomatik der hyperaktiven Störungen. Die Abklärung der Komorbidität ist also ein wichtiger Bestandteil der Diagnostik.

Eine Komorbidität kann auch mit der **Rechenstörung** (F81.2) bestehen. Die ICD gibt für diese Fälle eine eigenständige »schlecht definierte Restkategorie« (ICD, S. 291) der »**kombinierten** umschriebenen Entwicklungsstörungen« (F81.3) vor. Gerade der Nachweis der Umschriebenheit stellt sich dann allerdings schwierig dar, vor allem, wenn die Bereiche Lesen, Rechnen und Schreiben allesamt betroffen sind.

3.6.2 Diagnostische Kriterien der Lese-Rechtschreibstörung nach ICD

ICD Kriterien und ICD Leitlinien

Die diagnostischen Kriterien der ICD enthalten die **notwendigen Bedingungen** (»Grundbedingungen«) für das Stellen der Diagnose »Lese-Rechtschreibstörung« in Forschung und Praxis. Für die klinische Praxis wird die **zusätzliche Nutzung der Klinisch Diagnostischen Leitlinien** (KDL, Leitlinien) empfohlen. Diese sind, wie in ▶ Abschn. 3.2 ausführlicher beschrieben, weniger restriktiv und enthalten praktisch relevante Symptombeschreibungen, die dem Diagnostiker insgesamt einen größeren Spielraum bei der Entscheidung ermöglichen, da sie häufig Formulierungen wie »können« oder »oft« enthalten. Diese Formulierungen erlauben es den KDL-Autoren, Symptome zu beschreiben, deren Auftreten nicht bei allen Betroffenen nachweisbar oder die unter Wissenschaftlern sogar umstritten sind. Da sich auch die Experten in Detailfragen nicht immer einig sind, gestatten die Leitlinien außerdem Kompromisse bei der Formulierung der Kriterien. Wir sind der Ansicht, dass die Leitlinien nicht nur geeigneter für die praktische Diagnostik und Intervention sind, sondern auch den Stand der internationalen Forschung besser repräsentieren als die restriktiven ICD-Kriterien für Forschung und Praxis. Prinzipiell gilt es aber zu bedenken, dass beide ICD-Formate derselben Klassifikationslogik folgen, sich nicht widersprechen (sollten) und beide in Einklang mit den Kriterien auf höheren Klassifikationsebenen (Kategorie, Gruppe, Kapitel) stehen.

Bei der Bewertung der diagnostischen Kriterien als »notwendige Bedingungen« ist insbesondere im klinisch-praktischen Kontext auch den »**individuellen Besonderheiten**« der Person Rechnung zu tragen (ICD, S. 8). Sollten einzelne Kriterien nur teilweise erfüllt oder Befunde widersprüchlich sein oder entsprechende Informationen fehlen, was insbesondere in Bezug auf den Verlauf der Störung in der Praxis öfter der Fall sein dürfte, kann die zusätzliche Bezeichnung »**vorläufig**« (KDL, S. 23) verwendet werden, solange nicht andere Kategorien eher in Frage kommen. Im Zweifelsfall ist auch der jeweils größere Nutzen für den Betroffenen im konkreten Fall zu berücksichtigen und ggf. der Begriff »**Verdacht auf**« zu verwenden (KDL, S. 23). Bei Diagnosen für die Forschung und Epidemiologie sollte hingegen restriktiv vorgegangen werden, so dass die nach ICD-Kriterien diagnostizierte Gruppe eher eine echte Teilmenge jener darstellt, die unter den etwas offeneren Leitlinien die Diagnose erhalten würden, nicht jedoch umgekehrt.

Bei der folgenden Darstellung der Kriterien werden wir uns hinsichtlich der Struktur auf die ICD-Kriterien für Forschung und Praxis (ICD) stützen (Einteilung in Kriterium A bis E) und diese dann einzeln erläutern, durch die Angaben in den Leitlinien ergänzen, auf Symptomebene konkretisieren sowie unter Berücksichtigung internationaler Forschungsergebnisse kritisch diskutieren.

Doppelte Diskrepanz (Kriterium A)
Kriterium A: Entweder Punkt 1 oder Punkt 2

- Punkt 1: Ein Wert der **Lesegenauigkeit** und/oder im **Leseverständnis**, der mindestens **zwei Standardabweichungen** unterhalb des Niveaus liegt, das aufgrund des chronologischen **Alters** und der **allgemeinen Intelligenz** zu erwarten wäre. Die Lesefertigkeiten und der IQ wurden in einem individuell angewandten entsprechend der Kultur und dem Erziehungssystem des Kindes **standardisierten Test** erfasst.

- Punkt 2: In der **Vorgeschichte** bestanden ernste Leseschwierigkeiten, oder es liegen Testwerte vor, die früher das Kriterium A.1. erfüllten, und ein Wert in einem Rechtschreibtest, der mindestens zwei Standardabweichungen unterhalb des Niveaus liegt, das aufgrund des chronologischen Alters und der allgemeinen Intelligenz des Kindes zu erwarten wäre.

In den folgenden Abschnitten wird Kriterium A näher erläutert und diskutiert.

Betroffene Verhaltensbereiche

Kriterium A basiert auf der **Devianz zwischen normalen und pathologischen Erlebens- und Verhaltensmustern**, die als eine Dimension die klinische Bedeutsamkeit einer psychischen Störung auf Kapitelebene F definiert (▶ Abschn. 3.3.2). Zwei Verhaltensbereiche werden dabei unter Punkt 1 festgelegt, die **Lesegenauigkeit** und das **Leseverständnis**, und zwar so, dass einer der beiden Verhaltensbereiche für die Erfüllung des Kriteriums hinreichend ist (»und/oder«). Für beide Bereiche ergeben sich aber Probleme hinsichtlich der uneingeschränkten Eignung zur Erfassung der devianten Leseleistung bei Lese- Rechtschreibstörung. Zum einen ist eine niedrige Lesegenauigkeit zwar in nicht-transparenten Sprachen (z. B. Englisch; ▶ Kap. 2) als typisches Symptom der Lese-Rechtschreibstörung nachgewiesen, für **transparente Sprachen** (wie das Deutsche) hingegen, findet sich **eher eine verlangsamte Lesegeschwindigkeit** als typisches Symptom (Landerl et al. 1997; Wimmer 1993). Auch in den Leitlinien wird darauf hingewiesen, dass die »spezielle Art des Leseproblems« von der Sprache abhängt (KDL, S. 335; wobei allerdings auch für den englischsprachigen Raum zunehmend die Lesezeit als wichtige Variable gesehen wird, Shaywitz S. E. und Shaywitz B. A. 2003). Zum anderen ist es umstritten, ob ein Leseverständnisdefizit tatsächlich ein *primäres* Symptom der Lese-Rechtschreibstörung darstellt, zumal es auch als isoliertes Problem nachweisbar ist, dem eine eigene Ätiologie unterstellt wird (Nation 2007; Snowling und Hulme 2007; Nation und Snowling 1998). Damit bleibt es insgesamt eher fraglich, ob Devianzen in den in diesem Kriterium geforderten »und/oder«-verknüpften Verhaltensbereichen tatsächlich für die Lese-Rechtschreibstörung im Deutschen charakteristisch sind.

In den Leitlinien wird der Verhaltensbereich weiter gefasst. So »können« beispielsweise Probleme beim **Leseverständnis**, wie eine Unfähigkeit, Gelesenes wiederzugeben, Schlüsse daraus zu ziehen oder wesentliche Informationen aus dem Gelesenen zu entnehmen, auftreten, es können aber auch Probleme bei der **Wiedergabe gelesener** Worte und ganz allgemein **Defizite beim Vorlesen** oder bei Leistungen auftreten, welche für die Lesefähigkeit benötigt werden. Bei der Konkretisierung der Symptome, die beim Vorlesen typischerweise auftreten, verweisen die Leitlinien auch auf Verlaufscharakteristiken und auf eine Abhängigkeit von der jeweiligen Schriftsprache (KDL, S. 334 ff.), wobei für nicht-alphabetische Schriftsprachen ein Kenntnismangel eingeräumt wird.

Bei alphabetischen Schriften können nach den Leitlinien in frühen Stadien des Schriftspracherwerbs Schwierigkeiten beim **Aufsagen des Alphabets**, beim korrekten **Benennen von Buchstaben**, beim Bilden einfacher **Wortreime** und bei der Analyse oder der **Kategorisierung von Lauten** (bei normaler Hörschärfe) auftreten (KDL, S. 335). »Später« können sich dann die folgenden Fehler beim Vorlesen zeigen, die wir hier in zwei Klassen einteilen:

- **Symptome der Lesegenauigkeit:**
    - Auslassen, Ersetzen, Verdrehungen oder Hinzufügen von Worten oder Wortteilen,
    - Verlieren der Zeile im Text und ungenaues Phrasieren,
    - Vertauschung von Wörtern im Satz oder von Buchstaben in den Wörtern (s. unten ▶ Exkurs »Genauer betrachtet: Vertauschungsfehler: Ein alter Hut?«).
- **Symptome der Lesegeschwindigkeit:**
    - niedrige Lesegeschwindigkeit,
    - Startschwierigkeiten beim Vorlesen, langes Zögern.

In den Leitlinien werden also Devianzen der Lesegenauigkeit *und* der Lesegeschwindigkeit als mögliche Störungsmuster für die Diagnose der Lese-Rechtschreibstörung angenommen. Damit ist es für den Praktiker aus unserer Sicht auch nach der ICD möglich und überaus sinnvoll, im deutschsprachigen Raum die Lesegeschwindigkeit zu erfassen und zur Diagnostik heranzuziehen. Die Lesegenauigkeit ist aber auch für transparente Orthographien nicht vollkommen bedeutungslos. Während sie in nicht-transparenten Schriftsprachen oft direkt ein Defizit im Wortlesen über die lexikalische Route widerspiegelt (siehe Dual-Route-Modelle des Wortlesens, ▶ Abschn. 2.3.1), ist sie in transparenten Orthographien oft auch Ausdruck einer

Genauer betrachtet: Vertauschungsfehler: Ein alter Hut?

Einige der in den Leitlinien genannten Symptome der Lesegenauigkeit stehen auch in Zusammenhang mit der Theorie der **Vertauschungsfehler** (Strephosymbolia) nach Orton (1925), auf die wir in ▶ Kap. 1 etwas genauer eingegangen sind. Nach Plume und Warnke (2007) treten sie aber eher beim Schreiben auf. Nach Rutter und Yule (1975) hingegen sind diese Fehler eher für nicht störungsbedingte Lese-Rechtschreibprobleme typisch, also vielmehr Folge eines Entwicklungsrückstandes, wie es auch in den Leitlinien vermutet wird (KDL, S. 336). Zahlreiche Wissenschaftler lehnen Ortons Ansatz jedoch grundsätzlich ab (Valtin 2001; einen Überblick geben Vellutino et al. 2004), andere relativieren ihn im Kontext neuerer Erkenntnisse (Corballis und Beale 1993; einen Überblick gibt Lachmann 2008). So ist es beispielsweise möglich, dass sich dieser Fehlertyp bei Betroffenen etwas länger zeigt, auch später gehäufter auftritt (ca. um das Dreifache erhöht bei Grundschulkindern; Brendler und Lachmann 2001), und dass entsprechend zugrundeliegende Verarbeitungsdefizite zur Verringerung der Lesegeschwindigkeit mit beitragen (Lachmann und van Leeuwen 2007; Rusiak et al. 2007; Brendler und Lachmann 2001). Dass Vertauschungsfehler (*reversals*) aber beim Lesen oder beim Schreiben nach gewisser Lese- und Schreiberfahrung noch symptomatisch bei Kindern oder Erwachsenen mit Lese-Rechtschreibstörung auftreten, oder gar das Kardinalsymptom (Orton 1925) der Störung darstellen, wird kaum noch ernsthaft postuliert. Schließlich könnten all die beschriebenen Fehler auch Folge phonologischer Verarbeitungs- oder Repräsentationsprobleme sein (Miles T. R. und Miles E. M. 1999).

kompensatorischen Strategie: Um die extrem langsame Geschwindigkeit auszugleichen, werden Wörter oft einfach erraten. Eine solche Strategie ist allerdings nur dann mit einer gewissen Wahrscheinlichkeit erfolgreich, wenn das Textverstehen funktioniert, denn Wörter werden i. d. R. passend zum Kontext des Textes erfunden – ein weiteres Argument gegen ein *primäres* Textverständnisdefizit bei Lese-Rechtschreibstörung.

Speziell für den deutschsprachigen Raum wurden u.a. basierend auf den Leitlinien der Deutschen Gesellschaft für Kinder- und Jugendpsychiatrie, Psychosomatik und Psychotherapie Richtlinien für die klinische Diagnostik und Therapie der Lese-Rechtschreibstörung erarbeitet, die, weitgehend ICD-kompatibel, auf die Besonderheiten der transparenten deutschen Sprache und des Kulturraums abgestimmt sind (Schulte-Körne 2010). Darin wird klar die **deutliche Verlangsamung in der Lesegeschwindigkeit** als grundlegendes Symptom hervorgehoben, und zwar **bei Kindern und Erwachsenen**. Defizite im Leseverständnis werden dabei, kompatibel mit unserer vorangegangenen Argumentation, als Folge der verlangsamten Lesegeschwindigkeit und somit als Sekundärsymptom charakterisiert. Bei der Beschreibung der Lesegenauigkeit stimmen die genannten Symptome, wie Probleme bei der Buchstabe-Laut-Zuordnung, Er-setzen oder Vertauschen von Wörtern etc., weitgehend mit den in den Leitlinien genannten überein. Empfohlen wird die diagnostische Erfassung aller drei Verhaltensbereiche: Lesegeschwindigkeit, Lesegenauigkeit und auch Leseverständnis (Schulte-Körne 2010).

Weiterhin ergibt sich bei der Diskussion um die Symptome der Lese-Rechtschreibstörung die grundlegende Frage, ob es überhaupt ein **homogenes Erscheinungsbild** gibt. Bereits seit den 60er Jahren existieren Modelle, die unterschiedliche **Subgruppen der Lese-Rechtschreibstörung** annehmen (einen Überblick geben Watson und Willows 1993). Basierend auf dem Dual-Route-Modell (Coltheart 1978; ▶ Kap. 2) geht beispielsweise Boder (1973) davon aus, dass es Subgruppen gibt, die entweder nur in der phonologischen (Dysphonetiker) oder der lexikalischen (Dyseidetiker) Route oder in beiden Routen (Dysphoneidetiker) Verarbeitungsprobleme aufweisen und folglich entsprechende spezifische Lesedefizite zeigen: Dysphonetiker sind beeinträchtigt im **Nichtwortlesen**, aber unauffällig im **Wortlesen**, Dyseidetiker umgekehrt und Dysphoneidetiker haben Probleme bei beiden Anforderungen. Das diagnostische Testverfahren von Boder und Jarrico (1982; Boder 1973) folgt eben dieser Logik, die jedoch deshalb oft kritisiert wird, da sie neben einem phonologischen Verarbeitungsdefizit auch ein mögliches **visuelles (eidetisches) Verarbeitungsdefizit** annimmt. Lachmann und Kollegen (2005) konnten aber zeigen, dass sich die genannten Subgruppen zwar hinsichtlich der neuronalen Verarbeitung sprachlicher und nicht-sprachlicher Reize prinzipiell unterscheiden, was als Beleg für subgruppenspezifische Defizite interpretiert wurde, dass jedoch auch Dyseidetiker neuronale Korrelate eines phonologischen Verarbeitungsdefizits zeigen, was gegen den Namen »Dyseidetiker« spricht.

In dem hier diskutierten Kriterium A geht es jedoch nicht um die Frage, ob die Lese-Rechtschreibstörungen auf unterschiedlichen kognitiven Defiziten beruhen oder einheitlich durch phonologische Defizite verursacht sind (Heim et al. 2008; White et al. 2006), sondern darum, ob auf Verhaltensebene **subgruppenspezifische Leseprobleme** existieren, die dann auch diagnostisch für den Nachweis der Devianz geprüft werden müssen, weil sonst eine Lese-Rechtschreibstörung bei bestimmten Kindern nicht diagnostiziert würde. Da die meisten Arbeiten zu möglichen Subgruppen aus dem englischen Sprachraum stammen, in dem das Ganzwortlesen eine größere Rolle spielt (► Kap. 2), stellt sich außerdem die Frage, ob eine Unterscheidung zwischen Wort- und Nichtwortleseproblemen für transparente Sprachen sinnvoll ist (Spinelli et al. 2010). Lachmann und Kollegen (2009a) konnten aber zeigen, dass ein Teil der deutschsprachigen Grundschulkinder ihrer Stichprobe tatsächlich eine Lesegeschwindigkeit deutlich unter der Klassennorm im Lesen *häufiger* Wörter zeigte, während die Geschwindigkeit beim Lesen von Nichtwörtern im Durchschnittsbereich lag. Eine diagnostische Prüfung der Geschwindigkeit beim Lesen sowohl von Wörtern als auch von Nichtwörtern ist deshalb empfehlenswert für die Prüfung der Devianz nach Kriterium A.

Verlauf

In den Leitlinien, aber auch in den ICD-Kriterien werden Symptome beschrieben, die vor Beginn des Schriftspracherwerbs auftreten und damit den Störungsverlauf weiter spezifizieren. In den ICD-Kriterien werden sie im Rahmen eines **möglichen zusätzlichen Einschlusskriteriums** für einige besondere Forschungsvorhaben formuliert und als

Beeinträchtigungen des **Sprechens**, der **Sprache**, der **Klangkategorisierung**, der **motorischen Koordination**, des **»visuellen Prozesses«** (visuelle Informationsverarbeitung), der **Aufmerksamkeit** oder der Kontrolle und Abstimmung der **Aktivität** sehr breit charakterisiert. Auf der Ebene der Gruppe der Entwicklungsstörungen (► Abschn. 3.4) und der Kategorie der umschriebenen Entwicklungsstörungen schulischer Fertigkeiten (► Abschn. 3.5) wird das Vorliegen einer Entwicklungsstörung des Sprechens und der Sprache (F80) als typisch beschrieben. Auch die Leitlinien fordern, dass der Lese-Rechtschreibstörung »meist« eine gestörte Sprech- und Sprachentwicklung vorausgeht, relativieren dies jedoch nicht nur durch den Ausdruck »meist«, sondern auch explizit, indem alternativ eine normale Sprech- und Sprachentwicklung als möglich angenommen wird. In diesem Fall können sich dann aber häufig Auffälligkeiten bei der **Verarbeitung und Kategorisierung akustischer Informationen**, der **Lautunterscheidung** und dem **Reimen** – allesamt Indikatoren einer gestörten phonologischen Informationsverarbeitung – oder in der **visuellen Informationsverarbeitung** zeigen. Diese offenere Formulierung ist für die praktische Umsetzung besser geeignet als eine restriktive Forderung einer Sprech- und Sprachstörung und reflektiert unserer Einschätzung nach auch besser den Stand der internationalen Forschung (z. B. Groth et al. 2011).

Mit den verschiedenen Lesestörungen gehen nach den Leitlinien häufig **Rechtschreibprobleme** einher, d.h., diese können, müssen aber zum Zeitpunkt der Diagnose nicht auftreten. Ungefähr die Hälfte der Kinder mit Lese-Rechtschreibstörung zeigen jedoch sowohl deviante Lese- als auch deviante Rechtschreibleistungen (z.B. Fischbach et al. 2013), was aber nicht heißen soll, dass die übrigen Kinder keinerlei Rechtschreibprobleme zeigen – häufig erreichen sie nur das geforderte Kriterium der Devianz nicht. Wie bereits in ► Abschn. 3.4.2 erwähnt, wird in der ICD aber angenommen, dass Rechtschreibprobleme in der späteren Kindheit und im Erwachsenenalter zunehmend in den Vordergrund treten, während sich die Leseprobleme minimieren. Die meisten Verlaufsstudien sprechen jedoch gegen eine solche Verlaufscharakteristik und eher dafür, dass sowohl das zugrundeliegende Informationsverarbeitungsmuster (Siegel und Smythe 2011) als auch die Symptomatik (z. B. Kohn et al. 2013) über die Schulzeit hinweg relativ stabil bleiben. Wir werden im nächsten Abschnitt noch einmal darauf eingehen.

Diagnosezeitpunkt

Auf der Ebene der Gruppe F8 wird klar festgelegt, dass eine Entwicklungsstörung ausnahmslos im Kleinkindalter oder in der Kindheit beginnt (▶ Abschn. 3.4.2). Für die Lese-Rechtschreibstörung werden dafür kulturabhängig die »**ersten Jahre der Beschulung**« terminiert. Punkt 1 des Kriteriums A bezieht sich deshalb auf einen Diagnosezeitpunkt innerhalb dieses Zeitfensters (optimalerweise Ende Klasse 2 bis Ende Klasse 4). Punkt 2 des Kriteriums wurde eingeführt, um auch eine Diagnose älterer Kinder oder Erwachsener zu ermöglichen. Dabei wird der unterstellte Verlauf der Störung berücksichtigt. Zunächst wird gefordert, dass die Kriterien unter Punkt 1 in der Grundschulzeit erfüllt waren. Wenn allerdings keine Diagnose im Grundschulalter erfolgte, liegen oft auch keine Testwerte aus dieser Zeit vor. Deshalb enthält Punkt 2 die recht vage Formulierung, dass in der Vorgeschichte ernste Leseschwierigkeiten bestanden haben müssen, die retrospektiv zu erschließen sind. Der Annahme des Verlaufes folgend, dass mit zunehmendem Alter eher Rechtschreibprobleme in den Vordergrund treten, fordert Punkt 2 außerdem eine aktuelle **Devianz im Bereich des Rechtscheibens**. Wie bereits in ▶ Abschn. 3.4.3 ausführlich diskutiert, sprechen Studien jedoch eher dafür, dass sich weder das zugrundeliegende Defizit noch die daraus resultierende Störung der Informationsverarbeitung noch das deviante Lese- und Schreibverhalten nach dem Grundschulalter grundlegend ändern. Unterschiedliche Kompensationsstrategien sorgen in Abhängigkeit von der Leseerfahrung und der Persönlichkeit der Betroffenen für Variationen im Erscheinungsbild, jedoch rechtfertigen diese kein vollkommen verändertes Kriterium in Abhängigkeit vom Diagnosealter.

Diagnostischer Nachweis der Devianz und der Umschriebenheit

Die Lese-Rechtschreibstörung wird auf Kategorieebene als umschriebene Entwicklungsstörung klassifiziert, d. h. das unterstellte entwicklungsbedingte hirnorganische Defizit führt zu Störungen in der Informationsverarbeitung, die sich bei F81.0 selektiv auf das Erlernen des Lesens auswirken, während die allgemeine kognitive Entwicklung normal verläuft. Der diagnostische Nachweis dieser Spezifik der Entwicklungsstörung soll über **standardisierte Einzeltests** in Form zweier Testwertdiskrepanzen nachgewiesen werden: einer **populationsbezogenen Diskrepanz** zwischen der Leseleistung des Individuums und dem Durchschnitt der altersbezogenen Vergleichspopulation und einer **individuellen Diskrepanz** zwischen der Leseleistung des Individuums und dessen allgemeiner Intelligenz, skaliert über den Intelligenzquotienten (IQ) als Maß für die allgemeine kognitive Entwicklung. Man spricht deshalb von einem **doppelten Diskrepanzkriterium**.

Die populationsbezogene Diskrepanz, **P-Diskrepanz**, dient dem **Nachweis einer statistischen Devianz der Leseleistung** als eine der Grundvoraussetzungen für eine psychische Störung (Kapitelebene). Hier sollte allerdings weniger ein Vergleich zur Alterspopulation, als vielmehr eine **kultur- und geschlechtsspezifische Klassennorm** herangezogen werden, da der Grad des Schriftspracherwerbs weniger vom Alter als vielmehr vom Fortschritt einer adäquaten Beschulung abhängt. Gerade in unteren Klassen ist daher mindestens eine Differenzierung in Halbjahresschritten für die Normen erforderlich. Der Nachteil von Klassennormen ist allerdings, dass sie den enormen Unterschieden zwischen Einrichtungen und Klassen bezüglich des Lernangebotes, dessen didaktischer Umsetzung und zahlreichen weiteren klassenspezifischen Faktoren (Kyriakides et al. 2009) keine Rechnung tragen und sich deshalb gerade die auszuschließenden Umwelteinflüsse bei der Diagnostik der Devianz quasi »durch die Hintertür« niederschlagen könnten. Die Einschätzung der Adäquatheit der Beschulung ist deshalb neben der normbezogenen Devianzermittlung unumgänglich, und die Mitberücksichtigung klassenbezogener Vergleiche erscheint ebenfalls sinnvoll.

Die ICD legt hinsichtlich des Grades der **Abweichung zwei Standardabweichungen** (SD) vom Mittelwert (M) der Leseleistung der Vergleichspopulation als Minimum fest. Dies ent-

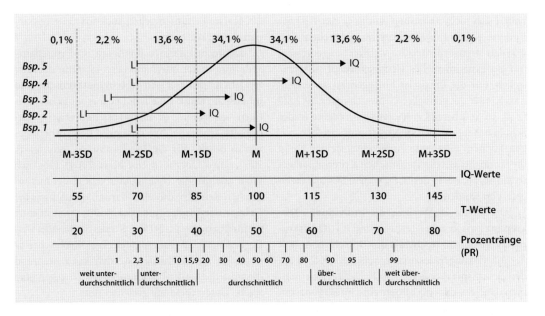

Abb. 3.1 Veranschaulichung des doppelten Diskrepanzkriteriums

Die Verteilung der Intelligenzwerte und der Leseleistungen werden in einer Population als normalverteilt angenommen, sie sind in Form einer Glockenkurve verteilt (Gauß' sche Kurve). Die meisten Menschen zeigen Leistungen im Bereich innerhalb einer Standardabweichung (1 SD) um das arithmetische Mittel. Diese Leistungen werden als statistisch »durchschnittlich« bezeichnet. Die Ausprägungen der x-Achse können durch verschiedene standardisierte Skalen, die beliebig ineinander transformierbar sind, angegeben werden. In der Abbildung sind drei solche Skalen zur Veranschaulichung dargestellt – die IQ-Skala, die T-Wert-Skala und die Prozentrangskala. Prozentränge (PR) geben an, wie viele Personen der Population in einem bestimmten Leistungsbereich zu erwarten sind, wenn eine Normalverteilung vorliegt.

In der Kurve sind Beispiele für Fälle eingezeichnet, die das doppelte Diskrepanzkriterium erfüllen. In Beispiel 1 wird eine Person skizziert, die einen IQ von genau 100 erreicht; dementsprechend muss die Leseleistung bei T = 30 liegen oder darunter (P-Diskrepanz). Weniger als 2,3 % (siehe PR) der Bevölkerung zeigen Leseleistungen, die vergleichbar oder schlechter sind. In Beispiel 2 liegt der IQ der Person deutlich niedriger, jedoch noch im Normalbereich. Zur Erfüllung des doppelten Diskrepanzkriteriums muss die Leseleistung derart schlecht ausfallen, dass sie kaum mehr skalierbar ist. Selbst in Beispiel 3 sind der Interpretierbarkeit der Lesewerte Grenzen gesetzt, da sie unterhalb des Leistungsniveaus von nur 1 % der Vergleichspopulation liegen müsste. Die Referenzstichproben der wenigsten Tests sind annähernd groß genug, um in diesem Leistungsbereich differenzierende Aussagen zu erlauben. Beispiel 4 veranschaulicht, dass die Diskrepanz zwischen IQ und Leseleistung deutlich größer sein muss, um bei einem gut durchschnittlichen IQ das P-Kriterium erfüllen zu können. Liegt der IQ, wie in Beispiel 5, sogar im überdurchschnittlichen Bereich, was bei immerhin ca. 14 % der Bevölkerung der Fall ist, wird die geforderte IQ-Diskrepanz extrem groß, was die Wahrscheinlichkeit der Diagnose nach ICD senkt

spricht einem **T-Wert-Unterschied von 20 Punkten oder mehr (T-Wert ≤ 30)** (■ Abb. 3.1). Nutzt man, wie eben propagiert, die geschlechtsspezifische Klassennorm, bedeutet dies, Normalverteilung vorausgesetzt, dass ein Grundschulkind eine Lesetestleistung zeigt, die schlechter als die von über 97 % (gerundet) der Schülerinnen oder Schüler der gleichen Klassenstufe ist (■ Abb. 3.1). Die Forderung von zwei SD vom Mittelwert wird von zahlreichen Praktikern und Forschern als zu streng kritisiert (z. B. Reuter-Liehr 2003). International hat sich in der klinischen Praxis ein Kriterium von 1,5 SD durchgesetzt (Klicpera et al. 2007). Schulte-Körne (2010) empfiehlt 1 SD für die Feststellung der Devianz, d. h. ca. 85 % der Kinder der Klassenstufe zeigen bessere Leistungen als das diagnostizierte Kind.

In den Leitlinien wird auf die Festlegung des Grades der Diskrepanz in Form konkreter, statistischer Werte ganz verzichtet. Dies hat allerdings den Nachteil der geringeren Vergleichbarkeit von Diagnosen und von wissenschaftlichen Ergebnissen, denn auch Autoren wissenschaftlicher Studien halten sich nicht unbedingt an das in der ICD geforderte Kriterium. Für Forschungsarbeiten sind 2 SD als strenges Kriterium vielleicht angemessen, um ein experimentelles Gruppendesign sicherzustellen. Für die Praxis ist hingegen zu bedenken, dass Kinder mit geringeren Abweichungen als 2 SD (z. B. 1,5 SD) bereits gravierende Probleme in der Schule haben, die sich durchaus umschrieben zeigen können. Für beide Anwendungsfelder hängt die Sinnhaftigkeit des statistischen Kriteriums auch davon ab, ob, wie in der ICD, weitere Diskrepanzen gefordert werden.

Die zweite Diskrepanz, die **individuelle Diskrepanz** zwischen Lesetestwert und IQ (**IQ-Diskrepanz**), dient dem **Nachweis der Umschriebenheit** der Auswirkungen des hirnorganischen Defizits auf den Schriftspracherwerb. Die ICD-Experten nehmen dabei an, dass die **allgemeine Intelligenz**, ein testpsychologisches Konstrukt, welches zum Beispiel durch Aufgaben zum schlussfolgernden Denken skaliert wird (z. B. Jaarsveld et al. 2012), relativ **kultur- und bildungsunabhängig den Stand der allgemeinen kognitiven Entwicklung** und damit quasi – um die Terminologie der ICD zu nutzen – die **allgemeine Reife des Zentralnervensystems** widerspiegelt, während sich in der Leseleistung nur ein umschriebener Teil eben dieser Entwicklung abbildet, der als spezifisch gestört angenommen wird. Die ICD-Autoren machen keinerlei theoretisch-inhaltliche Annahmen zum Zusammenhang zwischen dem Messwert der allgemeinen Intelligenz (IQ) und der Leseleistung, jedenfalls nicht explizit; die geforderte IQ-Diskrepanz ist nicht mehr als die Konsequenz der Logik der Klassifikation der Lese-Rechtschreibstörung als umschriebene Entwicklungsstörung. Indem aber über die allgemeine Intelligenz eine Referenz für den erwarteten Stand der Entwicklung der Lesefertigkeit abgeleitet wird, der IQ also das **Erwartungsniveau** für den Lesetestwert definiert, unterstellt die ICD implizit, dass in der Population normal entwickelter Kinder **IQ und Lesetestwerte systematisch zusammenhängen**. Wie genau, wird nicht erläutert, der Logik folgend jedoch sehr stark. Auch für die individuelle IQ-Diskrepanz gibt die ICD eine Abweichung von mindestens 2 SD vor. Analog zur P-Diskrepanz werden in der Literatur verschiedene andere SD-Grenzen diskutiert (Fischbach et al. 2013; Marx

2004). Die Leitlinien geben auch für diese Diskrepanz keine Werte an.

Die recht intensive Kritik am IQ-Diskrepanzkriterium in der internationalen Literatur der letzten Jahrzehnte lässt sich grob in **methodische und inhaltliche Kritik** einteilen. Die methodischen Kritiken beinhalten vor allem **testtheoretische Vorbehalte** gegen die Zuverlässigkeit des Vorhersagewertes des IQ für die Leseleistung (Cotton et al. 2005; einen Überblick gibt Marx 2004). Obgleich nicht unabhängig voneinander geht es bei methodischen Kritiken also eher darum, ob und wie die Gruppe der Kinder mit Lese-Rechtschreibstörung methodisch akzeptabel von Kindern mit anderweitig bedingten P-diskrepanten Lese-Rechtschreibleistungen unterschieden werden kann, während die inhaltlichen Kritiken grundsätzlich gegen eine solche Unterscheidung gerichtet sind.

Zunächst wollen wir auf einige methodische Kritiken eingehen. Zwar wird allgemein davon ausgegangen, dass IQ und Lesetestwerte tatsächlich korrelieren (also statistisch zusammenhängen), aber doch eher nur in mittlerer Höhe (Marx 2004; Schulte-Körne et al. 2001), so dass sie sich nur bedingt gegenseitig vorhersagen lassen. Aus diesem Grund sollten bei der Anwendung der IQ-Diskrepanz Daten über das erwartete durchschnittliche Leseleistungsniveau bei einem gegebenen IQ für die jeweilige Population (Klasse, Geschlecht, Kultur) durch ein **Regressionskriterium** berücksichtigt werden (Schulte-Körne et al. 2001). Die Anwendung dieses Kriteriums hat praktisch zur Folge, dass die Höhe des IQ über die Höhe der individuellen kritischen Testwertdiskrepanz entscheidet. Dadurch werden vor allem Verzerrungen in den Extrembereichen vermieden, z. B. dass ein Kind mit weit überdurchschnittlicher Intelligenz (2 SD über dem Mittelwert) bereits die IQ-Diskrepanz erfüllt, wenn es durchschnittliche Lese- oder Schreibleistungen zeigt. Allerdings würde dies nach ICD unter Berücksichtigung des P-Kriteriums ohnehin nicht zur Diagnose berechtigen (◘ Abb. 3.1). Weitere methodische Vorbehalte gegen die IQ-Diskrepanz ergeben sich aus Studien, die belegen, dass der Zusammenhang zwischen IQ und Leseleistung beim **Nichtwortlesen deutlich niedriger** als beim Text- und Wortlesen sowie beim Leseverständnis ist (Cotton und Crewther 2009) und dass die

Korrelation auch sehr stark von der **Art des Intelligenztests** abhängt; je größer die verbalen Anteile, desto größer der Zusammenhang (Marx 2004). Zur Diagnose genutzt werden sollten aber, der Logik der ICD folgend, ein **Test zur Erfassung der nonverbalen Intelligenz** oder entsprechende Subtests mehrdimensionaler Verfahren (s. Kriterien Punkt E). In unseren eigenen Studien (z. B. Lachmann et al. 2009b; Lachmann und van Leeuwen 2007; und eine derzeit laufende Studie mit 64 Kindern mit P-Diskrepanz) finden wir weder für die Wortlesegeschwindigkeit noch für die Nichtwortlesegeschwindigkeit einen Zusammenhang mit der nonverbalen Intelligenz, und zwar weder bei Grundschulkindern mit 2 SD diskrepanter Leseleistung noch bei normal lesenden Kindern der gleichen Klassenstufe. Insgesamt stellt sich auch die Frage, wie ein möglicher Zusammenhang in einer Stichprobe zustande kommen könnte; durchschnittlich kommen intelligentere Kinder eher aus bildungsnahen Kontexten und lesen deutlich mehr (Rost 2010).

Rein messtheoretische Kritik ergibt sich aus der Tatsache, dass die Messung von habituellen Persönlichkeitseigenschaften wie die allgemeine Intelligenz und von relativ stabilen Fertigkeiten wie Lesen und Schreiben zu einem ganz bestimmten Zeitpunkt (Verhaltensstichprobe) nur begrenzt genau erfolgen kann. Wird als Maß die Differenz zweier Testwerte definiert, die jeweils mit einem entsprechenden Messfehler versehen sind, stellt sich die Frage nach der Zuverlässigkeit (Reliabilität) eines solchen Maßes (Cotton et al. 2005).

Die bisherigen Punkte bezogen sich allein auf die IQ-Diskrepanz. Zu hinterfragen bleibt, wie praktikabel die in der ICD geforderte Kombination der beiden Diskrepanzen in der geforderten Höhe aus messtheoretischer Sicht ist. Zwar gibt es keine genauen Zahlen, jedoch dürfte die Anzahl der Kinder, bei denen nach diesem Kriterium eine Lese-Rechtschreibstörung (F81.0) diagnostiziert wird, sehr niedrig ausfallen (Esser 1991). So wird beispielsweise bei einem IQ von 110 und einer individuellen IQ-Diskrepanz von genau 2 SD im Lesetest das doppelte Diskrepanzkriterium nach ICD nicht erfüllt (◘ Abb. 3.1): **Je höher die Intelligenz, desto unwahrscheinlicher ist die Erfüllung des Kriteriums.** Bei einem IQ von über 115 müsste die Leseleistung mindestens 3 SD vom IQ abwei-

chen, um zusätzlich die P-Diskrepanz zu erfüllen. Manche Autoren propagieren deshalb die alleinige Anwendung der IQ-Diskrepanz, ohne Berücksichtigung der P-Diskrepanz (Shaywitz B. A. et al. 1992), weil sonst intelligentere Kinder mit einer (hirnorganisch und nicht umweltbedingten) Lese-Rechtschreibstörung benachteiligt würden, was insbesondere die gymnasiale Laufbahn erschwere (Dummer-Smoch 2007). Im unteren Leistungsbereich ergeben sich ebenfalls Probleme (◘ Abb. 3.1). Bereits bei einem IQ von etwas unter 100 müssten Leseleistungen, um die IQ-Diskrepanz zu erfüllen, derart schlecht ausfallen, dass sie eigentlich nicht mehr skaliert werden können, da die Referenzstichproben der Testverfahren nicht annähernd groß genug sind, um Leistungen unterhalb 2 SD differenzieren zu können.

Bei der **inhaltlichen Diskussion** um die IQ-Diskrepanz wird *grundsätzlich* kritisiert, dass es von der Intelligenz eines Kindes abhängt, ob bestehende Leseprobleme, welche die P-Diskrepanz und alle weiteren F81.0-Kriterien erfüllen, Konsequenz einer umschriebenen hirnorganisch bedingten Entwicklungsstörung oder Folge zeitlich begrenzt wirkender Umwelteinflüsse sind, und damit auch, welche Interventionen angebracht wären. Für die Fälle, in denen allein die IQ-Diskrepanz *nicht* erfüllt wird, führt die ICD im Kommentar der diagnostischen Kriterien die Bezeichnung »**allgemeine Leseschwäche**« ein (ICD, S. 288; vgl. ▶ Abschn. 1.3 »Lese-Rechtschreibschwäche im Bayerischen Erlass; in der englisch-sprachigen Literatur zunächst *general backward reading disabled*, Rutter und Yule 1975; später auch *garden variety poor readers*, Gough und Tunmer 1986). Die inhaltlichen Kritiken richten sich generell **gegen eine solche Unterscheidung zwischen Lesestörung und Leseschwäche.**

Zunächst gibt es eine ganze Reihe von Autoren, die zeigen konnten, dass Kinder mit devianten Leseproblemen unabhängig davon, ob eine IQ-Diskrepanz besteht oder nicht, **übereinstimmende Verarbeitungsdefizite** zeigen (z. B. Brandenburg et al. 2013; Mähler und Schuchardt 2011; Savage 2007), insbesondere bei der Repräsentation, der Verarbeitung und dem Abruf phonologischer Informationen (Vellutino et al. 2000; Stanovich 1994; Siegel 1992), und sich auch hinsichtlich der Charakteristik ihrer Leseprobleme nicht unterscheiden. Streng genommen würde man Letzteres nach der ICD auch nicht unbedingt erwarten, zumal die meisten dieser Studien querschnittlich erfolgten. Zahlreiche Autoren ziehen aus den Ergebnissen aber dennoch den Schluss, dass die Unterscheidung zwischen Lese-Rechtschreibstörung mit IQ-Diskrepanz und einer nicht pathologisch bedingten allgemeinen Leseschwäche unsinnig sei, da beiden Gruppen offensichtlich dasselbe Verarbeitungsdefizit zugrunde läge. Gravierender und tatsächlich auch entgegen der Erwartungen der ICD sind aber Ergebnisse, die zeigen, dass sich die Gruppen (IQ-diskrepant versus nicht IQ-diskrepant) auch hinsichtlich der **neuronalen Korrelate** ihrer Verarbeitungsdefizite (Aktivierungsmuster im Gehirn, Tanaka et al. 2011), der **Interventionseffekte** (Jimenez et al. 2003; Weber et al. 2002), der **störungsdefinierenden Dimensionen** (Devianz, Beeinträchtigung, Leidensdruck; z. B. Fischbach et al. 2010) und dem **Verlauf** (identische Symptome und Verläufe in beiden Gruppen auch in Längsschnittstudien mit großen Stichproben; Connecticut Longitudinal Study, Shaywitz B. A. et al. 1992; Shaywitz S. E. et al. 1992) **nicht unterscheiden**. Allerdings gibt es auch Autoren, die spezifische Defizite, welche sie als ursächlich für Lese-Rechtschreibstörung postulieren, nur bei IQ-diskrepanten Kindern fanden (klassische Studie von Rutter und Yule 1975; Fawcett und Nicolson 2001, siehe dazu aber auch Gegenbefunde von Savage 2007; Stein 2002).

Dass sich Leseprobleme und zugrundeliegende Informationsverarbeitungsdefizite bei Kindern mit und ohne IQ-Diskrepanz nicht unterscheiden, spricht zwar gegen eine Unterteilung in zwei distinkte Gruppen (mit versus ohne neuronale Defizite) auf der Basis des Intelligenzniveaus (Shaywitz S. E. et al. 1992), jedoch nicht zwangsläufig gegen eine neurophysiologische Verursachung der Lese-Rechtschreibprobleme (Shaywitz S. E. et al. 2006).

Beeinträchtigung (Kriterium B)

Kriterium B: Die unter Kriterium A beschriebene Störung behindert die Schulausbildung oder alltägliche Tätigkeiten, die Lesefertigkeiten erfordern. Dieses Kriterium konkretisiert die **Beeinträchtigung**, die als eine Dimension die klinische Bedeutsamkeit einer psychischen Störung auf Kapitelebene F definiert (▶ Abschn. 3.3.2), für die Le-

se-Rechtschreibstörung. Das Kriterium legt durch seine etwas unglückliche Formulierung für die zu erwartenden Beeinträchtigungen die schulische Ausbildung *oder* den Alltag fest. Die Oder-Verknüpfung hat zur Folge, dass nur in einem der beiden Umweltsettings eine Beeinträchtigung vorliegen muss (interpretiert als »und/oder«). Streng genommen muss also keine schulische Beeinträchtigung vorliegen, was allerdings kaum nachvollziehbar ist und angesichts der Bezeichnung »schulische Fertigkeiten« auf Kategorieebene F81 eine logische Unstimmigkeit darstellen würde. Es bleibt auch unspezifiziert, was »alltägliche Tätigkeiten« sind, oder besser, welche Umweltbereiche nicht eingeschlossen sind, und ob nicht das schulische Lernen Teil der täglichen Tätigkeiten eines Kindes ist. Da die Schriftsprache in der Schule aber quasi für die »alltäglichen Tätigkeiten« erworben wird, ist eine Auswirkung auf außerschulische Bereiche einzuschließen, da der uneingeschränkte Zugang zum kulturellen Fundus und den kommunikativen Optionen der Gesellschaft nicht gegeben ist. Das Kriterium kann also nur dahingehend sinnvoll interpretiert werden, dass **bei Kindern auf jeden Fall Beeinträchtigungen in der schulischen Ausbildung** nachzuweisen sind und dass sich diese auch **außerhalb des schulischen Kontextes** zeigen (Lesen von Büchern etc.) und bei Jugendlichen und Erwachsenen für das **alltägliche Leben bestehen bleiben,** indem sie die uneingeschränkte Teilhabe am kulturellen Leben (Bücher, Zeitungen) sowie die Interaktion mit der Umwelt beeinträchtigen.

Die in Kriterium A geforderte **Umschriebenheit** der Symptomatik und Ätiologie sollte sich auch im Bereich der daraus resultierenden Beeinträchtigungen zeigen und damit auf schriftsprachliche Aspekte beschränkt bleiben. Durch den eingeschränkten Erwerb der Schriftsprache ergeben sich aber nicht nur als direkte Folge schwerwiegende schulische Lern- und Leistungsprobleme im Fach Deutsch, sondern auch im Fremdsprachenunterricht und – oft unterschätzt – auch im Sachunterricht, in Mathematik und anderen Fächern, wann immer es um **textlich dargebotene Lerninhalte,** Textaufgaben oder die **textliche Reproduktion** von Gelerntem geht (Klausuren, schriftliche Leistungskontrollen im Sachunterricht). Bedenkt man außerdem die Auswirkungen der bereits besprochenen Sekundärsymptomatik im emotionalen und Verhaltensbereich und mögliche Komorbiditäten (z. B. ADHS), so stellt sich der Nachweis der umschriebenen schulischen Leistungsbeeinträchtigung nicht immer als einfach dar. Eine umfassende Diagnostik, inklusive der objektiven Prüfung des Leistungsstandes durch standardisierte **Schulleistungstests** im Bereich des Lesens und Schreibens, aber auch in Mathematik und anderen Leistungsbereichen ist in jedem Fall empfehlenswert. Die Leistung in den sprachlichen Fächern muss dabei weit unterdurchschnittlich sein, während andere Leistungsbereiche nicht in gleichem Maße beeinträchtigt sind. Nach der ICD sollte sich der »schulische Misserfolg« in frühen Schuljahren eher umschrieben zeigen als in späteren, weil die Begleitsymptomatik, die sich eher unspezifisch auswirkt, vor allem in späteren Schuljahren zu erwarten ist.

Hinsichtlich des Verlaufes zeigt sich eine beeinträchtigte Schulausbildung auch durch Nachteile in der **Schullaufbahn**, insbesondere in der Art des Schulabschlusses (Dummer-Smoch 2007). So erreichen in der Bundesrepublik Deutschland deutlich weniger Kinder mit Lese-Rechtschreibstörung einen gymnasialen Abschluss als Kinder ohne Entwicklungsstörung bei vergleichbaren allgemeinen intellektuellen Fähigkeiten (ca. ein Zehntel, Esser und Schmidt 1993, bis ein Drittel, Kohn et al. 2013). Ursache dafür sind nicht allein die schriftsprachlichen Probleme, sondern die erhöhte Komorbidität und die mit zunehmender Klassenstufe bereits beschriebene Sekundärsymptomatik. Die Beeinträchtigungen in der schulischen Ausbildung wirken sich auch negativ auf die **beruflichen Chancen** aus – die Arbeitslosenquote ist bei Erwachsenen mit Lese-Rechtschreibstörung um ein Vielfaches erhöht (Kohn et al. 2013).

Ausschlusskriterien (Kriterien C, D und E)
Kriterium C: Nicht bedingt durch Seh- oder Hörstörungen oder eine neurologische Krankheit. Seh- und Hörstörungen werden im frühen Kindesalter leider nicht immer rechtzeitig erkannt und können, unkorrigiert, bereits im Vorschulalter die Entwicklung der Vorläuferfertigkeiten des Lesens, z. B. den **Aufbau phonologischer und visueller Repräsentationen**, und im Grundschulalter den Schrift-

spracherwerb (▶ Kap. 2) stören und in der Folge zu ähnlichen Symptomen führen wie die Lese-Rechtschreibstörung (z.B. Verlieren der Zeile, Probleme bei der Lautunterscheidung). Folgerichtig verlangt die ICD mit diesem diagnostischen Kriterium die Prüfung der visuellen und auditiven Sensorik, um entsprechende Störungen als Ursache für die Lese- und Rechtschreibprobleme ausschließen zu können. Die Prüfung sollte durch Fachärzte erfolgen, die dann ggf. auch über mögliche Korrekturmöglichkeiten entscheiden. Der Ausschluss einer neurologischen Krankheit wird bereits auf Gruppenebene für die Entwicklungsstörungen gefordert, um Symptome einer entwicklungsbedingten hirnorganischen Störung von ähnlichen Symptomen einer gestörten Schriftsprachverarbeitung abzugrenzen, die Folge einer neurologischen Erkrankung oder der Verletzung umschriebener Teile des Gehirns sind.

Kriterium D: Beschulung in einem zu erwartenden Rahmen, d. h. keine extremen Unzulänglichkeiten in der Erziehung. Bereits auf Gruppenebene wird die Lese-Rechtschreibstörung definiert als Folge einer gestörten Entwicklung von Funktionen, die eng mit der biologischen Reifung des Zentralnervensystems verbunden ist. Damit wird ein entwicklungsbedingtes hirnorganisches Defizit als Ursache postuliert, welches ab Kategorieebene umschrieben auf schulische Fertigkeiten wirkt. Diese Fertigkeiten (Lesen, Schreiben, Rechnen) müssen aber gelernt werden, sie sind nicht allein die Folge biologischer Reifung, sondern auch eines **Instruktionsprozesses**. Wird dieser nicht adäquat vollzogen, besteht also ein Mangel an der Gelegenheit zu Lernen, können Probleme beim Erwerb schulischer Fertigkeiten nicht auf eine gestörte Hirnentwicklung zurückgeführt werden. Deshalb gilt für alle umschriebenen Entwicklungsstörungen schulischer Fertigkeiten, dass eine inadäquate Beschulung als *alleinige* (ICD, S. 286) Ursache der Symptomatik auszuschließen ist.

Leider ist auch bei diesem Kriterium die Formulierung etwas unglücklich, denn »Beschulung« und »Erziehung« sind keinesfalls Synonyme, wie die Formulierung »d. h.« suggeriert. Der Begriff »Beschulung« fokussiert auf einen institutionellen, professionellen Instruktionsprozess, während sich

»Erziehung« auf den familiären und gesamtgesellschaftlichen Rahmen bezieht und auch bezüglich der Inhalte über den Erwerb von Lesen, Schreiben und Rechnen deutlich hinausgeht. Der Gesamtlogik der ICD folgend kann das Kriterium so interpretiert werden, dass auch außerhalb des schulischen Kontextes, der ohnehin in vielen Ländern nicht als gegeben angenommen werden kann, eine bildungsorientierte Erziehung zum Schriftspracherwerb beiträgt und ein entsprechender Mangel nicht die alleinige Ursache der Probleme sein darf.

Die Adäquatheit der Beschulung kann bei der Diagnostik der Lese-Rechtschreibstörung eines Schülers dadurch berücksichtigt werden, dass neben populationsspezifischen Vergleichen und der IQ-Diskrepanz auch **klassenbezogene Vergleiche**, beispielsweise zur Klassenleistung bei curricular orientierten Schulleistungstests oder Leistungsüberprüfungen, in die diagnostische Entscheidungsfindung einbezogen werden. In der Praxis können jedoch ungünstige Instruktionsbedingungen kaum eine Devianz von 2 SD erklären. Hier sollten individuelle Umstände berücksichtigt werden, wie beispielsweise längere stationäre Aufenthalte, sportliche oder künstlerische Karrieren bei Kindern, häufige Umzüge oder ähnliche Gründe dafür, warum keine adäquate Beschulung stattfindet. Allerdings wirken sich solche Faktoren nicht unbedingt umschrieben auf den Erwerb der Schriftsprache aus. Eine besondere Rolle kommt deshalb der Klärung sprachspezifischer Faktoren, wie etwa bestimmten Migrationsbiographien zu.

Auch bei Kindern mit inadäquater Beschulung und/oder sensorischen Störungen (Kriterium C) können schwerwiegende Lese-Rechtschreibprobleme vorliegen, die entwicklungsbedingt und hirnorganisch begründet sind. Nach ICD-Logik muss dann aber nachgewiesen werden, dass diese Probleme nicht ausschließlich in der unzureichenden Beschulung und/oder die Sensorik begründet sind. Dies ist praktisch schwierig umzusetzen. Es ist außerdem anzunehmen, dass die Beschulungsqualität mit einer angenommenen hirnorganischen Störung interagiert, dass sich z. B. bei einer inadäquaten Beschulung ein neuronales Defizit stärker auf den Schriftspracherwerb auswirken würde als bei einer hervorragenden Instruktion. Dies gilt auch für die allgemeinen kognitiven Fähigkeiten.

Letztlich interagieren alle Faktoren, die nach ICD herangezogen werden, um ein umschriebenes hirnorganisches Defizit nachzuweisen, untereinander sowie mit der Wirkung des Defizits.

Verschiedene Forscher, die generell die Existenz der beiden Gruppen Lese-Rechtschreibstörung und allgemeine Leseschwäche sowie insbesondere deren unterschiedliche Ätiologie bezweifeln (siehe Kritikpunkte zur IQ-Diskrepanz), schließen eine inadäquate Beschulung nicht als Ursache von Lese-Rechtschreibschwierigkeiten aus. Valtin (2001) sieht in einer ungeeigneten Didaktik sogar die Hauptursache für Lese-Rechtschreibprobleme.

Kriterium E: Nonverbaler IQ unter 70 in einem standardisierten Test.   Zunächst ist dieses Kriterium als Konsequenz der Klassifikation der **Intelligenzstörungen** (Oligophrenie) im ICD (F7) zu verstehen, die für einen IQ unter 70 (2 SD) in verschiedenen kategorialen Ausprägungen vergeben wird (F70–F74). Damit wäre bei einem derartig niedrigen IQ das wesentliche Kriterium einer anderen Kategorie erfüllt, die als Zustand der **unvollständigen Entwicklung der *allgemeinen* geistigen Fähigkeiten** verstanden wird (ICD, S. 273) und in deren Folge neben allgemeinen schulischen Beeinträchtigungen auch sprachliche und damit schriftsprachliche Defizite zu erwarten sind, die dem F81-Kriterium der Umschriebenheit der Entwicklungsstörung und auch der Spezifik der Beeinträchtigung widersprächen. Durch das Ausschlusskriterium ist die Doppeldiagnose F81 und F70 im Sinne einer **Komorbidität ausgeschlossen** (diverse andere Komorbiditäten zu F7 sind hingegen möglich und häufig); eine IQ-Diskrepanz zur Leseleistung wäre in diesem Falle ohnehin praktisch nicht messbar (◘ Abb. 3.1) und auch nicht im Sinne der ICD, die bei F81 eine normale geistige Entwicklung voraussetzt.

Statt eines Kriteriums von 2 SD (IQ < 70, siehe ◘ Abb. 3.1) wird von vielen Experten ein Grenzwert von 1 SD (IQ < 85) für den Ausschluss vorgeschlagen (z. B. Fischbach et al. 2013; Schulte-Körne et al. 2001). Allerdings wären dann schlechte Leser im IQ Bereich von 70 bis 85 faktisch von der Diagnose ausgeschlossen (siehe dazu: Schulte-Körne et al. 2001, Fußnote 3). Bei Anwendung des doppelten Diskrepanzkriteriums (P-Diskrepanz, IQ-Diskrepanz)

Genauer betrachtet: Prävalenzraten bei Lese-Rechtschreibstörung und Lese-Rechtschreibschwäche: Was muss beachtet werden?

Die Angabe von Prävalenzraten sollte grundsätzlich durch eine genaue Beschreibung der angewandten statistischen Kriterien, der getesteten Verhaltensbereiche (z. B. Lesegeschwindigkeit), Alter (bzw. Klasse), Geschlechtsverteilung und Sprache ergänzt werden wie im folgenden Beispiel: Fischbach und Kollegen (2013) untersuchten eine unselektierte Stichprobe von knapp 2200 deutschen Grundschulkindern im Leseverständnis, Rechtschreiben, Rechnen und der nonverbalen, allgemeinen Intelligenz. Als Kriterium nutzten die Autoren 1 SD P-Diskrepanz im Leseverständnis

bei mindestens durchschnittlicher Intelligenz (IQ mind. 85) für die Diagnose allgemeine Lese- Rechtschreibschwäche und zusätzlich eine IQ-Diskrepanz von mindestens 1,2 SD für die Diagnose der Lese-Rechtschreibstörung. Schulische Beeinträchtigungen lagen für beide Gruppen vor, die kombinierte Störung schulischer Fertigkeiten (F81.3) wurde ausgeschlossen. Die Diagnosen folgen also den ICD-Kriterien mit Ausnahme der Grenzwerte für die Diskrepanz. Die Autoren erhielten Prävalenzwerte von 8,4 % für die allgemeine Lese-Rechtschreibschwäche (4,6 % ohne Rechtschreibprob-

leme) und 4,7 % für die Lese-Rechtschreibstörung (2,6 % ohne Rechtschreibprobleme). Werden Kinder mit devianten Rechenproblemen bei der Berechnung der Prävalenz für Lese-Rechtschreibprobleme nicht ausgeschlossen, steigen die Werte für die Lese-Rechtschreibschwäche auf 16,8 % (11,5 % ohne Rechtschreibprobleme) und die Werte für die Lese-Rechtschreibstörung auf 9,4 % (6,6 % ohne Rechtschreibprobleme). Dies belegt die extreme Abhängigkeit der Prävalenzwerte von der Anwendung verschiedener Kriterien und Klassifizierungen innerhalb ein und derselben Stichprobe.

---

mit 2 SD wäre dann auch die Anzahl der Diagnosen noch geringer als ohnehin schon. In unseren eigenen Untersuchungen stellen wir immer wieder fest, dass Kinder mit und ohne Lese-Rechtschreibstörung in der Grundschule mit einem IQ von ca. 80 von den Lehrern und Eltern nicht als lernbehindert eingeschätzt werden. Im pädagogischen Bereich wird jedoch häufig eine IQ-Grenze von unter 85 (Deutscher Bildungsrat) für das Vorliegen einer **allgemeinen Minderbegabung** und eines daraus resultierenden spezifischen Förderbedarfs angenommen. Beeinträchtigungen in der schulischen Ausbildung wären dann nicht mehr als Folge einer Lese-Rechtschreibstörung interpretierbar, ebenso wenig wie begleitende Verhaltensauffälligkeiten.

3.7 Prävalenz der Lese-Rechtschreibstörung

3.7.1 Heterogene Prävalenzraten

Solange **keine Einigkeit über die diagnostischen Kriterien** der Lese-Rechtschreibstörung besteht, sind Aussagen über deren Prävalenz (Häufigkeit) wenig aussagekräftig. Die Erhebungsergebnisse schwanken in der Literatur erheblich, abhängig davon, welche Diskrepanzen mit welchen Testver-

fahren gemessen und welche weiteren Kriterien berücksichtigt wurden. Legt man nur die P-Diskrepanz zugrunde und definiert die Devianz mit 1 SD (Abweichung um 10 T-Wertpunkte), dann sollte die Prävalenz bei knapp 16 % liegen, nutzt man 2 SD als Kriterium, wie in der ICD gefordert, reduziert sich die Prävalenz theoretisch auf ca. 2 bis 3 % (◘ Abb. 3.1). Berücksichtigt man die verschiedenen Ausschlusskriterien, verringert sich die zu erwartende relative Häufigkeit weiter. Kommt zusätzlich die IQ-Diskrepanz von 2 SD zur Anwendung, wie für die doppelte Diskrepanz in der ICD gefordert, so sinkt die Anzahl der Kinder, bei denen eine Lese-Rechtschreibstörung diagnostiziert wird, auf einen Wert, der unverhältnismäßig klein bei ca. 1 % oder sogar darunter liegen dürfte (1,2 SD IQ-Diskrepanz reduziert P-diskrepante Stichprobe bereits um ca. 50 % in Fischbach et al. 2013). Entsprechend berichten Wyschkon und Kollegen (2009) für verschiedene Prävalenzstudien Werte zwischen 1 bis 16 % für die Lese-Rechtschreibstörung nach ICD-Logik, aber unter Anwendung unterschiedlicher Diskrepanzgrenzwerte. **Die meisten Prävalenzangaben liegen bei 4 bis 8 %** (Kohn et al. 2013; Wyschkon et al. 2009; Warnke 2008; Hasselhorn und Schuchardt 2006), meist unter Nutzung eines Kriteriums von 1 bis 1,5 SD für die P- und IQ-Diskrepanz. Für die Lese-Rechtschreib*schwäche*, also ohne IQ-Diskre-

Genauer betrachtet: Normal – oder nicht normal? Alles nur eine Frage der Verteilung?

Folgendes Gedankenexperiment soll verdeutlichen, dass ein rein statistisches Kriterium inhaltlich stets leer bleibt. Angenommen, es gäbe eine sehr wirksame Therapie, die zur Folge hätte, dass 50 % der Kinder mit Lese-Rechtschreibstörung nach der Anwendung Lese-Rechtschreibleistungen erbringen, die sich in die Verteilung der Leistungen der Population der normal entwickelten Kinder einfügen und damit in die Normwerte. Dadurch würde sich der Mittelwert der Gesamtpopulation leicht nach oben verschieben. Gleichzeitig würde allerdings das P-Kriterium bewirken, dass Kinder, die vorher als normal entwickelt galten, in der Verteilung »nach unten ab-

rutschen« und dadurch plötzlich das P-Kriterium erfüllen. Diese Prozedur könnte man beliebig weiter fortsetzen – die Kategorie der Kinder mit einer Störung würde immer wieder durch vorher nicht diagnostizierte Kinder aufgefüllt werden (bei Anwendung des doppelten Diskrepanzkriteriums mit genau jenen, welche die IQ-Diskrepanz erfüllen, vorher jedoch nicht die P-Diskrepanz). Die Anzahl der Störungen bleibt bei einem rein statistischen Kriterium stets konstant. Es ist zwar statistisch, jedoch nicht inhaltlich logisch, dass ein bestimmtes Kind, das der Kategorie »normal« zugeordnet wurde, dadurch dass ein anderes Kind mit hirnorganisch bedingter

Entwicklungsstörung aufgrund eines hervorragenden Trainings Schriftsprachleistungen im Normalbereich erbringt, plötzlich die Störungskriterien erfüllt. Nach mehrfachem Durchlaufen dieser Prozedur könnte es sein, dass sich überhaupt keine Kinder mehr mit einer hirnorganischen Entwicklungsstörung in der Gruppe befinden, dennoch (basierend auf dem rein statistischen Kriterium) aber die Diagnose ausgesprochen werden würde. Diese rein konstruierte Konsequenz verdeutlicht das Primat der inhaltlichen Definition und der Berücksichtigung aller Dimensionen einer Störung für die Diagnostik.

---

panz, liegen die Raten entsprechend deutlich höher (▶ Exkurs »Genauer betrachtet: Prävalenzraten bei Lese-Rechtschreibstörung und Lese-Rechtschreibschwäche: Was muss beachtet werden?«), genauso wie für Ansätze, die nur die IQ-Diskrepanz nutzen (Shaywitz S. E. et al. 1990).

Solange **keine Einigung über die Prävalenz** besteht, die letztlich über inhaltlich festgelegte Kriterien empirisch erhoben werden muss, sind Festlegungen über bestimmte Grenzwerte rein statistisch-theoretischer Natur – sie haben keine inhaltlich valide Bedeutung. Die Umkehrung der Logik des vorangegangenen Paragraphen soll deutlich machen, in welchem Dilemma die Forschung zur Prävalenz von psychischen Störungen steckt. Wann führt ein messbares Defizit in der Informationsverarbeitung zu welchen Symptomen, die den allgemeinen Kriterien einer Störung entsprechen? Welche neuronalen Korrelate lassen sich für diese, möglicherweise heterogenen Defizite nachweisen? Wie wirken sich diese Defizite genau auf das Lesen und Schreiben, abhängig vom Alter und der Sprache, aus? Erst wenn diese inhaltlichen Fragen geklärt sind, sollte man ein Grenzkriterium, das zur Diagnostik der Störung dient, festlegen. Ein rein statistisches Kriterium bleibt inhaltlich leer (zur Verdeutlichung s. ▶ Exkurs »Ge-

nauer betrachtet: Normal – oder nicht normal? Alles nur eine Frage der Verteilung?«). Autoren, die keine statistischen Grenzwerte für die Diagnose nutzen, da sie annehmen, dass Lese-Rechtschreibprobleme keine Kategorie, sondern das nicht explizit definierte untere Ende einer Dimension normalverteilter Leistungen darstellen, können Prävalenzen finden, die höher liegen als 16 % (1 SD).

Die Lese-Rechtschreibstörung ist vordergründig eine **pädagogische Herausforderung**. Dass es Grundschüler gibt, die besser oder schlechter lesen und schreiben als andere, ist zu erwarten und verlangt sicherlich gezieltes pädagogisches Vorgehen, um sicherzustellen, dass alle Kinder ohne Beeinträchtigungen und Leidensdruck mit ihrer Umwelt interagieren können. Liegt allerdings ein spezifischer Förderbedarf vor – wird also deutlich, dass ein Kind innerhalb des normalen, pädagogischen Umfelds nicht optimal gefördert werden kann, wodurch Beeinträchtigungen zu befürchten sind –, müssen die Ursachen dafür erforscht, die Beeinträchtigungen und die Symptome operationalisiert und mögliche Interventionen eingeleitet werden. Erst im Anschluss daran kann erhoben werden, welches statistische Kriterium diese Kategorie am besten erfasst. Vertritt man den kategorialen Ansatz, muss allerdings auch statistisch die Devianz nachgewiesen werden (mindestens 1 SD).

3.7.2 Verlaufsspezifische Prävalenz

Die ICD macht klare Angaben zum Verlauf der Lese-Rechtschreibstörung. Postuliert wird, dass sich mit zunehmendem Alter die Symptomatik von überwiegenden Leseproblemen hin zu Rechtschreibproblemen verschiebt und sich die Begleitsymptomatik immer deutlicher zeigt. Verschiedene Studien belegen tatsächlich, dass die Prävalenzraten für Diagnosen entsprechend der ICD (also über Leseleistung bestimmt) **vom Zeitpunkt der Diagnose** abhängen. Die **Prävalenzrate sinkt** bereits bis zum Ende der Grundschulzeit (Esser und Schmidt 1993) und nimmt über das spätere Schulalter weiter ab (einen Überblick geben Hasselhorn und Schuchardt 2006). Ob dies tatsächlich einen Beleg für die in der ICD beschriebene Verlaufscharakteristik darstellt, bleibt allerdings umstritten, denn es liegen kaum Studien vor, die längsschnittlich und systematisch die Verschiebung der Symptomatik differenziert unter Anwendung der ICD-Kriterien untersucht haben. Kohn und Kollegen (2013) stellten für Personen unterschiedlichen Alters, bei denen in Orientierung an der ICD eine Lese-Rechtschreibstörung diagnostiziert wurde (1,5 SD P- und IQ-Diskrepanz für Lesen *oder* Rechtschreiben), fest, dass sich die Diagnose nach 30 Monaten für 63% der Teilnehmer replizieren ließ, was hinsichtlich der eingeschränkten Messgenauigkeit psychologischer Tests durchaus als Beleg für eine relative **Stabilität der Symptomatik und Prävalenz** zu werten ist. Außerdem gilt es zu bedenken, dass Interventionsprogramme und geeignetes pädagogisches Vorgehen (z. B. die in ► Kap. 1 beschriebene Beschulung in LRS-Klassen im Freistaat Sachsen oder die schulpsychologische Betreuung in Bayern) zu einer Verringerung der Diskrepanz in der Leseleistung in den höheren Klassen führen sollte, wobei das zugrundeliegende Defizit aber bestehen bleiben dürfte (► Abschn. 3.4.3). Außerdem setzen sich mit zunehmender Leseerfahrung bei Kindern mit Lese-Rechtschreibstörung auch Kompensationsmechanismen durch, die zu einer veränderten Symptomatik der Lese- und Rechtschreibprobleme führen können (► Abschn. 3.6.2).

3.7.3 Prävalenzen für isolierte Lese- und isolierte Rechtschreibprobleme

Die Lese-Rechtschreibstörung wird in der ICD vordergründig als Lesestörung charakterisiert (in der englischen Literatur: *dyslexia* oder *specific reading disability*; Shaywitz S. E. et al. 2008). Defizite im Schreiben können während der Grundschulzeit auftreten, müssen aber nicht, oder nicht signifikant; sie werden eher als Symptom im späteren Verlauf beschrieben. Prävalenzraten zur Lese-Rechtschreibstörung nach ICD beziehen sich deshalb auf diskrepante Leseleistungen – unabhängig davon, ob Rechtschreibprobleme vorliegen und ob diese gegebenenfalls die Diskrepanzen erfüllen oder nicht. Treten allerdings deviante **Rechtschreibprobleme** bereits in der Grundschulzeit auf, **ohne dass für die Leseleistung die doppelte Diskrepanz erfüllt** wird, so kann die **Diagnose Lese-Rechtschreibstörung nach ICD nicht gestellt** werden. Stattdessen sind dann die Kriterien für die **differenzialdiagnostische Subkategorie »Isolierte Rechtschreibstörung« (F81.1)** gegeben, was aber nicht zwangsläufig bedeutet, dass die betreffenden Kinder keine Leseprobleme haben, sondern lediglich, dass diese, falls vorhanden, nicht die geforderte doppelte Diskrepanz mit 2 SD erfüllen. Ein Kind, das beispielsweise eine Rechtschreibleistung erbringt, die 2 SD unter der Norm der Vergleichspopulation und dem individuellen IQ liegt, aber diese Kriterien für die ebenfalls unterdurchschnittlichen Leseleistungen knapp verfehlt (z. B. mit 1,8 SD Devianz), erhielt streng genommen nicht die Diagnose »Lese- Rechtschreibstörung« (F81.0), sondern »Isolierte Rechtschreibstörung« (F81.1). Das Kind würde demnach auch nicht in die Prävalenzrate für Lese-Rechtschreibstörung eingehen. Wäre die Leseleistung nur minimal schlechter ausgefallen, so wären formal die Kriterien für F81.0 erfüllt. Dies verdeutlicht die **Problematik der Differenzierung zwischen F81.0 und F81.1**, die allerdings in der Praxis kaum nach den genauen ICD-Kriterien erfolgt.

Leistungen im Lesen und Schreiben hängen stark zusammen und bedingen sich in ihrer Entwicklung gegenseitig (Moll und Landerl 2009; Ehri 1997; Frith 1986; ▸ Kap. 2). Es stellt sich deshalb grundsätzlich die Frage, ob sich Leseprobleme und Schreibprobleme überhaupt isoliert voneinander nachweisen lassen. Für den deutschsprachigen Raum fanden Fischbach und Kollegen (2013) heraus, dass nur knapp die Hälfte der Kinder ihrer Stichprobe mit der Diagnose »Lese-Rechtschreibstörung« nach ICD (mit doppeltem Diskrepanzkriterium bzgl. Lesen, aber weniger restriktiven Grenzwerten: 1 SD P-Diskrepanz 1,2 SD IQ-Diskrepanz; Prävalenz: 4,7 %) auch entsprechend diskrepante Rechtschreibleistungen zeigen (Prävalenz: 2,1 %). Die Prävalenz für **isolierte Leseprobleme lag** entsprechend **bei 2,6 %**. Eine **isolierte Rechtschreibstörung** wurde mit einer **Prävalenzrate von 4 %** fast genauso häufig identifiziert wie Lese-Rechtschreibstörungen. Ähnliche Größenverhältnisse stellten die Autoren auch für die Prävalenzen ohne Berücksichtigung der IQ-Diskrepanz fest, wobei die Prozentwerte dann erwartungsgemäß ungefähr doppelt so hoch ausfielen.

Damit ergibt sich die Frage, ob den selektiven Problemen beim Lesen und beim Schreiben, die sich offensichtlich in der Population nachweisen lassen, ein unterschiedliches Defizit zugrunde liegt. Moll und Landerl (2009; siehe auch Moll et al. 2012) fanden in ihrer deutschsprachigen Stichprobe für Kinder mit isolierter Leseschwäche (Prävalenz 7 %, alleinige Verwendung der P-Diskrepanz bzgl. Lesen von 1 SD) eine Verlangsamung im »schnellen automatischen Benennen« (RAN, ▸ Kap. 2), während die phonologische Bewusstheit (▸ Kap. 2) nicht beeinträchtigt war. Für isolierte Rechtschreibschwäche (Prävalenz 6 %, alleinige Verwendung der P-Diskrepanz bzgl. Rechtschreibung von 1 SD) hingegen fand sich das umgekehrte Muster. Bei einer kombinierten Schwäche zeigten sich beide Defizite. Die Autoren argumentieren im Sinne eines doppelten Defizits (Wimmer et al. 2000; Wolf und Bowers 1999), das bei kombinierter Lese- und Rechtschreibschwäche präsent ist, während bei isolierten Problemen nur eines der beiden kognitiven Defizite vorliegt. Auch andere Autoren (z. B. Brandenburg et al. 2013) finden unterschiedliche kognitive

Defizite bei isolierten Minderleistungen im Lesen oder im Rechtschreiben.

In jedem Fall muss bei Prävalenzangaben darauf geachtet werden, ob diese für isolierte Schriftsprachstörungen (Lesen oder Schreiben), für kombinierte Störungen (Lesen und Schreiben) oder für die Lese-Rechtschreibstörung im Sinne der ICD (mit Schreibproblemen als mögliche Symptomatik) erhoben wurden.

3.7.4   Internationale Unterschiede in der Prävalenz: Sprache, Schrift und Kultur

Da die Lese-Rechtschreibstörung als eine hirnorganisch bedingte Entwicklungsstörung angenommen wird, folgt, dass sich das Störungsbild **in allen Sprachen** finden lassen müsste. Nach den Leitlinien herrscht aber noch Unsicherheit darüber, ob die Häufigkeit der Störung »durch die Art der Sprache und die Art der geschriebenen Schrift beeinflusst wird«, wobei besonders »über nicht-alphabetische Sprachen wenig bekannt ist«. Tatsächlich liegen aber umfangreiche Studien zu Prävalenzraten für verschiedene alphabetische Sprachen mit unterschiedlicher Transparenz (▸ Kap. 2; Pouretemad et al. 2011; Sprenger-Charolles et al. 2011; Jimenez et al. 2009; Moll und Landerl 2009; Hasselhorn und Schuchardt 2006; Landerl et al. 1997; Shaywitz S. E. et al. 1990), für nicht-alphabetische Sprachen (Suzuki et al. 2010; Chan et al. 2007) sowie für identische Sprachen in unterschiedlichen Kulturen (Jimenez et al. 2011) vor. Dabei sind die Prävalenzraten, die sich in diesen zahlreichen Studien ergaben, nicht heterogener als jene innerhalb einer Sprache. Die Ergebnisse sprechen insgesamt dafür, dass sich die **der Lese-Rechtschreibstörung zugrundeliegenden Defizite in der Informationsverarbeitung und auch deren neuronaler Korrelate unabhängig von der Sprache und der Kultur wiederfinden**, dass sie sich aber auf der Verhaltensebene, also in den Lese- und Schreibleistungen, **unterschiedlich niederschlagen** (Goswami 2002; Paulesu et al. 2001). Damit kann es in Abhängigkeit von Sprache und Kultur (Jimenez et al. 2011) zu Unterschieden in der Prävalenz kommen, was jedoch letztlich auch mit den konkret verwendeten Testverfahren zusammenhängt. Insgesamt kann aber davon ausgegangen werden, dass die Lese-Rechtschreibstörung kein länder- oder sprachspezifisches Phänomen ist und bei ähnlichen Bildungsstandards sowie vergleichbaren **sprach- und kulturspezifischen Tests** auch nur **geringe Unterschiede in der Prävalenz** bestehen. Sprach- und kulturspezifische Unterschiede im Lese- und Schreibverhalten zeigen sich, soweit vorhanden, bei Kindern mit normal entwickelten Schriftsprachfertigkeiten und Kindern mit Lese-Rechtschreibstörung in vergleichbarer Weise (Landerl et al. 1997).

3.7.5 Geschlechtsspezifische Prävalenzraten

In der ICD (S. 288) wird als ein Unterscheidungsmerkmal zwischen Lese-Rechtschreibstörung und allgemeiner Leseschwäche die **Häufung des männlichen Geschlechts** bei der umschriebenen, hirnorganisch bedingten Entwicklungsstörung vorgeschlagen, die sich bei der allgemeinen Leseschwäche nicht zeige, was implizit einen weiteren Beleg für die biologische Basis der Entwicklungsstörung liefere. Dass Lese-Rechtschreibstörungen bei Jungen häufiger diagnostiziert werden als bei Mädchen, ist international vielfach berichtet (Rutter et al. 2004), auch für nicht-alphabetische Schriftsprachen (Chan et al. 2007), verschiedene Ethnien (Flannery et al. 2000) und unterschiedliche kulturelle Kontexte (Jimenez et al. 2011). Die Angaben zur Häufung des männlichen Geschlechts schwanken allerdings erheblich (Liederman et al. 2005): Die meisten Studien gehen von einer **Dopplung** aus, neuere Studien jedoch von einer deutlich geringeren Häufung der Jungen (Jimenez et al. 2011). In der schulischen Praxis kommt es nach Shaywitz S. E. und Shaywitz B. A. (2003) aber zu einer Häufung bis zum Vierfachen. Ob der Grund für die häufigere Diagnosestellung bei Jungen tatsächlich biologisch begründet ist, wird in einer Reihe neuerer Arbeiten angezweifelt. Shaywitz S. E. und Kollegen (2008) argumentieren beispielsweise, dass **geschlechtsspezifische Verhaltensweisen und Bewertungsmuster** in schulischen Situationen dazu führen, dass Leistungsprobleme bei Jungen eher auffallen und deshalb wahrscheinlicher zu einer Diagnose führen, ohne dass sie tatsächlich

häufiger von der Störung betroffen sind. Interessanterweise fanden Shaywitz S. E. und Kollegen (1990), dass **Geschlechtsunterschiede fast vollständig verschwinden**, wenn externe Untersucher die Diagnosen rein auf der Basis der Rohwerte der Tests stellen.

Geschlechtsspezifische Interessen an bestimmten Fertigkeiten könnten sich ebenfalls in Unterschieden bei der Häufigkeit der Diagnosestellung widerspiegeln. Im Durchschnitt zeigen Mädchen mehr Interesse und generell bessere schulische Leistungen im schriftsprachlichen Bereich als Jungen gleichen Alters und gleicher Intelligenz (Niklas und Schneider 2012), was die Bedeutung geschlechtsspezifischer Normen verdeutlicht. Wie hoch der Anteil biologischer Faktoren bei der Herausbildung geschlechtsspezifischer Interessen ist, bleibt umstritten. Die ICD postuliert aber ein biologisches Reifungsdefizit für *alle* Entwicklungsstörungen, und demnach sollte eine höhere Prävalenz für Jungen auch für die gesamte Gruppe F8 nachweisbar sein – bei den umschriebenen Entwicklungsstörungen also auch unabhängig von der betroffenen schulischen Fertigkeit. In einer Reihe von Studien konnte aber gezeigt werden, dass für die umschriebene **Rechenstörung (F81.2) eine höhere Prävalenz für das weibliche Geschlecht** besteht (Moll und Landerl 2009; Hasselhorn und Schuchardt 2006, einen Überblick bieten Krinzinger und Günther 2013) und dass auch die Höhe der männlichen Überzahl bei Schriftsprachproblemen davon abhängt, ob Leseprobleme isoliert oder kombiniert mit Rechtschreibproblemen auftreten (Fischbach et al. 2013), obwohl beides die Diagnose »Lese-Rechtschreibstörung« rechtfertigt. Dies schränkt die Tauglichkeit geschlechtsspezifischer Prävalenzraten als direkten Beleg für die biologische Ursache von Lese-Rechtschreibstörungen ein. Ein noch stärkeres Argument gegen diese Tauglichkeit sind aber Ergebnisse aus Prävalenzstudien, die zeigen, dass sich dasselbe Muster **geschlechtsspezifischer Unterschiede**, soweit vorhanden, **auch bei der Prävalenz der nicht IQ-diskrepanten** Leistungsprobleme, wie der allgemeinen Leseschwäche, zeigt (Fischbach et al. 2013).

Es bleibt umstritten, ob für Jungen tatsächlich eine höhere Prävalenzrate besteht. Klar scheint jedoch inzwischen, dass die Häufung des männlichen Geschlechts lange Zeit **überschätzt** wurde und in der Praxis bis heute gelegentlich überschätzt bleibt. Bei Messung sprach- und verlaufsspezifisch relevanter Lese- und Schreibleistungen, bei Verwendung geschlechtsspezifischer Normen und objektiver Skalierung finden Studien relativ übereinstimmend ein Verhältnis der Häufigkeit von **Jungen zu Mädchen** mit diagnostizierter Lese-Rechtschreibstörung **von 1,3 : 1 bis 1,5 : 1**. Gravierend abweichende Befunde zu diesem Verhältnis sind weniger Unterschieden in der Kultur, der Ethnie oder des Schriftsystems als eher Unterschieden in der Methodik und dem **Testalter** geschuldet. So konnten Siegel und Smythe (2005) zeigen, dass sich im Kindergartenalter und zu Beginn der Grundschulzeit einige geschlechtsspezifische Unterschiede in den der Schriftsprache zugrundeliegenden Informationsverarbeitungsprozessen nachweisen lassen, die jedoch im Verlauf der Grundschulzeit verschwinden.

3.8   Zusammenfassung

3.8.1   Diagnose nach ICD

Die Lese-Rechtschreibstörung ist in der Internationalen Statistischen Klassifikation der Krankheiten und verwandter Gesundheitsprobleme (International Classification of Diseases, ICD) der Weltgesundheitsorganisation (WHO) als **psychische und Verhaltensstörung (F)** und damit als ein klinisch bedeutsames Erlebens- und Verhaltensmuster definiert, das sich in seiner Erscheinungsform quantitativ als **deviant** nachweisen lässt und mit einer psychosozialen **Beeinträchtigung** und subjektivem **Leidensdruck** einhergeht. Sie wird in der ICD als **umschriebene Entwicklungsstörung schulischer Fertigkeiten (F81)** klassifiziert und grenzt sich dadurch von erworbenen Störungen und tiefgreifenden Entwicklungsstörungen sowie durch ihren Bezug auf das Lesen und Schreiben innerhalb der Kategorie F81 von der isolierten Rechtschreibstörung, der Rechenstörung und kombinierten Störungen schulischer Fertigkeiten ab.

Die ICD unterstellt, dass zum frühestmöglichen Zeitpunkt im Kindesalter ein **spezifisches hirnorganisches Defizit** zur Störung in der Entwicklung **spezifischer Bereiche der kognitiven Informa-**tionsverarbeitung führt, das sich später, ebenfalls umschrieben, auf den Erwerb schriftsprachlicher Fertigkeiten in der Schule auswirkt, während andere Fertigkeiten ohne Probleme erlernt werden können. Bereits deutlich vor dem Schriftspracherwerb macht sich diese Störung durch Auffälligkeiten in der **Sprachentwicklung** (auch als Entwicklungsstörung des Sprechens und der Sprache), z. B. beim Wortreimen und Kategorisieren von Lauten oder anderen Fähigkeiten, die auf der Wahrnehmung, der Repräsentation und dem Abruf phonologischer Information beruhen, sowie durch Probleme in der **visuell-räumlichen Wahrnehmung** und der **Bewegungskoordination** bemerkbar. Die späteren Probleme beim Erlernen des Lesens und Schreibens stehen nicht in zeitlichem Zusammenhang mit bestimmten Umweltereignissen. Der Verlauf der Störung ist **stetig**, geht aber gemäß der ICD mit Veränderungen in der Symptomatik einher: Während im Grundschulalter vor allem Leseprobleme im Vordergrund stehen, zeigen sich mit zunehmendem Alter eher weitgehend **persistierende Rechtschreibprobleme** und eine Reihe **sekundärer Symptome** im emotionalen und Verhaltensbereich. Außerdem besteht ein erhöhtes Risiko für weitere psychische Störungen. Insbesondere hyperaktive Störungen und die Rechenstörung werden gehäuft im Sinne einer **Komorbidität** diagnostiziert.

Die Lese-Rechtschreibstörung kann erst nach Beginn des Schriftspracherwerbs diagnostiziert werden. Die diagnostischen Kriterien der ICD verlangen den Nachweis einer Leseleistung, die mindestens 2 SD unter dem Durchschnitt der Altersvergleichsstichprobe (Devianz, wir haben dafür die Bezeichnung »**Populationsdiskrepanz**«, kurz P-Diskrepanz, eingeführt) und auch 2 SD unterhalb des individuellen Intelligenzquotienten liegt **(IQ-Diskrepanz)**, der gemessen durch einen standardisierten Intelligenztest den Stand der allgemeinen kognitiven Entwicklung und damit den zu erwartenden Stand der Leseentwicklung repräsentiert **(doppeltes Diskrepanzkriterium)**. Die Leseleistung wird über einen standardisierten Test zur Lesegenauigkeit oder zum Leseverständnis nachgewiesen. Symptome in der Vorgeschichte können in die Diagnostik einbezogen werden. Auf der Basis der unterstellten Verlaufscharakteristik wird bei älteren Betroffenen die doppelte Diskrepanz über die

Rechtschreibleistung gemessen, wobei im Kindesalter Leseprobleme bestanden haben müssen.

Die Lese-Rechtschreibstörung führt zu einer **spezifischen Beeinträchtigung** der schulischen Ausbildung im Bereich der Schriftsprache und des alltäglichen Lebens, die nicht durch sensorische Defizite, neurologische Erkrankungen/Verletzungen oder eine allgemeine Lernbehinderung (IQ < 70) verursacht ist und nicht als Folge eines Mangels an Gelegenheit zum Lernen erklärt werden kann.

Als typische Symptome der Lese-Rechtschreibstörung werden in den Leitlinien die folgenden Symptome beim Vorlesen genannt: Auslassen, Ersetzen, Verdrehungen oder Hinzufügen von Worten oder Wortteilen; Verlieren der Zeile im Text und ungenaues Phrasieren; Vertauschung von Wörtern im Satz oder von Buchstaben in den Wörtern; niedrige Lesegeschwindigkeit; Startschwierigkeiten beim Vorlesen, langes Zögern.

Die Angaben zur Prävalenz schwanken in der Literatur erheblich, abhängig davon, welche Diskrepanzen für welche Sprache mit welchen Testverfahren gemessen und welche weiteren Kriterien berücksichtigt wurden. Die meisten Studien berichten eine **Prävalenz von 4 bis 8 %.** Bei Jungen wird die Störung häufiger diagnostiziert, was in der ICD als Beleg für eine biologische Ursache der Lese-Rechtschreibstörung gesehen wird, womit sich diese von einer allgemeinen Leseschwäche (P-Diskrepanz ohne IQ-Diskrepanz) unterscheidet. Die genaue Ursache der Lese-Rechtschreibstörung ist nach ICD unbekannt.

3.8.2 Kritische Betrachtung der ICD-Kriterien im Kontext der internationalen Forschung

Es besteht kaum Zweifel daran, dass der Lese-Rechtschreibstörung ein **neuronales Defizit** zugrunde liegt, jedoch kann dieses weder eindeutig lokalisiert noch können die funktionellen Zusammenhänge allgemeingültig spezifiziert werden. **Umstritten ist allerdings, ob die IQ-Diskrepanz ein geeignetes diagnostisches Mittel darstellt,** um zu differenzieren, ob P-diskrepante Leseleistungen neuronal (Lese-Rechtschreibstörung; IQ-diskrepant) oder umweltbedingt und temporär

(allgemeine Leseschwäche, nicht IQ-diskrepant) sind. Dagegen sprechen neben testtheoretischen Argumenten zahlreiche Befunde, die zeigen, dass Kinder mit devianten Lese-Rechtschreibproblemen unabhängig vom Intelligenzniveau dieselben Verarbeitungsdefizite zeigen und sich auch hinsichtlich der neuronalen Korrelate, der Interventionseffekte, der störungsdefinierenden Dimensionen (Devianz, Beeinträchtigung, Leidensdruck) und des Verlaufs (Längsschnittstudien) nicht unterscheiden.

Für beide, entsprechend der ICD zu erfassenden Schriftsprachleistungen, Lesegenauigkeit oder Leseverständnis, ergeben sich Probleme hinsichtlich der uneingeschränkten Eignung für den Nachweis devianter Leseleistungen bei Vorliegen einer Lese-Rechtschreibstörung. Zum einen ist eine geringe Lesegenauigkeit zwar in nicht-transparenten Schriftsprachen (z. B. Englisch) als Symptom der Lese-Rechtschreibstörung gut belegt, für transparente Schriftsprachen (z. B. Deutsch) ist hingegen eher die **verlangsamte Lesegeschwindigkeit** ein typisches Symptom. Zum anderen ist es fraglich, ob ein Leseverständnisdefizit tatsächlich ein primäres Symptom der Lese-Rechtschreibstörung darstellt, zumal es auch als isoliertes Problem nachweisbar ist, für das eine eigene Ätiologie vermutet wird.

Umstritten bleibt auch die unterstellte Verlaufscharakteristik und die darauf basierende Änderung der zu erfassenden schriftsprachlichen Leistungen. Zahlreiche Studien lassen den Schluss zu, dass sich **Personen unterschiedlichen Alters mit Lese-Rechtschreibstörung weder auf hirnphysiologischer Ebene, noch auf der Ebene der kognitiven Verarbeitung** und des Lese-Rechtschreibverhaltens selbst **grundlegend unterscheiden.** Unabhängig vom Alter bietet sich ein heterogenes Bild auf all diesen Erfassungsebenen, was auch für die Existenz von Subgruppen spricht, wobei sich phonologische Verarbeitungs- und Abrufprobleme bei der Mehrheit der Betroffenen verschiedenen Alters nachweisen lassen. Die teilweise vorgefundenen Veränderungen im Lese- und Schreibverhalten mit zunehmendem Alter der Betroffenen sind wohl eher **individuellen, kompensatorischen Strategien,** die sich mit dem Alter und der Erfahrung in Abhängigkeit von der Transparenz der Sprache herausgebildet haben, wachsendem Regelwissen und den veränderten Anforderungen an das Lese- und Schreibverhalten geschuldet.

? **Übungsfragen**

—   Erläutern Sie den Störungsbegriff, der der ICD zugrunde liegt und charakterisieren Sie die Lese- Rechtschreibstörung als psychische Störung.

—   Wie wird die Lese-Rechtschreibstörung im Rahmen der ICD klassifiziert?

—   Welche Kriterien zeichnet die Gruppe der Entwicklungsstörungen in der ICD aus? Diskutieren Sie kritisch, inwiefern die Lese-Rechtschreibstörung dieser Gruppe zuzuordnen ist.

—   Erläutern Sie das allgemeine Erscheinungsbild der Lese-Rechtschreibstörung nach ICD und diskutieren Sie die Annahmen kritisch.

—   Welche Kriterien müssen zum Stellen der Diagnose »Lese-Rechtschreibstörung« nach ICD erfüllt sein?

—   Einen zentralen Punkt bei der Diagnostik der Lese-Rechtschreibstörung bildet das sogenannte »doppelte Diskrepanzkriterium«. Erläutern Sie, was damit gemeint ist und welche Vorbehalte es zu diesem Kriterium gibt.

—   Beschreiben Sie mögliche sekundäre Symptome und Komorbiditäten bei der Lese-Rechtschreibstörung.

—   Erläutern und diskutieren Sie das Ausschlusskriterium IQ < 70.

—   Skizzieren Sie den von der ICD postulierten symptomatischen Verlauf der Lese-Rechtschreibstörung. Welche Konsequenzen hat die Annahme des Verlaufes für die Diagnostik?

—   Erklären Sie, warum die Angaben zur Prävalenz der Lese-Rechtschreibstörung stark schwanken.

—   Erläutern Sie die Rolle der Transparenz der Orthographie (z. B. Deutsch versus Englisch) für das Erscheinungsbild und damit die Diagnostik der Lese-Rechtschreibstörung.

Literatur

Becker, C., Elliott, M., & Lachmann, T. (2005). Evidence for impaired visuoperceptual organization in developmental dyslexics and its relation to temporal processes. *Cognitive Neuropsychology, 22*, 499–522.

Beise, U. (2010). DSM-V: große Ambitionen, schwache Methodologie? *Ars Medici, 7*, 266–268.

Bishop, D. V., & Snowling, M. J. (2004). Developmental dyslexia and specific language impairment: same or different? *Psychological Bulletin, 130*, 858–886.

Boder, E. (1973). Developmental dyslexia: A diagnostic approaoch based on three atypical reading-spelling patterns. *Developmental Medicine & Child Neurology, 5*, 663–687.

Boder, E., & Jarrico, S. (1982). *The Boder Test of reading-spelling patterns: A diagnostic screening test for subtypes of reading disability.* New York: Grune and Stratton.

Brandenburg, J., Klesczewski, J., Fischbach, A., Büttner, G., Grube, D., Mähler, C., & Hasselhorn, M. (2013). Arbeitsgedächtnisleistungen von Kindern mit Minderleistungen in der Schriftsprache. *Lernen und Lernstörungen, 2*, 147–159.

Brendler, K. & Lachmann, T. (2001). Letter reversals in the context of the Functional Coordination Deficit Model of developmental dyslexia. In E. Sommerfeld, R. Kompass, & T. Lachmann (Hrsg.), *Proceedings of the International Society for Psychophysics* (S. 308–313). Lengerich: Pabst Science Publishers.

Chan, D. W., Ho, C. S.-H., Tsang, S.-M., Lee, S.-H., & Chung, K. K. H. (2007). Prevalence, gender ratio and gender differences in reading-related cognitive abilities among Chinese children with dyslexia in Hong Kong. *Educational Studies, 33*, 249–265.

Coltheart, M. (1978). Lexical accesss in simple reading tasks. In G. Underwood (Hrsg.), *Strategies of information processing* (S. 151–216). London: Academic press.

Corballis, M. C., & Beale, I. L. (1993). Orton revisited: Dyslexia, laterality, and left-right confusion. In D. Willows, R. S. Kruk, & E. Corcos (Hrsg.), *Visual processes in reading and reading disabilities* (S. 57–73). Hillsdale, NJ.: Lawrence Erlbaum Associates

Cotton, S. M., & Crewther, S. G. (2009). The relationship between reading and intelligence in primary school aged children: Implications for definitional models of dyslexia. *The Open Education Journal, 2*, 42–50.

Cotton, S. M., Crewther, D. P., & Crewther, S. G. (2005). Measurement error: Implications for diagnosis and discrepancy models of developmental dyslexia. *Dyslexia, 11*, 186–202.

Csepe, V. (2003). *Dyslexia: Different brain, different behavior.* New York: Kluwer/Springer

Daniel, S., Walsh, W. A., Goldstone, D. B., Arnold, E. M., Reboussin, B. A., & Wood, F. B. (2006). Suicidality, school dropout, and reading problems among adolescents. *Journal of Learning Disabilities, 39*, 507–516.

Dilling, H., & Freyberger, H. J. (2012). *Taschenführer zur ICD-10 Klassifikation psychischer Störungen.* Bern: Hans Huber.

Dilling, H., Mobour, W., & Schmidt, M. H. (2011). *Internationale Klassifikation psychischer Störungen. ICD-10 Kapitel V (F). Klinisch-diagnostische Leitlinien.* Bern: Hans Huber.

Dummer-Smoch, L. (2007). Theoretische und schulpraktische Argumente für die Vereinbarkeit der beiden kontrovers diskutierten Konzepte Legasthenie/Allgemeine LRS. In G. Schulte-Körne (Hrsg.), *Legasthenie und Dyskalkulie. Aktuelle Entwicklungen in Wissenschaft, Schule und Gesellschaft* (S. 23–36). Bochum: Dr. Dieter Winkler.

Ehri, L. C. (1997). Learning to read and learning to spell: Two sides of a coin. *Topics in Language Disorders, 20,* 19–36.

Elbro, C., Nielsen, I., & Petersen, D. K. (1994). Dyslexia in adults: Evidence for deficits in non-word reading and in the phonological representation of lexical items. *Annals of Dyslexia, 44,* 203–226.

Esser, G. (1991). *Was wird aus Kindern mit Teilleistungsstörungen?* Stuttgart: Enke.

Esser, G., & Schmidt M. H. (1993). Die langfristige Entwicklung von Kindern mit Lese-Rechtschreibschwäche. *Zeitschrift für Klinische Psychologie, 22,* 100–116.

Fawcett, A. J. (2002). Dyslexia, the cerebellum and phonological skill. In E. Witruk, A. D. Friederici, & T. Lachmann (Hrsg.), *Basic functions of language, reading and reading disability* (S. 265–279). Boston: Kluwer/Springer.

Fawcett, A. J., & Nicolson, R. I. (2001). Dyslexia: The role of the cerebellum. In A. Fawcett (Hrsg.), *Dyslexia. Theory and good practice* (S. 89–106). London: Whurr.

Fischbach, A., Schuchardt, K., Mähler, C., & Hasselhorn, M. (2010). Zeigen Kinder mit schulischen Minderleistungen sozio-emotionale Auffälligkeiten? *Zeitschrift für Entwicklungspsychologie und pädagogische Psychologie, 42,* 201–210.

Fischbach, A., Schuchardt, K., Brandenburg, J., Klesczewski, J., Balke-Melcher, C., Schmidt, C., Büttner, G., Grube, D., Mähler, C., & Hasselhorn, M. (2013). Prävalenz von Lernschwächen und Lernstörungen: Zur Bedeutung der Diagnosekriterien. *Lernen und Lernstörungen, 2,* 65–76.

Flannery K. A., Liederman, J., Daly, L., & Schulz, J. (2000). Male prevalence for reading disability is found in a large sample of black and white children free from ascertainment bias. *Journal of the International Neuropsychological Society, 6,* 433–442.

Frith, U. (1986). A developmental framework for developmental dyslexia. *Annals of Dyslexia, 36,* 69–81.

Galaburda, A. M., LoTurco, J., Ramus, F., Fitch, R. H., & Rosen, G. D. (2006). From genes to behavior in developmental dyslexia. *Nature Neuroscience, 10,* 1213–1217.

Goswami, U. (2002). Phonology, reading development and dyslexia: A cross-linguistic perspective. *Annals of Dyslexia, 52,* 1–23.

Gough, P. B., & Tunmer, W. E. (1986). Decoding, reading, and reading disability. *RASE: Remedial and Special Education, 7,* 6–10.

Groth, K., Lachmann, T., Riecker, A., Muthmann, I., & Steinbrink, C. (2011). Developmental dyslexics show deficits in the processing of temporal auditory information in German vowel length discrimination. *Reading and Writing, 24,* 285–303.

Habib, M. (2000). The neurological basis of developmental dyslexia. *Brain, 123,* 2373–2399.

Hasselhorn, M., & Schuchardt, K. (2006). Lernstörungen. Eine kritische Skizze zur Epidemiologie. *Kindheit und Entwicklung, 15,* 208–215.

Heim, S., Tschierse, J., Amunts, K., Wilms, M., Vossel, S., Willmes, K., Grabowska, A., & Huber, W. (2008). Cognitive subtypes of dyslexia. *Acta Neurobiologia experimentalis, 68,* 73–82.

Jaarsveld, S., Lachmann, T., & van Leeuwen, C. (2012). Creative reasoning across developmental levels: Convergence and divergence in problem creation. *Intelligence, 40,* 172–188.

Jimenez, J. E. (2002). Reading disabilities in a language with transparent orthography. In E. Witruk, A. D. Friederici, & T. Lachmann (Hrsg.), *Basic functions of language, reading and reading disability* (S. 251–264). Boston: Kluwer/Springer.

Jimenez, J. E., del Rosario Oritz, M. D., Rodrigo, M., Hernadez-Valle, I., Ramirez, G., Estevez, A., O`Shanahan. I., & de la Luz Trabaue, M. D. (2003). Do effects of computer-assisted practice differ for children with reading disabilities with and without IQ-achievement discrepancy? *Journal of Learning Disabilities, 36,* 34–47.

Jimenez, J. E., Gunzman, R., Rodriguez, C., & Artiles, C. (2009). Prevalencia de las dificultades específicasde aprendizaje: la dyslexia en espanol. *Anales de Psicologia, 25,* 78–85.

Jimenez, J. E., de la Cadena, C. G., Siegel, L. S., O'Shanahan, I., Garcia, E., & Rodriguez, C. (2011). Gender ratio and cognitive profiles in dyslexia: a cross-national study. *Reading and Writing, 24,* 729–747.

Klicpera, C., Wolff, P. H., & Drake, C. (1981). Bimanual coordination in adolescent boys with reading retardation. *Developmental Medicine and Child Neurology, 23,* 617–625.

Klicpera, C., Schabmann, A., & Gasteiger-Klicpera, B. (2007). *Legasthenie.* München: Reinhardt.

Kohn, J., Wyschkon, A., Ballaschk, K. Ihle, W., & Esser, G. (2013). Verlauf von umschriebenen Entwicklungsstörungen: Eine 30-Monats-Follow-up-Studie. *Lernen und Lernstörungen, 2,* 77–89.

Kraepelin, E. (1899). *Psychiatrie. Ein Lehrbuch für Studierende und Ärzte* (6. Aufl.). Leipzig: J. A. Barth.

Krinzinger, H., & Günther, T. (2013). Lesen, Schreiben, Rechnen – gibt es Unterschiede zwischen Geschlechtern? *Lernen und Lernstörungen, 2,* 35–49.

Kyriakides, L., Creemers, B. P. M., & Antoniou, P. (2009). Teacher behaviour and student outcomes: Suggestions for research on teacher training and professional development. *Teaching and Teacher Education, 25* (1), 12–23.

Lachmann, T. (2008). Experimental approaches to specific disabilities in learning to read: The case of Symmetry Generalization in developmental dyslexia. In N. Srinivasan, A. K. Gupta, & J. Pandey (Hrsg.), *Advances in Cognitive Science* (S. 321–342). Thousand Oaks, CA: Sage.

Lachmann, T. & van Leeuwen, C. (2007). Paradoxical enhancement of letter recognition in developmental dyslexia. *Developmental Neuropsychology, 31,* 61–77.

Lachmann, T., Berti, S., Kujala, T., & Schröger, E. (2005). Diagnostic subgroups of developmental dyslexia have different deficits in neural processing of tones and phonemes. *International Journal of Psychophysiology, 56,* 105–120.

Lachmann, T., Steinbrink, C., Schumacher, B., & van Leeuwen, C. (2009a). Different letter-processing strategies in diagnostic subgroups of developmental dyslexia occur also in a transparent orthography: Reply to a commentary by Spinelli et al. *Cognitive Neuropsychology, 26*, 759–768.

Lachmann, T., Schumacher, B., & van Leeuwen, C. (2009b). Controlled but independent: Effects of mental rotation and developmental dyslexia in dual-task settings. *Perception, 38*, 1019–1034.

Landerl, K., Wimmer, H., & Frith, U. (1997). The impact of orthographic consistency on dyslexia: A German-English comparison. *Cognition, 63*, 315–334.

Leinonen, S., Müller, K., Leppänen, P. H. T., Aro, M., Ahonen, T., & Lyytinen, H. (2001). Heterogeneity in adult dyslexic readers: Relating processing skills to the speed and accuracy of oral text reading. *Reading and Writing, 14*, 265–295.

Liederman, J., Kantrowitz, L., & Flannery, K. (2005). Male vulnerability to reading disability is not likely to be a myth: A call for new data. *Journal of Learning Disabilities, 38*, 109–129.

Mähler, C. & Schuchardt, K. (2011). Working memory in children with learning disabilities: Rethinking the criterion of discrepancy. *International Journal of Disability Development and Education, 58*, 5–17.

Marx, P. (2004). *Intelligenz und Lese-Rechtschreibschwierigkeiten. Macht es Sinn, Legasthenie und allgemeine Lese-Rechtschweibschwäche zu unterscheiden?* Hamburg: Dr. Kovac.

Miles, T. R., & Miles, E. M. (1999). *Dyslexia: A hundred years on.* Buckingham, UK: Open University Press.

Moll, K., & Landerl, K. (2009). Double dissociation between reading and spelling deficits. *Scientific Studies of Reading, 13*, 359–382.

Moll, K., Wallner, R., & Landerl, K. (2012). Kognitive Korrelate der Lese- Leserechtschreib- und Rechtschreibstörung. *Lernen und Lernstörungen, 1*, 7–12.

Morton, J., & Frith, U. (1995). Causal modelling: a structural approach to developmental psychopathology. In D. Ciccheti & D. Cohen (Hrsg.), *Manual of developmental psychopathology, Band 1* (S. 357–390). New York: Wiley.

Nation, K. (2007). Children's reading comprehension difficulties. In M. J. Snowling, & C. Hulme (Hrsg), *The science of reading* (S. 248–265). Malden, MA: Blackwell.

Nation, K., & Snowling, M. J. (1998). Semantic processing and development of word-recognition skills: Evidence from children with reading comprehension difficulties. *Journal of Memory and Language, 39*, 85–101.

Niklas, F., & Schneider, W. (2012). Die Anfänge geschlechtsspezifischer Leistungsunterschiede in mathematischen und schriftsprachlichen Kompetenzen. *Zeitschrift für Entwicklungspsychologie und Pädagogische Psychologie, 44*, 123–138.

Orton, S. T. (1925). Word blindness in school children. *Archives of Neurology and Psychiatry, 14*, 581–615.

Paulesu, E., Démonet, J.-F., Fazio, F., McCrory, E., Chanoine, V., Brunswick, N., Cappa, S. F., Cossu, G., Habib, M., Frith, C. D., & Frith, U. (2001). Dyslexia: Cultural diversity and biological unity. *Science, 291*, 2165–2167.

Plume, E., & Warnke, A. (2007). Definition, Symptomatik, Prävalenz und Diagnostik der Lese-Rechtschreibstörung. *Monatsschrift Kinderheilkunde, 4*, 322–327.

Pouretemad, H. R., Khatibi, A., Zarei, M., & Stein, J. (2011). Manifestations of developmental dyslexia in monolingual Persian speaking students. *Archives of Iranian Medicine, 14*, 259–265.

Ramus, F., Rosen, S., Dakin, S. C. Day, B. L., Castellote, J. M., White, S., & Frith, U. (2003). Theories of developmental dyslexia: insights from a multiple case study of dyslexic adults. *Brain, 126*, 841–865.

Reuter-Liehr, C. (2003). Legasthenie – Diagnose und Therapie in der Kinder- und jugendpsychiatrischen Praxis. *Forum der Kinder- und Jugendpsychiatrie und Psychotherapie, 13/2*, 43–65.

Rost, D. H. (2010). *Intelligenz, Hochbegabung, Vorschulerziehung, Bildungsbenachteiligung.* Münster: Waxmann.

Rusiak, P., Lachmann, T., Jaskowski, P., & van Leeuwen, C. (2007). Mental rotation of letters and shapes in developmental dyslexia. *Perception, 36*, 617–631.

Rutter, M. & Yule, W. (1975). The concept of specific reading retardation. *Journal of Child Psychology and Psychiatry, 16*, 181–197.

Rutter, M. Caspi, A., Fergusson, D., Horwood, L.J., Goodman, R., Maughan, B., Moffitt, T.E., Meltzer, H., & Carroll, J. (2004). Gender differences in reading difficulties: Findings from four epidemiology studies. *Journal of the American Medical Association, 291*, 2007–2012.

Savage, R. (2007). Motor skills, automaticity and developmental dyslexia: A review of the research literature. *Reading and Writing, 17*, 301–324.

Scheerer-Neumann, G. (2003). LRS und Legasthenie. Begriffliche Klärungen und inhaltliche Implikationen. In I. M. Naegele, & R. Valtin (Hrsg.), *LRS – Legasthenie – in den Klassen 1-10* (S. 32–35). Weinheim: Beltz.

Schulte-Körne, G. (2010). Diagnostik und Therapie der Lese-Rechtschreib-Störung. *Deutsches Ärzteblatt, 107*, 718–727.

Schulte-Körne, G., Deimel, W., & Remschmidt, H. (2001). Zur Diagnostik der Lese-Rechtschreibstörung. *Zeitschrift für Kinder- und Jugendpsychiatrie und Psychotherapie, 29*, 113–116.

Schulte-Körne, G., Deimel, W., & Remschmidt, H. (2003). Nachuntersuchungen einer Stichprobe von lese- und rechtschreibgestörten Kindern im Erwachsenenalter. *Zeitschrift für Kinder- und Jugendpsychiatrie und Psychotherapie, 31*, 267–276.

Shaywitz, B. A., Fletcher, J. M., Holahan, J. M., & Shaywitz, S. E. (1992). Discrepancy compared to low achievement definitions of reading disability- Results from the Connecticut Longitudinal-Study. *Journal of Learning Disabilities, 25*, 639–648.

Shaywitz, B. A., Skudlarski, P., Holahan, J., Marchione, K., Constable, R., Fulbright, R., Zeltman, D., Lacadi, C., & Shaywitz, S. E. (2007). Age-related changes in reading systems of dyslexic children. *Annals of Neurology, 61*, 363–370.

Shaywitz, S. E. & Shaywitz, B. A. (2003). Dyslexia (specific reading disability). *Pediatrics in Review, 5*, 147–152.

Shaywitz, S. E., Shaywitz, B. A., Fletcher, J. M., & Escobar M. D. (1990). Prevalence of reading disability in boys and girls. *Journal of the American Medical Association, 264,* 998–1002.

Shaywitz, S. E., Escobar, M. D., Shaywitz, B. A., Fletcher, J. M., & Makuch, R. (1992). Evidence that dyslexia may represent the lower tail of a normal-distribution of reading-ability. *New England Journal of Medicine, 326,* 145–150.

Shaywitz, S. E., Shaywitz, B. A., Fulbright, R., Skudlarski, P., Mencl, W., Constable, R., Pugh, K. R., Holahan, J. M., Marchione, K. E., Fletcher, J. M., Lyon, G. R., & Gore, J. C. (2003). Neural systems for compensation and persistence: young adult outcome of childhood reading disability. *Biological Psychiatry, 54,* 25–33.

Shaywitz, S. E., Mody, M., & Shaywitz, B. A. (2006). Neural mechanisms in dyslexia. *Current Directions in Psychological Science, 15,* 278–281.

Shaywitz, S. E., Morris, R., & Shaywitz, B. A. (2008). The education of dyslexic children from childhood to young adulthood. *Annual Review of Psychology, 59,* 451–475.

Siegel, L. (1992). An evaluation of the discrepancy definition of dyslexia. *Journal of Learning Disabilities, 25,* 618–629.

Siegel, L., & Smythe, I. S. (2005). Reflections on research on reading disability with special attention to gender issues. *Journal of Learning Disabilities, 38,* 473–980.

Siegel, L., & Smythe, I. S. (2011). The importance of phonological processing rather than IQ discrepancy in understanding adults´ reading disorders. In L. E. Wolf, H. E. Schreiber, & L. Wasserstein (Hrsg.), *Adult learning disorders: Contemporary issues* (S. 275–300). London: Taylor & Francis.

Snowling, M. J. (2000) Dyslexia. Oxford: Blackwell.

Snowling, M. J., & Hulme, C. (2007). Learning to read with a language impairment. In M. J. Snowling, & C. Hulme (Hrsg.), *The science of reading: A handbook* (S. 397–412). Oxford: Blackwell.

Spinelli, D., Brizzolara, D., De Luca, M., Gasperini, F., Martelli, M., & Zoccolotti, P. (2010). Subtypes of developmental dyslexia in transparent orthographies: A comment on Lachmann and van Leeuwen (2008). *Cognitive Neuropsychology, 26,* 752–758.

Sprenger-Charolles, L., Siegel, L., Jimenez, J. E., & Ziegler, J. (2011). Prevalence and reliability of phonological, surface, and mixed profiles in dyslexia: A review of studies conducted in languages varying in orthographic depth. *Scientific Studies of Reading, 15,* 498–521.

Stanovich, K. E. (1994). Annotation: Does dyslexia exist? *Journal of Child Psychology and Psychiatry, 35,* 579–595.

Stein, J. (2002). The neurobiology of reading disabilities. In E. Witruk, A. D. Friederici, & T. Lachmann (Hrsg.), *Basic functions of language, reading and reading disability* (S. 199–213). Boston: Kluwer/Springer.

Suzuki, K., Uno, A., Haruhara, N., Kaneko, M., Wydell, T. N., Awaya, N., Kozuka, J., & Goto, T. (2010). Characteristics of Hiragana and Katakana writing in children with developmental dyslexia, evaluated by the Screening Test of Reading and Writing for Japanese primary school children (STRAW). *The Japan Journal of Logopedics and Phoniatrics, 51,* 1–11.

Tallal, P. (1980). Auditory temporal perception, phonics, and reading disabilities in children. *Brain and Language, 9,* 182–198.

Tanaka, H., Black, J. K., Hulme, C., Stanley, L. M., Kesler, S. R., Whitfield-Gabrieli, S., Reis, A. L., Gabrieli, J. D., & Hoeft, F. (2011). The brain basis of the phonological deficit in dyslexia is independent of IQ. *Psychological Science, 22,* 1442–1451.

Uhry, J. K. (2002). Kindergarten phonological awareness and rapid serial naming as predictors of Grade 2 reading and spelling. In E. Witruk, A. D. Friederici, & T. Lachmann (Hrsg.), *Basic functions of language, reading and reading disability* (S. 299–314). Boston: Kluwer/Springer.

Valtin, R. (2001). Von der klassischen Legasthenie zu LRS – notwendige Klarstellungen. In I. M. Naegele, & R. Valtin (Hrsg.), *LRS – Legasthenie in den Klassen 1–10* (S. 16–35). Weinheim: Beltz.

Vellutino, F., Scanlon, D. M., & Lyon, G. R. (2000). Differentiating between difficult-to-remediate and readily remediated poor readers – More evidence aginst the IQ-achievement discrepancy definition of reading disability. *Journal of Learning Disabilities, 33,* 223–238.

Vellutino, F. R., Fletcher, J. M., Snowling, M. J., & Scanlon, D. M. (2004). Specific Reading Disability (Dyslexia): What have we learned in the past four decades? *Journal of Child Psychology & Psychiatry, 45,* 2–40.

Vandermosten, M., Boets, B., Luts, H., Poelans, H., Wouters, J., & Ghesquière, P. (2011). Impairments in speech and non-speech sound categorization in children with dyslexia are driven by temporal processing difficulties. *Research in Developmental Disabilities, 32,* 593–603.

Warnke, A. (2008). *Umschriebene Entwicklungsstörungen.* Heidelberg: Springer.

Watson, C. & Willows, D. M. (1993). Evidence for a visual-processing-deficit subtype among disabled readers. In D. M. Willows, R. S. Kruk, & E. Corcos (Hrsg.), *Visual Processing in Reading and Reading Disabilities* (S. 287–310). Hillsdale, NJ: Erlbaum.

Weber, J. M., Marx, P., & Schneider, W. (2002). Profitieren Legastheniker und allgemein lese-rechtschreibschwache Kinder in unterschiedlichem Ausmaß von einem Rechtschreibtraining? *Psychologie in Erziehung und Unterricht, 49,* 56–70.

Willows, D. M. (1993). Are there differences between disabled and normal readers in their processing of visual information? In D. M. Willows, R. S. Kruk, & E. Corcos (Hrsg.), *Visual Processing in Reading and Reading Disabilities* (S. 265–386). Hillsdale, NJ: Erlbaum.

White, S., Milne, E., Rosen, S., Hansen, P. Swettenham, J., Frith, U., & Ramus, F. (2006). The role of sensorimotor impairments in dyslexia: A multiple case study of children. *Develpmental Science, 9,* 237–255.

Wimmer, H. (1993). Characteristics of developmental dyslexia in a regular writing system. *Applied Psycholinguistics, 14,* 1–33.

Wimmer, H., Mayringer, H., & Landerl, K. (2000). The double deficit hypothesis and difficulties in learning to read a regular orthography. *Journal of Educational Psychology*, *92* (4), 668–680.

Wolf, M., & Bowers, P. G. (1999). The Double-Deficit Hypothesis for the developmental dyslexias. *Journal of Educational Psychology*, *91*, 415–438.

Wyschkon, A., Kohn, J., Ballaschk, K., & Esser, G. (2009). Sind Rechenstörungen genauso häufig wie Lese-Rechtschreibstörungen? *Zeitschrift für Kinder- und Jugendpsychiatrie und Psychotherapie*, *37*, 499–512.

Ziegler, J., Perry, C., Ma-Wyatt, A., Ladner, D., & Schulte-Körne, G. (2003). Developmental dyslexia in different languages: Language-specific or universal? *Journal of Experimental Child Psychology*, *86*, 169–193.

Weiterführende Links

Deutsches Institut für Medizinische Dokumentation und Information: ► http://www.who.int/classifications/icd/en/

ICD-Codesuche: ► http://www.dimdi.de/static/de/klassi/; zugegriffen am 17.3.2013

Ursachen der Lese-Rechtschreibstörung

Überblicksfragen

— Ist die Lese-Rechtschreibstörung auf geneti-
   sche Ursachen zurückzuführen?
— Welche Rolle nehmen Umweltfaktoren bei der
   Entwicklung einer Lese-Rechtschreibstörung
   ein?
— Gibt es eine neurobiologische Basis der Lese-
   Rechtschreibstörung?
— Welche Theorien zur kognitiven Ursache der
   Lese-Rechtschreibstörung gibt es?

Die Lese-Rechtschreibstörung wird vor allem hinsichtlich ihrer Auswirkungen auf der Verhaltensebene und den damit einhergehenden Beeinträchtigungen definiert (▶ Kap. 3): Grundlage der individuellen Diagnose bilden Schriftsprachleistungen,
die gravierend negativ von denen abweichen, die
hinsichtlich der durchschnittlichen Leistungen der
Altersgruppe/Klassenstufe und der individuellen
allgemeinen kognitiven Leistungen zu erwarten
wären, wobei andere spezifische Leistungsbereiche
unbeeinträchtigt sein müssen. Diese sogenannte
doppelte Diskrepanz ist auch das Kernstück der
diagnostischen Kriterien im ICD (▶ Kap. 3). Hinsichtlich der Ursachen dieser umschriebenen er-
wartungswidrigen Leistungsbeeinträchtigung wird
im ICD lediglich postuliert, dass sie durch kognitive Defizite in Form gestörter Informationsverarbeitungsprozesse verursacht ist und dass diese wenig
spezifizierte Verarbeitungsstörung hirnorganisch
bedingt ist (wie bei allen anderen im ICD klassi-
fizierten Entwicklungsstörungen auch).

Dass in den klinischen Klassifizierungssystemen wenig konkrete Angaben zu den Ursachen
der Lese-Rechtschreibstörung gemacht werden,
obwohl es erklärtes Ziel ist, zunehmend auch solche ätiologischen Faktoren für die Klassifizierung
mit heranzuziehen (▶ Kap. 1), liegt vor allem daran,
dass in der Forschung wenig Einigkeit über eben
diese Ursachen besteht. Nach über einem Jahrhundert Forschungsarbeit gibt es heute eine Vielzahl heterogener Theorien zu den Ursachen der
Lese-Rechtschreibstörung. Man könnte daraus
schließen, dass wir weiter denn je davon entfernt
sind, die Lese-Rechtschreibstörung zu verstehen.
Bereits im ersten Kapitel haben wir aber gegen eine
solche pessimistische Interpretation der Befundlage argumentiert. Im Prinzip sind die existierenden

etablierten Theorien auch weniger heterogen, als
man zunächst annehmen könnte und es der gelegentlich sehr leidenschaftlich geführte Streit der
Vertreter an mancher Stelle vielleicht suggeriert.
So besteht heute breiter Konsens darüber, dass die
Lese-Rechtschreibstörung durch eine **genetisch
bedingte Prädisposition für eine Störung in der
Entwicklung neurobiologischer Strukturen und
damit verbundener Prozesse** begründet ist. Die
einzelnen Theorien zur Lese-Rechtschreibstörung
unterscheiden sich darin, ob bestimmte neurobiologische Abweichungen postuliert werden und
wenn ja, welche. Der Wert einer Theorie ergibt
sich daraus, wie sie die aus den neurobiologischen
Abweichungen resultierenden kognitiven Defizite
und letztlich die daraus folgenden Symptome auf
der beobachtbaren Verhaltensebene erklären kann
(◘ Abb. 4.1).

Frith (2001, 1999) betont in ihrem **Drei-Ebenen-Rahmenmodell**, dass der Wirkzusammen-
hang von der biologischen Ursache bis zum Syndrom der Lese-Rechtschreibstörung auf jeder der
drei involvierten Ebenen, der **biologischen** Ebene,
der **kognitiven** Ebene und der Ebene des letztlich
beobachtbaren **Verhaltens**, einer intensiven **Interaktion mit Umwelteinflüssen** unterliegt. Deshalb
muss eine genetisch bedingte, neurobiologische Beeinträchtigung, welche für die Lese-Rechtschreibstörung ohnehin als minimal angenommen wird,
nicht zwangsläufig zu einer ganz bestimmten Manifestierung auf der Verhaltensebene führen. Bereits auf neurobiologischer Ebene kann die Plastizität des Gehirns in beträchtlichem Umfang strukturelle Defizite kompensieren. Nach Frith (1999) hat
aber vor allem die kognitive Ebene eine wichtige
Brückenfunktion, da hier individuelle Faktoren
(Persönlichkeitsmerkmale, konstitutionelle Faktoren) und Umwelteinflüsse (Qualität der Instruktion innerhalb und außerhalb des institutionali-
sierten Unterrichts, sozioökonomische Faktoren,
Bildungsnähe des Umfelds, kulturelle Faktoren,
transparentes oder intransparentes Schriftsprach-
system) eine Manifestierung auf der Verhaltensebene verhindern, abmindern oder modifizieren, gegebenenfalls natürlich aber auch verstärken können.
Unter dieser Annahme werden auch die teilweise
heterogenen Ergebnisse zu kognitiven Ursachen,
aber auch die Unterschiede in der Symptomatik,

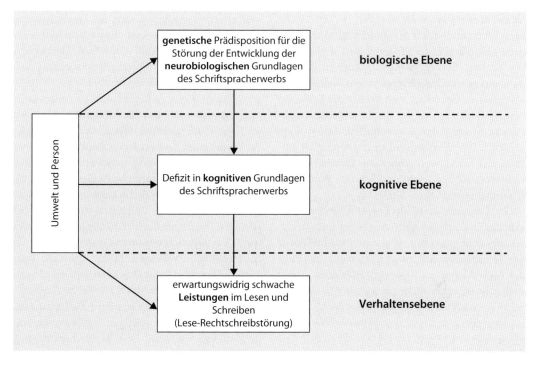

◘ Abb. 4.1 Graphische Darstellung des Drei-Ebenen-Rahmenmodells von Frith (2001, 1999). (In Anlehnung an Frith 2001)

also unterschiedlicher Lese- und Schreibprobleme (Subgruppen), verständlich. Außerdem legt der Ansatz nahe, dass eine Theorie alle drei Ebenen und deren spezifische Verbindung in Form eines kausalen Modells für die Erklärung der Lese-Rechtschreibstörung heranziehen sollte. Allein eine Korrelation zwischen bestimmten kognitiven Defiziten und beeinträchtigten Lese-Rechtschreibleistungen hat demnach wenig Erklärungswert, zumal eine bestimmte kognitive Funktion, beispielsweise die sprachliche Verarbeitung, diverse andere Funktionen beinhaltet (z. B. die auditive Wahrnehmung). Für die empirische Prüfung einer Theorie bedeutet dies eine enorme Herausforderung, insbesondere nachzuweisen, dass bestehende kognitive Defizite nicht etwa Folge der Defizite auf Verhaltensebene sind. Betrachtet man sich in diesem Zusammenhang die Fülle der am komplexen Schriftsprachprozess beteiligten Funktionen (z. B. visuelle und auditive Wahrnehmung, phonologische Verarbeitung, Aufmerksamkeit, Arbeitsgedächtnis), erklärt dies auch, warum wir von einer befriedigenden und allgemein anerkannten Theorie zur Erklärung

der Ursachen der Lese-Rechtschreibstörung noch weit entfernt sind.

In diesem Kapitel werden zunächst die genetischen und neurobiologischen Grundlagen der Lese-Rechtschreibstörung vermittelt (biologische Ebene; ▶ Abschn. 4.1 und ▶ Abschn. 4.2). Im Hauptteil des Kapitels werden dann in ▶ Abschn. 4.3 einige etablierte Theorien zu kognitiven Ursachen der Lese-Rechtschreibstörung genauer besprochen (kognitive Ebene), die sich darin unterscheiden, welche Informationsverarbeitungsdefizite konkret für die gravierenden und überdauernden Schwierigkeiten im Lesen und Schreiben verantwortlich gemacht werden (Verhaltensebene) und wie die Verursachung dieser Defizite auf biologischer Ebene erklärt wird.

4.1 Genetik der Lese-Rechtschreibstörung

Für Kulturtechniken wie Lesen und Schreiben, die sich erst vor wenigen tausend Jahren entwickelt haben, kann es keine Gene geben (▶ Kap. 1). Die Fähigkeiten im Bereich der sprachbasierten kognitiven Grundlagen, die für das Lesen und Schreiben benötigt werden (▶ Kap. 2), können dagegen durchaus genetisch determiniert sein, weil sich diese kognitiven Grundlagen im Verlauf der Evolution herausgebildet haben. Bei der Lese-Rechtschreibstörung ist somit davon auszugehen, dass sich ein genetisch beeinflusstes und in der Evolution entstandenes Verhalten (nämlich die Sprache) auf die Kulturtechnik des Lesens und Schreibens auswirkt (Pennington und Olson 2007).

Im Folgenden wird ein kurzer Überblick über aktuelle Erkenntnisse zur Genetik der Lese-Rechtschreibstörung gegeben, zum einen auf der Ebene der Verhaltensgenetik, zum anderen auf der Ebene der Molekulargenetik. Es wird aber auch dargestellt, dass es beträchtliche Umwelteinflüsse auf den Schriftspracherwerb und die Lese-Rechtschreibstörung gibt.

4.1.1 Verhaltensgenetik

In der bisher größten Familienstudie zur Genetik der Lese-Rechtschreibstörung, der **Colorado Family Reading Study**, wurden 133 Kinder mit Lese-Rechtschreibstörung sowie deren Eltern und Geschwister längsschnittlich hinsichtlich ihrer Lesefähigkeiten und kognitiven Fähigkeiten untersucht und mit einer Kontrollgruppe aus 125 Kindern und ihren Familien verglichen. Die Studie zeigte, dass die Eltern und Geschwister der Kinder mit Lese-Rechtschreibstörung mit sehr viel höherer Wahrscheinlichkeit ebenfalls Leseprobleme aufwiesen als die Eltern und Geschwister der Kinder mit unbeeinträchtigter Leseentwicklung. Diese Ergebnisse sind als Hinweise auf eine genetische Grundlage der Lese-Rechtschreibstörung zu werten. Da aber Familien neben ihren Genen auch ihre Umwelt teilen, kann ein genetischer Einfluss auf die Lese-Rechtschreibstörung aus den Ergebnissen dieser Studie nicht zweifelsfrei abgeleitet werden (Pennington und Olson 2007).

Im Rahmen von **Zwillingsstudien**, in denen eineiige mit zweieiigen Zwillingen verglichen werden, kann dagegen der genetische Einfluss auf die Lese-Rechtschreibstörung vom Einfluss der Um-

welt getrennt werden, so dass die Ergebnisse eindeutig interpretierbar sind. Sowohl ein- als auch zweieiige Zwillinge sind denselben Umwelteinflüssen auf die Lese-Rechtschreibentwicklung ausgesetzt. Eineiige Zwillinge besitzen aber zu 100% gemeinsame Gene, während sich zweieiige Zwillinge, ebenso wie »normale« Geschwister, nur zu 50 % genetisch gleichen. Wenn also bei eineiigen Zwillingspaaren häufiger beide Zwillinge von einer Lese-Rechtschreibstörung betroffen sind als bei zweieiigen Zwillingspaaren, so ist dies ein eindeutiger Beleg für eine genetische Basis der Lese-Rechtschreibstörung. In der Tat zeigten Studien, dass bei eineiigen Zwillingen deutlich häufiger beide Kinder von Lese-Rechtschreibstörung betroffen sind als bei zweieiigen Zwillingen. In der **Colorado Twin Study of Reading Disability**, einer groß angelegten Studie mit Zwillingen mit Lese-Rechtschreibstörung, waren bei 68 % der eineiigen Zwillingspaare, aber nur bei 38% der zweieiigen Zwillingspaare beide Zwillinge von einer Lese-Rechtschreibstörung betroffen (DeFries und Alarcon 1996). Dies zeigt, dass die Lese-Rechtschreibstörung eine genetische Komponente besitzt. In einer Zwillingsstudie zu genetischen und Umwelteinflüssen auf orthographische und phonologische Fähigkeiten bei Kindern mit Lese-Rechtschreibstörung, die auf Daten derselben Zwillingsstichprobe basiert, konnten Gayan und Olson (2001) zeigen, dass 54 % der Varianz des Wortlesens und 46 bis 72 % der Varianz in kognitiven Grundlagen des Lesens, nämlich im orthographischen Wissen, im phonologischen Decodieren und in der phonologischen Bewusstheit, auf genetische Einflüsse zurückzuführen sind.

Auch **individuelle Unterschiede in unbeeinträchtigten Lese- und Rechtschreibleistungen** sind stark genetisch determiniert. Es wird heute davon ausgegangen, dass 50 bis 60% der Varianz der Wortlesefähigkeit und 60 bis 70 % der Varianz der Rechtschreibleistung durch genetische Faktoren erklärt werden können (Schulte-Körne et al. 2006). Weiterhin unterliegen nicht nur Lesen und Schreiben selbst starken genetischen Einflüssen – auch die **kognitiven Grundlagen des Lesens und Schreibens** sind zu einem beträchtlichen Teil genetisch determiniert. Eine länderübergreifende Zwillingsstudie von Samuelsson und Kollegen (2007) untersuchte die genetischen und umweltbedingten Einflüsse auf kognitive Grundlagen des Schriftspracherwerbs bei Vorschulkindern in den USA, Australien und Skandinavien. In allen drei Stichproben zeigte sich ein ähnliches Ergebnismuster: Die Genetik hat einen starken Einfluss auf die phonologische Bewusstheit, den Abruf phonologischer Repräsentationen aus dem Langzeitgedächtnis sowie das phonologische Arbeitsgedächtnis (vgl. ▶ Abschn. 2.1), der Einfluss der Umwelt auf diese Fähigkeiten ist entsprechend geringer. Auf der anderen Seite hat die Umwelt aber einen starken Einfluss auf den Wortschatz, die Grammatik und das Buchstabenwissen, wohingegen der Einfluss der Genetik auf diese Fähigkeiten geringer ist.

4.1.2 Molekulargenetik

Verhaltensgenetische Studien haben, wie im letzten Abschnitt dargestellt, aufgezeigt, *dass* die Lese-Rechtschreibstörung, allgemeine Lese-Rechtschreibleistungen und auch die kognitiven Grundlagen des Lesens und Schreibens eine genetische Basis haben. *Wie* diese genetische Basis genau aussieht, versucht man im Rahmen von molekulargenetischen Untersuchungen zu klären.

Es konnte bisher kein einzelnes Gen identifiziert werden, das für die Entstehung der Lese-Rechtschreibstörung verantwortlich sein könnte. Heute halten Wissenschaftler die Existenz eines solchen auch für unwahrscheinlich (Pennington und Olson 2007). Stattdessen scheinen verschiedene Regionen auf verschiedenen Chromosomen Gene zu enthalten, die mit Lese-Rechtschreibstörung assoziiert sind (Schulte-Körne et al. 2006; Démonet et al. 2004). Alle identifizierten **Kandidatengene** sind an der neuronalen Migration (Wanderung der Nervenzellen von ihrem »Geburtsort« zu ihrem endgültigen Bestimmungsort im Gehirn) und der Hirnentwicklung beteiligt. Dies weist darauf hin, dass die Lese-Rechtschreibstörung eine Konsequenz atypischer neuronaler Migration im Rahmen der Hirnentwicklung sein könnte (Gabrieli 2009; Schulte-Körne et al. 2006). Wie genau aber solche Genvariationen schließlich zu einer Lese-Rechtschreibstörung führen, ist noch unklar.

Weiterhin scheint es keine Gene zu geben, die ausschließlich gestörte Leseleistungen hervorrufen, denn Ergebnisse molekulargenetischer Analysen zu allgemeinen Unterschieden in der Leseleistung sind nicht deutlich verschieden von denen bei Lesestörung. Das bedeutet, dass dieselben Genorte (der Genort bezeichnet die Position eines Gens auf einem Chromosom) sowohl für die Vererbung von unbeeinträchtigten Lesefähigkeiten als auch für die Vererbung der Lese-Rechtschreibstörung verantwortlich sein könnten. Demzufolge besäßen Personen mit Lese-Rechtschreibstörung einfach mehr **ungünstige Allele** (Ausprägungen eines Gens für ein bestimmtes Merkmal) auf diesen Genorten und/oder mehr Risikofaktoren aus der Umwelt, die zusammen dafür sorgen, dass sich ihre Leseleistungen sehr ungünstig entwickeln. Folglich lägen der Lese-Rechtschreibstörung keine »Krankheits-Genorte« zugrunde, sondern »**Anfälligkeits-Genorte**«. Derartige »Anfälligkeits-Genorte« sind weder notwendig noch hinreichend, um eine Lese-Rechtschreibstörung hervorzurufen (Pennington und Olson 2007).

Zusammenfassend kann man also sagen, dass für die Entstehung der Lese-Rechtschreibstörung Gene verantwortlich zu sein scheinen, die eine Anfälligkeit zur Entwicklung schwacher Leseleistungen vererben. Das Risiko zur Entwicklung der Lese-Rechtschreibstörung wird nicht durch ein einzelnes oder ganz bestimmtes Gen vererbt, sondern durch eine Konstellation verschiedener Gene. Jedes dieser Gene hat vermutlich kleine und subtile Effekte auf die Hirnentwicklung. Genkonstellationen, die zu einer Lese-Rechtschreibstörung führen können, sind keine spezifischen Genkonstellationen für eine gestörte Leseentwicklung, sondern sind ebenso an der Vererbung normaler Lesefähigkeiten beteiligt (Pennington und Olson 2007).

4.1.3 Und was ist mit der Umwelt?

In diesem Abschnitt soll betont werden, dass die mittlerweile als gesichert geltende Aussage einer genetischen Basis der Lese-Rechtschreibstörung nicht so zu interpretieren ist, dass die Umwelt keinerlei Einfluss auf die Lese-Rechtschreibentwicklung und die Entstehung der Lese-Rechtschreibstörung hat. Wie im letzten Absatz bereits herausgearbeitet wurde, ist nicht davon auszugehen, dass es ein bestimmtes Gen für die Lese-Rechtschreibstörung gibt, welches festlegt, dass ein betroffenes Kind eine Lese-Rechtschreibstörung entwickeln *muss*. Stattdessen liegen bei Kindern mit einem genetischen Risiko für eine Lese-Rechtschreibstörung ungünstige Grundbedingungen für den Schriftspracherwerb vor: Durch ihre genetische Ausstattung besitzen diese Kinder eine Anfälligkeit (**Vulnerabilität**), eine Lese-Rechtschreibstörung zu entwickeln. Die Umwelt hat aber durchaus Einfluss darauf, wie sich die kognitiven Grundlagen des Schriftspracherwerbs und die Lese-Rechtschreibleistungen entwickeln. Entsprechend kann durch Fördermaßnahmen bei Risikokindern und Kindern, die von Lese-Rechtschreibstörung betroffen sind, gegengesteuert werden. Diese Punkte sollen im Folgenden genauer ausgeführt werden.

Es ist richtig, dass Umweltfaktoren einen geringeren Einfluss als genetische Faktoren auf die **Lese-Rechtschreibfähigkeiten** und bestimmte kognitive Grundlagen des Schriftspracherwerbs, z. B. die phonologische Bewusstheit, haben (Schulte-Körne et al. 2006). Dennoch kann die Variabilität in derartigen Leistungen zu einem gewissen Prozentsatz durch Umwelteinflüsse erklärt werden. Wie oben bereits erwähnt, war in der Studie von Samuelsson und Kollegen (2007) der Einfluss der Umwelt auf verschiedene **Aspekte der phonologischen Informationsverarbeitung** (phonologische Bewusstheit, Abruf phonologischer Repräsentationen aus dem Langzeitgedächtnis, phonologisches Arbeitsgedächtnis) zwar schwächer als der genetische Einfluss, aber er war dennoch vorhanden. Darüber hinaus ist bei **anderen Grundlagen des Schriftspracherwerbs** (Wortschatz, Grammatik, Buchstabenwissen) der Einfluss der Umwelt sogar größer als der genetische Einfluss. Die Entwicklung des Lesens und Schreibens und die Entwicklung der kognitiven Grundlagen des Schriftspracherwerbs sind also immer auch durch Umwelteinflüsse mitbestimmt.

Bezüglich der **Lese-Rechtschreibstörung** werden ebenfalls auf verschiedenen Ebenen Umwelteinflüsse sichtbar. So konnte z.B. gezeigt werden, dass der genetische Einfluss auf die Lese-Recht-

schreibstörung durch das Ausbildungsniveau der Eltern moderiert wird: Die Erblichkeit ist höher bei Kindern, deren Eltern höhere Bildungsabschlüsse haben. Dies zeigt, dass genetische Risikofaktoren in unterstützenden Umwelten mehr Varianz aufklären als in Umwelten, die sich bezüglich der Unterstützung beim Lesen- und Schreibenlernen unterscheiden, und spricht demnach dafür, dass die Lesestörung durch eine **Gen-Umwelt-Interaktion** entsteht (Friend et al. 2008). In der oben genannten Studie von Gayan und Olson (2001) mit lese-rechtschreibgestörten Zwillingen war immerhin noch um die 40 % der Variabilität in den Wortlesefähigkeiten durch Umwelteinflüsse erklärbar, und Umwelteinflüsse erklärten zwischen 10 und 39 % der Varianz bezüglich des orthographischen Wissens, phonologischen Decodierens und der phonologischen Bewusstheit. Weiterhin ist zu bedenken, dass ein Teil des genetischen Einflusses auf die Lesestörung durch **Unterschiede in der Selektion von Umwelten** erklärt werden könnte: Die größere genetische Ähnlichkeit von eineiigen Zwillingen könnte dazu führen, dass sie sich in ihrer Familienumwelt ähnlichere Mikroumwelten für das Lesen aussuchen. Wenn z. B. ein eineiiges Zwillingspaar genetisch basierte Schwierigkeiten hat, lesen zu lernen, könnten sich beide Zwillinge entscheiden, in ihrer Umwelt weniger zu lesen; wenn aber ein zweieiiger Zwilling ein genetisch basiertes Leseproblem hat und der andere nicht, dann könnten ihre genetischen Unterschiede dazu führen, dass sie sich in derselben Umwelt in ganz unterschiedlichem Maße mit dem Lesen auseinandersetzen (Gayan und Olson 2001).

Schließlich darf unser Wissen um eine genetische Basis der Lese-Rechtschreibstörung nicht zu der Annahme führen, dass sich **Prävention und Intervention** nicht lohnen. Wie in ▶ Kap. 6 noch genauer ausgeführt wird, konnte in vielen wissenschaftlichen Studien gezeigt werden, dass Kinder mit einem Risiko für Lese-Rechtschreibschwierigkeiten schon vor Schuleintritt effektiv gefördert werden können. Ebenso existieren wirksame Ansätze zur Förderung von Kindern mit Lese-Rechtschreibstörung. Dies wäre nicht möglich, wenn die Umwelt keinen Einfluss hätte und Ausbildung wie Verlauf der Lese-Rechtschreibstörung streng genetisch determiniert wären.

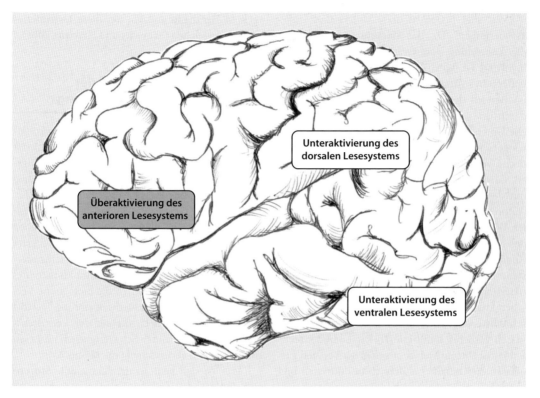

Abb. 4.2 Lesenetzwerk nach Pugh et al. (2000): Schematische Darstellung charakteristischer Überaktivierungen (dunkelgrau unterlegt) und Unteraktivierungen (weiß unterlegt) bei Lese-Rechtschreibstörung

4.2 Neurobiologie der Lese-Rechtschreibstörung

In ▶ Abschn. 2.4 haben wir bereits dargestellt, dass neuronale Korrelate des Lesens seit einigen Jahrzehnten mit Methoden der Hirnforschung untersucht werden. Ebenso wird die Neurobiologie der Lese-Rechtschreibstörung mit einer Vielzahl neurophysiologischer und bildgebender Methoden und bezüglich einer Vielzahl kognitiver Aufgaben, die mit dem Lesen in Verbindung stehen, erforscht (einen Überblick geben Démonet et al. 2004). Es würde den Rahmen dieses Buches sprengen, auf die Vielfalt von methodischen und inhaltlichen Ansätzen, mit denen neuronale Korrelate der Lese-Rechtschreibstörung untersucht wurden und werden, einzugehen. Es soll aber überblicksartig dargestellt werden, welche charakteristischen Über- und Unteraktivierungen lese-rechtschreibgestörte Personen in den drei **Lesesystemen im Gehirn** zeigen, die wir in ▶ Abschn. 2.4 eingeführt haben. Da die drei Lesesysteme jeweils ganz bestimmte Funktionen im Leseprozess erfüllen, gibt dieser Überblick erste Anhaltspunkte dafür, welche kognitiven Basisprozesse des Lesens und Schreibens bei der Lese-Rechtschreibstörung gestört sein könnten. Auf Theorien zur kognitiven Ursache der Lese-Rechtschreibstörung werden wir dann in ▶ Abschn. 4.3 genauer eingehen.

In verschiedenen Überblicksarbeiten (s. Richlan et al. 2009) ist man zu der Schlussfolgerung gelangt, dass die Lese-Rechtschreibstörung mit einer Unteraktivierung des dorsalen und ventralen Lesesystems und einer Überaktivierung des anterioren Lesesystems assoziiert ist (▢ Abb. 4.2; vgl. ▶ Abb. 2.6 in ▶ Abschn. 2.4). Weiterhin finden sich bei Personen mit Lese-Rechtschreibstörung Überaktivierungen in vorderen und hinteren Regionen der rechten Hirnhälfte (Shaywitz und Shaywitz 2005; Sandak et al. 2004).

Was aber bedeuten diese Unter- und Überaktivierungen? Da das **dorsale Lesesystem** in die Zuordnung von Graphemen zu Phonemen involviert ist, wird davon ausgegangen, dass die Unteraktivierung dieses Systems Schwierigkeiten im Bereich der Buchstabe-Laut-Zuordnung und damit des sublexikalischen Lesens widerspiegelt. Die Unteraktivierung des **ventralen Lesesystems** wiederum wird, da dieses Lesesystem die automatische Verarbeitung geschriebener Wörter leistet, als Störung der visuellen Worterkennung und damit des lexikalischen Lesens aufgefasst. Manche Autoren sehen die Störung im Bereich der visuellen Worterkennung (die sich als Unteraktivierung des ventralen Lesesystems zeigt) als sekundäre Konsequenz der Störung im Bereich der Buchstabe-Laut-Zuordnung an (die sich als Unteraktivierung im dorsalen Lesesystem äußert). Die Überaktivierungen, die Personen mit Lese-Rechtschreibstörung im **anterioren Lesesystem** sowie in den vorderen und hinteren Regionen der rechten Hirnhälfte aufweisen, werden als Versuch aufgefasst, die Defizite im Bereich des dorsalen und ventralen Lesesystems zu kompensieren. So könnten die Überaktivierungen in den vorderen (anterioren) Hirnregionen bedeuten, dass Personen mit Lese-Rechtschreibstörung beim Lesen verstärkt Wörter innerlich artikulieren. Dies könnte den Betroffenen helfen, sich der Lautstruktur von Wörtern bewusst zu werden, um so die Defizite im Bereich der Buchstabe-Laut-Konvertierung auszugleichen. Die Überaktivierungen in hinteren Hirnregionen der rechten Hirnhälfte könnten dagegen einen Versuch darstellen, die Störungen im Bereich der visuellen Worterkennung (ventrales Lesesystem; lokalisiert in hinteren Hirnregionen der linken Hirnhälfte) zu kompensieren (Richlan et al. 2009; Shaywitz und Shaywitz 2005; Sandak et al. 2004).

Zusammengefasst wird heute angenommen, dass Dysfunktionen des dorsalen und ventralen Lesesystems die neurobiologische Basis der Lese-Rechtschreibstörung darstellen und dass lese-rechtschreibgestörte Personen kompensatorisch »Hilfssysteme« in vorderen Regionen der linken und rechten Hirnhälfte sowie hinteren Regionen der

rechten Hirnhälfte nutzen, um diese Dysfunktionen auszugleichen (Shaywitz und Shaywitz 2005).

4.3   Kognitive Ursachen der Lese-Rechtschreibstörung

Das Wissen um die genetische und neurobiologische Basis der Lese-Rechtschreibstörung ist wichtig, um den Ursprung dieser Entwicklungsstörung zu verstehen: Wir können davon ausgehen, dass von Lese-Rechtschreibstörung Betroffene eine biologische Veranlagung zur Entwicklung einer Lese-Rechtschreibstörung haben (vgl. ▶ Abschn. 4.1 und ▶ Abschn. 4.2). Als Nächstes möchten wir uns nun mit der Frage auseinandersetzen, welche kognitiven Grundfunktionen des Lesens und Schreibens durch die biologische Veranlagung zur Lese-Rechtschreibstörung gestört werden und letztendlich die auf der Verhaltensebene zu beobachtenden Schwierigkeiten im Lesen und Schreiben verursachen (vgl. ◘ Abb. 4.1).

Man ist sich heute einig, dass subtile **Störungen der Informationsverarbeitung im Gehirn**, die überdauernde Probleme im Erwerb der komplexen Kulturtechniken des Lesens und Schreibens zur Folge haben, als kognitive Basis der Lese-Rechtschreibstörung anzusehen sind. Welche Aspekte der Informationsverarbeitung genau gestört sind, darüber besteht zurzeit aber noch keine Einigkeit. Deshalb sollen im Folgenden die wichtigsten Theorien zur kognitiven Ursache der Lese-Rechtschreibstörung dargestellt werden. Wir werden in diesem Zusammenhang auch immer wieder davon sprechen, dass sich die Lese-Rechtschreibstörung durch **kognitive Defizite** auszeichnet. Um Missverständnisse zu vermeiden soll hier noch einmal betont werden, dass mit derartigen kognitiven Defiziten keine Störungen der allgemeinen kognitiven Entwicklung, d.h. Intelligenzminderungen, gemeint sind (dies widerspräche ja auch der Definition der Lese-Rechtschreibstörung, ▶ Kap. 3). Stattdessen sind die oben bereits angesprochenen Störungen der Informationsverarbeitung gemeint, welche Störungen im Erwerb des Lesens und Schreibens nach sich ziehen.

4.3.1 Lese-Rechtschreibstörung als Störung der phonologischen Informationsverarbeitung

Viele Wissenschaftler sind der Meinung, dass die Lese-Rechtschreibstörung durch ein spezifisches kognitives Defizit bezüglich der Verarbeitung und Repräsentation von Sprachlauten, d. h. durch ein Defizit in der **phonologischen Informationsverarbeitung** verursacht wird (z. B. Snowling 2000; Stanovich 1988). Eine Reihe von Forschungsbefunden sprechen für diese Annahme (vgl. auch Hulme und Snowling 2009):

Erstens steht die Entwicklung der phonologischen Verarbeitung, wie in ▶ Abschn. 2.1.1 bereits ausführlicher dargestellt wurde, mit der **unbeeinträchtigten Entwicklung des Lesens und/oder Schreibens** in Beziehung: Frühe Fähigkeiten im Bereich der Phonemwahrnehmung, der phonologischen Bewusstheit, des Buchstabenwissens, des phonologischen Arbeitsgedächtnisses und des Abrufs phonologischer Informationen aus dem Langzeitgedächtnis sagen spätere Lese-Rechtschreibleistungen vorher. Die Bedeutung der phonologischen Informationsverarbeitung für den unbeeinträchtigten Schriftspracherwerb legt nahe, dass Störungen der phonologischen Informationsverarbeitung zu einer Lese-Rechtschreibstörung führen könnten.

Zweitens gibt es Belege dafür, dass Kinder, die im Verlauf der Schulzeit eine Lese-Rechtschreibstörung entwickeln, bereits vor der Einschulung Defizite in phonologischen Leistungen zeigten. Im Rahmen derartiger Studien werden **Kinder mit einem genetischen Risiko für Lese-Rechtschreibstörung** längsschnittlich untersucht, und es wird retrospektiv beleuchtet, ob bei denjenigen Kindern, die tatsächlich eine Lese-Rechtschreibstörung entwickeln, zuvor vorschulische Defizite in kognitiven Vorläuferfertigkeiten des Schriftspracherwerbs feststellbar waren. Genau das konnte gezeigt werden. Kinder mit genetischem Risiko, die eine Lese-Rechtschreibstörung entwickeln, weisen im Vorschulalter Schwierigkeiten in den Bereichen phonologische Bewusstheit und Buchstabenwissen (Scarborough 1990) bzw. in den Bereichen Sprachwahrnehmung, phonologische Bewusstheit, Buchstabenwissen, phonologisches Arbeitsgedächtnis und schneller Abruf phonologischer Informatio-

nen aus dem Langzeitgedächtnis (Pennington und Lefly 2001) auf. Mit neurophysiologischen Methoden können Sprachwahrnehmungsleistungen bereits bei Babys mit genetischem Risiko für eine Lese-Rechtschreibstörung untersucht werden. So können z. B. mit einem sogenannten **Mismatch-Negativity-Paradigma (MMN-Paradigma)** die Sprachwahrnehmungsleistungen von Babys aufmerksamkeitsunabhängig erfasst werden (s. ▶ Exkurs »Genauer betrachtet: Das Mismatch-Negativity-Paradigma«). MMN-Studien zeigen, dass Babys (neugeboren bzw. 6 Monate alt) mit einem genetischen Risiko für Lese-Rechtschreibstörung Besonderheiten in der Verarbeitung von Sprachlauten aufweisen: Während die vorbewusste Unterscheidung zweier Vokalphoneme bei Kindern ohne genetischem Risiko für Lese-Rechtschreibstörung vor allem in der linken Hirnhälfte erfolgt, zeigen die Kinder mit einem genetischen Risiko eine Tendenz zur Verarbeitung der Phonemunterschiede in der rechten Hirnhälfte (einen Überblick geben Lyytinen et al. 2004). Dies spricht für frühe Defizite der phonologischen Informationsverarbeitung bei Kindern mit genetischem Risiko für Lese-Rechtschreibstörung.

Drittens ist gut belegt, dass bei **Personen mit Lese-Rechtschreibstörung** verschiedene Aspekte der phonologischen Informationsverarbeitung gestört sein können. So können bei Betroffenen Defizite in verschiedenen Aspekten der Phonemwahrnehmung, wie z. B. der Lautunterscheidung und Lautidentifikation (z. B. Adlard und Hazan 1998) und dem Verstehen von Silben und Wörtern im Störgeräusch (z. B. Ziegler et al. 2009) vorliegen. Weiterhin zeigen Personen mit Lese-Rechtschreibstörung Defizite in verschiedenen Aspekten der phonologischen Bewusstheit (z. B. Bruck 1992) sowie bei sprachlichen Arbeitsgedächtnisaufgaben, wie dem Behalten von Wörterfolgen in der richtigen Reihenfolge (z. B. Steinbrink und Klatte 2008). Schließlich scheinen Personen mit Lese-Rechtschreibstörung die Bezeichnungen von Objekten, also deren phonologische Repräsentationen, weniger effizient aus dem Langzeitgedächtnis abrufen zu können (z. B. Swan und Goswami 1997). Studien mit bildgebenden Verfahren (PET und fMRT; siehe zur Erklärung der Verfahren ▶ Exkurs »Genauer betrachtet: Funktionsweise von PET und fMRT«

4

Genauer betrachtet: Das Mismatch-Negativity-Paradigma

Die Mismatch-Negativity-Methode (MMN; einen Überblick gibt Näätänen 2000) ist ein nützliches Werkzeug zur Untersuchung der Sensitivität des Gehirns für bestimmte Ton- und Sprachreize. Es eignet sich ganz besonders für die Erforschung der Informationsverarbeitungsprozesse bei Kleinkindern und sogar Babys, da es auch als passive Methode eingesetzt werden kann, also ohne dass der Versuchsteilnehmer auf einen Reiz (z. B. einen Ton, eine Silbe oder ein Wort) in irgendeiner Art und Weise antworten muss, ja sogar ohne dass er die Reize überhaupt beachten muss. Damit ist die Messung relativ unabhängig von Aufmerksamkeitsschwankungen und der Motivation der Teilnehmer. Die Methode wurde zunächst für die auditive Modalität entwickelt, die Logik wurde aber inzwischen auch auf die visuelle Modalität übertragen (Müller et al. 2013; Berti 2011; Cammann 1990). In den vergangenen Jahrzehnten hat sich die MMN-Methode in der Forschung etabliert und wurde in zahlreichen Studien auch für die Untersuchung basaler auditiver und sprachlicher Verarbeitungsprozesse bei Kindern mit Lese-Rechtschreibstörung eingesetzt (einen Überblick gibt Bishop 2007).

Wie funktioniert diese Methode? Zunächst handelt es sich um ein elektroenzephalographisches Verfahren (EEG) bei dem die elektrische Aktivität des Gehirns in Form von Spannungsschwankungen von verschieden Elektroden an wohldefinierten Positionen an der Schädeloberfläche gemessen und dann durch spezielle Verarbeitungsprogramme analysiert wird. Durch Mittelung wiederholter Messungen kann für jede Elektrode genau jene Aktivität registriert werden, die durch einen ganz bestimmten Reiz, z. B. einen Ton, ausgelöst wurde. Das so ermittelte ereigniskorrelierte Potenzial (EKP) enthält dann Informationen darüber, wo dieser Reiz (welche Elektroden) wann (Latenz) und wie (Amplitude) im Gehirn verarbeitet wird.

Im MMN-Paradigma wird ein ganz bestimmter Reiz extrem regelmäßig wiederholt dargeboten. Für diesen Standardreiz bildet sich eine Gedächtnisspur im Gehirn aus, die durch das entsprechende EKP zum Ausdruck kommt, auch wenn man den Reiz nicht bewusst verarbeitet. Werden in dieser Reizkette in unregelmäßigen Abständen, also unerwartet, seltene abweichende Reize dargeboten (Deviant), die sich in einer klar definierten Dimension vom Standard unterscheiden, z. B. Töne, die länger sind, als der Standardreiz, so kommt es zu einer Nichtpassung, einem Mismatch mit der Gedächtnisspur. Die Differenz aus dem EKP des Standards und dem durch die Devianten ausgelösten EKP ergibt eine Differenzkurve. Die Negativierung, die sich dabei typischerweise bei einer Latenz um 100 bis 300 ms nach Reizbeginn findet, wird als Mismatch Negativity bezeichnet. Sie repräsentiert, vereinfacht ausgedrückt, den Grad, in dem das Gehirn die beiden Reize voneinander vorbewusst unterscheiden kann und damit, inwieweit beide Reize, Standard und Deviant, unterschiedlich repräsentiert sind. Neben der Tonfrequenz (hoher Ton versus tiefer Ton) und der Dauer (einen Überblick geben Näätänen et al. 2007) wurden MMN-Komponenten auch für Phonemkategorien und sogar semantische und grammatische Abweichungen gemessen (z. B. Pulvermüller und Shtyrov 2003). Damit eignet sich das MMN-Paradigma insbesondere, um zu testen, ob die Informationsverarbeitungsdefizite bei Kindern mit Lese-Rechtschreibstörung basal auditiv oder auf der Ebene der sprachlichen Repräsentationen zu suchen sind. Schulte-Körne et al. (1998) untersuchten die MMN für die Silben /ba/ und /da/ und für unterschiedliche Tonfrequenzen und fanden Gruppenunterschiede in der MMN-Amplitude zwischen lese-rechtschreibgestörten Kindern und Kindern mit unbeeinträchtigter Schriftsprachentwicklung nur für die Sprachreize. Die Autoren schlussfolgerten, dass Lese-Rechtschreibstörung durch ein rein sprachliches, nicht jedoch durch ein nicht-sprachliches auditives Verarbeitungsdefizit bedingt ist. Lachmann et al. (2005) hingegen fanden bei einer Subgruppe von Kindern mit Lese-Rechtschreibstörung deutlich geringere MMN-Amplituden für Töne und für Silben im Vergleich zu Kindern ohne Lese- und Schreibprobleme. Bishop (2007) bietet eine Übersicht und eine ausführliche Diskussion zu MMN-Ergebnissen bei Personen mit Lese-Rechtschreibstörung.

---

in ▶ Abschn. 2.4) haben neuronale Korrelate der phonologischen Informationsverarbeitung bei Lese-Rechtschreibstörung untersucht und sprechen ebenfalls für ein phonologisches Defizit bei Lese-Rechtschreibstörung (einen Überblick geben Ligges und Blanz 2007).

Basierend auf den Ergebnissen einer PET-Studie haben Paulesu und Kollegen (1996) einen Vorschlag dazu gemacht, wie es zu den Störungen in der phonologischen Informationsverarbeitung bei Lese-Rechtschreibstörung kommen könnte: Die **Verbindung zwischen vorderen und hinteren**

Spracharealen im Gehirn (vgl. ▸ Abschn. 2.4) könnte bei Lese-Rechtschreibstörung gestört sein (Paulesu et al. 1996). Durch das Aufkommen neuer Technologien der Magnetresonanztomographie ist es seit einigen Jahren möglich, derartige Annahmen zur Neuroanatomie der Lese-Rechtschreibstörung direkt zu untersuchen. So kann zum Beispiel die Methode des Diffusions-Tensor-Imaging (DTI) genutzt werden, um Veränderungen der weißen Substanz des Gehirns bei Lese-Rechtschreibstörung zu untersuchen (vgl. Gabrieli 2009). In einer derartigen Studie fanden Steinbrink und Kollegen (2008) bei Erwachsenen mit Lese-Rechtschreibstörung Veränderungen in der Beschaffenheit der Nervenfasern der weißen Substanz des Gehirns in verschiedenen Hirnstrukturen, die der Verbindung von Hirnregionen dienen, die an Sprach- oder Leseprozessen beteiligt sind. Weiterhin zeigte sich, dass Fasern der weißen Substanz bei lese-rechtschreibgestörten Erwachsenen weniger in der Vorne-Hinten-Richtung verlaufen als bei Erwachsenen mit unbeeinträchtigten Lese- und Rechtschreibfähigkeiten. Somit stützen die Ergebnisse dieser neuroanatomischen Studie (Steinbrink et al. 2008) die Annahme von Paulesu und Kollegen (1996), dass die phonologischen Defizite bei Lese-Rechtschreibstörung aus einer Störung der Verbindung von vorderen und hinteren Spracharealen herrühren könnten.

Schließlich belegen **Trainingsstudien**, dass eine Förderung bestimmter Aspekte der phonologischen Informationsverarbeitung der Entstehung von Lese-Rechtschreibschwierigkeiten vorbeugen bzw. schriftsprachliche Leistungen von Kindern mit Lese-Rechtschreibstörung verbessern kann. Derartige Verbesserungen von Lese-Rechtschreibleistungen durch ein Training phonologischer Fähigkeiten können als indirekte Belege dafür gewertet werden, dass Störungen der phonologischen Informationsverarbeitung die Lese-Rechtschreibstörung verursachen. Von den genannten Aspekten der phonologischen Informationsverarbeitung hat sich vor allem die phonologische Bewusstheit als trainierbar erwiesen. In einer Reihe von Studien konnte gezeigt werden, dass frühe Trainings der phonologischen Bewusstheit späteren Lese-Rechtschreibschwierigkeiten vorbeugen können, insbesondere wenn das Training der phonologischen Be-

wusstheit mit einem Buchstabentraining gekoppelt wird (s. Metaanalysen von Ehri et al. 2001 sowie von Bus und van Ijzendoorn 1999). Trainings der phonologischen Bewusstheit bei Kindern, die bereits eine Lese-Rechtschreibstörung entwickelt haben, haben jedoch eine geringere Wirkung und scheinen in erster Linie die Leseleistungen, aber nicht so sehr die Rechtschreibleistungen der Kinder zu verbessern (Ehri et al. 2001). In ▸ Kap. 6 werden wir uns ausführlicher mit Programmen zur Prävention von Lese-Rechtschreibschwierigkeiten sowie zur Intervention bei Lese-Rechtschreibstörung auseinandersetzen.

4.3.2 Lese-Rechtschreibstörung als Störung der zeitlichen auditiven Verarbeitung

In ▸ Abschn. 2.1.2 wurde bereits auf die Relevanz der nicht-sprachlichen zeitlichen auditiven Informationsverarbeitung für den unbeeinträchtigten Schriftspracherwerb hingewiesen. Daher liegt die Annahme nahe, dass Defizite in der zeitlichen auditiven Verarbeitung zu einer Lese-Rechtschreibstörung führen könnten. Es existieren verschiedene Annahmen darüber, welche Aspekte der zeitlichen auditiven Informationsverarbeitung für die Entwicklung der Lese-Rechtschreibstörung relevant sein könnten. Dies wird im Folgenden bezüglich dreier Theorien zu Defiziten der zeitlichen auditiven Verarbeitung bei Lese-Rechtschreibstörung näher erläutert. Es sei darauf hingewiesen, dass die Lese-Rechtschreibstörung in zweien dieser Theorien zusätzlich mit zeitlichen Verarbeitungsdefiziten in anderen Sinnesmodalitäten (vor allem der visuellen Modalität) in Verbindung gebracht wird (Talcott und Witton 2002, vgl. ▸ Abschn. 4.3.4; Tallal 2000). Wir werden uns im Rahmen des vorliegenden Abschnitts aber auf die Darstellung der Defizite in der zeitlichen auditiven Verarbeitung beschränken.

Lese-Rechtschreibstörung als Störung der schnellen zeitlichen Verarbeitung auditiver Reize

Der klassische und bis heute einflussreiche Ansatz zur auditiven Zeitverarbeitung bei Lese-Rechtschreibstörung von Tallal (1980) geht davon aus, dass die Lese-Rechtschreibstörung durch ein basales Defizit der auditiven Zeitverarbeitung verursacht ist, welches die Wahrnehmung von akustischen Elementen beeinträchtigt, die durch **schnelle Übergänge oder kurze Zeitdauern** gekennzeichnet sind. Das Zeitverarbeitungsdefizit führt dazu, dass Wahrnehmungsreize, die schnell nacheinander neuronal verarbeitet werden müssen, nicht integriert werden können. Dies verursacht eine Kaskade von Effekten, die mit der Unterbrechung der normalen Entwicklung des phonologischen Systems beginnt und mit dem Versagen im Leseerwerb endet (Tallal et al. 1993).

Im Folgenden soll kurz erläutert werden, wie Defizite in der Verarbeitung schnell wechselnder oder kurzer auditiver Reize zu Störungen in der Entwicklung des Lesens und Schreibens führen können (vgl. Steinbrink et al. im Druck): Wenn das Gehirn Hörreize, die zeitlich schnell aufeinander folgen oder nur eine kurze Zeitdauer haben, nicht effizient genug verarbeiten kann, dann hat das in der Folge auch Auswirkungen auf die Sprachwahrnehmung. Zum Beispiel erfordert die Unterscheidung bestimmter ähnlich klingender Sprachlaute (z. B. /b/ versus /p/) eine gute zeitliche Auflösung, weil der Unterschied zwischen diesen Sprachlauten in einem sehr kleinen Zeitfenster von etwa 20 ms liegt. Probleme in der zeitlichen auditiven Verarbeitung ziehen also Probleme in der **Lautunterscheidung** nach sich. Probleme in der Lautunterscheidung führen wiederum dazu, dass keine klar voneinander abgrenzbaren Repräsentationen von Sprachlauten im Langzeitgedächtnis aufgebaut werden können. Diese sind aber für die Entwicklung der phonologischen Bewusstheit und für das Erlernen von **Buchstabe-Laut-Zuordnungen** notwendig. Stellen Sie sich vor, ein Kind kann keine klaren Unterschiede zwischen den Sprachlauten /b/ und /p/ hören und hat deshalb auch nur unklar voneinander abgegrenzte Repräsentationen dieser Laute im Langzeitgedächtnis aufgebaut. Wie soll es dann erfolgreich entscheiden können, ob der erste Laut des Wortes »Buch« /b/ oder /p/ heißt (phonologische Bewusstheit)? Oder wie soll es lernen, dass zum Buchstaben »B« bzw. »b« der Sprachlaut /b/ gehört, während dem Buchstaben »P« bzw. »p« der Sprachlaut /p/ zuzuordnen ist (Buchstabe-Laut-Zuordnung)?

Die Ergebnisse verschiedener **Verhaltensstudien** sprechen für das Vorliegen eines zeitlichen auditiven Verarbeitungsdefizites sensu Tallal (1980) bei Lese-Rechtschreibstörung (z. B. Groth et al. 2011; einen Überblick geben Farmer und Klein 1995). In **funktionellen Bildgebungsstudien** mit Erwachsenen (Temple et al. 2000) und Kindern (Gaab et al. 2007) konnte darüber hinaus gezeigt werden, dass bei unbeeinträchtigten Lesern bestimmte Bereiche der linken Hirnhälfte auf die Verarbeitung schnell wechselnder akustischer Reize spezialisiert sind und dass diese Spezialisierung bei Personen mit Lese-Rechtschreibstörung nicht vorliegt. Darüber hinaus wird Tallals (1980) Theorie auch durch eine Trainingsstudie gestützt: Temple und Kollegen (2003) führten eine **Trainingsstudie** mit dem computerbasierten Trainingsprogramm **Fast ForWord** (Scientific Learning Corporation, Oakland, CA) durch. Mit diesem Programm soll die nicht-sprachliche und sprachliche Hörverarbeitung durch die Bearbeitung von adaptiven nicht-sprachlichen und sprachlichen Höraufgaben verbessert werden. Unter der Annahme, dass Personen mit Lese-Rechtschreibstörung unter einem zeitlichen Verarbeitungsdefizit leiden, werden die in *Fast ForWord* verwendeten Sprachreize mit einem zweistufigen Verarbeitungsalgorithmus verändert: Zum einen wird die Dauer des Sprachsignals um 50 % verlängert, wobei Tonhöheneigenschaften und die Natürlichkeit der Sprache erhalten bleiben. Zum anderen werden schnelle Übergangselemente in der Sprache lauter gemacht. Die Sprache erhält so Stakkato-Qualität, bei der die schnellen Elemente (vor allem Konsonanten) im Vergleich zu den eher langsamen Elementen (vor allem Vokale) übertrieben deutlich dargeboten werden (Tallal et al. 1996). In der Trainingsstudie von Temple und Kollegen (2003) wurden Kinder mit Lese-Rechtschreibstörung über einen Zeitraum von ca. 6 Wochen sehr intensiv mit *Fast ForWord* trainiert (100 Minuten pro Tag an 5 Tagen pro Woche). Vor und nach der Förderung wurden neuronale Korrelate der phonologischen Verarbeitung mittels funktioneller Magnetresonanztomographie erfasst, um zu überprüfen, ob die Förderung zu Veränderungen auf neuronaler Ebene führt. Es ergaben sich erhöhte Aktivierungen in verschiedenen Hirnregionen während der phonologischen Aufgabe. Unter anderem erhöhte sich die Aktivierung in einer Region der linken Hirnhälfte, die für die phonologische Verarbeitung relevant ist, in der Form, dass die Aktivierungsmuster sich nach der Förderung denen von unbeeinträchtigten Kindern annäherten. Auf Verhaltensebene zeigten die lese-rechtschreibgestörten Kinder nach der Förderung Verbesserungen in der Leseleistung und in sprachlichen Leistungen. Weiterhin stand die Erhöhung der Hirnaktivierung mit der Verbesserung der sprachlichen Leistungen der lese-rechtschreibgestörten Kinder in Zusammenhang. Die Ergebnisse dieser Studie sprechen also auf neurobiologischer wie Verhaltensebene für die Wirksamkeit der Förderung mit *Fast ForWord*. Zusammengefasst liegen sowohl aus Verhaltensstudien als auch aus Bildgebungs- und Trainingsstudien eine Reihe von Befunden vor, die Tallals (1980) Theorie des zeitlichen auditiven Informationsverarbeitungsdefizits unterstützen.

Dennoch ist heute umstritten, ob Defizite in der Verarbeitung schnell wechselnder oder kurzer Hörreize wirklich die Ursache der Lese-Rechtschreibstörung darstellen. Dies liegt daran, dass eine Reihe von Verhaltensstudien, die die zeitliche Verarbeitungstheorie von Tallal (1980) untersuchten, Ergebnisse erbrachten, die **gegen die Theorie** sprechen. So zeigten Kinder mit Lese-Rechtschreibstörung in einer Studie von Bretherton und Holmes (2003) zwar schlechtere Leistungen als unbeeinträchtigte Kontrollkinder in einer von Tallal entwickelten Tonordnungsaufgabe, aber dieses Defizit war nicht selektiv auf schnell aufeinanderfolgende Töne beschränkt. Weiterhin standen die Tonverarbeitungsleistungen der lese-rechtschreibgestörten Kinder nicht mit ihren Leistungen im Bereich der phonologischen Bewusstheit und im Lesen in Zusammenhang (Bretherton und Holmes 2003). Andere Studien zeigten, dass die Hörverarbeitungsprobleme bei Lese-Rechtschreibstörung nicht auf die Zeitverarbeitung beschränkt, sondern allgemeinerer Natur sind. So finden sich bei Erwachsenen mit Lese-Rechtschreibstörung u. a. zusätzliche Defizite in der Detektion von Tonhöhenunterschieden und von Tönen im Störgeräusch (Amitay et al. 2002). Schließlich gibt es manche Studien, die keinerlei Hinweise auf ein auditives Zeitverarbeitungsdefi-

zit bei Lese-Rechtschreibstörung erbrachten (z. B. Nittrouer 1999). Gegen die Theorie des zeitlichen auditiven Verarbeitungsdefizits nach Tallal spricht außerdem, dass ein Training mit *Fast ForWord* in manchen Studien weder die phonologischen Leistungen, noch die Leseleistungen von Probanden mit Lese-Rechtschreibstörung verbesserte (einen kritischen Überblick geben Alexander und Slinger-Constant 2004). Da in *Fast ForWord* auch Aufgaben zum Einsatz kommen, die phonologische, semantische oder grammatikalische Aspekte beinhalten, bleibt zudem letztlich unklar, ob für vorliegende Trainingserfolge wirklich die akustisch modifizierten Sprachreize verantwortlich sind (s. hierzu auch Tallal und Gaab 2006; Temple et al. 2003).

Lese-Rechtschreibstörung als Störung der Verarbeitung dynamischer auditiver Reize

In einem neueren Ansatz zu Störungen der zeitlichen auditiven Verarbeitung bei Lese-Rechtschreibstörung gehen Talcott und Witton (2002) davon aus, dass die Lese-Rechtschreibstörung durch Störungen in der Verarbeitung **dynamischer Merkmale** von Hörreizen (z.B. Amplituden- und Frequenzmodulationen im Sprachsignal) entsteht. Nach Ansicht dieser Autoren verursachen Defizite in der Detektion und Diskrimination dieser dynamischen Merkmale Defizite in der Entwicklung der für den Schriftspracherwerb relevanten phonologischen Fähigkeiten und führen so schließlich zur Lese-Rechtschreibstörung. Diese Theorie ist in den Rahmen der Zeitverarbeitungstheorien der Lese-Rechtschreibstörung einzuordnen, weil die untersuchten dynamischen Merkmale von Hörreizen sich auf Schwankungen der Lautstärke über die Zeit (**Amplitudenmodulation**) und auf Schwankungen der Tonhöhe über die Zeit (**Frequenzmodulation**) beziehen.

Warum aber sollten basale dynamische Merkmale von Hörreizen, wie Amplituden- und Frequenzmodulationen, die Sprachverarbeitung beeinflussen (vgl. Talcott und Witton 2002)? Sprache ist ein komplexes auditives Signal. Sie enthält dynamische Amplituden- und Frequenzmodulationen (d. h. Veränderungen der Lautstärke und Tonhöhe), die bei der Sprachverarbeitung korrekt

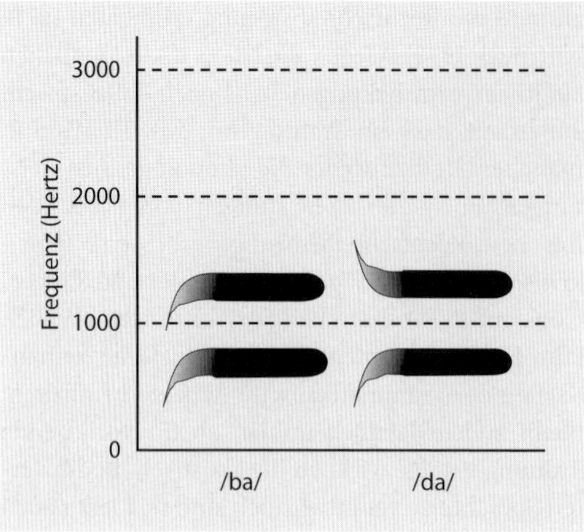

Abb. 4.3   Schematische Schallspektrogramme der Silben /ba/ und /da/. (Adaptiert nach Jusczyk 2000)

detektiert werden müssen. Langsame Amplituden- und Frequenzmodulationen mit einer Zeitdauer von 3 bis 4 Hz (d. h. 3 bis 4 Schwingungen pro Sekunde; dies entspricht einer Zeitdauer von 333 bis 250 ms) übermitteln zum Beispiel Informationen zur **Sprachmelodie**, während schnellere Modulationen von bis zu 20 bis 50 Hz (dies entspricht einer Zeitdauer von 50 bis 20 ms) die **Formantübergänge** bei Sprachlauten definieren (Formanten sind mit Vokalen assoziiert und bezeichnen Frequenzbereiche, in denen die akustische Energie konzentriert ist; Formantübergänge sind rasche Frequenzverschiebungen, die einem Vokal vorausgehen). In ■ Abb. 4.3 sind die Silben /ba/ und /da/ als schematische Schallspektrogramme dargestellt – abgebildet sind jeweils die ersten zwei Formanten des Vokals sowie die Formantübergänge. Man sieht, dass sich die Silben /ba/ und /da/ akustisch stark ähneln, sie unterscheiden sich nur hinsichtlich der Richtung der Frequenzänderung zu Beginn des zweiten Formanten. Die Detektion und Diskrimination von Amplituden- und Frequenzmodulationen ist also u. a. eine Voraussetzung dafür, ähnlich klingende Phoneme wie /b/ und /d/ voneinander unterscheiden zu können. Wie wichtig diese Phonemdiskriminationsfähigkeit für die weitere Entwicklung der phonologischen Informationsverarbeitung und den frühen Schriftspracherwerb ist, haben wir bereits in ▶ Abschn. 2.1.1 ausgeführt.

Verschiedene Studien sprechen für die Annahme, dass die Lese-Rechtschreibstörung mit **Defiziten in der Verarbeitung dynamischer auditiver Reize** assoziiert ist (einen Überblick geben Talcott und Witton 2002): Witton und Kollegen (1998) fanden, dass Erwachsene mit Lese-Rechtschreibstörung Frequenzmodulationen, die vom auditiven System zeitlich verarbeitet werden, schlechter detektieren, während sie bei der Detektion von Frequenzmodulationen, die über einen spektralen Mechanismus verarbeitet werden, unbeeinträchtigt sind. Erwachsene mit Lese-Rechtschreibstörung zeigen also spezifische Defizite in der zeitlichen Verarbeitung von Frequenzmodulationen. Eine nachfolgende Studie (Witton et al. 2002) erbrachte, dass lese-rechtschreibgestörte Erwachsene darüber hinaus bei der Detektion von Amplitudenmodulationen, die durch zeitliche Mechanismen verarbeitet werden, beeinträchtigt sind. Hulslander und Kollegen (2004) wiesen schließlich schlechtere Leistungen bei der Detektion von Amplituden- und Frequenzmodulationen auch bei Kindern und jungen Erwachsenen mit Lese-Rechtschreibstörung nach. Dass diese Befunde nicht auf das Englische beschränkt sind, belegt eine Studie von Talcott und Kollegen (2003), in der norwegische Kinder mit Lese-Rechtschreibstörung Defizite in der Detektion von Frequenzmodulationen zeigten. Insgesamt sprechen die Befunde also dafür, dass bei einer Lese-Rechtschreibstörung Defizite in der zeitlichen Verarbeitung von Frequenz- und Lautstärkeänderungen vorliegen.

Zusätzlich wurden **Zusammenhänge zwischen der Detektion von auditiven Modulationen und phonologischen Leistungen** berichtet. So steht bei gemeinsamer Analyse der Daten von Erwachsenen mit und ohne Lese-Rechtschreibstörung die Detektion zeitlich verarbeiteter Frequenz- und Amplitudenmodulationen mit den Leistungen im Pseudowortlesen in Zusammenhang (Witton et al. 2002, 1998). Außerdem finden sich bei Kindern mit unbeeinträchtigten Leseleistungen Beziehungen zwischen der Detektion zeitlicher Frequenzmodulationen und phonologischen Leistungen (Talcott et al. 2000). Diese Ergebnisse sprechen dafür, dass die Sensitivität für basale auditive Modulationen in der Sprache einen Einfluss auf phonologische Fähigkeiten hat, und zwar sowohl bei Personen mit unbeeinträchtigten, als auch bei Personen mit gestörten Lese-Rechtschreibleistungen. Eine Studie von Hulslander und Kollegen (2004) zeigt aber, dass die Zusammenhänge zwischen dynamischer Verarbeitung und phonologischen Leistungen durch die Intelligenz vermittelt sein könnten: Diese Studie fand bei Kindern und jungen Erwachsenen mit und ohne Lese-Rechtschreibstörung zwar Zusammenhänge zwischen Amplituden- bzw. Frequenzmodulationen und Leseleistungen. Diese Aufgaben zur dynamischen auditiven Verarbeitung leisteten aber nach der Kontrolle von Intelligenzeffekten keinen eigenständigen Beitrag zur Aufklärung der Varianz im Lesen. Dies könnte bedeuten, dass es keine spezifischen Zusammenhänge zwischen der Wahrnehmung dynamischer auditiver Reize und der Lese-Rechtschreibstörung gibt (vgl. auch Hulme und Snowling 2009).

Lese-Rechtschreibstörung als Störung der zeitlich-rhythmischen Verarbeitung auditiver Reize

Ein dritter Ansatz aus dem Bereich der Theorien, welche die Lese-Rechtschreibstörung mit Defiziten in der zeitlichen auditiven Verarbeitung in Verbindung bringen, geht davon aus, dass die Lese-Rechtschreibstörung durch eine Störung der zeitlich-rhythmischen Verarbeitung auditiver Reize verursacht ist (Goswami et al. 2002; Goswami 2011). Diese Theorie ähnelt dem im vorhergehenden Abschnitt dargestellten Ansatz von Talcott und Witton (2002) insofern, als auch sie dynamische Veränderungen innerhalb von Hörreizen als die relevanten zeitlichen Parameter ansieht (vgl. Steinbrink et al. im Druck). In Goswamis (2011) Theorie wird aber ein **spezifisches Defizit in der Verarbeitung langsamerer zeitlicher Modulationen** (im Bereich von etwa 1,5 bis 10 Hz; dies entspricht einer Zeitdauer von 667 bis 100 ms) als Ursache der Lese-Rechtschreibstörung angenommen. Die effiziente Verarbeitung dieser langsameren Modulationen unterstützt die **Zerlegung des Sprachsignals in Silben** und die **Wahrnehmung von Sprachrhythmus und Betonung**. Ist die Verarbeitung dieser langsamen Modulationen gestört, so sind Störungen beim Aufbau von Silbenrepräsentationen und bei der Wahrnehmung der prosodischen Struktur der

Sprache (Sprachmelodie) die Folge. Dies wiederum führt zu Defiziten in der Entwicklung der phonologischen Informationsverarbeitung, z. B. in der Entwicklung der phonologischen Bewusstheit im weiteren Sinne (vgl. ▶ Abschn. 2.1.1), für die ja größere lautliche Einheiten wie etwa Silben relevant sind. Die defizitären phonologischen Leistungen stören schließlich den Erwerb des Lesens und Schreibens.

Zur empirischen Überprüfung der Theorie wird vor allem die Wahrnehmung von Amplitudenanstiegszeiten untersucht. Die **Amplitudenanstiegszeit** bezeichnet die Zeit vom Beginn eines Tons bis zu seiner maximalen Amplitude (Hämäläinen et al. 2013). Amplitudenanstiegszeiten im Sprachsignal reflektieren die Amplitudenmodulationsmuster, die die zeitliche Zerlegung des Sprachsignals in Silben unterstützen. Darüber hinaus gelten sie als wichtige Hinweisreize für die Wahrnehmung von Silbenbetonung und Sprachrhythmus (Goswami 2011). Studien belegen, dass die Unterscheidung von Amplitudenanstiegszeiten bei Personen mit Lese-Rechtschreibstörung in verschiedenen Sprachen beeinträchtigt ist. Weiterhin erweist sich die Leistung in Aufgaben zur Wahrnehmung der Amplitudenanstiegszeit als Prädiktor für die phonologische Bewusstheit und für die Fähigkeit, neue Wörter zu lernen. Schließlich finden sich bei Personen mit Lese-Rechtschreibstörung Beeinträchtigungen in der Rhythmusverarbeitung (einen Überblick gibt Goswami 2011).

Diese Befunde sprechen dafür, dass die Lese-Rechtschreibstörung durch Defizite in der Verarbeitung langsamerer zeitlicher Modulationen im Sprachsignal verursacht sein könnte, die Störungen der phonologischen Entwicklung nach sich ziehen und schließlich zu Störungen im Schriftspracherwerb führen. Allerdings gibt es auch Hinweise darauf, dass Defizite in der Verarbeitung langsamerer Modulationen im Sprachsignal besonders in intransparenten Sprachen (vgl. ▶ Abschn. 2.4.1) wie Englisch oder Französisch für die Entstehung einer Lese-Rechtschreibstörung verantwortlich sein könnten, während sie in transparenten Sprachen wie Finnisch oder Griechisch keine so große Rolle spielen (vgl. Papadopoulos et al. 2012). Die zukünftige Forschung muss also zeigen, ob und inwieweit die Relevanz einer Störung in der zeitlich-rhythmischen Verarbeitung auditiver Reize für die Lese-Rechtschreibstörung von der Transparenz der Sprache abhängig ist.

Zusammenfassende Bewertung von Theorien zur Störung der zeitlichen auditiven Verarbeitung bei Lese-Rechtschreibstörung

Die in den vorhergehenden Abschnitten beschriebenen Theorien zu Defiziten in der zeitlichen auditiven Verarbeitung zeigen, dass es gute Gründe für die Annahme gibt, dass ganz **verschiedene Aspekte der zeitlichen auditiven Verarbeitung** für die Entstehung einer Lese-Rechtschreibstörung verantwortlich sein könnten. Dies wird auch durch eine aktuelle Übersichtsarbeit von Hämäläinen und Kollegen (2013) bestätigt, welche systematisch die Ergebnisse verschiedener Verhaltens- und neurophysiologischer Studien zu Hörverarbeitungsdefiziten bei Lese-Rechtschreibstörung zusammenfasst. Zu den am konsistentesten gefundenen Hörverarbeitungsdefiziten gehören Defizite in der Wahrnehmung von Amplitudenanstiegszeiten, in der Diskrimination von Zeitdauern sowie in der Detektion von Frequenz- und Amplitudenmodulationen (Hämäläinen et al. 2013). Aus diesem Befundmuster schließen die Autoren, dass zumindest eine Teilgruppe von Personen mit Lese-Rechtschreibstörung **Probleme mit der Verarbeitung von dynamischen und prosodischen Merkmalen von Hörreizen** (Frequenzmodulation, Amplitudenmodulation, Amplitudenanstiegszeit, Zeitdauer) aufweist. Hämäläinen und Kollegen (2013) weisen aber gleichzeitig darauf hin, dass das Vorliegen derartiger Hörverarbeitungsstörungen bei Lese-Rechtschreibstörung nicht notwendigerweise bedeutet, dass diese Störungen auch die Ursache der Lese-Rechtschreibstörung darstellen.

Es ist also zum einen eine offene Frage, ob Defizite in der zeitlichen auditiven Verarbeitung überhaupt als Ursache der Lese-Rechtschreibstörung zu betrachten sind. Zum anderen ist ungeklärt, welche Aspekte der zeitlichen auditiven Informationsverarbeitung (vgl. die in den vorherigen Abschnitten dargestellten Theorien) als besonders relevant für die Lese-Rechtschreibstörung anzusehen sind.

4.3.3 Lese-Rechtschreibstörung als Automatisierungsdefizit: Die Cerebellum-Theorie

Dass die Lese-Rechtschreibstörung ganz wesentlich mit Defiziten der phonologischen Verarbeitung assoziiert ist, steht für Vertreter der Automatisierungsdefizit-Theorie außer Frage. Die Theorie unterscheidet sich von der phonologischen Theorie aber in drei wesentlichen Punkten. Erstens interessieren sich die Vertreter der Automatisierungsdefizit-Theorie (Nicolson und Fawcett 1990) vor allem dafür, wie solche phonologischen Defizite zustande kommen, also für den *Prozess des Fertigkeitserwerbs*, und zwar auf biologischer Ebene. Zweitens versucht die Automatisierungsdefizit-Theorie zu erklären, warum Betroffene mit Lese-Rechtschreibstörung neben phonologischen Verarbeitungsproblemen eine ganze Reihe **weiterer typischer Defizite** in interindividuell unterschiedlicher Ausprägung und Kombination zeigen, und dies bereits vor Beginn des Schriftspracherwerbs (▶ Abschn. 3.4.2). Drittens erklären sie, warum Betroffene gehäuft auch andere klinisch relevante, umschriebene Entwicklungsstörungen (z. B. Sprachentwicklungsstörungen, Rechenstörung, motorische Entwicklungsstörungen) und Verhaltensstörungen (z. B. hyperkinetische Störungen), also **Komorbiditäten** aufweisen (▶ Abschn. 3.6.1).

Alle drei Punkte werden als Folge einer **gestörten Automatisierung von gelernten mentalen Prozeduren** (Abläufen) beschrieben. Gestört ist also nicht das Erlernen von Fakten (deklarativer Wissenserwerb; »WAS«-Lernen), sondern vielmehr die Automatisierung von Abläufen, also wie Informationen effektiv, d. h. mit weniger mentalem Aufwand, verarbeitet und in verfestigte Prozeduren überführt werden (**prozedurales Lernen**; »WIE«-Lernen, Anderson 1996). Prozedurales Lernen bezieht sich also nicht nur auf den Erwerb motorischer Fertigkeiten, sondern auch auf **kognitive Prozeduren**, wie mathematische Fertigkeiten, Sprachverarbeitung (Grammatik) oder auch schriftsprachliche Fertigkeiten.

Eine herausragende Rolle bei der Entwicklung der Automatisierungsdefizit-Theorie und ihrer empirischen Untermauerung auf neurobiologischer Basis spielt eine Hirnstruktur, die traditionell eher

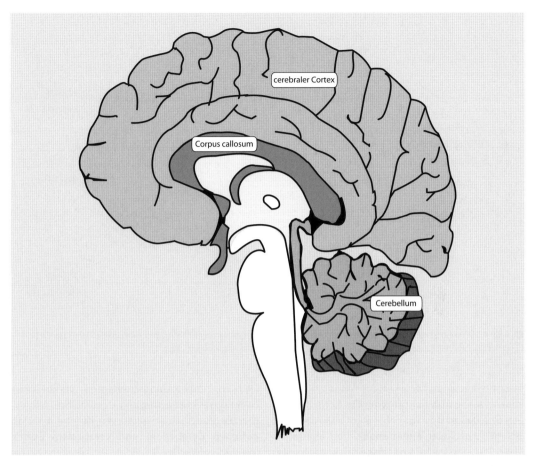

◘ Abb. 4.4   Vereinfachte Darstellung des Gehirns mit Hervorhebung des cerebralen Cortex, des Corpus callosums (das beide Großhirnhälften verbindet) und des Cerebellums, einem phylogenetisch uralten Hirnteil (ca. 400 Millionen Jahre alt), das aus zwei Hemisphären besteht und dessen relativer Hirngewichts- und Hirnflächenanteil jeweils bei nur ca. 10 % liegt, das jedoch stark gefaltet ist und mehr als die Hälfte aller Neuronen beinhaltet. (Nach Stoodley und Stein 2011)

als **zentrale Kontrollstelle für die Organisation motorischer Abläufe** (Handlungsplanung und -koordination, Impulskontrolle) verstanden wurde, das **Cerebellum** (Kleinhirn, ◘ Abb. 4.4). Im 20. Jahrhundert stand bei der Erforschung neuronaler Korrelate *kognitiver* Funktionen zunächst vor allem der phylogenetisch junge **cerebrale Cortex** (Großhirnrinde, ◘ Abb. 4.4) im Mittelpunkt des Interesses. In den letzten Jahrzehnten wuchs aber, insbesondere durch neue Methoden der Bildgebung, das Wissen um die komplexe Involviertheit des Cerebellums auch bei kognitiven Prozessen, wie Gedächtnis und Aufmerksamkeit, der Koordination und Geschwindigkeit multimodaler Wahrnehmung, der räumlichen Wahrnehmung sowie der Steuerung und Automatisierung **komplexer kognitiver Funktionen**, inklusive der **sprachlichen Verarbeitung** (Ackermann und Hertrich 2000), der **Sprachproduktion** (Ackermann et al. 2007, 1998) und der **Schriftsprachverarbeitung** (einen Überblick geben Stoodley und Stein 2011).

Natürlich wird nicht angenommen, das Cerebellum sei die wichtigste Hirnstruktur für die Verarbeitung komplexer kognitiver Informationen oder etwa für die Steuerung der Sprachverarbeitung und -produktion verantwortlich. Vielmehr wird postuliert, dass cerebelläre Strukturen auch an diesen höheren kognitiven Prozessen *beteiligt* sind,

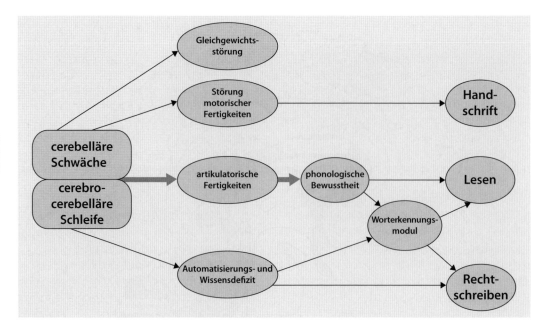

◨ Abb. 4.5   Vereinfachte Darstellung der angenommenen Wirkungszusammenhänge zwischen cerebellärem Defizit und Lese-Rechtschreibleistungen. (Adaptiert nach Fawcett 2002; Nicolson und Fawcett 1999)

insbesondere dann, wenn es um Automatisierung von Abläufen, also um prozedurales Lernen, geht. Das Cerebellum operiert dabei quasi als »**Assistent höherer cortikaler Funktionen**« und optimiert diese. Für eine solche Annahme spricht einerseits, dass partielle Schädigungen des Cerebellums nicht zu qualitativen Ausfällen kognitiver Funktionen führen und relativ schnell kompensiert werden können, und andererseits, dass eine starke Vernetzung zwischen Cerebellum und cerebralem Cortex besteht (**cerebro-cerebelläre Schleife**, ◨ Abb. 4.5), und zwar nicht nur mit motorischen Arealen des Cortex (**motorische Schleife**, Nicolson et al. 2010), sondern auch mit jenen Bereichen, die wesentlich an der Sprachverarbeitung und -produktion beteiligt sind (**kognitive/sprachliche Schleife**, Nicolson et al. 2010). Zusammenfassend kann also festgehalten werden, dass das Cerebellum wesentlich an Prozessen des prozeduralen Lernens, insbesondere der Automatisierung sowohl motorischer als auch kognitiver, inklusive sprachlicher Fertigkeiten mitwirkt (Stoodley und Stein 2011).

Diese Erkenntnisse führten zur Annahme, dass spezifische Lern- und Entwicklungsstörungen Folge eines **cerebellären Defizits** in Form einer leichten, entwicklungsbedingten cerebellären **Funktionsbeeinträchtigung** (cerebelläre Schwäche) und/oder einer gestörten Kommunikation zwischen Cerebellum und cerebralem Cortex (cerebro-cerebelläre Schleife) sein könnten (Nicolson und Fawcett 2011, 1990). Bereits in den 80er Jahren des 20. Jahrhunderts wurden solche Zusammenhänge postuliert (Levinson 1988) und für die Lese-Rechtschreibstörung seit Anfang der 90er Jahre vor allem durch zahlreiche Publikationen der sogenannten »Sheffield-Gruppe« um Nicolson, Fawcett und Kollegen weiter spezifiziert (Nicolson und Fawcett 2011, 1990; Fawcett 2002) und auch empirisch untermauert (eine Zusammenfassung empirischer Ergebnisse geben Nicolson et al. 2010).

◨ Abb. 4.5 stellt schematisch dar, wie cerebelläre Defizite unterschiedliche Aspekte des Schriftspracherwerbs beeinträchtigen können (Nicolson und Fawcett 2011, 1999; Fawcett 2002). Dabei werden für die Wirkungszusammenhänge verschiedene Routen postuliert, die wir hier wie folgt benennen: Über die **Artikulationsroute** wirkt sich ein frühkindliches cerebläres Defizit unmittelbar auf die Entwicklung der artikulatorischen Fertigkeiten aus, was mit einem beeinträchtigten Sprechverhalten einhergeht. Dies führt zu einer inadäquaten Entwicklung der **phonologischen Bewusstheit** und damit zu einer Störung des Schriftspracherwerbs. Die durch eine cerebelläre Schwäche beeinträchtigte motorische Entwicklung kann sich über die **feinmotorische Route** auch auf die **handschriftliche Qualität** auswirken, die bei vielen Kindern mit Lese-Rechtschreibstörung unterdurchschnittlich ist – ein nicht unwesentliches Argument für diese Theorie als Alternative für die rein phonologischen Ansätze, denn es gibt eigentlich keinen Grund anzunehmen, warum Probleme bei der phonologischen Informationsverarbeitung auch zu einer schlechten Handschrift führen sollten. Das bereits erläuterte **Automatisierungsdefizit** wirkt über die **Automatisierungsroute** vor allem durch eine gestörte cerebro-cerebelläre Kommunikation auf das prozedurale Lernen beim Schriftspracherwerb ein. Das sogenannte »Worterkennungsmodul« berücksichtigt die lexikalische versus phonologische Verarbeitungsstrategie (▶ Abschn. 2.3.1; Coltheart et al. 2001) und vermittelt bei der Artikulations- und der Automatisierungsroute zwischen Auswirkungen auf das Lesen und das Rechtschreiben. In späteren Arbeiten (Nicolson und Fawcett 2011) werden auch Arbeitsgedächtnisprozesse und das orthographische Regelwissen als vermittelnde Instanzen explizit aufgenommen.

Unter der Annahme, dass die Routen interindividuell unterschiedlich stark betroffen sein können, bietet dieses relativ einfache Modell eine Reihe von Vorteilen. Zunächst sagt es sowohl die vorherrschenden **phonologischen Verarbeitungsdefizite** als auch eine ganze Reihe **weiterer Symptome der Lese-Rechtschreibstörung** in unterschiedlicher Ausprägung vorher, und zwar auf der Ebene der schriftsprachlichen Leistungen selbst sowie hinsichtlich der zugrundeliegenden Informationsverarbeitungsdefizite. Dadurch lassen sich auch eine Reihe unterschiedlicher Theorien mit diesem Modell in Einklang bringen (Fawcett 2002), inklusive der phonologischen Theorie (▶ Abschn. 4.3.1), den Theorien zum zeitlichen und magnozellulären Verarbeitungsdefizit (▶ Abschn. 4.3.2. und ▶ Abschn. 4.3.4), des Doppeldefizitansatzes (▶ Abschn. 3.7) und des funktionalen Koordinationsdefizitansatzes (▶ Abschn. 4.3.5), und es besteht außerdem auch Raum für die Annah-me von **Subgruppen** (Lachmann und van Leeuwen 2008b; Lachmann et al. 2005). Zudem erklärt das Modell das kombinierte wie auch das isolierte Auftreten von Lese- und Rechtschreibproblemen sowie das transparenzabhängige Erscheinungsbild der Lese-Rechtschreibstörung (Hauptprobleme bei der Lesegeschwindigkeit versus Lesegenauigkeit, ▶ Abschn. 3.7).

Die Annahme eines cerebellären Defizits, das je nach konkreter individueller Ausprägung den Erwerb unterschiedlicher Fertigkeiten behindert, kann außerdem die erhöhte **Komorbidität bei Entwicklungs- und Verhaltensstörungen** sehr gut erklären. Wie in ▶ Abschn. 3.6 erläutert, zeigt sich unter Kindern mit Lese-Rechtschreibstörung ein erhöhter Anteil von hyperkinetischen Störungen, was nach der Automatisierungsdefizit-Theorie zu erwarten ist, da das Cerebellum an der Impulskontrolle wie auch an Aufmerksamkeits- und Gedächtnisprozessen beteiligt ist. Entsprechend wurden bei Kindern mit hyperaktiven Störungen abweichende Aktivierungsmuster im Cerebellum nachgewiesen (einen Überblick geben Bower und Parsons 2003). Auch die erhöhte Prävalenz der Rechenstörung unter Betroffenen der Lese-Rechtschreibstörung lässt sich durch die Annahme, dass die Automatisierung von Prozeduren beeinträchtigt ist, erklären. Außerdem werden bei Lese-Rechtschreibstörungen in der Vorgeschichte gehäuft Sprachentwicklungsstörungen diagnostiziert, die direkt über die Artikulationsroute des Modells erklärt werden können. Die gehäufte Diagnose motorischer Entwicklungsstörungen und das Auftreten typischer Begleitsymptome bei Lese-Rechtschreibstörung (v. a. Auffälligkeiten in der motorischen Koordination; ▶ Abschn. 3.4) lassen sich im Modell durch die Gleichgewichtsstörung begründen.

Der Nachteil des Ansatzes ist allerdings, dass er sehr allgemein bleibt (Fawcett 2002). Außerdem stellt sich die Frage, warum sich ein cerebelläres Defizit insgesamt dennoch relativ spezifisch auf die Schriftsprachentwicklung auswirken soll. Zwar finden Fawcett und Kollegen (1996) in ihrer Stichprobe von Kindern und jungen Erwachsenen mit Lese-Rechtschreibstörung gehäuft basale Symptome, die insbesondere den Bewegungs- und Stützapparat betreffen und für erworbene cerebelläre Defizite typisch sind (Dow und Moruzzi 1958;

Holmes 1917), was dafür spricht, dass diese Personengruppe gehäuft eine Beeinträchtigung in der Entwicklung solcher Funktionen zeigt, an deren Steuerung das Cerebellum nachweislich wesentlich beteiligt ist. Diese lassen sich jedoch nicht bei allen Betroffenen finden (z. B. nur bei 25 % der Stichprobe von Ramus et al. 2003b) und führen zudem kaum zu beobachtbaren Beeinträchtigungen. Fawcett und Nicolson (2001) argumentieren diesbezüglich, dass die Anforderungen an die Automatisierung bei Schriftspracherwerb extrem hoch und daher, im Gegensatz zu anderen Automatisierungsproblemen, nicht so leicht kompensierbar seien. Einige Autoren bezweifeln jedoch den ursächlichen Zusammenhang zwischen cerebellären Fehlfunktionen und Lese-Rechtschreibproblemen oder sehen diese Fehlfunktionen eher als mögliche aber unspezifische Begleiterscheinung verschiedener Entwicklungsstörungen (White et al. 2006a, b; Ramus 2003; Ramus et al. 2003a, b). Bishop (2002) diskutiert eine Reihe von Herausforderungen, die es zu lösen gilt, um zu entscheiden, welche Rolle das Cerebellum tatsächlich bei der Entstehung der Lese-Rechtschreibstörung spielt.

4.3.4 Lese-Rechtschreibstörung als Folge eines magnozellulären Defizits

Während die vorherrschende phonologische Theorie (▸ Abschn. 4.3.1) allein Defizite in der phonologischen Informationsverarbeitung als Ursachen der Lese-Rechtschreibstörung betrachtet, betont die magnozelluläre Defizit-Theorie (einen Überblick geben Stein 2002, 2001 und Stein et al. 2001) die Rolle der frühen **visuellen Informationsverarbeitungsprozesse** beim Lesen und damit auch bei einer möglichen Störung des Schriftspracherwerbs, allerdings ohne die Bedeutung von Defiziten im Bereich der phonologischen Verarbeitung zu bestreiten. Die Theorie unterscheidet sich von der phonologischen Theorie auch dadurch, dass sie auf neurobiologische Defizite in Form **spezifischer anatomischer und physiologischer Abweichungen** fokussiert, welche für die Verarbeitung schriftsprachlicher Informationen relevant sind, und die Beeinträchtigungen bei ganz bestimmten Wahr-

nehmungsleistungen – primär und sekundär – auf der Ebene des Lese- und Rechtschreibverhaltens erklären.

Lesen ist vor allem ein sprachlicher Prozess. Dennoch müssen zunächst in sehr **hoher Geschwindigkeit und Genauigkeit** *visuelle* Konfigurationen, also Buchstaben (Grapheme) und Wörter erkannt werden, ehe die entsprechenden sprachlichen Repräsentationen aktiviert werden können. Dies wird während der frühen visuellen Verarbeitung durch **unterschiedliche visuelle Teilsysteme** gewährleistet: einem **transienten System**, das hauptsächlich über sogenannte **Magnozellen** Bewegungen und eher grobe und globale visuelle Informationen (Kontrast, Umrisse, Figur-Grund-Unterscheidung) in hoher Geschwindigkeit, aber geringer Auflösung codiert und weiterleitet, und einem **stationären System**, das hauptsächlich über sogenannte **Parvozellen** für die deutlich langsamere Codierung und Weiterleitung von Detailinformationen sensitiv ist (▸ Exkurs »Genauer betrachtet: Die Physiologie der frühen visuellen Wahrnehmung«). Diese verschiedenen **Teilaspekte des Gesehenen** werden über **spezielle Rezeptoren und Verarbeitungskanäle** zunächst relativ unabhängig voneinander und in unterschiedlicher Geschwindigkeit codiert und verarbeitet, beeinflussen sich dann aber über diverse Schaltstellen gegenseitig und **steuern und optimieren** so den kontinuierlichen Leseprozess. Die magnozelluläre Defizit-Theorie nimmt an, dass eine **inadäquate Funktionsweise der magnozellulären Strukturen** über eine damit verbundene Beeinträchtigung der schnellen Codierung und Verarbeitung transienter Information und folglich einer suboptimalen Integration der visuellen Teilinformationen während der frühen visuellen Verarbeitung zu einer Störung dieses Steuerungs- und Optimierungsprozesses beim Lesen führt. Als Beleg dafür werden zum einen **spezifische visuelle Wahrnehmungsdefizite** angeführt, die experimentell in zahlreichen Studien bei einem Teil der Kinder und Erwachsenen mit Lese-Rechtschreibstörung nachgewiesen wurden (Becker et al. 2005; Slaghuis und Ryan 1999; Stein und Talcott 1999; Stein und Walsh 1997; Lovegrove et al. 1980; einen Überblick gibt Stein 2002, 2001) und selektiv die Verarbeitung transienter Information betreffen, wie z. B. Defizite bei der Verarbei-

Genauer betrachtet: Die Physiologie der frühen visuellen Wahrnehmung

Auf neuroanatomischer und -physiologischer Ebene lassen sich die beiden frühen Wahrnehmungssysteme (transient/stationär) wie folgt beschreiben: Die Informationen aus dem Abbild des visuellen Inputs auf dem rezeptiven Feld der Retina (Netzhaut) werden von zunächst relativ unabhängig operierenden Systemen codiert und über die Sehbahn zum sogenannten seitlichen Kniehöcker des Thalamus (Sehhügel) weitergeleitet (einen Überblick geben Stein 2002, 2001 und Lehmkuhle 1993). Das parvozelluläre System stellt über 80 % der Nervenzellen auf der Retina und ist vor allem für die Verarbeitung und Weiterleitung von Formdetail- und Farbinformation des visuellen Inputs sensitiv. Das magnozelluläre System stellt weniger Zellen, diese sind jedoch derartig viel größer (magnus: lateinisch für groß; parvus: lateinisch für klein), dass sie insgesamt sogar deutlich mehr Fläche auf der Retina und deren Umfeld einnehmen als die Parvozellen. Durch ihre Größe besteht jedoch insgesamt eine geringere Auflösung der visuellen

Information als bei den Parvozellen. Magnozellen sind aber deutlich stärker myelinisiert, was die Verarbeitung und Weiterleitung visueller Informationen wesentlich beschleunigt. Damit sind die Magnozellen weniger für die Verarbeitung von Detailinformationen, sondern eher für die schnelle Verarbeitung und Weiterleitung grober visueller Informationen, wie Helligkeitsunterschiede, grobe Formen (Umrisse, Figur-Grund-Unterscheidung), und vor allem für die schnelle Entdeckung von Veränderungen der visuellen Reizkonstellation über die Zeit, und damit für die Erkennung von Bewegungen, zuständig. Dementsprechend ist auch die Lokalisation der beiden Zelltypen auf der Retina unterschiedlich; Magnozellen sind über die Retina verteilt angesiedelt, Parvozellen sind besonders stark im fovealen Bereich (Fovea, Sehgrube: Bereich des schärfsten Sehens der Netzhaut) und darum herum konzentriert. Sie codieren damit eher jenen Teil des visuellen Inputs, auf den sich der Blick fokussiert und den es gilt im Detail zu analysieren,

während Magnozellen eher dafür zuständig sind, schnell und flexibel darüber zu entscheiden, was fixiert und genauer analysiert werden soll. Die entsprechenden Informationen aus beiden Systemen werden im Thalamus, einem zentralen Teil des Zwischenhirns, koordiniert und mit Informationen aus anderen Verarbeitungssystemen zusammengeführt. Da die Informationen in Bezug auf einen bestimmten visuellen Reiz den Thalamus über das magnozelluläre System deutlich schneller erreichen, als jene, die über die parvozellulären Strukturen weitergeleitet werden, können diese zur Steuerung und Optimierung der Feinanalyse genutzt werden. Von dort werden aber auch Steuerprozesse zurück an das Auge koordiniert, um eine optimale Wahrnehmung zu garantieren, die vor allem in einem schnellen Wechsel von Detailwahrnehmung und der Erkennung von relevanten Änderungen in der Umwelt bestehen dürfte. Der Grad und die Art und Weise der Interaktion der beiden Systeme ist jedoch noch nicht im Detail erforscht.

tung schnell aufeinanderfolgender visueller Reize (Becker et al. 2001; Martin und Lovegrove 1987), eine eingeschränkte Kontrastsensitivität in Abhängigkeit von der räumlichen Auflösung (Lovegrove et al. 1980) oder die schnelle Entdeckung von Bewegungen visueller Reizkonstellationen (Talcott et al. 1998; Cornelissen et al. 1995). Dieses experimentelle Befundmuster lässt sich auch durch psychophysiologische (Maddock et al. 1992; Livingstone et al. 1991) und bildgebende (Eden et al. 1996) Verfahren bestätigen. Zum anderen wird die Annahme eines magnozellulären Defizits als mögliche Ursache für Lese-Rechtschreibstörung durch post mortem gewonnene **histologische Befunde** unterstützt, die zeigen, dass Magnozellen bei einigen Betroffenen hinsichtlich Anzahl, Größe und Lokalisierung vom Normalbefund entwicklungsbedingt abweichen (einen Überblick gibt Galaburda 2002). Wichtig für

die Begründung der magnozellulären Defizit-Theorie sind außerdem Ergebnisse, die zeigen, dass transiente Wahrnehmungsleistungen bei Kindern und Erwachsenen mit schriftsprachlichen Leistungen **korrelativ zusammenhängen** (Witton et al. 1998), und dass ein **Training** visueller Wahrnehmungsleistungen auch zu einer Verbesserung der schriftsprachlichen Leistungen führt (▶ Abschn. 6.3.1).

Die Theorie unterstellt dabei *nicht*, dass ein magnozelluläres Defizit bei Betroffenen mit Lese-Rechtschreibstörung etwa zu derartigen visuellen Wahrnehmungsproblemen führt, dass sie im Alltag Orientierungsprobleme hätten oder Objekte unscharf, zu spät oder falsch sähen. Vielmehr handelt es sich um geringe neurobiologische Abweichungen, die sich aber auf den Leseprozess signifikant auswirken, da dieser besonders **hohe Anforderungen an die zeitliche Koordination** und Interaktion der frühen visuellen Teilprozesse mit sich bringt. Diese Teilprozesse der transienten und stationären Codierung und Verarbeitung sind **nicht schriftsprachspezifisch** (▶ Kap. 1), sondern evolutionär sehr alt und funktionieren bei höheren Säugetieren in sehr ähnlicher Weise (Singer und Bedworth 1973). Sie werden für den Schriftspracherwerb rekrutiert, modifiziert und mit anderen Funktionen koordiniert (▶ Abschn. 4.3.5). Im Folgenden wollen wir kurz die visuellen Prozesse beim automatisierten Lesen beschreiben und erläutern, wie ein magnozelluläres Defizit spezifisch den Leseprozess und damit den gesamten Schriftspracherwerb stören und entsprechend eine Lese-Rechtschreibstörung verursachen könnte.

Beim automatisierten Lesen wandert das Auge nicht kontinuierlich über den Text, sondern es kommt zu einem schnellen Wechsel zwischen sogenannten **Fixationen**, während denen das Auge für mehrere hundert Millisekunden auf einen kleinen Teil des Textes, bei alphabetischer Schrift klassischerweise ein Wort, fokussiert, um visuelle Informationen zu codieren und weiterzuleiten, und den sogenannten **Sakkaden**, sprunghaften Blickbewegungen, bei denen das Auge in Leserichtung relativ schnell (10–40 ms) zu einem neuen Fixationspunkt wandert. Während der Sakkaden ist das visuelle System quasi blind, es können keine oder kaum visuelle Informationen aufgenommen und codiert werden. Um also den nächsten Fixationspunkt optimal zu wählen (Optimal Viewpoint), muss während der Fixation auch Information **außerhalb des fixierten Wortes** oder der Buchstabengruppe (d. h. peripher) analysiert werden.

Die Steuerung der Abfolge von Fixationen und Sakkaden setzt ein sehr **schnelles und überaus genaues Tuning** der involvierten Teilprozesse und eine optimale **Integration der zeitlichen und räumlichen Teilinformationen des visuellen Inputs** voraus, wobei kognitive Prozesse, wie die semantische Analyse des Wortes, kaum eine Rolle spielen (Pollatsek 1993). Beim Lesen treten auch sogenannte **Regressionen**, d. h. sprunghafte Augenbewegungen entgegen der Leserichtung auf (Rückwärtssprünge), wenn auch seltener (ca. 10 %) und kleiner. Sie sind Ausdruck eines Korrekturprozesses, quasi eines Retuning, und gehen unbewusst und ebenfalls sehr schnell vonstatten. Re-

gressionen sowie verlängerte Fixationen und eine damit verbundene Verlangsamung des Leseflusses können natürlich auch kognitiv bedingt auftreten, z. B. beim Lesen eines seltenen Wortes im Text, grammatischen Abweichungen oder semantischen Decodierungsproblemen. Diese Prozesse finden jedoch in einem wesentlich größeren Zeitrahmen statt. Bei einem automatisierten, reibungslosen Lesefluss ist sich der Leser der stattfindenden frühen Teilprozesse nicht bewusst (Lehmkuhle 1993).

Bei Personen mit Lese-Rechtschreibstörung sind **abweichende Muster in der Abfolge von Fixationen und Sakkaden beim Lesen** und auch eine relative **Häufung von Regressionen** (Fischer und Hartnegg 2008; Biscaldi et al. 1998; Eden et al. 1994) nachweisbar. Diese Symptome könnten zwar auch Folge inadäquater phonologischer Verarbeitung sein, zumal sie bei nicht-verbalem Material nicht unbedingt nachweisbar sind (Olson et al. 1983). Die magnozelluläre Defizit-Theorie nimmt jedoch an, dass sie durch ein transientes Verarbeitungsdefizit begründet sind. Auch wenn letztlich nicht bis ins Detail erforscht ist, wie das tansiente und das stationäre visuelle Verarbeitungssystem in die Steuerung des automatisierten Leseprozesses eingebunden sind (▶ Exkurs »Genauer betrachtet: Wozu Bewegungswahrnehmung beim Lesen?«), liegt es doch auf der Hand, dass ein magnozelluläres Defizit und die damit verbundene Beeinträchtigung in der Verarbeitung transienter Information und peripherer Wahrnehmungsinhalte (z. B. Lage des nächsten Wortes) zu einer Störung des für den Leseprozess erforderlichen genauen Tunings und der Integration der zeitlichen und räumlichen Teilinformationen in der frühen Verarbeitung des visuellen Inputs führt und so der optimale Wechsel zwischen Fixationen und Sakkaden beeinträchtigt wird. Die magnozelluläre Defizit-Theorie nimmt an, dass diese **Störung des Leseprozesses** sekundär den **gesamten Schriftspracherwerb** beeinträchtigt, inklusive einer **inadäquaten Entwicklung phonologischer Repräsentationen** und einer **gestörten Rechtschreibleistung**.

Die Vertreter der magnozellulären Defizit-Theorie postulieren eine Reihe von möglichen konkreten Wirkzusammenhängen zwischen einer beeinträchtigten Verarbeitung transienter visueller Informationen und einer Beeinträchtigung des

Genauer betrachtet: Wozu Bewegungswahrnehmung beim Lesen?

Es ist nicht im Detail geklärt, wie das magno- und parvozelluläre System in die Steuerung der Fixationen und Sakkaden beim Lesen eingebunden ist (Stein et al. 2001). Klar ist, dass das eher foveal operierende parvozelluläre System wesentlich für die Buchstaben- und Worterkennung während einer Fixation ist und dass das magnozelluläre System Informationen verarbeitet, die essentiell für die Steuerung von Fixationen sind. Es ist jedoch nicht so, wie in einigen Texten zu vereinfacht beschrieben (z. B. Vellutino und Fletcher 2007), dass das parvozelluläre System während der Fixationen und das magnozelluläre System während der Sakkaden (etwa weil dort Bewegung stattfindet) aktiv ist. Transiente und periphere Informationen (z. B. die Lage des nächsten Wortes) werden auch während der Fixation codiert und weitergeleitet und für die Stabilisierung der Fixation bzw. für die Generierung einer Sakkade rückgekoppelt.

Im Detail schlagen die Vertreter der magnozellulären Defizit-Theorie verschiedene mögliche Wirkungszusammenhänge zwischen transienter Verarbeitung und der Steuerung des automatisierten Leseprozesses vor. Betroffene mit Lese-Rechtschreibstörung berichten oft bildlich, dass sie beim Lesen den Eindruck haben, die Buchstaben würden »tanzen« oder seien »von irgendetwas überdeckt« (Stein 1993), und dass sie Probleme hätten, die Buchstaben angemessen schnell in richtiger Reihenfolge scharf zu sehen. Intuitiv würde man nun vielleicht vermuten, dass eher ein Defizit der Verarbeitung stationärer Teilinformationen solche Symptome erzeugt, da die Parvozellen für das foveale Sehen und die Detailanalyse der Buchstaben zuständig sind. Im Folgenden gehen wir kurz auf zwei einflussreiche Modelle ein, die erklären, wie aber gerade eine Störung des magnozellulären Systems zu diesen

Symptomen führen und den Leseprozess stören kann.

Breitmeyer (1993) argumentiert mit physiologischen Befunden aus den frühen 1970er Jahren (Singer und Bedworth 1973), die zeigen, dass sich die beiden Verarbeitungssysteme nicht nur gegenseitig aktivieren, sondern sich auch hemmen müssen, um eine optimale Interaktion zu garantieren. Unter Berücksichtigung eigener Ergebnisse von Maskierungsexperimenten (Breitmeyer 1980) nimmt Breitmeyer (1993) für den Leseprozess vereinfacht ausgedrückt an, dass transiente Aktivierung die Inhalte der stationären Feinanalyse am Ende einer Fixation und während der folgenden Sakkade quasi löscht (Rückwärtsmaskierung). Ist jedoch die transiente Verarbeitung verlangsamt, so wird die Löschung des Inhaltes behindert oder verzögert, und es kommt während der folgenden Fixation zu einer Überlagerung der Detailinformation mit Inhalten der vorangegangenen.

Die von Breitmeyer (1993) vorgeschlagene Übertragbarkeit der transient-induzierten Hemmung stationärer Verarbeitung auf die am Leseprozess beteiligten visuellen Prozesse gilt heute jedoch als eher unwahrscheinlich (Stein 2002, 2001; Burr et al. 1994). Unbestritten bleibt jedoch, dass die transiente Verarbeitung, vor allem die Wahrnehmung von Bewegung, wesentlich an der Aktivierung von Sakkaden beteiligt ist und deshalb ein magnozelluläres Defizit zu einer Störung des optimalen Wechsels von Fixationen und Sakkaden führen kann. Es bleibt jedoch die Frage, wieso während einer Fixation beim Lesen die Bewegungswahrnehmung überhaupt relevant sein soll, wenn sich das Wahrgenommene doch scheinbar nicht bewegt. Jedoch bleiben die Augen eines Betrachters – auch ohne beabsichtigte Bewegungen des Kopfes – nie vollständig stabil, und somit ist auch das Abbild eines

visuellen Reizes auf der Retina während einer Fixation nicht stabil (Eden et al. 1994). Das magnozelluläre System sorgt jedoch über seine Interaktion mit dem parvozellulären Strukturen für eine Kompensation dieser »Bewegungen« und damit für eine subjektiv empfundene Stabilität des Gesehenen (Stein 2002, 2001; Eden et al. 1994). Stein (2002, 2001) argumentiert, dass, vereinfacht ausgedrückt, eine Verzögerung dieses Regelprozesses zu einer Destabilisierung des visuellen Abbildes auf der Retina und somit zu einer Destabilisierung der Fixation und der damit verbundenen Detailanalyse führt. Außerdem werden beim Lesen unbeabsichtigte Augenbewegungen ohne Reafferenzen (die als Folge eines komplexen Regelprinzips bei beabsichtigten Kopf-/Augenbewegungen u. a. dafür sorgen, dass die Umwelt als unbeweglich wahrgenommen wird, obwohl sich das Abbild auf der Retina bewegt) generiert, die normalerweise über das magnozulluläre System korrigiert werden, jedoch bei einer Störung die subjektiv empfundene Wahrnehmung sich bewegender Buchstaben und Zeilen hervorrufen und damit letztlich auch die Entstehung klassischer Symptome wie Vertauschungsfehler erklären können (▶ Kap. 1). Derartige Störungen erschweren die Verarbeitung der stationären Detailinformationen während der Fixationen und beeinträchtigen die binokulare Kontrolle (die Koordination der Information aus beiden Augen) und die Generierung eines optimalen Fixations-Sakkaden-Rhythmus.

Neben einer eingeschränkten Stabilisierung des visuellen Abbildes auf der Retina werden von Stein (2002, 2001) weitere mögliche Wirkungszusammenhänge diskutiert. Sinnvoll erscheint, die Auswirkungen eines magnozellulären Defizits nicht nur auf die eingeschränkte Bewegungswahrnehmung zu beziehen, sondern auch auf eine weiterer wichtiger Steuerungsfunktionen, die dem magnozellulären System zugeschrieben werden und die für den Leseprozess essenziell sind, wie globale räumliche Wahrnehmung (Textstruktur), visuelle Suche und perzeptive Organisation (Becker et al. 2005). Weiterhin zählen dazu Funktionen, die unabhängig von der Verarbeitungsdomäne (visuell, auditiv, taktil) sein können, wie die Verarbeitung der zeitlichen Abfolge von Reizen sowie – bedingt durch die Struktur dieser Nervenzellen – generell die Steuerung schneller Verarbeitungsprozesse (Frith und Frith 1996; McAnally und Stein 1996).

Leseprozesses, welche die Störung der Stabilität von Fixationen und damit der Analyse von Detailinformationen (▶ Exkurs »Genauer betrachtet: Wozu Bewegungswahrnehmung beim Lesen?«) sowie deren Integration mit globaler und peripherer Information und damit die Generierung von Sakkaden betreffen (einen Überblick gibt Stein 2002). Neben diesen rein auf das frühe visuelle Verarbeitungssystem bezogenen Aspekten werden jedoch auch magnozellulär bedingte Funktionsbeeinträchtigungen diskutiert, die sich **nicht auf die visuelle Modalität beschränken** und somit auch die vorherrschenden phonologischen Defizite bei Lese-Rechtschreibstörung nicht nur als Folge gestörter visueller Wahrnehmung erklären können (Stein und Walsh 1997). Diskutiert wird ein **auditives Analogon** der beschriebenen parallel operierenden frühen visuellen Verarbeitungssysteme (Stein 2002, 2001; Stein und Walsh 1997). Zumindest gibt es anatomische Befunde, die für die Existenz **auditiver Magnozellen** sprechen (Galaburda 2002; Galaburda et al. 1994), welche für die schnelle Verarbeitung akustischer Informationen verantwortlich und damit auch essenziell für die Analyse und Repräsentation von Sprachsignalen sind, da sich diese aus kurzen Abfolgen von Änderungen in der Amplitude und Frequenz des jeweils zugrundeliegenden auditiven Signals definieren (Groth et al. 2011; Talcott und Witton 2002; Menell et al. 1999; Frith und Frith 1996; Merzenich et al. 1996). Dies spricht für ein **von der Sinnesmodalität unabhängiges zeitliches Verarbeitungsdefizit**, verursacht durch eine **modalitätsübergreifend beeinträchtigte Funktionsweise magnozellulärer Strukturen**, welche die Codierung und Verarbeitung transienter Teilinformationen bei **visuellen** und **auditiven** aber auch **taktilen** (Grant et al. 1999) Wahrnehmungsentitäten beeinträchtigt (Galaburda 2002; Habib 2000; Stein und Walsh 1997; Frith und Frith 1996). Die Annahme eines

solchen modalitätsunabhängigen »**allgemeinen**« **magnozellulären Defizits** (Ramus 2003) wird auch durch neurologische Befunde zu **magnozellulären Kommunikationsstrukturen zwischen Groß- und Kleinhirn** gestützt (Stein 2002, 2001; Stein und Glickstein 1992), die vermuten lassen, dass auch die Informationsverarbeitung, die für eine schnelle automatisierte Steuerung motorischer Impulse (inklusive Sprech- und Augenbewegungen) und mentaler Prozeduren Voraussetzung ist, durch ein magnozelluläres Defizit beeinträchtig ist. Diese Sichtweise bringt die magnozelluläre Defizit-Theorie als **universelles physiologisches Erklärungsmodell** der Lese-Rechtschreibstörung in Einklang mit der Theorie eines **zeitlichen auditiven Verarbeitungsdefizits** (▶ Abschn. 4.3.2) und der Theorie eines **Automatisierungsdefizits** (▶ Abschn. 4.3.3) und lässt sich als solches auch in den Ansatz des Funktionalen Koordinationsdefizits (▶ Abschn. 4.3.5) integrieren.

Die magnozelluläre Defizit-Theorie wird von zahlreichen Forschern heftig kritisiert (z. B. Vellutino und Fletcher 2007; einen Überblick geben Habib 2000 und Skottun 2000). Zunächst lässt sich ein Defizit in der Verarbeitung transienter Informationen, auch von den Vertretern der Theorie selbst, nicht bei allen Betroffenen mit Lese-Rechtschreibstörung nachweisen (z. B. Becker et al. 2001; Witton et al. 1998; Cornelissen et al. 1995). Einige Forscher finden überhaupt keine transienten Verarbeitungsdefizite in ihrer Stichprobe von Betroffenen mit Lese-Rechtschreibstörung (Johannes et al. 1996; Victor et al. 1993) oder die Defizite finden sich nicht über verschiedene transiente Bedingungen hinweg (Skottun 2000), sind nicht auf die transiente Informationsverarbeitung beschränkt oder sie finden sich auch bei durchschnittlichem Leseniveau (Vellutino und Fletcher 2007; Hulme 1988). Zwar muss man in diesem Zusammenhang darauf hinweisen, dass die Vertreter der magnozellulären Defizit-Theorie strenge Kriterien für die Diagnostik und die Stichprobengröße voraussetzen (Stein 2001), die in vielen negativen Studien (inklusive Johannes et al. 1996; Victor et al. 1993) nicht voll umgesetzt wurden, und auch, dass sie betonen, dass der Lese-Rechtschreibstörung unterschiedliche kognitive Ursachen zugrunde liegen können (z. B. Heim et al. 2008; Becker et al. 2001; Slaghuis und Ryan 1999). Dennoch stellen diese **heterogenen Befunde** für viele Autoren ein Argument gegen die magnozelluläre Defizit-Theorie dar (Hulme 1988).

Der entscheidende Kritikpunkt an der magnozellulären Defizit-Theorie ist jedoch, dass der **kausale Zusammenhang** zwischen einem magnozellulären Defizit und der Entstehung einer Lese-Rechtschreibstörung bisher **empirisch nicht nachgewiesen** wurde. So könnten etwaige Wahrnehmungsdefizite auch ein Begleitphänomen der Lese-Rechtschreibstörung darstellen, oder ein möglicher Kausalzusammenhang könnte in umgekehrter Richtung bestehen, schließlich trainiert man mit dem Lesen auch die daran beteiligten visuellen und auditiven Wahrnehmungsfunktionen. Zudem wird ein magnozelluläres Defizit von zahlreichen Forschergruppen auch als ursächlich für **andere psychische Störungen** postuliert, z. B. für Schizophrenie (ICD-Code F20; Bedwell et al. 2003; Schwartz et al. 2001), wobei bei den Betroffenen zwar die typischen Wahrnehmungsdefizite, jedoch keine auffälligen Lese-Rechtschreibprobleme nachweisbar sind. Dies lässt viele Autoren an der Spezifik der Auswirkung eines magnozellulären Defizits auf den Schriftspracherwerb zweifeln. Insgesamt bietet die magnozelluläre Defizit-Theorie aber ein **umfassendes Erklärungsmodell für die neurobiologisch bedingte Entstehung einer Lese-Rechtschreibstörung**, deren empirischer Nachweis allerdings bisher nur indirekt erfolgte.

4.3.5 Lese-Rechtschreibstörung als funktionales Koordinationsdefizit

Der funktionale Koordinationsdefizit-Ansatz der Lese-Rechtschreibstörung (FCD-Ansatz; Lachmann et al. 2012; Lachmann 2008, 2002) unterscheidet sich von den meisten Erklärungsmodellen

dadurch, dass **keine klar definierte einzelne Ursache in Form eines bestimmten modalitätsspezifischen Verarbeitungsdefizits** (wie beispielsweise visuelle versus auditive Defizite) **oder einer klar definierten anatomisch-physiologischen Abweichung** (z. B. in den Kleinhirnstrukturen) für einen gestörten Schriftspracherwerb angenommen wird. Vielmehr wird versucht, verschiedenen empirisch untermauerten Erklärungsmodellen für die Entstehung einer Lese-Rechtschreibstörung Rechnung zu tragen. Es handelt sich somit um ein **multikausales, modalitätsübergreifendes Rahmenmodell**, welches eine **gestörte Koordination** der an der Schriftsprache beteiligten kognitiven Funktionen während des Schriftspracherwerbs als allgemeine Ursache der Lese-Rechtschreibstörung annimmt. Diese Störung der Koordination kann auf unterschiedliche Weise zustande kommen und sich auf kognitiver Ebene wie auch auf der Ebene des Lese- und Schreibverhaltens unterschiedlich ausdrücken (z. B. Becker et al. 2005; Lachmann et al. 2005).

Im Rahmen des FCD-Ansatzes wurden verschiedene Modelle entwickelt und experimentell geprüft (Lachmann et al. 2012, 2010, 2009, Lachmann und van Leeuwen 2008b, 2007; Rusiak et al. 2007; Brendler und Lachmann 2001), die bestimmte Ursachen für eine Störung der funktionalen Koordination postulieren, die im Verlauf des Schriftspracherwerbs zu einer Lese-Rechtschreibstörung führen können. Im Fokus steht dabei, obgleich nicht darauf beschränkt, die **gestörte Koordination von Funktionen visueller und phonologischer Verarbeitung,** die aufgrund **minimaler neuronal bedingter Defizite**, insbesondere in der zeitlichen Verarbeitung, zur **Automatisierung einer suboptimalen schriftsprachlichen Strategie** führt. Damit steht der FCD-Ansatz in enger Beziehung zu den neueren Versionen der modalitätsunabhängigen magnozellulären Defizit-Theorie (▶ Abschn. 4.3.4) und aktuelleren Versionen der Automatisierungsdefizit-Theorie (▶ Abschn. 4.3.3). Im Folgenden werden wir auf einige Erklärungsmodelle sowie konkrete Forschungsergebnisse des FCD-Ansatzes kurz eingehen und diese diskutieren.

Der FCD-Ansatz beschreibt den Schriftspracherwerb als **prozeduralen Lernprozess** (Nicolson und Fawcett 2011; Anderson 1996) in Form eines **seriellen Stufenmodells,** das im Folgenden kurz

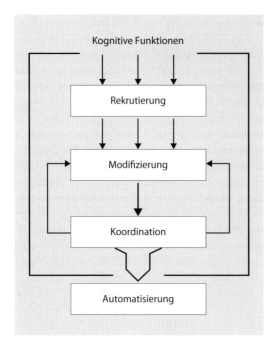

Kognitive Funktionen

Rekrutierung

Modifizierung

Koordination

Automatisierung

◘ **Abb. 4.6**   Schematische Darstellung der seriellen Stufen des Schriftspracherwerbs nach dem funktionalen Koordinationsdefizit-Ansatz (Lachmann 2008, 2002)

erläutert werden soll (◘ Abb. 4.6). Wie in ▶ Kap. 1 bereits erwähnt, ist die Schriftsprache eine **komplexe Kulturtechnik**, für die keine genetisch bedingten spezifischen Strukturen und Funktionen im menschlichen Gehirn existieren (Blomert 2011; Lachmann 2008, 2002; Dehaene und Cohen 2007). Vielmehr müssen für das Erlernen der Schriftsprache eine Vielzahl **bereits existierender kognitiver Funktionen rekrutiert werden (Stufe 1),** darunter die visuelle und auditive Informationsverarbeitung, die fein- und okulomotorische Steuerung, aber auch Aufmerksamkeits- und Gedächtnisfunktionen und insbesondere die sprachliche Verarbeitung (▶ Kap. 2). Diese Funktionen entwickeln sich während der Ontogenese (Individualentwicklung) zu unterschiedlichen Zeitpunkten und über einen unterschiedlich langen Zeitraum hinweg. Um sie für den Schriftspracherwerb erfolgreich zu rekrutieren, müssen sie alle einen bestimmten Mindestentwicklungsstand erreicht haben, was im Alter von ca. 4 bis 5 Jahren gegeben sein sollte (z. B. Frith, 1999), auch wenn die Entwicklung dann noch nicht abgeschlossen ist (Steinbrink et al. im Druck).

Entscheidend ist jedoch, so der FCD-Ansatz, wie erfolgreich diese rekrutierten Funktionen in einer **zweiten Stufe** des Schriftspracherwerbs für die spezifischen Anforderungen dieser komplexen Fertigkeit **modifiziert** werden (Lachmann 2002). Während sich die Funktionen der sprachlichen Verarbeitung aus evolutionärer Sicht erst in jüngster Zeit und einzig beim Menschen entwickelt haben, sind die meisten anderen am Schriftsprachprozess beteiligten Funktionen sehr alt und viele, z. B. die visuelle Objekterkennung, finden sich in sehr ähnlicher Weise auch bei verschiedenen Säugetieren. Sie können nicht einfach in den Prozess der Schriftsprachverarbeitung eingefügt werden, sondern bedürfen einer spezifischen Modifizierung. Dies gilt für nahezu alle beteiligten Funktionen, soll aber im Folgenden am Beispiel der visuellen Objekterkennung genauer erläutert werden: Schrift ist eine visuell codierte Form von Sprache, ein erlernter abstrakter Code, dessen Decodierung zunächst die visuelle Verarbeitung und Analyse voraussetzt. Diese folgt evolutionär bedingten allgemeinen Gesetzmäßigkeiten, die zwar für die effektive Erkennung verhaltensrelevanter Objekte in der Umwelt, aber weniger für die Erkennung von Symbolen wie Buchstaben hilfreich sind. So sind Repräsentationen von visuellen Objekten unabhängig von deren Orientierung (Duñabeitia et al. 2013; Lachmann 2008, 2002). Bei Buchstaben (Graphemen) hingegen, ist die **Orientierung klar definiert**, in einigen Fällen (b, d, p, q) repräsentieren Konfigurationen unterschiedlicher Orientierung sogar unterschiedliche Grapheme und sind damit auch unterschiedlichen Phonemen zugeordnet. Für einen effektiven Schriftspracherwerb müssen also bestimmte **Strategien der visuellen Objekterkennung unterdrückt** werden, da sonst eine eindeutige und effektive Decodierung erschwert wird (Duñabeitia et al. 2013; Lachmann et al. 2012; Pegado et al. 2011; Perea et al. 2011; Blomert 2011; Lachmann und van Leeuwen 2007; Rusiak et al. 2007). Kinder zeigen zu Beginn des Schriftspracherwerbs typische Orientierungsfehler beim Lesen und Schreiben (▶ Kap. 1 und ◘ Abb. 4.7), die als Ausdruck einer noch nicht vollzogenen Modifizierung visueller Funktionen interpretiert werden können (Lachmann 2008; Lachmann und Geyer 2003). Eine entsprechende Modifizierung auch

◩ Abb. 4.7 Typisches Beispiel für erste Schreibversuche von Kindern im frühen Vorschulalter. Die schriftsprachspezifische Modifizierung und Koordination ist noch nicht vollzogen, die visuelle Wahrnehmung und Repräsentation, und damit auch die Reproduktion von Buchstaben, ist lageunabhängig, wobei die Buchstabenform bereits recht gut nachvollzogen werden kann. Außerdem besteht keine exakte Verbindung zu sprachlichen Repräsentationen auf Lautebene, das Wort »MAMA« wird deshalb willkürlich mit drei Silben geschrieben (MAMAMA; siehe ▶ Abschnitt 2.2.2). Künstler: Anton Lachmann, 4 Jahre (2004)

anderer Funktionen gelingt den Erstklässlern meist nach wenigen Monaten. Sie können dann Buchstaben und auch einfache bekannte Wörter sicher erkennen und reproduzieren (logographische Phase nach Frith 1986; ▶ Kap. 2), wobei man hier noch nicht von Lesen oder Schreiben im engeren Sinne sprechen kann (teilalphabetische Phase nach Ehri 1999).

Wie Lachmann et al. (2012) zeigten, bedeutet »Modifikation« der visuellen Funktion nicht unbedingt, dass eine völlig neue Art der Verarbeitung entsteht und die alte ersetzt wird (»Recycling«, Dehaene und Cohen 2007). Vielmehr scheint es so zu sein, dass, spezifisch für das Lesen und Schreiben, eine für die Objekterkennung dominante, effektive und durch genetisch bedingte Strukturen und Prozesse **zunächst zwingende visuelle Strategie** (Lachmann 2002; Corballis und Beale 1993) zu Gunsten einer schriftsprachlichen Strategie **unterdrückt** wird. Die unterdrückte visuelle Strategie steht jedoch für die Objekterkennung weiter uneingeschränkt zur Verfügung und kann auch aufgabenabhängig für die Verarbeitung linguistischen Materials aktiviert werden (Lachmann und van Leeuwen 2004), jedoch mit erhöhtem Aufwand (Lachmann und van Leeuwen 2008a). Die Modifikation drückt sich also dadurch aus, dass sich **spezifisch für die Verarbeitung von Schriftsprache eine dafür optimale visuelle Strategie** durchsetzt. Eine für die Schriftsprachverarbeitung spezifische Modifikation der beteiligten Funktionen ermöglicht deren **optimale Koordination (Stufe 3)**, die wiederum die Modifikation der beteiligten Funktionen verfestigt (◩ Abb. 4.6). Erst in dieser Phase kann man tatsächlich von einem Schriftsprachprozess sprechen, bei dem fertigkeitsspezi-

fische Strategien schnell aktiviert und koordiniert und über einen langen Zeitraum, vermutlich fast bis zum Ende der Grundschulzeit (Lachmann und van Leeuwen 2008b; Burgund et al. 2006), durch intensive Übung automatisiert werden **(Stufe 4)**. Die Automatisierung geht auch mit bestimmten Veränderungen der involvierten hirnorganischen Strukturen einher (Fawcett 2002).

Im Rahmen des FCD-Ansatzes wurden verschiedene Modelle postuliert und experimentell geprüft, die erklären, wie eine Störung der funktionalen Koordination während des Schriftspracherwerbs zu einer Lese-Rechtschreibstörung führen kann. So fanden z. B. Lachmann und van Leeuwen (2007) Belege dafür, dass Grundschulkinder der 3. und 4. Klasse mit diagnostizierter Lese-Rechtschreibstörung eine inadäquate Modifizierung **visueller Strategien** bei der Buchstabenwahrnehmung zeigten: Bei einer Aufgabe, bei der sie Buchstaben und Muster mit unterschiedlichen Symmetrieeigenschaften unabhängig von deren Orientierung (also untypisch für das Lesen und Schreiben) schnell zu vergleichen hatten (gleich versus verschieden), hingen ihre Entscheidungszeiten (Reaktionszeiten) wesentlich von der Symmetrie der gezeigten Buchstabenkonfigurationen (Grapheme) und Muster ab, symmetrische Konfigurationen wurden bei *beiden* Materialarten deutlich schneller als »gleich« erkannt. Eine Kontrollgruppe mit gleichaltrigen Kindern ohne Schriftsprachprobleme zeigte solche Symmetrieeffekte zwar bei den Mustern, jedoch *nicht* bei Buchstabenkonfigurationen. Die Autoren argumentieren, dass die Kinder mit Lese-Rechtschreibstörung den genetisch determinierten und für die Objektwahrnehmung zwingenden und effektiven Mechanismus der **Symmetriegeneralisierung** (Lachmann und Geissler 2002) bei der Buchstabenwahrnehmung nicht effektiv unterdrücken können (Lachmann 2002). Kinder ohne Lese-Rechtschreibstörung haben hingegen im Verlauf des Schriftspracherwerbs die entsprechenden visuellen Strategien für die Buchstabenwahrnehmung erfolgreich modifiziert (Stufe 2) und effektiv mit anderen Funktionen, insbesondere der phonologischen Verarbeitung, koordiniert (Stufe 3). Der bereits fortgeschrittene Grad der Automatisierung (Stufe 4) führt dazu, dass die spezifische schriftsprachliche Strategie für den Vergleich der Buchstaben unwillkürlich angewandt wird, obwohl dies für die Erfüllung der vorliegenden Aufgabe (die einen Vergleich unabhängig von der Orientierung verlangt) nicht von Vorteil ist; eine aktive Unterdrückung der schriftsprachspezifischen Strategie würde aber einen noch größeren Verarbeitungsaufwand mit sich bringen. Dies führt zu dem scheinbar paradoxen Ergebnis, dass die Kinder mit Lese-Rechtschreibstörung in dieser Studie die Vergleichsaufgabe schneller und genauer bearbeiteten als die Kontrollkinder ohne Schriftsprachprobleme, die den Vergleich bei Buchstaben auf der Basis phonologischer Repräsentationen vollzogen. Für den Lese- und Schreibprozess ist eine **unzureichende Unterdrückung objektspezifischer visueller Wahrnehmungsstrategien** (wie der Symmetriegeneralisierung) jedoch hinderlich und führt zu den für die Lese-Rechtschreibstörung typischen Symptomen auf kognitiver Ebene und auf der Ebene des Lese- und Schreibverhaltens (▶ Kap. 3). Die Ursache für die mangelnde Unterdrückung objektspezifischer visueller Strategien während der funktionalen Koordination bei Betroffenen mit Lese-Rechtschreibstörung sieht Lachmann (2002) auf der Ebene der **Repräsentation der Grapheme im Gedächtnis**, die, bedingt durch hirnphysiologische Besonderheiten (Lachmann 2002; Corballis und Beale 1993; Achim und Corballis 1977), **nicht schriftsprachspezifisch**, sondern orientierungsinvariant ist. Dies konnte durch verschiedene Experimente belegt werden (Lachmann et al. 2009; Rusiak et al. 2007).

Der funktionale Koordinationsprozess hängt aber auch von zeitlichen Verlaufscharakteristiken der Informationsverarbeitung ab. Wie Experimente zum Vergleich von Buchstaben (Lachmann und van Leeuwen 2008a) zeigten, entscheidet sich bei Erwachsenen ohne Schriftsprachprobleme innerhalb eines kurzen Zeitfensters von ca. 400 Millisekunden, welche visuelle Wahrnehmungsstrategie für die jeweils vorliegende Aufgabe umgesetzt wird, eine objektspezifische oder eine schriftsprachspezifische. Selbst bei einer erfolgreichen Modifikation der visuellen Funktionen während des Schriftspracherwerbs (wie bei der Stichprobe von Lachmann und van Leeuwen 2008a) setzt demnach die folgende funktionale Koordination eine äußerst schnelle Verarbeitung der visuell wahrgenommenen Information voraus, um diese adäquat mit anderen schriftsprachlichen Funktionen zu verbinden. Dies legt nahe, dass auch ein **allgemeines zeitliches Verarbeitungsdefizit**, wie es in einer Vielzahl von Studien für verschiedene Modalitäten bei einem Teil der Kinder und Erwachsenen mit Lese-Rechtschreibstörung nachgewiesen wurde (▶ Abschn. 4.3.2), dafür verantwortlich sein könnte, dass beim Schriftspracherwerb in der Phase der Koordination nicht die modifizierten Strategien, sondern dominierende Objektwahrnehmungsstrategien (wie Symmetriegeneralisierung und die Integration irrelevanten Kontextes) mit Funktionen der phonologischen Verarbeitung koordiniert und danach als mentale Prozedur automatisiert werden. So könnte also bei manchen Betroffenen mit Lese-Rechtschreibstörung ein zeitliches Verarbeitungsdefizit für die Etablierung der in Lachmann (2002) postulierten orientierungsinvarianten Repräsentationen im Gedächtnis verantwortlich sein.

Die funktionale Koordination während des Schriftspracherwerbs setzt generell ein genaues zeitliches Tuning der beteiligten Funktionen voraus. Dies gilt nicht nur für die Durchsetzung schriftsprachspezifisch modifizierter visueller Strategien, wie oben beschrieben, sondern für alle beteiligten Funktionen und Modalitäten. Ein Defizit in der zeitlichen Verarbeitung kann auch die Analyse von Sprachsignalen empfindlich beeinträchtigen (Steinbrink et al. 2012; Groth et al. 2011; Lachmann et al. 2005) und so den Aufbau phonologischer Repräsentationen stören (Tallal 1980), die dann nicht optimal mit visuellen Funktionen koordiniert werden können (Fuchs und Lachmann 2003).

Zusammenfassend nimmt also der FCD-Ansatz an, dass die Lese-Rechtschreibstörung Ausdruck eines automatisierten suboptimalen funktionalen Koordinationsprozesses während des Schriftspracherwerbs ist. Dies wurde am Modell eines Defizits in der Unterdrückung der Symmetriegeneralisierung bei der Buchstabenerkennung genauer erläutert, lässt sich jedoch prinzipiell auf alle beteiligten Funktionen übertragen, wie auditiv-sprachliche Funktionen (z. B. Groth et al. 2011), Arbeitsgedächtnisfunktionen (Klatte et al. 2013; Nicolson und Fawcett 2011; Steinbrink und Klatte 2008), die Sprechmotorik (Fawcett 2002) und die Koordination von transienter und stationärer Verarbeitung (Stein 2002). Ein allgemeines zeitliches Verarbeitungsdefizit (Steinbrink et al. 2009; Stein und Walsh 1997; Farmer und Klein 1995) kommt dabei als grundlegende Ursache für das Scheitern einer optimalen Koordination in Frage.

Die Annahme, dass Probleme bei der Koordination der beteiligten modifizierten Funktionen die zentrale Ursache für gestörte Lese-Rechtschreibprozesse sind, impliziert, dass Defizite in einzelnen basalen Verarbeitungsfunktionen bei Betroffenen nachweisbar sein können, aber nicht zwangsläufig müssen, was das heterogene Bild entsprechender experimenteller Studien erklären würde (Lachmann 2002). Wichtiger noch ist jedoch die Folgerung, dass allein ein Training einzelner kognitiver Funktionen, deren Beeinträchtigung als Ursache für die Lese- und Schreibprobleme postuliert werden, bei Kindern, die bereits eine suboptimale Koordination automatisiert haben (was bei fast allen diagnostizierten Kindern der Fall sein dürfte) nicht unbedingt zu einer Verbesserung der schriftsprachlichen Leistungen führen muss. Vielmehr müsste der Koordinationsprozess optimiert, neu trainiert und automatisiert werden (▶ Abschn. 6.4.2), schriftsprachliche Prozesse müssten also mittrainiert werden. Als Begleitung des Erstleseunterrichts, also vor einer fortgeschrittenen Automatisierung, wäre ein Training isolierter kognitiver Funktionen für die Prävention von Lese-Rechtschreibproblemen allerdings sinnvoll, da dies dann auch die Optimierung des Koordinationsprozess fördern kann, besonders wenn der Unterricht darauf abgestimmt ist.

Der FCD-Ansatz wird der Breite der heterogenen Befunde zu den Ursachen gestörter Lese- und Schreibprozesse sicherlich besser gerecht als Modelle zu ganz speziellen Informationsverarbeitungsdefiziten und bietet sich deshalb als allgemeiner Rahmen für die Erklärung der Lese-Rechtschreibstörung an, hat aber dafür einen geringeren Erklärungswert für einzelne Fälle und Symptome. Hierzu werden im Rahmen des FCD-Ansatzes untergeordnete spezielle Modelle postuliert, die jedoch noch nicht ausreichend geprüft sind. Ähnlich wie bei den Kritikpunkten zum Automatisierungsdefizit-Modell (▶ Abschn. 4.3.3) und dem magnozellulären Defizit-Modell (▶ Abschn. 4.3.4) ist auch hier zu kritisieren, dass die bisherigen experimentellen Belege für diese speziellen Modelle, wie das Symmetriegeneralisierungsdefizit-Modell, indirekt bleiben und damit der **Nachweis eines Kausalzusammenhanges** zwischen funktionalen Koordinationsdefiziten und Problemen im Schriftspracherwerb noch **aussteht**.

4.3.6 Zusammenfassende Bewertung der Theorien zur kognitiven Ursache der Lese-Rechtschreibstörung

Bei einer Zusammenschau der empirischen Belege für die verschiedenen Theorien zur kognitiven Ursache der Lese-Rechtschreibstörung (▶ Abschn. 4.3.1 bis ▶ Abschn. 4.3.5) wird deutlich, dass die **phonologische Theorie der Lese-Rechtschreibstörung durch die meisten und klarsten Belege gestützt** wird (▶ Abschn. 4.3.1): Erstens ist gut belegt, dass die phonologische Informationsverarbeitung den unbeeinträchtigten Schriftspracherwerb vorhersagt (▶ Abschn. 2.1.1). Zweitens liegen bei Kindern, die im Verlauf der Schulzeit eine Lese-Rechtschreibstörung entwickeln, bereits vorschulische phonologische Defizite vor. Drittens zeichnen sich Personen mit Lese-Rechtschreibstörung durch Störungen in verschiedenen Aspekten der phonologischen Informationsverarbeitung aus. Viertens kann ein Training phonologischer Fähigkeiten die Lese-Rechtschreibleistungen von Kindern mit einem Risiko für Lese-Rechtschreibschwierigkeiten bzw.

von Kindern mit einer Lese-Rechtschreibstörung verbessern (▶ Abschn. 4.3.1). Somit spricht vieles dafür, dass Defizite in der phonologischen Informationsverarbeitung als die primäre Ursache der Lese-Rechtschreibstörung zu betrachten sind (vgl. auch Hulme und Snowling 2009).

Wie zentral Defizite der phonologischen Informationsverarbeitung für das Störungsbild der Lese-Rechtschreibstörung sind, machen auch Studien deutlich, die unterschiedliche kognitive Funktionen (phonologische Informationsverarbeitung, nicht-sprachliche auditive Wahrnehmung, visuelle Wahrnehmung, motorische Funktionen) bei Erwachsenen (Ramus et al. 2003b) und Kindern (White et al. 2006b) mit Lese-Rechtschreibstörung untersucht haben. In Analysen auf Individualebene erwiesen sich Defizite in der phonologischen Informationsverarbeitung sowohl für Kinder, als auch für Erwachsene mit Lese-Rechtschreibstörung als zentral und scheinen somit die zugrundeliegende Ursache der Lese-Rechtschreibstörung darzustellen. Defizite in der visuellen und auditiven Wahrnehmung, sowie in motorischen Leistungen traten dagegen jeweils nur in Subgruppen der lese-rechtschreibgestörten Studienteilnehmer auf und scheinen somit keine kausale Rolle bei der Entstehung der Lese-Rechtschreibstörung einzunehmen (White et al. 2006 a, b; Ramus et al. 2003b).

Dennoch besteht grundsätzlich die Möglichkeit, dass basale kognitive Defizite (z. B. im Bereich der visuellen Wahrnehmung, der auditiven Wahrnehmung und der motorischen Funktionen) die frühe Schriftsprachentwicklung stören, aber aufgrund von **Reifungs- oder Erfahrungsprozessen** mit der Zeit nicht mehr nachweisbar sind. Auch wenn das kognitive Defizit also vielleicht in einem späteren Lebensalter nicht mehr vorliegt, könnte es die Schriftsprachentwicklung nachhaltig gestört haben, weil es die Entwicklung früher Lese-Rechtschreibprozesse behindert hat. So fanden z.B. Hautus und Kollegen (2003), die die zeitliche auditive Informationsverarbeitung bei lese-rechtschreibgestörten Personen verschiedener Altersgruppen untersucht haben, nur in den jüngsten Altersgruppen (Kinder zwischen 6 und 9 Jahren) Defizite in der zeitlichen auditiven Verarbeitung, nicht aber bei älteren Kindern und Erwachsenen. Defizite in der zeitlichen auditiven Verarbeitung könnten also mit der Zeit verschwinden, während der Effekt dieser Defizite, nämlich die Lese-Rechtschreibstörung, bestehen bleibt, weil das zeitliche Informationsverarbeitungsdefizit den normalen Verlauf der Schriftsprachentwicklung gestört hat. Um derartige Möglichkeiten genauer abzuklären sind weitere Längsschnittstudien notwendig, die den Einfluss früher kognitiver Prozesse auf die spätere Schriftsprachentwicklung untersuchen (▶ Abschn. 2.1.2).

4.4   Zusammenfassung

Die Lese-Rechtschreibstörung wird vor allem hinsichtlich ihrer Auswirkungen auf der **Verhaltensebene** und den damit einhergehenden Beeinträchtigungen im schulischen Lernen und im Alltag definiert. In diesem Kapitel wurden verschiedene Theorien zu den **Ursachen** (Ätiologie) der Lese-Rechtschreibstörung vorgestellt, die sich darin unterscheiden, welche **kognitiven** Defizite sie als primär ursächlich für die Schriftsprachprobleme auf der Verhaltensebene postulieren (siehe Zusammenfassung in ▶ Abschn. 4.3.6) und welche **biologischen** Abweichungen als diesen Defiziten zugrundeliegend angenommen werden. Nach dem **Drei-Ebenen-Rahmenmodell** von Frith (2001, 1999) kann nur ein kausales Modell, das die Wirkzusammenhänge auf jeder dieser drei Ebenen (biologisch, kognitiv, Verhalten) erklärt und die Beeinflussung durch individuelle und Umwelteinflüsse auf jeder der Ebenen berücksichtigt, der Komplexität des Phänomens Lese-Rechtschreibstörung gerecht werden.

Zu Beginn des Kapitels wurde ein kurzer Überblick über aktuelle Erkenntnisse zur Genetik der Lese-Rechtschreibstörung gegeben. **Verhaltensgenetische Studien** konnten den genetischen Einfluss auf die Entwicklung der kognitiven Funktionen, die der Schriftsprache zugrunde liegen, auf Lese- und Rechtschreibleistungen selbst sowie auf die Wahrscheinlichkeit für die Diagnose einer Lese-Rechtschreibstörung nachweisen. **Molekulargenetische** Studien zeigen, dass das Risiko zur Entwicklung der Lese-Rechtschreibstörung nicht durch ein ganz bestimmtes Gen, sondern durch eine **Konstellation verschiedener Gene** vererbt, und dabei wesentlich durch **Umweltfaktoren** beeinflusst wird. Das Wissen um eine genetische Basis der Lese-Rechtschreibstörung darf also nicht zur Annahme führen, dass sich Prävention und Intervention nicht lohnen. In einem Teilkapitel zu neurobiologischen Grundlagen der Lese-Rechtschreibstörung wurde dargelegt, dass davon ausgegangen wird, dass Dysfunktionen des **dorsalen und ventralen Lesesystems** dazu führen, dass lese-rechtschreibgestörte Personen **kompensatorisch** »Hilfssysteme« in vorderen Regionen der linken und rechten Hirnhälfte sowie in hinteren Regionen der rechten Hirnhälfte nutzen, um diese Dysfunktionen auszugleichen.

❓ Übungsfragen

- Wie lässt sich untersuchen, ob die Lese-Rechtschreibstörung auf genetische Ursachen zurückzuführen ist? Erklären Sie Methodik und Ergebnisse einschlägiger verhaltensgenetischer Studien.
- Was ist das Ziel molekulargenetischer Untersuchungen zur Lese-Rechtschreibstörung und wie lassen sich deren Haupterkenntnisse zusammenfassen?
- Inwiefern nehmen Umweltfaktoren Einfluss auf die Entwicklung einer Lese-Rechtschreibstörung?
- Ist Lese-Rechtschreibstörung gemäß des aktuellen Wissensstandes eher anlage- oder umweltbedingt? Nehmen Sie eine kritische Gewichtung der Befunde vor.
- Welche neurobiologischen Auffälligkeiten konnten bei lese-rechtschreibgestörten Personen festgestellt werden und wie sind diese zu interpretieren?
- Erörtern Sie Befunde, die die Theorie der Lese-Rechtschreibstörung als Defizit in der phonologischen Informationsverarbeitung stützen.
- Welche Zeitverarbeitungstheorien der Lese-Rechtschreibstörung gibt es? Arbeiten Sie Gemeinsamkeiten und Unterschiede der verschiedenen Ansätze heraus.
- Stellen Sie die Grundannahmen der Automatisierungsdefizit-Theorie dar und gehen Sie auf die Unterschiede zur Theorie eines phonologischen Informationsverbeitungsdefizits ein.

- Welche Belege werden für die magnozelluläre Defizit-Theorie angeführt? Welche Kritikpunkte können hinsichtlich der empirischen Befunde zur Theorie genannt werden?
- Beschreiben Sie die Grundannahmen des funktionalen Koordinationsdefizit-Ansatzes und erläutern Sie dabei die Bedeutung der funktionalen Koordination für einen erfolgreichen Schriftspracherwerb. Welche Konsequenzen ergeben sich aus diesen Annahmen für die Intervention bei Lese-Rechtschreibstörung?
- Inwiefern können Reifungs- und Erfahrungsprozesse die Erforschung der Bedeutung basaler kognitiver Defizite bei der Entwicklung einer Lese-Rechtschreibstörung erschweren? Wie kann diesem Problem methodisch adäquat begegnet werden?

Literatur

Achim, A., & Corballis, M. C. (1977). Mirror image equivalence and the anterior commissure. *Neuropsychologia, 15,* 475–478.

Ackermann, H., & Hertrich, I. (2000). The contribution of the cerebellum to speech processing. *Journal of Neurolinguistics, 13,* 95–116.

Ackermann, H., Wildgruber, D., Daum, I., & Grodd, W. (1998). Does the cerebellum contribute to cognitive aspects of speech production. A functional magnetic resonance imaging (fMRI) study in humans. *Neuroscience Letters, 247,* 187–190.

Ackermann, H., Mathiak, K., & Riecker, A. (2007). The contribution of the cerebellum to speech production and speech perception: Clinical and functional imaging data. *Cerebellum, 6,* 202–213.

Adlard A. & Hazan, V. (1998). Speech perception in children with specific reading difficulties (dyslexia). *The Quarterly Journal of Experimental Psychology, 51A,* 153–177.

Alexander, A. W., & Slinger-Constant, A. M. (2004). Current status of treatments for dyslexia: Critical review. *Journal of Child Neurology, 19* (10), 744–758.

Amitay, S., Ahissar, M., & Nelken, I. (2002). Auditory processing deficits in reading disabled adults. *Journal of the Association for Research in Otolaryngology, 3,* 302–320.

Anderson, J. R. (1996). ACT: A Simple Theory of Complex Cognition. *American Psychologist, 51,* 355–365.

Becker, C., Elliott, M., & Lachmann, T. (2005). Evidence for impaired visuoperceptual organization in developmental dyslexics and its relation to temporal processes. *Cognitive Neuropsychology, 22,* 499–522.

Becker, C., Lachmann, T., & Elliott, M. (2001). Evidence for impaired integration-segmentation processes and effects of oscillatory synchrony on stimulus coding in developmental dyslexics. In E. Sommerfeld, R. Kompass, & T. Lachmann (Hrsg.), *Proceedings of the International Society for Psychophysics* (S. 273–278). Lengerich: Pabst.

Bedwell, J. S., Brown, J. M., & Miller L. S. (2003). The magnocellular visual system and schizophrenia: what can the color red tell us? *Schizophrenia Research, 63*, 273–284.

Berti, S. (2011). The attentional blink demonstrates automatic deviance processing in vision. *NeuroReport, 22* (13), 664–667.

Biscaldi, M., Gezeck, S., & Stuhr, V. (1998). Poor saccadic control correlates with dyslexia. *Neuropsychologia, 36* (11), 1189–202.

Bishop, D. (2002). Cerebellar abnormalities in developmental dyslexia: Cause, correlates or consequence. *Cortex, 38*, 491–498.

Bishop, D. V. (2007). Using mismatch negativity to study central auditory processing in developmental language and literacy impairments: where are we, and where should we be going? *Psychological Bulletin, 133*, 651–672.

Blomert, L. (2011). The neural signature of orthographic-phonological binding in successful and failing reading development. *Neuroimage 57*, 695–703.

Bower, J. M., & Parsons, L. M. (2003). Rätsel Kleinhirn. *Spektrum der Wissenschaft, 11*, 60.

Breitmeyer, B. G. (1980). Unmasking visual masking: A look at the "why" behind the veil of the "how." *Psychological Review, 87*, 52–69.

Breitmeyer, B. G. (1993). Sustained (P) and transient (M) channels in vision: A review and implications for reading. In D. M. Willow, R. S. Kruk, & E. Corcos (Hrsg.), *Visual Processes in reading and reading disabilities* (S. 95–110). Hillsdale, NJ: Erlbaum.

Brendler, K., & Lachmann, T. (2001). Letter reversals in the context of the Functional Coordination Deficit Model of developmental dyslexia. In E. Sommerfeld, R. Kompass, & T. Lachmann (Hrsg.), *Proceedings of the International Society for Psychophysics* (S. 308–313). Lengerich: Pabst Science Publishers.

Bretherton, L., & Holmes, V. M. (2003). The relationship between auditory temporal processing, phonemic awareness, and reading disability. *Journal of Experimental Child Psychology, 84* (3), 218–243.

Bruck, M. (1992). Persistence of dyslexics' phonological awareness deficits. *Developmental Psychology, 28*, 874–886.

Burgund, E. D., Schlaggar, B. L. & Petersen, S. E. (2006). Development of letter-specific processing: The effect of reading ability. *Acta Psychologica, 122*, 99–108.

Burr, D. C., Morrone, M. C. & Ross, J. (1994). Selective suppression of magnocellular visual pathway during saccadic eye movements. *Nature, 371*, 511–513.

Bus, A. G., & van Ijzendoorn, M. H. (1999). Phonological awareness and early reading: A meta-analysis of experimental training studies. *Journal of Educational Psychology, 91* (3), 403–414.

Cammann, R. (1990). Is there no MMN in the visual modality? *Behavioral and Brain Sciences, 13*, 234–234.

Coltheart, M., Rastle, K., Perry, C., Langdon, R. & Ziegler, J. (2001). DRC: A dual-route cascaded model of visual word recognition and reading aloud. *Psychological Review, 108*, 204–256.

Corballis, M. C., & Beale, I. L. (1993). Orton revisited: Dyslexia, laterality, and left-right confusion. In D. M. Willows, R. S. Kruk, & E. Corcos (Hrsg.), *Visual processes in reading and reading disabilities* (S. 57–73). Hillsdale, NJ: Erlbaum.

Cornelissen, P. L., Richardson, A. R., Mason, A., Fowler, M. S., & Stein, J. F. (1995). Contrast sensitivity and coherent motion detection measured at photopic luminance levels in dyslexics and controls. *Vision Research, 35*, 1483–1494.

DeFries, J. C., & Alarcon, M. (1996). Genetics of specific reading disability. Mental *Retardation and Developmental Disabilities Research Reviews, 2*, 39–47.

Dehaene, S., & Cohen, L. (2007). Cultural Recycling of Cortical Maps. *Neuron, 56*, 384–398.

Démonet, J.-F., Taylor, M. J. & Chaix, Y. (2004). Developmental dyslexia. *The Lancet, 363*, 1451–1460.

Dow, R. S., & Moruzzi, G. (1958). *The physiology and pathology of the cerebellum*. New York: Academic Press.

Duñabeitia, J. A., Dimitropoulou, M., Estévez, A., & Carreiras, M. (2013). The influence of reading expertise in mirror-letter perception: evidence from beginning and expert readers. *Mind, Brain, and Education, 7* (2), 124–135.

Eden, G. F., Stein, J. F., Wood, H. M., & Wood, F. B. (1994). Differences in eye movements and reading problems in dyslexic and normal children. *Vision Research, 34*, 1345–1358.

Eden, G. F., VanMeter, J. M., Rumsey, J. W., Maisog, J., & Zeffiro, T. A. (1996). Functional MRI reveals differences in visual motion processing in individuals with dyslexia. *Nature, 382*, 66–69.

Ehri, L. (1999). Phases of development in learning to read words. In J. Oakhill, & R. Beard (Hrsg.), *Reading development and the teaching of reading: A psychological perspective* (S. 79–108). Oxford, UK: Blackwell Publishers.

Ehri, L. C., Nunes, S. R., Willows, D. M., Schuster, B. V., Yaghoub-Zadeh, Z., & Shanahan, T. (2001). Phonemic awareness instruction helps children learn to read: Evidence from the National Reading Panel's meta-analysis. *Reading Research Quarterly, 36* (3), 250–287.

Farmer, M. E., & Klein, R. M. (1995). The evidence for a temporal processing deficit linked to dyslexia: A review. *Psychonomic Bulletin & Review, 2* (4). 460–493.

Fawcett, A. (2002). Dyslexia, the cerebellum and phonological skill. In E. Witruk, A. D. Friederici & T. Lachmann (Hrsg.) *Basic functions of language, reading and reading disability* (S. 265–279). Boston: Kluwer/Springer.

Fawcett, A., & Nicolson, R. I. (2001). Dyslexia: The role of the cerebellum. In A. Fawcett (Hrsg.), *Dyslexia: Theory and good practice* (S. 89–105) London: Whurr.

Fawcett, A., Nicolson, R. I., & Dean, P. (1996). Impaired performance of children with dyslexia on a range of cerebellar tasks. *Annals of Dyslexia, 46*, 259–283.

Fischer, B., & Hartnegg, K. (2008). Saccade control in dyslexia: development, deficits, training and transfer to reading. *Optometry and Vision Development, 39*, 181–190.

Friend, A., DeFries, J. C., & Olson, R. K. (2008). Parental education moderates genetic influences on reading disability. *Psychological Science, 19* (11), 1124–1130.

Frith, U. (1986). A developmental framework for developmental dyslexia. *Annals of Dyslexia, 36*, 69–81.

Frith, U. (1999). Paradoxes in the definition of dyslexia. *Dyslexia, 5*, 192–214.

Frith, U. (2001). What framework should we use for understanding developmental disorders? *Developmental Neuropsychology, 20* (2), 555–563.

Frith, C., & Frith, U. (1996). A biological marker for dyslexia. *Nature, 382*, 19–20.

Fuchs, S., & Lachmann, T. (2003). Functional coordination deficit in children with developmental dyslexia. In B. Berglund & E. Borg (Hrsg.), *Fechner Day 2003* (S. 87–90). Stockholm: The International Society for Psychophysics.

Gaab, N., Gabrieli, J. D. E., Deutsch, G. K., Tallal, P., & Temple, E. (2007). Neural correlates of rapid auditory processing are disrupted in children with developmental dyslexia and ameliorated with training: An fMRI study. *Restorative Neurology and Neuroscience, 25*, 295–310.

Gabrieli, J. D. E. (2009). Dyslexia: A new synergy between education and cognitive neuroscience. *Science, 325*, 280–283.

Galaburda, A. (2002). Anatomy of the temporal processing deficit in developmental dyslexia. In E. Witruk, A. D. Friederici, & T. Lachmann (Hrsg.), *Basic functions of language, reading and reading disability* (S. 241–250). Boston: Kluwer/Springer.

Galaburda, A. M., Menard, M. T., & Rosen G. D. (1994). Evidence for aberrant auditory anatomy in developmental dyslexia. *Proceedings of the National Academy of Science USA, 91*, 8010–8013.

Gayan, J. & Olson, R. K. (2001). Genetic and environmental influences on orthographic and phonological skills in children with reading disabilities. *Developmental Neuropsychology, 20* (2), 483–507.

Goswami, U. (2011). A temporal sampling framework for developmental dyslexia. *Trends in Cognitive Sciences, 15*, 3–10.

Goswami, U., Thomson, J., Richardson, U., Stainthorp, R., Hughes, D., Rosen, S. & Scott, S. K. (2002). Amplitude envelope onsets and developmental dyslexia: A new hypothesis. *Proceedings of the National Academy of Sciences, 99* (16), 10911–10916.

Grant, A. C., Zangaladze, A., Thiagarajah, M., & Saathian, K. (1999). Tactile perception in dyslexics. *Neuropsychologia, 37*, 1201–1211.

Groth, K., Lachmann, T., Riecker, A., Muthmann, I., & Steinbrink, C. (2011). Developmental dyslexics show deficits in the processing of temporal auditory information in German vowel length discrimination. *Reading and Writing, 24*, 285–303.

Habib, M. (2000). The neurological basis of developmental dyslexia: An overview and working hypothesis. *Brain, 123*, 2373–2399.

Hämäläinen, J. A., Salminen, H. K., & Leppänen, P. H. T. (2013). Basic auditory processing deficits in dyslexia: Systematic review of the behavioural and event-related potential/field evidence. *Journal of Learning Disabilities, 46*, 413–427.

Hautus, M. J., Setchell, G. J., Waldie, K. E., & Kirk, I. J. (2003). Age-related improvements in auditory temporal resolution in reading-impaired children. *Dyslexia, 9*, 37–45.

Heim, S., Tschierse, J., Amunts, K., Wilms, M., Vossel, S., Willmes, K., Grabowska, A., & Huber W. (2008). Cognitive subtypes of dyslexia. *Acta Neurobiologiae Experimentalis, 68*, 73–82.

Holmes, G. (1917). The symptoms of acute cerebellar injuries due to gunshot injuries. *Brain, 40*, 461–535.

Hulme, C. (1988). The implausibility of low-level visual deficits as a cause of children's reading difficulties. *Cognitive Neuropsycholoy, 5*, 369–374.

Hulme, C., & Snowling, M. J. (2009). Reading Disorders I: Developmental Dyslexia. In C. Hulme, & M. Snowling (Hrsg.), *Developmental Disorders of Language Learning and Cognition* (S. 37–89). Chichester: Wiley-Blackwell.

Hulslander, J., Talcott, J., Witton, C., DeFries, J., Pennington, B., Wadsworth, S. et al. (2004). Sensory processing, reading, IQ and attention. *Journal of Experimental Child Psychology, 88*, 274–295.

Johannes, S., Kussmaul, C. L., Munte, T. F., & Mangun, G. R. (1996). Developmental dyslexia: passive visual stimulation provides no evidence for a magnocellular processing defect. *Neuropsychologia, 34*, 1123–1127.

Jusczyk, P. W. (2000). *The discovery of spoken language*. Cambridge, MA: MIT Press.

Klatte, M., Bergström, K., & Lachmann, T. (2013). Does noise affect learning? A short review of noise effects on cognitive performance in children. *Frontiers in Developmental Psychology, 4*, 578. DOI: 10.3389/fpsyg.2013.00578

Lachmann, T. (2002). Reading disability as a deficit in functional coordination and information integration. In E. Witruk, A. D. Friederici & T. Lachmann (Hrsg.), *Basic functions of language, reading and reading disability* (S. 165–198). Boston: Kluwer/Springer.

Lachmann, T. (2008). Experimental approaches to specific disabilities in learning to read: The case of Symmetry Generalization in developmental dyslexia. In N. Srinivasan, A. K. Gupta & J. Pandey (Hrsg.), *Advances in Cognitive Science* (S. 321–342). Thousand Oaks, CA: Sage.

Lachmann, T., & Geissler, H. G. (2002). Memory search instead of template matching?: Representation-guided inference in same–different performance. *Acta Psychologica, 111* (3), 283–307.

Lachmann, T., & Geyer, T. (2003). Letter reversals in developmental dyslexia: Is the case really closed? A critical review and conclusions. *Psychology Science, 45*, 53–75.

Lachmann, T. & van Leeuwen, C. (2004). Negative congruence effects in letter and pseudo-letter recognition: The role of similarity and response conflict. *Cognitive Processing, 5*(4), 239–248.

Lachmann, T., & van Leeuwen, C. (2007). Paradoxical enhancement of letter recognition in developmental dyslexia. *Developmental Neuropsychology, 31*, 61–77.

Lachmann, T., & van Leeuwen, C. (2008a). Differentiation of holistic processing in the time course of letter recognition. *Acta Psychologica, 129*, 121–129.

Lachmann, T., & van Leeuwen, C. (2008b). Different letter-processing strategies in diagnostic subgroups of developmental dyslexia. *Cognitive Neuropsychology, 25*, 730–744.

Lachmann, T., Berti, S., Kujala, T., & Schröger, E. (2005). Diagnostic subgroups of developmental dyslexia have different deficits in neural processing of tones and phonemes. *International Journal of Psychophysiology, 56*, 105–120.

Lachmann, T., Schumacher, B. & van Leeuwen, C. (2009). Controlled but independent: Effects of mental rotation and developmental dyslexia in dual task settings. *Perception, 38*, 1019–1034.

Lachmann, T., Steinbrink, C., Schumacher, B. & van Leeuwen, C. (2010). Different letter-processing strategies in diagnostic subgroups of developmental dyslexia occur also in a transparent orthography: Reply to a commentary by Spinelli et al. *Cognitive Neuropsychology, 26*, 759–768.

Lachmann, T., Khera, G., Srinivasan, N., & van Leeuwen, C. (2012). Learning to read aligns visual analytical skills with grapheme-phoneme mapping: Evidence from illiterates. *Frontiers in Evolutionary Neuroscience, 4*(8). DOI: 10.3389/fnevo.2012.00008

Lehmkuhle, S. (1993). Neurological basis of visual processes in reading. In D. M. Willow, R. S. Kruk, & E. Corcos (Hrsg.), *Visual Processes in reading and reading disabilities* (S. 77–94) Hillsdale, NJ: Erlbaum.

Levinson, H. N. (1988). The cerebellar-vestibular basis of learning disabilities in children, adolescents, and adults: hypothesis and study. American Psychiatric Association Annual Meeting New Research Session. *Perceptual and Motor Skills, 67*, 983–1006.

Ligges, C., & Blanz, B. (2007). Übersicht über Bildgebungsbefunde zum phonologischen Defizit der Lese-Rechtschreibstörung bei Kindern und Erwachsenen: Grundlegende Defizite oder Anzeichen von Kompensation? *Zeitschrift für Kinder- und Jugendpsychiatrie und Psychotherapie, 35* (2), 107–117.

Livingstone, M. S., Rosen, G. D., Drislane, F. W., & Galaburda, A. M. (1991). Physiological and anatomical evidence for a magnocellular deficit in developmental dyslexia. *Proceedings of the National Academy of Science USA, 88*, 7943–7947.

Lovegrove, W. J., Martin, F., Blackwood, M., & Badcock, D. (1980). Specific reading disability: Differences in contrast sensitivity as a function of spatial frequency. *Science, 210*, 439–440.

Lyytinen, H., Aro, M., Eklund, K., Erskine, J., Guttorm, T., Laakso, M.-L., Leppänen, P.H.T., Lyytinen, P., Poikkeus, A., Richardson, U., & Torppa, M. (2004). The development of children at familial risk for dyslexia: Birth to early school age. *Annals of Dyslexia, 54*, 184–220.

Maddock, H., Richardson, A., & Stein, J. F. (1992). Reduced and delayed visual evoked potentials in dyslexics. *Journal of Physiology, 459*, 130.

Martin, F., & Lovegrove, W. (1987). Flicker contrast sensitivity in normal and specifically disabled readers. *Perception, 16*, 215–221.

McAnally, K. I., & Stein, J. F. (1996). Abnormal auditory transient brainstem function in dyslexia. *Proceedings of the Royal Society, B, 263*, 961–965.

Menell, P., McAnally, K. I., & Stein, J. F. (1999). Psychophysical and physiological responses to amplitude modulation in dyslexia. *Journal of Speech and Hearing Research, 42*, 797–803.

Merzenich, M. M., Jenkins, W. M., Johnston, P., Schreiner, C., Miller, S., & Tallal, P. (1996). Temporal processing deficits of language-learning impaired children ameliorated by stretching speech. *Science, 271*, 77–81.

Müller, D., Widmann, A., & Schröger, E. (2013). Object-related regularities are processed automatically: Evidence from the visual mismatch negativity. *Frontiers in Human Neuroscience, 7*, 259.

Näätänen, R. (2000). Mismatch Negativity (MMN): perspectives for application. *International Journal of Psychophysiology, 27*, 3–10.

Näätänen, R., Paavilainen, P., Rinne, T. & Alho, K. (2007). The mismatch negativity (MMN) in basic research of central auditory processing: a review. *Clinical Neurophysiology, 118*, 2544–2590.

Nicolson, R. I., & Fawcett, A. (1990). Automaticity: a new framework for dyslexia research? *Cognition, 35*, 159–182.

Nicolson, R. I., & Fawcett, A. (1999). Developmental Dyslexia: the role of the cerebellum. *Dyslexia, 5*, 155–177.

Nicolson, R. I., & Fawcett, A. (2011). Dyslexia, dysgraphia, procedural learning and the cerebellum. *Cortex, 47*, 117–127.

Nicolson, R. I., Fawcett, A., Brookes, R. L., & Needle, J. (2010). Procedural lerning and dyslexia. *Dylsexia, 16*, 194–212.

Nittrouer, S. (1999). Do temporal processing deficits cause phonological processing problems? *Journal of Speech Language and Hearing Research, 42* (4), 925–942.

Olson R. K., Kliegel, R., & Davidson B. J. (1983). Individual and develpmental differences in reading disability. In G.E. MacKinnon, T.G. Waller (Hrsg.), *Reading research: Advances in theory and practice* (S. 1–64). NY: Academic.

Papadopoulos, T. C., Georgiou, G. K., & Parrila, R. K. (2012). Low-level deficits in beat perception: Neither necessary nor sufficient for explaining developmental dyslexia in a consistent orthography. *Research in Developmental Disabilities, 33*, 1841–1856.

Paulesu, E., Frith, U., Snowling, M., Gallagher, A., Morton, J., Frackowiack, R. S. J., & Frith, C. D. (1996). Is developmental dyslexia a disconnection syndrome? – Evidence from PET scanning. *Brain, 119*, 143–157.

Pennington, B. F., & Lefly, D. L. (2001). Early reading development in children at family risk for dyslexia. *Child Development, 72*, 816–833.

Pennington, B. E., & Olson, R. K. (2007). Genetics of Dyslexia. In M. J. Snowling & C. Hulme (Hrsg.), *The Science of Reading – A Handbook* (S. 453–472). Oxford: Blackwell.

Perea, M., Moret-Tatay, C., & Panadero, V. (2011). Suppression of mirror generalization for reversible letters: evidence from masked priming. *Journal of Memory and Language, 65*, 237–246.

Pegado, F., Nakamura, K., Cohen, L., & Dehaene, S. (2011). Breaking the symmetry: mirrordiscrimination for single letters but not for pictures in the Visual Word Form Area. *Neuroimage 55*, 742–774.

Pollatsek, A. (1993). Eye movements in reading. In D. M. Willow, R. S. Kruk & E. Corcos (Hrsg.), *Visual Processes in reading and reading disabilities* (S. 191–214). Hillsdale, NJ: Erlbaum.

Pugh, K. R., Mencl, W. E., Jenner, A. R., Katz, L., Frost, S. J., Ren Lee, J., Shaywitz, S. E., & Shaywitz, B. A. (2000). Functional neuroimaging studies of reading and reading disability (developmental dyslexia). *Mental Retardation and Developmental Disabilities Research Reviews, 6*, 207–213.

Pulvermüller, F., & Shtyrov, Y. (2003). Automatic processing of grammar in the human brain as revealed by mismatch negativity. *NeuroImage, 20*, 159–172.

Ramus, F. (2003). Developmental dyslexia: specific phonological deficit or general sensorimotor dysfunction? *Current Opinion in Neurobiology, 13* (2), 212–218.

Ramus, F., Pidgeon, E. & Frith, U. (2003a). The relationship between motor control and phonology in dyslexic children. *Journal of Child Psychology and Psychiatry, 44* (5), 712–722.

Ramus, F., Rosen, S., Dakin, S. C., Day, B. L., Castellote, J. M., White, S. & Frith, U. (2003b). Theories of developmental dyslexia: insights from a multiple case study of dyslexic adults. *Brain, 126*, 841–865.

Richlan, F., Kronbichler, M. & Wimmer, H. (2009). Functional abnormalities in the dyslexic brain: A quantitative meta-analysis of neuroimaging studies. *Human Brain Mapping, 30*, 3299–3308.

Rusiak, P., Lachmann, T., Jaskowski, P., & van Leeuwen, C. (2007). Mental rotation of letters and shapes in developmental dyslexia. *Perception, 36*, 617–631.

Samuelsson, S., Olson, R., Wadsworth, S., Corley, R., DeFries, J. C., Willcutt, E., Hulslander, J., & Byrne, B. (2007). Genetic and environmental influences on prereading skills and early reading and spelling development in the United States, Australia and Scandinavia. *Reading and Writing, 20*, 51–75.

Sandak, R., Mencl, W. E., Frost, S. J., & Pugh, K. R. (2004). The neurobiological basis of skilled and impaired reading: Recent findings and new directions. *Scientific Studies of Reading, 8* (3), 273–292.

Scarborough, H. S. (1990). Very early language deficits in dyslexic children. *Child Development, 61*, 1728–1743.

Schulte-Körne, G., Deimel. W., Bartling, J., & Remschmidt, H. (1998). Auditory processing and dyslexia: evidence for a specific speech processing deficit. *Neuroreport, 9*, 337–340.

Schulte-Körne, G., Warnke, A., & Remschmidt, H. (2006). Zur Genetik der Lese-Rechtschreibschwäche. *Zeitschrift für Kinder- und Jugendpsychiatrie und Psychotherapie, 34* (6), 435–444.

Schwartz, B. D., Tomlin, H. R., Evans, W. J., & Ross, K. V. (2001). Neurophysiologic mechanisms of attention: a selective review of early information processing in schizophrenics. *Frontiers in Bioscience, 6*, 120–134.

Shaywitz, S. E., & Shaywitz, B. E. (2005). Dyslexia (specific reading disability). *Biological Psychiatry, 57*, 1301–1309.

Singer, W., & Bedworth, N. (1973). Inhibitory interactions between X and Y units in cat lateral geniculate nucleus. *Brain Research, 49*, 291–307.

Skottun, B. C. (2000). The magnocellular deficit theory of dyslexia; the evidence from contrast sensitivity. *Vision Research, 40*, 111–127.

Slaghuis, W. L., & Ryan, J. F. (1999). Spatial-temporal contrast sensitivity, coherent motion, and visual persistence in developmental dyslexia. *Vision Reseach, 39*, 651–668.

Snowling, M. (2000). *Dyslexia*. Oxford: Blackwell.

Stanovich, K. E. (1988). Explaining the differences between the dyslexic and the garden-variety poor reader: The phonological-core variable-difference model. *Journal of Learning Disabilities, 21* (10), 590–604.

Stein, J. F. (1993). Visuospatial perception in disabled readers. In D. M. Willow, R. S. Kruk & E. Corcos (Hrsg.), *Visual Processes in reading and reading disabilities* (S. 331–346). Hillsdale, NJ: Erlbaum.

Stein, J. F. (2001). The magnocellular theory of dyslexia. *Dyslexia, 7*, 12–36.

Stein, J. (2002). The neurobiology of reading difficulties. In E. Witruk, A. D. Friederici, & T. Lachmann (Hrsg.), *Basic functions of language, reading and reading disability* (S. 199–211). Boston: Kluwer/Springer.

Stein, J. F., & Glickstein, M. (1992). The role of the cerebellum in the visual guidance of movement. *Physiological Review, 72*, 967–1018.

Stein, J. F., & Talcott, J. B. (1999). The magnocellular theory of dyslexia. *Dyslexia, 5*, 59–78.

Stein, J., Talcott, J., & Witton, C. (2001). The sensorimotor basis of developmental dyslexia. In A. Fawcett (Hrsg.). *Dyslexia. Theory and good practice* (S. 65–88). London: Whurr.

Stein, J. F., & Walsh, V. (1997). To see but not to read; magnocellular theory of dyslexia. *Trends in Neurosciences, 20*, 147–152.

Steinbrink, C., Ackermann, H., Lachmann, T., & Riecker, A. (2009). Contribution of the anterior insula to temporal auditory processing deficits in developmental dyslexia. *Human Brain Mapping, 30,* 2401–2411.

Steinbrink, C., Groth, K., Lachmann, T., & Riecker, A. (2012). Neural correlates of temporal auditory processing in dyslexia during German vowel length discrimination: An fMRI study. *Brain and Language, 121,* 1–11.

Steinbrink, C., & Klatte, M. (2008). Phonological working memory in German children with poor reading and spelling abilities. *Dyslexia, 14* (4), 271–290.

Steinbrink, C., Vogt, K., Kastrup, A., Müller, H.-P., Juengling, F. D., Kassubek, J., & Riecker, A. (2008). The contribution of white – and gray matter differences to developmental dyslexia – Insights from DTI and VBM at 3.0 Tesla. *Neuropsychologia, 46* (13), 3170–3178.

Steinbrink, C., Zimmer, K., Lachmann, T., Dirichs, M., & Kammer, T. (im Druck). Development of rapid temporal processing and its impact on literacy skills in primary school children. *Child Development.* DOI: 10.1111/cdev.12208

Stoodley, C. J., & Stein, J. F. (2011). The cerebellum and dyslexia. *Cortex, 47,* 101–116.

Swan, D., & Goswami, U. (1997). Picture naming deficits in developmental dyslexia: The phonological representations hypothesis. *Brain and Language, 56,* 334–353.

Talcott, J. B., & Witton, C. (2002). A sensory-linguistic approach to normal and impaired reading development. In E. Witruk, A. D. Friederici, & T. Lachmann (Hrsg.), *Basic Functions of Language, Reading and Reading Disability* (S. 213–240). Dordrecht, Netherlands: Kluwer.

Talcott, J. B., Hansen, P. C., Willis-Owen, C., McKinnell I. W., Richardson A. J., & Stein, J. F. (1998). Visual magnocellular impairment in adult developmental dyslexics. *Neuroophthalmology, 20,* 187–201.

Talcott, J. B., Witton, C., McLean, M. F., Hansen, P. C., Rees, A., Green, G. G. R., & Stein, J. F. (2000). Dynamic sensory sensitivity and children's word decoding skills. *Proceedings of the National Academy of Sciences, 97,* 2952–2957.

Talcott, J. B., Gram, A., van Ingelghem, M., Witton, C., Stein, J. F., & Toennessen, F. E. (2003). Impaired sensitivity to dynamic stimuli in poor readers of a regular orthography. *Brain and Language, 87,* 259–266.

Tallal, P. (1980). Auditory temporal perception, phonics, and reading disabilities in children. *Brain and Language, 9,* 182–198.

Tallal, P. (2000). Experimental studies of language learning impairments: From research to remediation. In D. B. Bishop & L. B. Leonard (Hrsg.), *Speech and language impairments in children* (S. 131–155). Hove: Psychology Press.

Tallal, P., & Gaab, N. (2006). Dynamic auditory processing, musical experience and language development. *Trends in Neurosciences, 29,* 382–390.

Tallal, P., Miller, S., & Fitch, R. H. (1993). Neurobiological basis of speech: A case for the preeminence of temporal processing. *Annals of the New York Academy of Sciences, 682,* 27–47.

Tallal, P., Miller, S. L., Bedi, G., Byma, G., Wang, X., Nagarajan, S. S., Schreiner, C., Jenkins, W.M, & Mezenich, M.M. (1996). Language comprehension in language-learning impaired children improved with acoustically modified speech. *Science, 271,* 81–84.

Temple, E., Poldrack, R. A., Protopapas, A., Nagarajan, S., Salz, T., Tallal, T., Merzenich, M. M., & Gabrieli, J. D. E. (2000). Disruption of the neural response to rapid acoustic stimuli in dyslexia: Evidence from functional MRI. *Proceedings of the National Academy of Sciences, 97* (25), 13907–13912.

Temple, E., Deutsch, G. K., Poldrack, R. A., Miller, S. L., Tallal, P., Merzenich, M. M., & Gabrieli, J. D. E. (2003). Neural deficits in children with dyslexia ameliorated by behavioral remediation: Evidence from functional MRI. *Proceedings of the National Academy of Sciences, 100,* 2860–2865.

Vellutino, F. R., & Fletcher, J. M. (2007). Developmental dyslexia. In M. J. Snowling and C. Hulme (Hrsg.), *The science of reading. A handbook* (S. 362–378). Oxford: Blackwell.

Victor, J. D., Conte, M. M., Burton, L. & Nass, R. D. (1993). Visual evoked potentials in dyslexics and normals: failure to find a difference in transient or steady-state responses. *Visual Neuroscience, 10,* 939–946.

White, S., Frith, U., Milne, E., Rosen, S., Swettenham, J., & Ramus, F. (2006a). A double dissociation between sensorimotor impairments and reading disability: A comparison of autistic and dyslexic children. *Cognitive Neuropsychology, 23*(5), 748–761.

White, S., Milne, E., Rosen, S., Hansen, P., Swettenham, J., Frith, U., & Ramus, F. (2006b). The role of sensorimotor impairments in dyslexia: a multiple case study of dyslexic children. *Developmental Science, 9* (3), 237–255.

Witton C., Talcott J. B., Hansen P. C., Richardson, A. J., Griffiths T. D., Rees A., Stein J. F., & Green, G. G. (1998). Sensitivity to dynamic auditory and visual stimuli predicts nonword reading ability in both dyslexic and normal readers. *Current Biology, 8,* 791–797.

Witton, C., Stein, J. F., Stoodley, C. J., Rosner, B. S., & Talcott, J. B. (2002). Separate influences of acoustic AM and FM sensitivity on the phonological decoding skills of impaired and normal readers. *Journal of Cognitive Neuroscience, 14,* 866–874.

Ziegler, J. C, Pech-Georgel, C., George, F., & Lorenzi, C. (2009). Speech-perception-in-noise deficits in dyslexia. *Developmental Science, 12* (5), 732–745.

Weiterführende Literatur:

Fawcett, A. (2001) Dyslexia. *Theory and good practice.* London: Whurr.

Gabrieli, J. D. E. (2009). Dyslexia: A new synergy between education and cognitive neuroscience. *Science, 325,* 280–283.

Hulme, C., & Snowling, M. J. (2009). Reading Disorders I: Developmental Dyslexia. In C. Hulme, & M. Snowling (Hrsg.), *Developmental Disorders of Language Learning and Cognition* (S. 37–89). Oxford: Wiley-Blackwell.

Pennington, B. E., & Olson, R. K. (2007). Genetics of Dyslexia. In M. J. Snowling, & C. Hulme (Hrsg.), *The Science of Reading – A Handbook* (S. 453–472). Oxford: Blackwell.

Schulte-Körne, G., Warnke, A., & Remschmidt, H. (2006). Zur Genetik der Lese-Rechtschreibschwäche. *Zeitschrift für Kinder- und Jugendpsychiatrie und Psychotherapie, 34* (6), 435–444.

Willows, D.M., Kruk, R. S., & Corcos, E. (1993) *Visual processes in reading and reading disabilities. Hillsdale*, NJ: Erlbaum.

Witruk, E., Friederici, A. D., & T. Lachmann (2002). *Basic functions of language, reading and reading disability.* Boston: Kluwer/Springer.

Diagnostik kognitiver Grundlagen des Lesens und Schreibens sowie der Lese-Rechtschreibstörung

Überblicksfragen

- Welche Verfahren können zur Diagnose kognitiver Vorläuferfertigkeiten des Schriftspracherwerbs eingesetzt werden?
- Welche Schritte sind zur Diagnose einer Lese-Rechtschreibstörung erforderlich?
- Was ist bei der Auswahl von Diagnoseverfahren zur Abklärung einer Lese-Rechtschreibstörung allgemein zu beachten?
- Welche konkreten Verfahren sind zur Erfassung der Lese-, Rechtschreib- und Intelligenzleistung im Rahmen einer Diagnostik der Lese-Rechtschreibstörung geeignet?

In diesem Kapitel werden verschiedene Fragen rund um die Diagnostik der Lese-Rechtschreibstörung behandelt. Wie in ▶ Kap. 2 des vorliegenden Buches ausgeführt, legen sogenannte kognitive Vorläuferfertigkeiten die Grundlage für die Fähigkeit, Lesen und Schreiben zu lernen. Im ersten Teil dieses Kapitels (▶ Abschn. 5.1) möchten wir uns deshalb mit den mittlerweile zahlreich vorliegenden deutschsprachigen Testverfahren befassen, mit denen der Entwicklungsstand bezüglich dieser kognitiven Grundlagen des Lesens und Schreibens erfasst werden kann. Anschließend widmen wir uns der Diagnostik der Lese-Rechtschreibstörung im engeren Sinne. Wir haben in ▶ Kap. 3 des vorliegenden Buches die Klassifikation der Lese-Rechtschreibstörung laut ICD 10 bereits ausführlich dargestellt und kritisch hinterfragt. In diesem Kapitel soll nun noch einmal zusammengefasst werden, welche Schritte im Einzelnen zur Diagnostik der Lese-Rechtschreibstörung notwendig sind (▶ Abschn. 5.2) und warum es unerlässlich ist, im Rahmen der Diagnostik der Lese-Rechtschreibstörung auf aktuelle Testverfahren zurückzugreifen (▶ Abschn. 5.3). Schließlich wird ein Überblick über aktuell normierte deutschsprachige Testverfahren zur Erfassung des Lesens (▶ Abschn. 5.4), des Rechtschreibens (▶ Abschn. 5.5) und der Intelligenz (▶ Abschn. 5.6) gegeben, der keinen Anspruch auf Vollständigkeit erhebt.

5.1 Diagnostik der kognitiven Grundlagen des Schriftspracherwerbs

Wie in ▶ Abschn. 2.1 dargestellt wurde, wird der Erfolg im Lese-Rechtschreiberwerb von kognitiven Vorläuferfertigkeiten des Schriftspracherwerbs mitbestimmt. Als Konsequenz daraus wurden im deutschen Sprachraum in den letzten Jahrzehnten verstärkt psychodiagnostische Verfahren entwickelt, die auf die Diagnostik derartiger Grundlagen des Lesens und Schreibens abzielen. Bei jüngeren Kindern im Vorschul- und frühen Grundschulalter bieten diese diagnostischen Verfahren die Möglichkeit der Früherkennung von Risiken für Lese-Rechtschreibschwierigkeiten und können darüber hinaus einen Beitrag zur Prävention von Lese-Rechtschreibschwierigkeiten leisten, wenn sich an die Diagnostik eine passende Förderung anschließt (▶ Abschn. 6.2). Bei älteren Kindern hilft die Diagnostik von kognitiven Grundlagen des Schriftspracherwerbs dabei, die Ursachen für eine Lese-Rechtschreibstörung besser zu verstehen und Ansatzpunkte zur Interventionsplanung zu ermitteln (▶ Abschn. 6.3).

Fähigkeiten im Bereich der phonologischen Informationsverarbeitung haben sich als besonders relevant für die Entwicklung des Lesens und Schreibens erwiesen. Deshalb fokussieren Verfahren, die kognitive Grundlagen des Schriftspracherwerbs messen, in der Regel auf Inhaltsbereiche wie phonologische Bewusstheit (im weiteren und engeren Sinne), phonologisches Arbeitsgedächtnis, Abruf phonologischer Informationen aus dem Langzeitgedächtnis und Phonemwahrnehmung (vgl. ▶ Abschn. 2.1.1). ◻ Tab. 5.1 gibt einen Überblick über gängige deutschsprachige standardisierte und relativ aktuell normierte Diagnoseverfahren, in denen Untertests zur phonologischen Informationsverarbeitung enthalten sind. Aufgrund der Vielzahl der vorliegenden Verfahren erhebt dieser Überblick keinen Anspruch auf Vollständigkeit. Jedes der in der Tabelle enthaltenen Verfahren wird im Folgenden im Text näher charakterisiert. Zu den dargestellten Diagnoseverfahren gehören auch **Screeningverfahren**. Derartige Screenings sollen zeitökonomisch, aber dennoch objektiv und valide die Voraussetzungen für den Schriftspracherwerb

◻ Tab. 5.1 Diagnoseverfahren mit Untertests zur phonologischen Informationsverarbeitung

Testverfahren	Anwendungszeitraum [c]	Untertests in Teilbereichen der phonologischen Informationsverarbeitung				
		Phonologische Bewusstheit im weiteren Sinne	Phonologische Bewusstheit im engeren Sinne	Phonologisches Arbeitsgedächtnis	Abruf phonologischer Repräsentationen aus dem Langzeitgedächtnis	Phonemwahrnehmung
Diagnoseverfahren zur Anwendung im Vorschulalter						
Arbeitsgedächtnistestbatterie für Kinder von 5–12 Jahren (AGTB 5–12; Hasselhorn et al. 2012) [a]	– ab Lebensalter 5;0	–	–	– Ziffernspanne – Wortspanne einsilbig – Wortspanne dreisilbig – Kunstwörter	–	–
Bielefelder Screening zur Früherkennung von Lese-Rechtschreibschwierigkeiten (BISC; Jansen et al. 2002) [a]	– 10 (+/−1) bzw. 4 (+/−1) Monate vor der Einschulung	– Reimen – Silben-Segmentieren	– Laut-zu-Wort-Vergleich – Laute-Assoziieren	– Pseudowörter Nachsprechen	– Farbabfrage – Schnelles-Benennen-Farben (schwarz-weiß Objekte) – Schnelles-Benennen-Farben (farbig inkongruente Objekte)	–
Heidelberger Auditives Screening in der Einschulungsuntersuchung (HASE; Schöler und Brunner 2008) [a]	– Lebensalter 4;6–6;11	–	–	– Wiedergeben von Zahlenfolgen – Nachsprechen von Kunstwörtern	–	–
Heidelberger Vorschulscreening zur auditiv-kinästhetischen Wahrnehmung und Sprachverarbeitung (HVS; Brunner et al. 2001) [a b]	– Lebensalter 5;2–6;10	– Silben segmentieren – Erkennen von Reimwörtern	– Expressive Anlautanalyse	– Auditive Merkspanne	–	– Phonematische Differenzierung
Potsdam-Illinois Test für Psycholinguistische Fähigkeiten (P-ITPA; Esser & Wyschkon 2010) [a b]	– Lebensalter 4;0–6;5	– Reimen	–	– Reimfolgen	–	–

◘ Tab. 5.1 Fortsetzung

Testverfahren	Anwendungszeitraum [c]	Untertests in Teilbereichen der phonologischen Informationsverarbeitung				
		Phonologische Bewusstheit im weiteren Sinne	Phonologische Bewusstheit im engeren Sinne	Phonologisches Arbeitsgedächtnis	Abruf phonologischer Repräsentationen aus dem Langzeitgedächtnis	Phonemwahrnehmung
Diagnoseverfahren zur Anwendung im Vorschulalter und in der frühen Grundschulzeit						
Anlaute hören, Reime finden, Silben klatschen (ARS; Martschinke et al. 2005)	– Letztes Kindergartenjahr – Zu Schulanfang	– Silben klatschen – Reime finden	– Anlaute hören	–	–	–
Gruppentest zur Früherkennung von Lese- und Rechtschreibschwierigkeiten: Phonologische Bewusstheit bei Kindergartenkindern und Schulanfängern (PB-LRS; Barth und Gomm 2004)	– 6 Monate vor der Einschulung – 2–4 Wochen nach der Einschulung	– Reimerkennung – Silbensegmentierung Bei Schulanfängern zusätzlich: – Erfassung der Wortlänge	– Anlautanalyse – Lautsynthese Bei Schulanfängern zusätzlich: – Identifikation des Endlautes	–	–	
Test für Phonologische Bewusstheitsfähigkeiten (TPB; Fricke und Schäfer 2011) [b]	– 4;0 – Ende Klasse 1	Alle Altersgruppen: – Silben-segmentieren-output – Reime-Identifizieren-input – Reime-Produzieren-output – Onset-Reim-Synthetisieren-input – Onset-Reim-Synthetisieren-output	Ab 5;0 (ggf. ab 4;6): – Anlaute-Identifizieren-input – Anlaute-Identifizieren-output – Laute-Synthetisieren-input Ab 5;0: – Laute-Synthetisieren-output – Anlaute-Manipulieren-input – Anlaute-Manipulieren-output	–	–	–

◻ Tab. 5.1 Fortsetzung

Testverfahren	Anwendungszeitraum [c]	Untertests in Teilbereichen der phonologischen Informationsverarbeitung				
		Phonologische Bewusstheit im weiteren Sinne	Phonologische Bewusstheit im engeren Sinne	Phonologisches Arbeitsgedächtnis	Abruf phonologischer Repräsentationen aus dem Langzeitgedächtnis	Phonemwahrnehmung
Test zur Erfassung der phonologischen Bewusstheit und der Benennungsgeschwindigkeit (TEPHOBE; Mayer 2011) [b]	– Letzte 3 Monate des Vorschuljahres – Erste 3 Monate von Klasse 1 und 2	Alle Altersgruppen: – Reimerkennung Vorschuljahr und Klasse 1: – Synthese von Onset und Reim	Alle Altersgruppen: – Anlautkategorisierung Vorschuljahr und Klasse 1: – Phonemsynthese Klasse 2: – Auslautkategorisierung – Phonemelision – Phonemumkehr	–	Vorschuljahr: – RAN [f] Objekte – RAN Farben Klasse 1 und 2: – RAN Buchstaben – RAN Zahlen – RAN Farben	–

Diagnoseverfahren zur Anwendung im ersten Schuljahr

Testverfahren	Anwendungszeitraum [c]	Phonologische Bewusstheit im weiteren Sinne	Phonologische Bewusstheit im engeren Sinne	Phonologisches Arbeitsgedächtnis	Abruf phonologischer Repräsentationen aus dem Langzeitgedächtnis	Phonemwahrnehmung
Fähigkeitsindikatoren Primarschule (FIPS, Bäuerlein et al. 2012a) [a][b]	– Anfang Klasse 1 – Ende Klasse 1	– Silben nachsprechen – Reime	– Lautanalyse	–	–	–
Münsteraner Screening zur Früherkennung von Lese-Rechtschreibschwierigkeiten (MUSC, Mannhaupt 2006) [a]	– Schulbeginn (erste 5 Wochen von Klasse 1)	– Reime – Laute assoziieren – Laut-Wort-Zuordnung – Silben segmentieren		– Wörter-Reihenfolgen	– Farben ankreuzen: schwarz-weiße Objekte – Farben ankreuzen: farbig inkongruente Objekte	–
Der Rundgang durch Hörhausen (Martschinke et al. 2011) [a]	– Anfang Klasse 1 – Mitte Klasse 1	– Silben segmentieren – Silben zusammensetzen – Endreim erkennen	– Phonemanalyse – Lautsynthese mit Umkehraufgabe – Anlaut erkennen – Endlaut erkennen	–	–	–

◻ Tab. 5.1 Fortsetzung

Testverfahren	Anwendungszeitraum [c]	Untertests in Teilbereichen der phonologischen Informationsverarbeitung				
		Phonologische Bewusstheit im weiteren Sinne	Phonologische Bewusstheit im engeren Sinne	Phonologisches Arbeitsgedächtnis	Abruf phonologischer Repräsentationen aus dem Langzeitgedächtnis	Phonemwahrnehmung
Diagnoseverfahren zur Anwendung im Grundschulalter (und z.T. darüber hinaus)						
Arbeitsgedächtnistestbatterie für Kinder von 5–12 Jahren (AGTB 5–12; Hasselhorn et al. 2012)[a]	– Lebensalter 5;0–12;11	–	–	– Zifferspanne – Wortspanne einsilbig – Wortspanne dreisilbig – Kunstwörter	–	–
Basiskompetenzen für Lese-Rechtschreibleistungen (BAKO 1–4; Stock et al. 2003)	– Letzte 3 Monate von Klasse 1, 2, 3 und 4	–	– Pseudowortsegmentierung – Vokalersetzung – Restwortbestimmung – Phonemvertauschung – Lautkategorisierung – Vokallängenbestimmung – Wortumkehr	–	–	–
Heidelberger Lautdifferenzierungstest (H-LAD; Brunner et al. 2005)[a][b]	– Klasse 1–4	–	– Lautanalyse bei Konsonantenhäufung im Anlaut[d]	–	–	– Differenzierung von Konsonanten (auditiv)
Heidelberger Vokallängendifferenzierungstest (HVT; Brunner 2012)[a]	– Klasse 3 und 4	–	–	–	–	– Vokallängendifferenzierung – Vokallängenanalyse

□ Tab. 5.1 Fortsetzung

Testverfahren	Anwendungszeitraum [c]	Untertests in Teilbereichen der phonologischen Informationsverarbeitung				
		Phonologische Bewusstheit im weiteren Sinne	Phonologische Bewusstheit im engeren Sinne	Phonologisches Arbeitsgedächtnis	Abruf phonologischer Repräsentationen aus dem Langzeitgedächtnis	Phonemwahrnehmung
Potsdam-Illinois Test für Psycholinguistische Fähigkeiten (P-ITPA; Esser und Wyschkon 2010) [a][b]	– Lebensalter 6;0–11;5	– (Reimen) [e]	– Vokale-Ersetzen – Konsonanten-Auslassen	– Reimfolgen	–	
Zürcher Lesetest – II (ZLT-II; Petermann und Daseking 2012) [a][b]	– Ende Klasse 1 – Klasse 2–8	– Silbentrennung mündlich – Silbentrennung schriftlich	–	– Pseudowörter nachsprechen	– Schnelles Benennen (zwei Aufgabenversionen)	–

[a] Verfahren enthält zusätzlich Untertests aus Inhaltsbereichen außerhalb der phonologischen Informationsverarbeitung (siehe Angaben im Text).

[b] Die Untertests zur phonologischen Bewusstheit werden von den Autoren des Verfahrens nicht bezüglich phonologischer Bewusstheit im weiteren versus engeren Sinne unterteilt. Diese Unterteilung wurde von den Autoren des vorliegenden Lehrbuchs vorgenommen. Dabei wurden Aufgaben, die sich auf größere phonologische Einheiten (Silben, Onsets und Reime) beziehen, der phonologischen Bewusstheit im weiteren Sinne zugeordnet, während Aufgaben, die sich auf die Phoneme als kleinste phonologische Einheiten beziehen, der phonologischen Bewusstheit im engeren Sinne zugeordnet wurden (vgl. Marx und Schneider 2000). Bei der hier verwendeten Definition von phonologischer Bewusstheit im weiteren versus engeren Sinne wird also der Fokus auf die Größe der phonologischen Einheit gelegt, ohne die Explizitheit der zugrundeliegenden Operation einzubeziehen (vgl. dagegen Schnitzler 2008; Skowronek und Marx 1989).

[c] Alle Angaben beziehen sich auf die Anwendungszeiträume der in der Tabelle enthaltenen Untertests des jeweiligen Verfahrens. Bei Angabe des Lebensalters: Alter in Jahren und Monaten (Jahre; Monate).

[d] Einordnung der Autoren des Verfahrens als Aufgabe, welche neben der phonologischen Bewusstheit auch die Phonemwahrnehmung prüft.

[e] Untertest wird nur dann durchgeführt, wenn sich die Aufgabe "Vokale-Ersetzen" als zu schwierig erweist.

[f] RAN = rapid automatized naming (vgl. ► Abschn. 2.1.1).

erfassen. Sie sind deshalb im Vergleich zu Testverfahren deutlich kürzer, um den zeitlichen Aufwand möglichst gering zu halten (Mannhaupt 2006). Deshalb kann ein Screening eine differenzierte Diagnostik nicht ersetzen. Sollte ein Kind anhand eines Screenings als Risikokind für die Entwicklung von Lese-Rechtschreibschwierigkeiten klassifiziert werden, so muss sich eine detailliertere Diagnostik anschließen (Schöler und Brunner 2008).

5.1.1   Verfahren, die Aspekte der phonologischen Informationsverarbeitung im Vorschulalter prüfen

Die **Arbeitsgedächtnistestbatterie für Kinder von 5 bis 12 Jahren** (**AGTB 5–12**; Hasselhorn et al. 2012) ist ein adaptiver, computergestützter Einzeltest, der der Messung der Funktionstüchtigkeit des Arbeitsgedächtnisses dient. Da die AGTB 5–12 sowohl im Vorschul- als auch im Grundschulalter eingesetzt werden kann, wird sie sowohl in diesem Abschnitt als auch in ▶ Abschn. 5.1.4 aufgeführt, in dem Verfahren für das Grundschulalter (und darüber hinaus) beschrieben werden. Die AGTB 5–12 enthält 4 Untertests zur Messung des phonologischen Arbeitsgedächtnisses (◘ Tab. 5.1). Darüber hinaus kann mit diesem Testverfahren das zentral-exekutive Arbeitsgedächtnis (6 Untertests) sowie das visuell-räumliche Arbeitsgedächtnis (2 Untertests) überprüft werden. Das Verfahren kann ab dem Alter von 5;0 Jahren angewendet werden. Für alle Untertests sowie für jede Komponente des Arbeitsgedächtnisses liegen altersspezifische T-Wert-Normen vor (Normen in Halbjahresabständen zwischen 5;0 und 7;11 Jahren). Die Durchführungsdauer beträgt ca. 7 Minuten pro Untertest.

Das **Bielefelder Screening zur Früherkennung von Lese-Rechtschreibschwierigkeiten** (**BISC**; Jansen et al. 2002) ist ein Einzeltest zur Anwendung bei Kindern im letzten Kindergartenjahr. Wie ◘ Tab. 5.1 entnommen werden kann, enthält es Untertests zur Messung der phonologischen Bewusstheit im weiteren (2 Untertests) und engeren (2 Untertests) Sinne, des phonologischen Arbeitsgedächtnisses (1 Untertest) und des Abrufs phonologischer Repräsentationen aus dem Langzeitgedächtnis (3 Unter-

tests). Darüber hinaus misst das BISC die visuelle Aufmerksamkeitssteuerung (1 Untertest). Das Verfahren kann 10 (± 1 Monat), bzw. 4 (± 1 Monat) Monate vor der Einschulung angewendet werden. Pro Untertest wird ermittelt, ob die Leistung im Risikobereich liegt. Ist dies der Fall, so wird ein Risikopunkt vergeben. Ab 4 Risikopunkten wird die Entwicklung von Lese-Rechtschreibschwierigkeiten als wahrscheinlich angesehen. Eine Risikoklassifikation wird somit erst dann vorgenommen, wenn ein Risiko in mindestens 2 der 5 Inhaltsbereiche des BISC vorliegt. Die Durchführung des BISC nimmt ca. 20–25 Minuten in Anspruch.

Das **Heidelberger Auditive Screening in der Einschulungsuntersuchung** (**HASE**; Schöler und Brunner 2008) wird als Einzeltest im Vorschulalter eingesetzt. Es besteht aus 2 Untertests zur Überprüfung des phonologischen Arbeitsgedächtnisses (◘ Tab. 5.1) sowie aus je einem Untertest zur Überprüfung der sprachlichen Leistungsfähigkeit sowie der semantischen Strukturerfassung der Sprache. Das HASE ist für den Altersbereich von 4;6 bis 6;11 Jahren normiert (Prozentränge und T-Werte pro Untertest), für den Altersbereich von 4;6 bis 5;5 Jahren liegt ausschließlich eine Kurzform des HASE vor, in der der Untertest zur Überprüfung der semantischen Strukturerfassung der Sprache aufgrund seiner Schwierigkeit nicht enthalten ist. Kritische Werte (PR < 16) definieren für jeden Untertest die Grenze zu unterdurchschnittlichen, förderbedürftigen Leistungen. Die Durchführung der PC-Version des HASE dauert etwa 10 Minuten.

Das **Heidelberger Vorschulscreening zur auditiv-kinästhetischen Wahrnehmung und Sprachverarbeitung** (**HVS**; Brunner et al. 2001) ist ein Einzeltest zum Einsatz im Vorschulalter. Wie ◘ Tab. 5.1 zeigt, enthält das HVS Aufgaben zur phonologischen Bewusstheit (3 Untertests), zum phonologischen Arbeitsgedächtnis (1 Untertest) und zur Phonemwahrnehmung (1 Untertest). Darüber hinaus überprüft es die Artikulomotorik (1 Untertest) sowie die semantische Strukturerfassung der Sprache (1 Untertest). Das HVS ist für Kinder im Alter von 5;2 bis 6;10 Jahren normiert (T-Werte und Prozentränge pro Untertest). Die Durchführung der PC-Version des HVS nimmt ca. 17 Minuten in Anspruch, die Durchführung der Papier-und-Bleistift-Version ca. 25 Minuten.

Beim **Potsdam-Illinois Test für Psycholingu-istische Fähigkeiten** (**P-ITPA**; Esser und Wyschkon 2010) handelt es sich um einen Test, mit dem sprachliche und schriftsprachliche Fähigkeiten bei Kindern im Alter von 4 Jahren bis zum Ende der 5. Klasse untersucht werden können. Da in den hier interessierenden Inhaltsbereichen des P-ITPA im Kindergarten- und Schulalter teilweise unterschiedliche Aufgaben zum Einsatz kommen, werden wir den Test in diesem Abschnitt bezogen auf Aufgaben für Kindergartenkinder vorstellen und in ▶ Abschn. 5.1.4 bezogen auf die Aufgaben für Schulkinder. Wie ◘ Tab. 5.1 entnommen werden kann, enthält der P-ITPA für das Kindergartenalter einen Untertest zur Überprüfung der phonologischen Bewusstheit sowie einen Untertest zur Überprüfung des phonologischen Arbeitsgedächtnisses. Beide Untertests sind als Einzeltests durchzuführen. Zusätzlich können mit dem P-ITPA im Kindergartenalter Leistungen im Bereich der verbalen Intelligenz, des Wortschatzes und der expressiven Sprache überprüft werden. Die Normen des P-ITPA für den Kindergartenbereich gelten für Kinder im Alter von 4;0 bis 6;5 Jahren (T-Werte pro Untertest).

5.1.2 Verfahren, die Aspekte der phonologischen Informations-verarbeitung im Vorschulalter und in der frühen Grundschulzeit prüfen

Das Erhebungsverfahren **Anlaute hören, Reime finden, Silben klatschen** (**ARS**; Martschinke et al. 2005) ist ein Einzeltest zur Überprüfung der phonologischen Bewusstheit bei Vorschulkindern und Schulanfängern. Es besteht aus 2 Untertests zur phonologischen Bewusstheit im weiteren Sinne und einem Untertest zur phonologischen Bewusstheit im engeren Sinne (◘ Tab. 5.1) und ist von Beginn des letzten Kindergartenjahres bis einschließlich Schulanfang einsetzbar. Zur Auswertung des Verfahrens wird die Gesamtpunktzahl in allen 3 Untertests ermittelt. Liegt diese unterhalb eines bestimmten Cut-off-Werts, der anhand der Leistungen der Normierungsstichprobe ermittelt wurde, so liegt ein Risiko für Lese-Rechtschreibschwierigkei-

ten vor. Die Durchführung des ARS nimmt etwa 10 bis 20 Minuten in Anspruch.

Der **Gruppentest zur Früherkennung von Lese-Rechtschreibschwierigkeiten: Phonologische Bewusstheit bei Kindergartenkindern und Schulanfängern** (**PB-LRS**; Barth und Gomm 2004) besteht in der Version für Kindergartenkinder aus 4 Untertests, und zwar aus je 2 Untertests zur phonologischen Bewusstheit im weiteren und engeren Sinne. Die Version für Schulanfänger ist um 2 Untertests erweitert, und zwar um je einen Untertest zur phonologischen Bewusstheit im weiteren und engeren Sinne (◘ Tab. 5.1). Kinder werden als Risikokinder klassifiziert, wenn ihre Gesamtpunktzahl im PB-LRS mindestens eine Standardabweichung unterhalb des Mittelwertes der Normierungsstichprobe liegt. Die Kindergartenversion des PB-LRS ist für den Einsatz 6 Monate vor der Einschulung normiert, die Version für Schulanfänger für den Einsatz 2 bis 4 Wochen nach der Einschulung. Die Durchführung der Kindergartenversion (4 Untertests) nimmt ca. 45 Minuten in Anspruch, die Durchführung der Version für Schulanfänger (6 Untertests) ca. 60 Minuten.

Der **Test für Phonologische Bewusstheitsfähigkeiten** (**TPB**; Fricke und Schäfer 2011) ist ein Einzeltest mit dem die phonologische Bewusstheit bei Kindern von 4;0 Jahren bis zum Ende von Klasse 1 erfasst werden kann (◘ Tab. 5.1). Vor der Durchführung der Aufgaben zur phonologischen Bewusstheit findet eine Wortschatzüberprüfung statt, um einzuschätzen, ob das Kind über den für die Testdurchführung notwendigen expressiven Wortschatz verfügt. Fünf der 11 Untertests des TPB bestehen aus sogenannten Input-Aufgaben, die ohne eine verbale Reaktion lösbar sind, so dass u. a. auch die phonologischen Bewusstheitsfähigkeiten von Kindern mit Aussprachestörungen erfasst werden können. Die restlichen 6 Untertests bestehen aus sogenannten Output-Aufgaben, bei denen eine verbale Antwort obligatorisch ist. Fünf Untertests sind ab dem Alter von 4;0 Jahren einsetzbar, die restlichen 6 Untertests können ab 5;0 Jahren angewandt werden (3 davon jedoch ggf. bereits ab 4;6 Jahren, wenn die Silben-, Reim- und Onset-Reim-Untertests von den Kindern gut bewältigt wurden). Für den Altersbereich von 4;0 bis 5;11 Jahren liegen pro Untertest Prozentrangnormen in Halbjahresschritten vor. Weiterhin sind die Untertests des TPB für die Altersgruppe der 6-Jährigen (6;0 bis 6;11) und das zweite Halbjahr von Klasse 1 normiert. Die Durchführungsdauer des TPB ist abhängig von Alter, Entwicklungsstand und Motivation des Kindes. Üblicherweise kann der Test aber in 1 bis 2 Sitzungen à 45 Minuten durchgeführt werden.

Der **Test zur Erfassung der phonologischen Bewusstheit und der Benennungsgeschwindigkeit** (**TEPHOBE**; Mayer 2011) ermöglicht die Erfassung der phonologischen Bewusstheit als Gruppenverfahren, während die Benennungsgeschwindigkeit als Einzeltest überprüft wird. Der Test ist in den letzten 3 Monaten des Vorschuljahres und in den ersten Monaten von Klasse 1 und 2 anwendbar (Prozentränge und T-Werte pro Untertest und für die Gesamtleistung im Bereich phonologische Bewusstheit). Die Untertests des Verfahrens unterscheiden sich je nach Altersgruppe (◨ Tab. 5.1). Im Vorschulalter besteht der TEPHOBE aus 4 Untertests zur phonologischen Bewusstheit und 2 Untertests zur Überprüfung des Abrufs phonologischer Repräsentationen aus dem Langzeitgedächtnis. In Klasse 1 kommen dieselben 4 Untertests zur phonologischen Bewusstheit zum Einsatz wie im Vorschuljahr, es werden aber teilweise andere Untertests zum Abruf phonologischer Repräsentationen aus dem Langzeitgedächtnis durchgeführt (3 Untertests). In Klasse 2 schließlich werden teilweise andere Untertests im Bereich der phonologischen Bewusstheit angewandt als im Vorschulalter und in Klasse 1 (insgesamt werden 5 Untertests durchgeführt), es kommen aber dieselben Untertests zur Überprüfung des Abrufs phonologischer Repräsentationen aus dem Langzeitgedächtnis zum Einsatz wie in Klasse 1 (3 Untertests). Die Überprüfung der phonologischen Bewusstheit mit dem TEPHOBE nimmt etwa 45 Minuten in Anspruch (Auswertung: 5 Minuten), die Durchführung und Auswertung der Untertests zum Abruf phonologischer Repräsentationen aus dem Langzeitgedächtnis dauert etwa 10 Minuten.

5.1.3   Verfahren, die Aspekte der phonologischen Informationsverarbeitung im ersten Schuljahr prüfen

Fähigkeitsindikatoren Primarschule (**FIPS**; Bäuerlein et al. 2012a) ist ein computerbasiertes Diagnoseinstrument zur Erfassung der Lernausgangslage und der Lernentwicklung von Schulanfängern, welches als adaptive Einzeluntersuchung durchgeführt wird. Wie ◨ Tab. 5.1 zeigt, bildet die phonologische Bewusstheit mit 3 Untertests einen der Aufgabenbereiche des FIPS. Die weiteren Aufgabenbereiche sind Wortschatz, Lesen und Mathematik. Für jeden der vier Aufgabenbereiche des FIPS liegen Normen (Prozentränge, T-Werte) für den Anfang und das Ende der 1. Klasse vor.

Das **Münsteraner Screening zur Früherkennung von Lese-Rechtschreibschwierigkeiten** (**MÜSC**; Mannhaupt 2006) ist ein Gruppentest zur Anwendung direkt zu Schulbeginn. Wie ◨ Tab. 5.1 zeigt, überprüft das Screening die phonologische Bewusstheit im weiteren Sinne (4 Untertests), das phonologische Arbeitsgedächtnis (1 Untertest) sowie den Abruf phonologischer Repräsentationen aus dem Langzeitgedächtnis (2 Untertests). Darüber hinaus ist im MÜSC ein Untertest zur visuellen Aufmerksamkeit enthalten. Das MÜSC ist in den ersten 5 Wochen von Klasse 1 einsetzbar. Für jeden Untertest wird ermittelt, ob die Leistung im Risikobereich liegt. Ist dies der Fall, so wird ein Risikopunkt vergeben. Erhält ein Kind mindestens drei Risikopunkte, so wird es als Kind mit einem Förderbedarf im Schriftspracherwerb klassifiziert (entspricht 15,7 % der Kinder der Normierungsstichprobe). Die Durchführung des MÜSC dauert insgesamt etwa 50 Minuten. Das Verfahren soll in zwei Teilen zu je 25 Minuten durchgeführt werden. Zwischen den beiden Teilen sollen mindestens 20 Minuten und höchstens eine Woche liegen.

Der Rundgang durch Hörhausen (Martschinke et al. 2011) ist ein Einzeltest zur Erfassung der phonologischen Bewusstheit im weiteren (3 Untertests) und engeren Sinne (4 Untertests; ◨ Tab. 5.1). Zusätzlich werden mit dem Rundgang durch Hörhausen Vorkenntnisse für das Lesen und Schreiben erhoben (eigenen Namen schreiben, weitere Wörter schreiben, Buchstabenkenntnis). Der Rundgang durch Hörhausen kann zu Beginn und in der Mitte von Klasse 1 angewendet werden. Ein Förderbedarf wird getrennt für die Inhaltsbereiche phonologische Bewusstheit im weiteren versus engeren Sinne ermittelt. Zur Beurteilung des Leistungsniveaus werden Kennwerte aus der Normierungsstichprobe herangezogen. Dabei wird eine Leistung, die mit der Leistung der schwächsten 20 % der Normierungsstichprobe vergleichbar ist, als niedriges Leistungsniveau bewertet. Die Durchführung des Rundgangs durch Hörhausen nimmt 30 bis 40 Minuten in Anspruch.

5.1.4 Verfahren, die Aspekte der phonologischen Informationsverarbeitung im Grundschulalter (und teilweise darüber hinaus) prüfen

Die **Arbeitsgedächtnistestbatterie für Kinder von 5 bis 12 Jahren (AGTB 5–12**; Hasselhorn et al. 2012) wurde bereits in ▶ Abschn. 5.1.1 eingeführt, da dieses Verfahren im Vorschulalter wie im Grundschulalter (und sogar darüber hinaus) eingesetzt werden kann. Wie bereits dargestellt, enthält die AGTB 5–12 4 Untertests zur Messung des phonologischen Arbeitsgedächtnisses (◘ Tab. 5.1) und kann zusätzlich zur Überprüfung des zentral-exekutiven Arbeitsgedächtnisses (6 Untertests) sowie zur Überprüfung des visuell-räumlichen Arbeitsgedächtnisses (2 Untertests) eingesetzt werden. Das Verfahren kann im Alter von 5;0 bis 12;11 Jahren angewendet werden und verfügt über altersspezifische T-Wert-Normen für alle Untertests sowie für jede Komponente des Arbeitsgedächtnisses (Normen in Halbjahresabständen zwischen 5;0 und 7;11 Jahren; Normen in Ganzjahresabständen zwischen 8;0 und 12;11 Jahren). Die Durchführungsdauer beträgt ca. 7 Minuten pro Untertest.

Basiskompetenzen für Lese-Rechtschreibleistungen: Ein Test zur Erfassung der phonologischen Bewusstheit vom ersten bis vierten Grundschuljahr (BAKO 1–4; Stock et al. 2003) ist ein Einzeltest zur Überprüfung der phonologischen Bewusstheit im engeren Sinne im Grundschulalter (7 Untertests; ◘ Tab. 5.1). Der Test ist für die Anwendung in den letzten 3 Monaten des 1., 2.,

3. und 4. Schuljahres normiert (T-Werte und Prozentränge pro Untertest und für den Gesamttest). Die Durchführung des BAKO 1–4 nimmt zwischen 20 und 45 Minuten in Anspruch.

Der **Heidelberger Lautdifferenzierungstest: Prüfung der auditiv-kinästhetischen Wahrnehmung zur Differenzierung der Ursachen bei Lese-Rechtschreibschwäche (H-LAD**; Brunner et al. 2005) ist ein Einzeltest zur Prüfung von Lautanalyse- und -differenzierungsfähigkeiten bei Kindern der Klassenstufen 1 bis 4. Das Verfahren besteht aus 2 Untertests, und zwar einem Untertest zur Analyse und Differenzierung von Konsonantenhäufung im Anlaut, welcher die Wahrnehmung von Konsonantenhäufungen als zwei isolierte Laute sowie die phonologische Bewusstheit prüft, und einem Untertest zur Differenzierung von Konsonanten. Der Untertest zur Konsonantendifferenzierung zerfällt in einen auditiven Teil, in dem entschieden werden muss, ob ein Wort- oder Silbenpaar gleich klingt (Phonemwahrnehmung; ◘ Tab. 5.1) und in einen kinästhetischen Teil, in dem das jeweilige Wort- bzw. Silbenpaar nachgesprochen werden muss. Für den H-LAD liegen Normen für die Klassenstufen 1, 2, 3 und 4 vor (Prozentränge und T-Werte; getrennt in auditiv, kinästhetisch und Anlautanalyse sowie für den Gesamtwert). Die Durchführung und Auswertung der PC-Version des H-LAD dauert etwa 15 Minuten, die Durchführung und Auswertung der Papier-und-Bleistift-Version nimmt etwa 25 Minuten in Anspruch.

Der **Heidelberger Vokallängendifferenzierungstest (HVT**; Brunner 2012) ist ein Einzeltest, mit dem die Fähigkeit, Vokallängen zu erkennen, überprüft werden kann. Der HVT enthält 2 Untertests aus dem Bereich Phonemwahrnehmung (vgl. ◘ Tab. 5.1) und zusätzlich einen Untertest, in dem Vokallängen verschriftet werden müssen. Das Testverfahren ist in Klasse 3 und 4 anwendbar; es liegen Normen (T-Werte und Prozentränge) getrennt für die 3 Untertests und den HVT-Gesamtwert vor. Die Durchführung und Auswertung des HVT nimmt insgesamt 10 Minuten in Anspruch.

Mit dem **Potsdam-Illinois Test für Psycholinguistische Fähigkeiten (P-ITPA**; Esser und Wyschkon 2010), der bereits in ▶ Abschn. 5.1.1 eingeführt wurde, können sprachliche und schriftsprachliche Fähigkeiten bis zum Ende der fünften Klasse untersucht werden. Wie ◘ Tab. 5.1 entnommen werden kann, enthält der P-ITPA für Schulkinder 3 Untertests zur phonologischen Bewusstheit (wobei der Untertest »Reimen«, der auch in der Kindergartenversion zum Einsatz kommt, nur durchgeführt wird, wenn sich die Aufgabe »Vokale-Ersetzen« als zu schwierig erweist) sowie den ebenfalls in der Kindergartenversion enthaltenen Untertest zur Prüfung des phonologischen Arbeitsgedächtnisses. Diese Aufgaben sind als Einzeltests durchzuführen. Zusätzlich können mit dem P-ITPA Leistungen im Bereich der verbalen Intelligenz, des Wortschatzes, der expressiven Sprache, des Lesens und des Rechtschreibens überprüft werden. Im Schulbereich gelten die Normen des P-ITPA für die Inhaltsbereiche phonologische Bewusstheit und phonologisches Arbeitsgedächtnis für Kinder im Alter von 6;0 bis 11;5 Jahren (T-Werte).

Mit dem **Zürcher Lesetest-II: Weiterentwicklung des Zürcher Lesetests (ZLT) von Maria Linder und Hans Grissemann** (ZLT-II; Petermann und Daseking 2012) können der schulische Leistungsstand im Lesen ebenso wie Aspekte der phonologischen Informationsverarbeitung geprüft werden. Wie ◘ Tab. 5.1 zeigt, enthält der ZLT-II 2 Untertests zur Messung der phonologischen Bewusstheit, einen Untertest zur Messung des phonologischen Arbeitsgedächtnisses sowie einen Untertest zur Messung des Abrufs phonologischer Repräsentationen aus dem Langzeitgedächtnis (durchzuführen in zwei Aufgabenversionen, die für alle Klassenstufen gelten). Darüber hinaus können die Lesegenauigkeit sowie der Automatisierungsgrad im Lesen durch insgesamt 3 Untertests überprüft werden. Alle Aufgaben sind als Einzeltests durchzuführen. Der ZLT-II ist einsetzbar von Ende Klasse 1 bis Klasse 8. Die Normen für die Klassenstufen 1 bis 4 liegen in Halbjahresabständen vor, die Normen für die Klassenstufen 5 bis 8 in Jahresabständen. Für die Untertests zur phonologischen Bewusstheit und zum phonologischen Arbeitsgedächtnis können Prozentrangbänder, für den Untertest zum Abruf phonologischer Repräsentationen aus dem Langzeitgedächtnis können T-Werte und Prozentränge getrennt für die beiden Aufgabenversionen ermittelt werden.

5.2 Welche Schritte gehören zur Diagnostik der Lese-Rechtschreibstörung?

► Kap. 3 des vorliegenden Buches behandelte ausführlich die Klassifikation der Lese-Rechtschreibstörung laut Internationaler statistischer Klassifikation der Krankheiten und verwandter Gesundheitsprobleme, 10. Revision, German Modification (ICD-10-GM; im Folgenden abgekürzt mit **ICD** als Kurzform von **International Classification of Diseases**) wie auch eine kritische Diskussion der ICD-Kriterien, was an dieser Stelle nicht wiederholt werden soll. Stattdessen wird nun kurz dargestellt, welche **Schritte im Rahmen der Diagnostik der Lese-Rechtschreibstörung** konkret erforderlich sind und wie diese umgesetzt werden können. Diese Darstellung erfolgt sowohl mit Bezug auf die ICD-Kriterien, als auch unter Berücksichtigung alternativer Kriterien, die in Wissenschaft und Praxis Anwendung finden. Allgemein betrachtet besteht die Diagnostik der Lese-Rechtschreibstörung aus folgenden Schritten: Erstens muss anhand der Ergebnisse eines Lesetests und eines Rechtschreibtests ermittelt werden, ob eine Störung der Schriftsprache vorliegt und welcher Art diese Störung im gegebenen Falle ist. Zweitens muss anhand der Ergebnisse eines Intelligenztests geprüft werden, ob eine Intelligenzminderung vorliegt. Laut ICD-Kriterien ist die Prüfung der Intelligenz zusätzlich notwendig, um zu ermitteln, ob eine Diskrepanz zwischen Lese-Rechtschreibleistungen und Intelligenz gegeben ist (vgl. Erläuterung des IQ-Diskrepanzkriteriums in ► Abschn. 3.6.2). Drittens ist differenzialdiagnostisch abzuklären, ob etwaige Lese-Rechtschreibschwierigkeiten auch durch andere Ursachen erklärbar wären. Im Folgenden wird auf die Umsetzung der einzelnen Schritte genauer eingegangen.

Zur **Abklärung, ob und in welchen schriftsprachlichen Leistungen eine Störung vorliegt**, müssen die Leistungen im Lesen und Schreiben diagnostisch erfasst werden. Ab wann von einer Störung des Lesens und/oder Schreibens zu sprechen ist, ist abhängig von den Kriterien, die im Rahmen der Diagnostik angewandt werden. Die ICD fordert beispielsweise, dass die Leistungen mindestens zwei

Standardabweichungen (SD) unterhalb der mittleren Leistung der Normierungsstichprobe des verwendeten Lese- bzw. Rechtschreibtests liegen müssen, um von einer Störung im Lesen bzw. Rechtschreiben sprechen zu können (vgl. auch die Ausführung zur **populationsbezogenen Diskrepanz, P-Diskrepanz** in ▶ Abschn. 3.6.2). Diese Leistung entspricht einem T-Wert von 30, d. h. einem Prozentrang (PR) von 2,3. Von einer Störung im Lesen bzw. Schreiben wird somit nach dem sehr strengen ICD-10-Kriterium nur dann gesprochen, wenn mehr als 97 % der Vergleichspopulation bessere Leistungen zeigen. Wie bereits in ▶ Abschn. 3.6.2 angesprochen wurde, sind aber auch andere Kriterien in Forschung und Praxis üblich (vgl. Tröster 2009). So ist z. B. das Kriterium einer Abweichung von mindestens einer SD vom Mittelwert der Vergleichsstichprobe (entspricht einem T-Wert von 40 bzw. einem PR von 16) recht üblich (z. B. Fischbach et al. 2013; Schulte-Körne 2010; Moll und Landerl 2009), aber auch ein PR von 10 oder geringer wird in der Literatur als Kriterium angegeben (Warnke 2008). Diese Abweichungen vom strengen Kriterium der ICD wurden in ▶ Kap. 3 bereits diskutiert. Sie sind dadurch begründet, dass auch eine Lese- bzw. Rechtschreibleistung, die weniger als 2 SD von der Norm abweicht, bereits mit gravierenden Beeinträchtigungen im schulischen Lernen einhergeht. Im Übrigen basiert die Diagnostik von Störungen in schriftsprachlichen Leistungen in der Praxis auf den klinisch-diagnostischen Leitlinien der ICD, die dem Diagnostiker mehr Freiheitsgrade für die Vergabe der Diagnose bieten und auch die Berücksichtigung individueller und sozialer Faktoren erlauben (wobei die klinisch-diagnostischen Leitlinien und die ICD-Kriterien zwar unterschiedliche Akzente setzen, jedoch grundsätzlich kompatibel sind; ▶ Kap. 3). Bei der Diagnostik von Lese- und Rechtschreibleistungen zur Abklärung einer Lese-Rechtschreibstörung ist weiterhin zu beachten, dass die Ergebnisse von Lese-Rechtschreibtests erst am Ende von Klasse 2 zuverlässig interpretiert werden können, da vorher durch unterschiedliche Unterrichtsmethoden eine große Variation der Lese- und Rechtschreibleistungen besteht (Deimel 2002a). Eine zuverlässige Diagnostik der Lese-Rechtschreibstörung ist also frühestens am Ende von Klasse 2 möglich.

Zur **Beurteilung der Leseleistung** kann prinzipiell die Lesegeschwindigkeit, die Lesegenauigkeit oder das Leseverständnis herangezogen werden. Lesegeschwindigkeit und Lesegenauigkeit werden auch als **basale Lesefertigkeiten** bezeichnet. Schulte-Körne (2010) empfiehlt die Überprüfung aller drei Inhaltsbereiche (Lesegeschwindigkeit, Lesegenauigkeit und Leseverständnis) im Kontext der Diagnostik der Lese-Rechtschreibstörung. Wie in ▶ Abschn. 3.6.2 bereits dargelegt wurde, legt die ICD in den Kriterien für Forschung und Praxis den Fokus auf die Lesegenauigkeit und das Leseverständnis, während in den klinisch-diagnostischen Leitlinien zusätzlich Defizite in der Lesegeschwindigkeit als Symptome der Lese-Rechtschreibstörung aufgezeigt werden. Im Deutschen ist bei der Lesediagnostik aber Folgendes zu beachten: Der hohe Grad an **Graphem-Phonem-Korrespondenz beim Lesen (Transparenz;** ▶ Kap. 2) führt dazu, dass auch Kinder mit Lesestörung häufig eine recht hohe **Lesegenauigkeit** aufweisen und eher bezüglich der **Lesegeschwindigkeit** beeinträchtigt sind (Ziegler et al. 2003; Wimmer et al. 1999). Diese Erkenntnis schlägt sich, wie wir in ▶ Abschn. 5.4 bei der Vorstellung von Verfahren zur Erfassung von Leseleistungen sehen werden, auch darin nieder, dass eine Reihe aktueller Verfahren aus dem deutschen Sprachraum auf die Erfassung der Lesegeschwindigkeit fokussieren. Bei der Erfassung des **Leseverständnisses** im Rahmen der Diagnostik der Lese-Rechtschreibstörung ist zu beachten, dass entsprechende Defizite bei der Lese-Rechtschreibstörung vermutlich eher sekundär aus Defiziten in der Lesegeschwindigkeit entstehen (Schulte-Körne 2010) und dass manche Wissenschaftler (z. B. Hulme und Snowling 2009) sogar davon ausgehen, dass Lesestörung (*developmental dyslexia*) und Leseverständnisstörung (*reading comprehension impairment*) zwei voneinander abgrenzbare Störungsbilder darstellen (▶ Abschn. 3.6.2).

Der **Intelligenzdiagnostik** kommt bei der Diagnostik der Lese-Rechtschreibstörung im Rahmen der ICD-Kriterien eine doppelte Rolle zu: Zum einen fungiert der IQ als **Ausschlusskriterium:** Liegt er im unterdurchschnittlichen Bereich (in der ICD definiert als IQ < 70, d. h. mehr als 2 SD unterhalb des Mittelwertes der Vergleichsstichprobe), so sind die Kriterien für eine Lese-Rechtschreibstörung nicht erfüllt. Zum anderen ist eine Abweichung von 2 SD zwischen Intelligenzquotient (IQ) und Lese- bzw. Rechtschreibleistungen nötig, um von einer Störung im Lesen bzw. Rechtschreiben zu sprechen (**IQ-Diskrepanzkriterium**, vgl. ▸ Abschn. 3.6.2). In Wissenschaft und Praxis werden teilweise andere IQ-Kriterien zum Ausschluss einer Lese-Rechtschreibstörung vorgeschlagen, u. a. dass der IQ bei einer Lese-Rechtschreibstörung mindestens 85 betragen muss (d. h. höchstens 1 SD unterhalb des Mittelwertes der Vergleichsstichprobe liegt; ▸ Abschn. 3.6.2). Ebenso werden bezüglich des IQ-Diskrepanzkriteriums teilweise andere Vorgehensweisen angewandt als in der ICD angegeben (vgl. Fischbach et al. 2013; Schulte-Körne 2010 und ▸ Abschn. 3.6.2). Wichtig ist uns zu betonen, dass zur Intelligenzdiagnostik im Rahmen der Diagnostik der Lese-Rechtschreibstörung Intelligenztests angewendet werden sollten, die die **non-verbale (nicht-sprachliche) Intelligenz** messen, bzw. Intelligenztests, die hinsichtlich Untertests zur Messung der non-verbalen Intelligenz auswertbar sind, weil Personen mit Lese-Rechtschreibstörung häufig zusätzlich Probleme im sprachlichen Bereich aufweisen (▸ Abschn. 3.4.2). Die Verwendung von Aufgaben aus dem Bereich der verbalen Intelligenz birgt somit die Gefahr der Unterschätzung der Intelligenz in sich (Deimel 2002b). Deshalb werden wir bei der Vorstellung von Intelligenztests in ▸ Abschn. 5.6 auch nur solche Verfahren in den Blick nehmen, die die Erfassung der non-verbalen Intelligenz ermöglichen.

Auf den Aspekt der **Differenzialdiagnostik** im Rahmen der ICD-Kriterien wurde ebenfalls bereits in ▸ Abschn. 3.6.2 eingegangen. Hier soll nur noch einmal betont werden, dass bei der Abklärung einer Lese-Rechtschreibstörung verschiedene alternative Erklärungen etwaiger Lese-Rechtschreibschwierigkeiten überprüft werden sollen (vgl. Schulte-Körne 2010; Tröster 2009; Warnke 2008). Zu diesen alternativen Erklärungen gehören u. a.:

- Beeinträchtigungen im peripheren Sehen oder Hören,
- neurologische Erkrankungen (z. B. zerebrale Bewegungsstörung, Epilepsie),
- psychische Erkrankungen (z. B. Aufmerksamkeitsstörung, depressive Störung),

- unzureichende Lernbedingungen (z. B. durch Schul- oder Klassenwechsel oder durch hohe Fehlzeiten in der Schule),
- Verlust bereits erworbener Lese- und Rechenfertigkeiten aufgrund erworbener zerebraler Schädigung,
- psychosoziale Belastungsfaktoren (z. B. Belastung durch Mobbing in der Schule).

Mit dieser kurzen Zusammenfassung sollten die einzelnen Schritte der Diagnostik noch einmal kurz rekapituliert werden. Dabei sollte auch klar geworden sein, dass es **keine festen Regeln zur Diagnostik der Lese-Rechtschreibstörung** gibt, sondern lediglich unterschiedliche Konventionen, die in Wissenschaft und Praxis angewendet werden. Die in ▸ Kap. 3 ausführlich besprochenen Kriterien der ICD stellen im deutschen Sprachraum sicherlich die etabliertesten und anerkanntesten Konventionen zur Diagnostik der Lese-Rechtschreibstörung dar. Dies zeigt sich auch darin, dass Gutachten zum Zwecke der Beantragung von Eingliederungshilfe nach § 35a SGB VIII auf Grundlage der ICD-Kriterien erfolgen müssen (Mierau 2007). Allerdings verlangt dies nicht zwingend eine Eins-zu-eins-Umsetzung der strengen ICD-Kriterien. Stattdessen haben sich zur konkreten Umsetzung der ICD-Kriterien in der Praxis verschiedene **auf Expertenurteilen basierende präzisierende Empfehlungen und Kriterien** (u.a. die Leitlinien der Deutschen Gesellschaft für Kinder- und Jugendpsychiatrie und Psychotherapie; ▸ Kap. 3) etabliert. So berichtet Warnke (2008), dass als Kriterium für die Gewährung von Eingliederungshilfe nach § 35a SGB VIII die Lese-Rechtschreibleistung einen Prozentrang von 10 nicht überschreiten sollte und dass eine Diskrepanz zwischen IQ und Lese-Rechtschreibleistung von mindestens 1,5 SD als die Diagnose stützendes Kriterium herangezogen werden kann. Dies entspricht den Empfehlungen im Rahmen der Leitlinien der Deutschen Gesellschaft für Kinder- und Jugendpsychiatrie und Psychotherapie (2003; zitiert nach Warnke et al. 2004). Diese Ausführungen sollen noch einmal verdeutlichen, dass einer Diagnose auf Grundlage der ICD-Kriterien andere Entscheidungskriterien im diagnostischen Prozess zugrundeliegen können. Dies steht im Prinzip nicht im Widerspruch zur Philosophie der ICD, in der explizit darauf hingewiesen wird, dass sich die strengen Kriterien insbesondere für den wissenschaftlichen Gebrauch eignen, wenn es also um die Rekrutierung homogener Versuchsgruppen und damit um die internationale Vergleichbarkeit von Studien geht. Für die individuelle Diagnostik hingegen sollen auch populationsspezifische und soziale Faktoren (klinisch-diagnostische Leitlinien) berücksichtigt werden. Zusätzlich führt die Tatsache, dass die geforderte IQ-Diskrepanz im hohen wie im niedrigen IQ-Bereich kaum zu erreichen ist (▶ Kap. 3), dazu, dass die Diagnose der Lese-Rechtschreibstörung immer auch eine klinische Diagnose bleiben muss, bei der der Anamnese und Exploration ergänzend zu den testpsychologischen Untersuchungen eine diagnoseleitende Bedeutung zukommt (Warnke et al. 2004). Dies bedeutet jedoch nicht, dass Kriterien beliebig festgelegt werden können. Für den Praktiker empfiehlt sich daher eine Orientierung an den Empfehlungen der Berufsverbände.

Im folgenden Absatz werden wir erläutern, warum es wichtig ist, zur Abklärung einer Lese-Rechtschreibstörung nur aktuelle Testverfahren anzuwenden. Anschließend widmet sich das Kapitel der Darstellung diagnostischer Verfahren, die im Rahmen der Diagnostik der Lese-Rechtschreibstörung eingesetzt werden können. Wir werden uns dabei auf Testverfahren zu den Inhaltsbereichen Lesen (▶ Abschn. 5.4), Rechtschreiben (▶ Abschn. 5.5) und Intelligenz (▶ Abschn. 5.6) beschränken und auf Verfahren, die zur Differenzialdiagnostik zum Einsatz kommen können, nicht eingehen.

5.3 Warum ist es wichtig, aktuelle Testverfahren anzuwenden?

Wir möchten im Folgenden erläutern, warum zur Diagnostik des Lesens, des Rechtschreibens und der Intelligenz immer ein Rückgriff auf aktuelle bzw. aktuell normierte Testverfahren zu empfehlen ist.

Bezüglich des Intelligenzquotienten (IQ) konnte der Politologe James Flynn unter Verwendung von IQ-Daten aus 14 Nationen zeigen, dass die Leistungen in Intelligenztests mit der Zeit ansteigen (**Flynn-Effekt**; Flynn 1987). Dieser Anstieg beträgt pro Jahr durchschnittlich etwa 0,3 IQ-Punkte

(Schweizer 2006) bzw. pro Jahrzehnt etwa 5 IQ-Punkte (Hagmann-von Arx et al. 2008). Die Verwendung veralteter Intelligenztestnormen führt somit zu einer Überschätzung der Intelligenz.

Für das Rechtschreiben kann eine gegenteilige Tendenz, also ein Abfall der Leistungen in Rechtschreibtests über die Zeit hinweg, beobachtet werden. Schneider und Stefanek (2007) stellten die Ergebnisse, die Teilnehmer der Längsschnittstudie LOGIK im Alter von 17 bzw. 23 Jahren (d. h. in den Jahren 1998 und 2004) im Diktat »Moselfahrt« des 1968 normierten Rechtschreibungstests (RT) erzielten, den Ergebnissen der Normierungsstichprobe von 1968 gegenüber. Während die Normierungsstichprobe im Jahr 1968 im Mittel zwischen 9,5 und 11,5 Fehler im Diktat »Moselfahrt« machte, begingen die Teilnehmer der LOGIK-Studie im Mittel 20 bzw. 19 Fehler. Die Fehlerquote war also fast doppelt so hoch wie im Jahr der Normierung des Rechtschreibungstests. Mehr als 60 % der Teilnehmer der LOGIK-Studie wären unter Verwendung der Normen von 1968 als relativ rechtschreibschwach einzustufen. Die Verwendung veralteter Rechtschreibtestnormen führt somit zu einer Unterschätzung der Rechtschreibleistungen.

Eine Studie von Zerahn-Hartung und Kollegen (2002) belegt ebenfalls den Anstieg der Intelligenztestleistungen und den Abfall der Rechtschreibleistungen mit der Zeit. Eine nahezu repräsentative Stichprobe von Jugendlichen und Erwachsenen wurde im Jahre 1995 mit dem non-verbalen Intelligenztest Grundintelligenztest Skala 2 (CFT 20), normiert im Jahre 1977, sowie mit dem bereits erwähnten Diktat »Moselfahrt« aus dem Rechtschreibungstest (RT), normiert im Jahre 1968, getestet. Die Teilnehmer wiesen einen durchschnittlichen IQ von 110,8 Punkten auf. Da der Mittelwert des IQ auf 100 festgelegt ist, entspricht dies einem Anstieg von insgesamt 10,8 IQ-Punkten bzw. von 0,6 IQ-Punkten pro Jahr. Im Diktat »Moselfahrt« hatte sich hingegen, ähnlich wie in der bereits beschriebenen Studie von Schneider und Stefanek (2007), die durchschnittliche Fehleranzahl fast verdoppelt, und zwar auf 19,8 Fehler. Fast die Hälfte (48 %) der Stichprobe erzielte unter Verwendung der Normen von 1968 einen Prozentrang ≤ 10 und wäre somit als rechtschreibschwach einzustufen. ◻ Abb. 5.1, die der Studie von Zerahn-Hartung und Kollegen

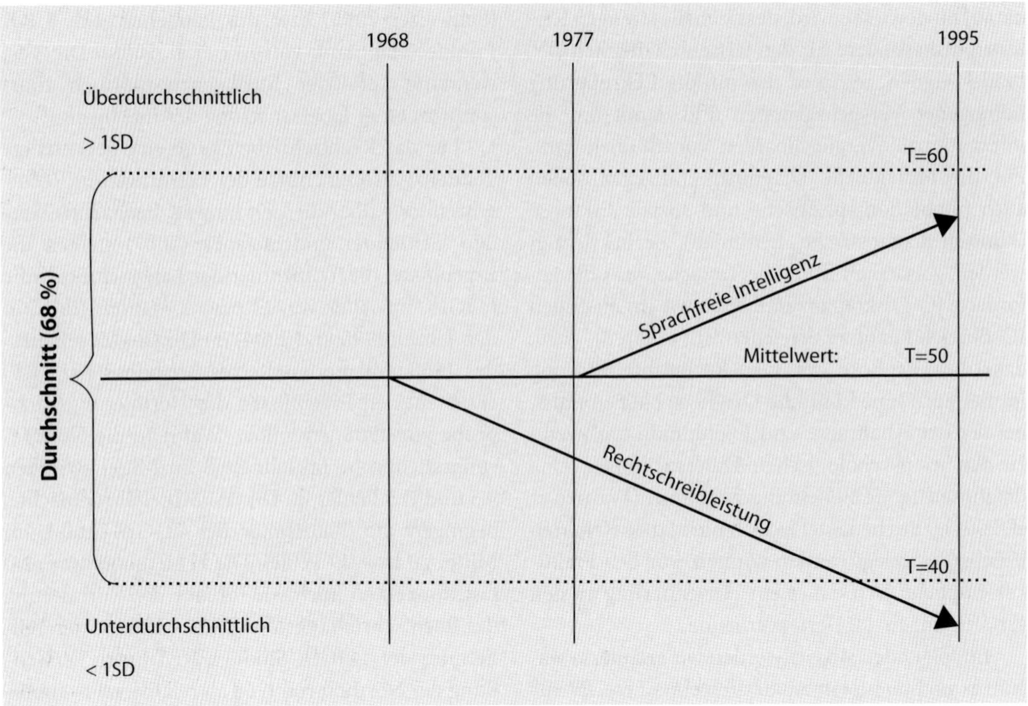

◘ Abb. 5.1 Veränderung von sprachfreier Intelligenz (CFT 20) und Rechtschreibleistung (Diktat »Moselfahrt« aus dem RT) über die Zeit in T-Werten. (© Zerahn-Hartung et al. 2002; mit freundlicher Genehmigung)

(2002) entnommen wurde, verdeutlicht anhand von T-Werten, wie sich die non-verbale (sprachfreie) Intelligenz, gemessen mit dem CFT 20, vom Normierungsjahr 1977 bis zum Jahr 1995 erhöht hat, und wie die Rechtschreibleistung, gemessen mit dem RT, vom Normierungsjahr 1968 bis zum Jahr 1995 abgesunken ist.

Diese Ausführungen sollen deutlich machen, dass zur Erfassung der Intelligenz und des Rechtschreibens nur Testverfahren herangezogen werden sollten, die über relativ aktuelle Normen verfügen, weil sonst die Gefahr der Überschätzung der Intelligenz und der Unterschätzung der Rechtschreibleistung besteht. Gilt etwas Ähnliches aber auch bezüglich des Lesens? Im Rahmen der Revision und Neunormierung der Würzburger Leise Leseprobe (WLLP) verglichen Schneider und Kollegen (2011) die Leistungen der Normierungsstichprobe der WLLP aus dem Jahr 1997 mit den Leistungen der Normierungsstichprobe der WLLP-R aus dem Jahr 2009. Es ergaben sich für alle vier Klassen-

stufen, in denen die WLLP anwendbar ist (Klasse 1 bis 4 der Grundschule), signifikante Unterschiede in den Leistungen der beiden Normierungsstichproben: Die Kinder der Normierungsstichprobe 2009 bearbeiteten im Durchschnitt insgesamt weniger Items, bearbeiteten weniger Items korrekt und produzierten mehr Auslassungen und Fehler als die Normierungsstichprobe 1997. Aufgrund der kleinen Effektstärken bewerteten Schneider und Kollegen (2011) diese Unterschiede zwar als praktisch nicht bedeutsam, hier könnte sich aber dennoch andeuten, dass sich Leseleistungen ebenso wie Rechtschreibleistungen im Laufe der Zeit verschlechtern.

Bei veralteten Normen besteht also die Gefahr der Überschätzung der Intelligenz und der Unterschätzung der Lese- bzw. Rechtschreibleistung. Aus diesem Grund möchten wir empfehlen, im Rahmen der Diagnostik der Lese-Rechtschreibstörung nur solche Intelligenz-, Lese- und Rechtschreibtests zu verwenden, deren Normen nicht älter sind als 10

Jahre (vgl. auch Schulte-Körne 2010; Hagmann-von Arx et al. 2008; Deimel 2002b). Deshalb werden wir uns auch in den folgenden Abschnitten bei der Darstellung deutschsprachiger Verfahren zur Diagnostik des Lesens, des Rechtschreibens und der Intelligenz auf Verfahren beschränken, die diesem Anspruch genügen.

5.4 Verfahren zur Erfassung von Leseleistungen

Da eine ausführliche Beschreibung von im deutschen Sprachraum verfügbaren und standardisierten **Verfahren zur Erfassung von Leseleistungen, die innerhalb der letzten 10 Jahre (d. h. spätestens im Jahre 2003) normiert wurden**, den Rahmen dieses Lehrbuches klar überschreiten würde, möchten wir uns im Folgenden auf eine tabellarische Darstellung beschränken, welche jedoch keinen Anspruch auf Vollständigkeit erhebt. Diese tabellarische Darstellung wird getrennt für »reine« Lesetests, d. h. Testverfahren, die ausschließlich Leseleistungen erfassen (◘ Tab. 5.2), und Lesetests, die als Untertests in Testverfahren, die weitere Inhaltsbereiche abdecken, enthalten sind (◘ Tab. 5.3), vorgenommen. Der Vollständigkeit halber werden im Folgenden Lesetests ab Klasse 1 vorgestellt. Es sei aber noch einmal darauf hingewiesen, dass eine zuverlässige Diagnostik einer Lesestörung erst ab dem Ende von Klasse 2 möglich ist (► Abschn. 5.2). In ◘ Tab. 5.2 sind gebräuchliche Lesetests wie **Knuspels Leseaufgaben** (**KNUSPEL-L**; Marx 1998) oder der **Hamburger Lesetest für 3. und 4. Klassen** (**HAMLET 3–4**; Lehmann et al. 2006) nicht enthalten, weil die Normierung dieser Testverfahren länger als 10 Jahre zurückliegt (KNUSPEL-L: Normierung 1994-1997; HAMLET 3–4: Normierung 1995). Einen tabellarischen Überblick über deutschsprachige Verfahren zur Erfassung von Leseleistungen geben auch Lenhard und Schneider (2009; Anhang). Bei Heine und Kollegen (2012) findet sich neben einer Darstellung von Verfahren zur Diagnostik einer Lesestörung auch ein Zeitschema, welches für gängige deutsche Lesetests die Anwendungszeiträume, aufgeteilt nach Klassenstufe und Schulquartal, verdeutlicht.

5.5 Verfahren zur Erfassung von Rechtschreibleistungen

Im Folgenden werden standardisierte **Verfahren zur Erfassung von Rechtschreibleistungen** vorgestellt, deren **Normen nicht älter sind als 10 Jahre (die also spätestens im Jahr 2003 normiert wurden)**. Wie auch bei den Lesetests erfolgt die Darstellung der Rechtschreibtests in tabellarischer Form, und zwar getrennt für Testverfahren, die ausschließlich Rechtschreibleistungen messen (◘ Tab. 5.4), und Testverfahren, die neben dem Rechtschreiben auch noch andere Inhaltsbereiche abprüfen (◘ Tab. 5.5), und auch hier wird kein Anspruch auf Vollständigkeit erhoben. Die tabellarische Darstellung der Rechtschreibtests unterscheidet sich von der Darstellung der Lesetests (◘ Tab. 5.2 ◘ Tab. 5.3) in drei Punkten: Erstens entfällt die Spalte »Welche Aspekte werden erfasst?«, da die Rechtschreibleistung stets anhand der Korrektheit der Rechtschreibung beurteilt wird (z. B. Anzahl richtig geschriebener Wörter, Anzahl falsch geschriebener Wörter; Graphemtreffer, Anzahl falscher Grapheme). Zweitens entfällt die Spalte »Als Gruppentest durchführbar?«, da dies bei Rechtschreibtests immer gegeben ist. Drittens wird in der Tabelle dargestellt, ob das jeweilige Verfahren über die quantitative Bewertung der Rechtschreibleistung hinaus auch eine qualitative Fehleranalyse ermöglicht.

Wie schon bei den Lesetests werden der Vollständigkeit halber auch bei den Rechtschreibtests Verfahren ab Klassenstufe 1 berücksichtigt, auch wenn die Diagnostik einer Rechtschreibstörung erst ab dem Ende der 2. Klasse zuverlässig erfolgen kann (► Abschn. 5.2). In der tabellarischen Darstellung sind gängige Rechtschreibtests wie die **Diagnostischen Rechtschreibtests** (**DRT**) nicht enthalten, da die Normen dieser Testverfahren älter als 10 Jahre sind (DRT 1, Müller 2003a: Normierung 1987; DRT 2, Müller 2003b: Normierung 1995; DRT 3, Müller 2003c: Normierung 1996; DRT 4, Grund et al. 2003a: Normierung 1992; DRT 5, Grund et al. 2003b: Normierung 1993). Die **Hamburger Schreibprobe** (**HSP**) wurde im Jahr 2012 neu normiert. Die Hinweise zur Durchführung und Auswertung der HSP sind bereits mit neuen Normtabellen verfügbar (z. B. Hinweise zur Durch-

Tab. 5.2 Diagnoseverfahren, die rein zur Erfassung von Leseleistungen konzipiert sind (Normierungszeitpunkt: 2003 oder später)

Testverfahren	Welche Aspekte der Lesekompetenz werden erfasst?	Anwendungszeitraum	Parallelformen vorhanden?	Jahr der Normierung (Größe der Normierungsstichprobe)	Durchführungsdauer	Als Gruppentest durchführbar?
Bonner Silben-Lesetest: Test zur Dekodierungsleistung 1+ (BSL/TeDeL 1+; Findeisen und Melenk 2011)	– Decodierungsleistungen	– Mitte Klasse 1 – Ende Klasse 1/Anfang Klasse 2	Nein	2010 (N = 118)	– Einzeltest: 25 Minuten – Gruppentest: 45 Minuten	– Ja
Ein Leseverständnistest für Erst- bis Sechstklässler (ELFE 1–6, Lenhard und Schneider 2006)	– Leseverständnis – Computerversion: zusätzlich Worterkennungsgeschwindigkeit	– Ende Klasse 1 – Mitte und Ende Klasse 2 bis 6	Ja	Keine Angabe; zwischen 2004 und 2006 (Papierversion: N = 2657; Computerversion: N = 2234)	– 20–30 Minuten	– Ja
Frankfurter Leseverständnistest für 5. und 6. Klassen (FLVT 5–6; Souvignier et al. 2008)	– Leseverständnis	– 2. Halbjahr von Klasse 5 und 6	Ja	2005 (N = 2476)	– 45 Minuten	– Ja
Inventar zur Erfassung der Lesekompetenz im 1. Schuljahr (IEL-1; Diehl und Hartke 2012)	– Unterschiedliche Fertigkeiten innerhalb des Leseprozesses von Erstklässlern	– 21–22 Wochen nach Schulstart – 33–34 Wochen nach Schulstart – 44–45 Wochen nach Schulstart	Nein	2006–2007 (N = 1649)	– 2 × 45 Minuten	– Ja
Lernfortschrittsdiagnostik Lesen (LDL; Walter 2009)	– Allgemeine Lesefähigkeit – Wortlesefähigkeit	Grundschule – Ende Klasse 1/Anfang Klasse 2 – Mitte der Klassen 2–4 Hauptschule: – Klasse 5–9 Förderschule: – Altersbereich 10–15 Jahre	Ja	2007–2009 (N = 2031)	– 2 Minuten	– Nein

◘ Tab. 5.2 Fortsetzung

Testverfahren	Welche Aspekte der Lesekompetenz werden erfasst?	Anwendungszeitraum	Parallelformen vorhanden?	Jahr der Normierung (Größe der Normierungsstichprobe)	Durchführungsdauer	Als Gruppentest durchführbar?
Lesegeschwindigkeits- und -verständnistest für die Klassen 6-12 (LGVT 6-12; Schneider et al. 2007)	– Lesegeschwindigkeit – Leseverständnis	– Klasse 6-12	Nein	2000; 2003-2004 (N=2390)	– 10 Minuten	– Ja
Lesetestbatterie für die Klassenstufen 6-7 (LESEN 6-7; Bäuerlein et al. 2012b)	– Basale Lesekompetenz[a] – Textverständnis	– Ende Klasse 6 – Ende Klasse 7	Nein	2010 (N=1644)	– 45 Minuten	– Ja
Lesetestbatterie für die Klassenstufen 8-9 (LESEN 8-9; Bäuerlein et al. 2012c)	– Basale Lesekompetenz[a] – Textverständnis	– Ende Klasse 8 – Ende Klasse 9	Nein	2010 (N=945)	– 45 Minuten	– Ja
Salzburger Lese-Screening für die Klassenstufen 1-4 (SLS 1-4; Mayringer und Wimmer 2003)	– Basale Lesefertigkeit[a] (vor allem Lesegeschwindigkeit)	– Ende Klasse 1/ Anfang Klasse 2 – Mitte und Ende Klasse 2, 3 und 4	Ja	Keine Angabe; 2003 oder früher (N=1867)	– 15 Minuten	– Ja
Salzburger Lese-Screening für die Klassenstufen 5-8 (SLS 5-8; Auer et al. 2005)	– Basale Lesefertigkeit[a] (vor allem Lesegeschwindigkeit)	– Ende Klasse 5, 6, 7 und 8	Ja	Keine Angabe; 2005 oder früher (N pro Klassenstufe=714-850)	– 10 Minuten	– Ja

◘ Tab. 5.2 Fortsetzung

Testverfahren	Welche Aspekte der Lesekompetenz werden erfasst?	Anwendungszeitraum	Parallelformen vorhanden?	Jahr der Normierung (Größe der Normierungsstichprobe)	Durchführungsdauer	Als Gruppentest durchführbar?
Verlaufsdiagnostik sinnerfassenden Lesens (VSL; Walter 2013)	– Lesekompetenz – Sinnerfassendes Lesen	Statusdiagnostik: – Grundschule: Anfang und Mitte Klasse 2, 3 und 4 – Realschule: Anfang Klasse 5 und 6 – Gemeinschaftsschule: Mitte Klasse 5 und 6; – Gymnasium: Anfang Klasse 5 und Mitte Klasse 6 Veränderungsdiagnostik: – Grundschule: 1. und 2. Halbjahr von Klasse 2, 3 und 4 – Realschule: 1. Halbjahr von Klasse 5 und 6 – Gemeinschaftsschule: 2. Halbjahr von Klasse 5 und 6 – Gymnasium: 1. Halbjahr von Klasse 5 und 2. Halbjahr von Klasse 6	Ja	2009–2012 (Statusnormen: N = 3036; Veränderungsnormen: N = 2289)	– 10 Minuten	– Papier-und-Bleistift-Version (VSL-P): ja – Computergestützte Version (VSL-C): nein
Würzburger Leise Leseprobe – Revision (WLLP-R; Schneider et al. 2011)	– Lesegeschwindigkeit (Decodiergeschwindigkeit)	– Letzte 2 Monate von Klasse 1–4	Ja	2009 (N = 2333)	– 15 Minuten	– Ja

a Als basale Lesekompetenz bzw. basale Lesefertigkeit gelten die Lesegeschwindigkeit und die Lesegenauigkeit.

Tab. 5.3 Diagnoseverfahren, die neben Leseleistungen auch andere Inhaltsbereiche erfassen (Normierungszeitpunkt: 2003 oder später)

Testverfahren	Welche Aspekte der Lesekompetenz werden erfasst?	Welche Inhaltsbereiche werden darüber hinaus erfasst?	Anwendungszeitraum des/der Lesetests	Parallelformen vorhanden?	Jahr der Normierung (Größe der Normierungsstichprobe)	Lesetest(s) als Gruppentest durchführbar?
Basisdiagnostik Umschriebener Entwicklungsstörungen im Grundschulalter (BUEGA; Esser et al. 2008)	– Lesegeschwindigkeit – Lesegenauigkeit	– Verbale und non-verbale Intelligenz (Tab. 5.6) – Expressive Sprache – Rechtschreibung (Tab. 5.5) – Rechnen – Aufmerksamkeit	Lesegenauigkeit: – Klasse 1–5 Lesegeschwindigkeit: – 2. Halbjahr von Klasse 1 – Klasse 2 bis Klasse 5	Nein	2005–2006 (N = 2321)	Nein
Fähigkeitsindikatoren Primarschule (FIPS; Bäuerlein et al. 2012a)	– Vorstellungen vom Lesen – Lesegenauigkeit[a] – Leseverständnis	– Wortschatz – Lautbewusstheit (▶ Abschn. 5.1.3; Tab. 5.1) – Mathematik	– Anfang Klasse 1 – Ende Klasse 1	Nein	2009–2010 (N = 4444)	Nein
Kombiniertes Leistungsinventar zur allgemeinen Schulleistung und für Schullaufbahnempfehlungen in der vierten Klasse (KLASSE 4; Lenhard et al. 2011)	– Textverständnis	– Akademisches Selbstkonzept in Deutsch und Mathematik – Sachrechnen – Geometrie – Schreiben (Tab. 5.5)	– Mitte Klasse 4	Nein	2009 (N = 396)	Ja

Tab. 5.3 Fortsetzung

Testverfahren	Welche Aspekte der Lesekompetenz werden erfasst?	Welche Inhaltsbereiche werden darüber hinaus erfasst?	Anwendungszeitraum des/der Lesetests	Parallelformen vorhanden?	Jahr der Normierung (Größe der Normierungsstichprobe)	Lesetest(s) als Gruppentest durchführbar?
Potsdam-Illinois Test für Psycholinguistische Fähigkeiten (P-ITPA; Esser und Wyschkon 2010)	– Lesegeschwindigkeit – Lesegenauigkeit	– Verbale Intelligenz – Wortschatz – Expressive Sprache – Phonologische Bewusstheit (Tab. 5.1) – Verbales Kurzzeitgedächtnis (▶ Abschn. 5.1.1; ▶ Abschn. 5.1.4; Tab. 5.1) – Rechtschreibung (Tab. 5.5)	Lesegenauigkeit: – Klasse 1–5 Lesegeschwindigkeit: – 2. Halbjahr von Klasse 1 – Klasse 2–5	Nein	2005–2006 (N = 2321 Schüler)	Nein
SLRT-II Lese- und Rechtschreibtest. Weiterentwicklung des Salzburger Lese- und Rechtschreibtests (SLRT-II; Moll und Landerl 2010)	– Automatische, direkte Worterkennung – Synthetisches, lautierendes Lesen	– Rechtschreiben (Tab. 5.5)	– 2. Halbjahr Klasse 1 – Klasse 2–4 – Klasse 5 und Klasse 6 (Haupt- und Realschule) – Junge Erwachsene	Ja	2006–2008 (N = 1988)	Nein
Zürcher Lesetest – II (ZLT-II; Petermann und Daseking 2012)	– Lesegenauigkeit – Automatisierungsgrad im Lesen	– Gedächtnisleistungen (▶ Abschn. 5.1.4; Tab. 5.1) – Phonologische Bewusstheit (▶ Abschn. 5.1.4; Tab. 5.1)	– Ende Klasse 1 – Klasse 2–8	Nein	2010–2011 (N = 1145)	Nein

[a] Interpretation der Autoren des vorliegenden Buches.

Tab. 5.4 Diagnoseverfahren, die rein zur Erfassung der Rechtschreibleistung konzipiert sind (Normierungszeitpunkt: 2003 oder später)

Testverfahren	Anwendungszeitraum	Parallelformen vorhanden?	Jahr der Normierung (Größe der Normierungsstichprobe)	Durchführungsdauer	Qualitative Fehleranalyse möglich?
Deutscher Rechtschreibtest für das erste und zweite Schuljahr (DERET 1-2+; Stock und Schneider 2008a)	– Letzte 2 Monate von Klasse 1 und 2 – Erste 2 Monate von Klasse 2 und 3	– Ja	2003–2004 (N = 5318)	30–45 Minuten	Ja
Deutscher Rechtschreibtest für das dritte und vierte Schuljahr (DERET 3-4+; Stock und Schneider 2008b)	– Letzte 2 Monate von Klasse 3 und 4 – Erste 2 Monate von Klasse 4 und 5	– Ja	2003–2004 (N = 5019)	30–45 Minuten	Ja
Rechtschreibtest – Neue Rechtschreibregelung (RST-NRR; Bulheller et al. 2005)	– Jugendliche und Erwachsene im Alter von 14–60 Jahren	– Kurzform: ja (Altersbereich 14–19 Jahre) – Langform: nein	Bis 2004 (N = 15.511)	Kurzform: 15 bis 20 Minuten Langform: 25 bis 30 Minuten	Nein
Rechtschreibungstest (RT, Kersting und Althoff 2004)	– Jugendliche und Erwachsene im Alter von 15–30 Jahren (Realschule; (Fach-)Abitur)	– Ja	Keine Angabe; 2004 oder früher (N = 1737)	15–20 Minuten	Nein
Weingartener Grundwortschatz Rechtschreib-Test für erste und zweite Klassen (WRT 1+; Birkel 2007a)	– Letzte 3 Monate von Klasse 1 – Erste 3 Monate und Mitte (Januar/Februar) von Klasse 2	– Ja	2003–2004 (N = 19.118)	45 Minuten	Ja
Weingartener Grundwortschatz Rechtschreib-Test für zweite und dritte Klassen (WRT 2+; Birkel 2007b)	– Letzte 3 Monate von Klasse 2 – Erste 3 Monate und Mitte (Januar/Februar) von Klasse 3	– Ja	2003–2004 (N = 12.388)	45 Minuten	Ja
Weingartener Grundwortschatz Rechtschreib-Test für dritte und vierte Klassen (WRT 3+; Birkel 2007c)	– Letzte 3 Monate von Klasse 3 – Erste 3 Monate und Mitte (Januar/Februar) von Klasse 4	– Ja (jeweils bei Langform und Kurzform)	2003–2004 (N = 13.922)	Langform: 45 Minuten Kurzform: 15–20 Minuten	Ja
Weingartener Grundwortschatz Rechtschreib-Test für vierte und fünfte Klassen (WRT 4+; Birkel 2007d)	– Letzte 3 Monate von Klasse 4 – Erste 3 Monate, Mitte (Januar/Februar) und letzte 3 Monate von Klasse 5 (Hauptschule oder vergleichbare Schularten)	– Ja (jeweils bei Langform und Kurzform)	2003–2004 (N = 16.663)	Langform: 45 Minuten Kurzform: 15–20 Minuten	Ja

Die Hamburger Schreibprobe (HSP) wurde im Jahr 2012 neu normiert. Da das Manual zur neu normierten HSP zum Zeitpunkt der Drucklegung dieses Buches noch nicht verfügbar war, konnte die HSP in der vorliegenden tabellarischen Auflistung aktueller Rechtschreibtests nicht berücksichtigt werden.

◘ Tab. 5.5 Diagnoseverfahren, die neben der Rechtschreibleistung auch andere Inhaltsbereiche erfassen (Normierungszeitpunkt: 2003 oder später)

Testverfahren	Welche Inhaltsbereiche werden über das Rechtschreiben hinaus erfasst?	Anwendungszeitraum des Rechtschreibtests	Parallelformen vorhanden?	Jahr der Normierung (Größe der Normierungsstichprobe)	Qualitative Fehleranalyse?
Basisdiagnostik Umschriebener Entwicklungsstörungen im Grundschulalter (BUEGA; Esser et al. 2008)	– Verbale und nonverbale Intelligenz (◘ Tab. 5.6) – Expressive Sprache – Lesen (◘ Tab. 5.3) – Rechnen – Aufmerksamkeit	Klasse 1–5	Nein	2005–2006 (N=2321)	Nein
Kombiniertes Leistungsinventar zur allgemeinen Schulleistung und für Schullaufbahnempfehlungen in der vierten Klasse (KLASSE 4; Lenhard et al. 2011)	– Akademisches Selbstkonzept in Deutsch und Mathematik – Sachrechnen – Geometrie – Lesen (◘ Tab. 5.3)	Mitte Klasse 4	Nein	2009 (N=396)	Nein
Potsdam-Illinois Test für Psycholinguistische Fähigkeiten (P-ITPA; Esser und Wyschkon 2010)	– Verbale Intelligenz – Wortschatz – Expressive Sprache – Phonologische Bewusstheit (▸ Abschn. 5.1.1; ▸ Abschn. 5.1.4; ◘ Tab. 5.1) – Verbales Kurzzeitgedächtnis (▸ Abschn. 5.1.1; ▸ Abschn. 5.1.4; ◘ Tab. 5.1) – Lesen (◘ Tab. 5.3)	Klasse 1–5	Nein	2005–2006 (N=2321 Schüler)	Nein
SLRT-II Lese- und Rechtschreibtest, Weiterentwicklung des Salzburger Lese- und Rechtschreibtests (SLRT-II; Moll und Landerl 2010)	– Lesen (◘ Tab. 5.3)	Klasse 2–4	Ja	2006–2008 (N=3346)	Ja

führung und Auswertung der HSP 1+, May 2012). Da das Manual zur Neubearbeitung der HSP nach Mitteilung des Klett-Verlages aber erst im Oktober 2013 erscheint, konnte die HSP in ◘ Tab. 5.4 nicht mehr berücksichtigt werden.

Marx und Kollegen (2008) geben einen Überblick über deutschsprachige Testverfahren zur Erfassung der Rechtschreibleistung bei Kindern und Jugendlichen. Heine und Kollegen (2012) präsentieren neben einer Darstellung von Verfahren zur Diagnostik einer Rechtschreibstörung ein Zeitschema zur Verwendung von Rechtschreibtests, aufgeteilt nach Klassenstufe und Schulquartal.

5.6 Intelligenztests

Im Folgenden werden in ◘ Tab. 5.6 gängige **Intelligenztests** vorgestellt, deren **Normierung nicht älter ist als 10 Jahre, d. h. solche, die 2003 oder später normiert wurden** (s. die Ausführungen zum Flynn-Effekt in ► Abschn. 5.3). Da es um eine Darstellung von Intelligenztests geht, die im Rahmen der Diagnostik der Lese-Rechtschreibstörung eingesetzt werden können, werden Verfahren für das Vorschulalter nicht berücksichtigt, ebenso wie Verfahren, die ausschließlich im Erwachsenenalter anwendbar sind oder schwerpunktmäßig zur Hochbegabungsdiagnostik oder im Rahmen der Berufsberatung eingesetzt werden. ◘ Tab. 5.6 enthält weiterhin nur solche Intelligenztests, die die **non-verbale Intelligenz** erfassen, oder bezogen auf **Untertests zur Erfassung der non-verbalen Intelligenz** auf IQ-Basis auswertbar sind. Die Begründung hierfür ist, dass Personen mit Lese-Rechtschreibstörung häufig Probleme im sprachlichen Bereich haben und deshalb im Rahmen der Diagnostik der Lese-Rechtschreibstörung die nicht-sprachliche Intelligenz gemessen werden sollte, um eine Unterschätzung der Intelligenz zu vermeiden (vgl. Deimel 2002b, Heine et al. 2012 sowie ► Abschn. 5.2 und ► Abschn. 3.4.2 des vorliegenden Buches). Schließlich werden in ◘ Tab. 5.6 auch **Testbatterien** einbezogen, die **neben der non-verbalen Intelligenz zusätzlich andere Inhaltsbereiche** erfassen. Es sei auch hier noch einmal darauf hingewiesen, dass nicht der Anspruch erhoben wird, eine vollständige Übersicht über Intelligenztests, die den genannten Kriterien entsprechen, zu geben.

In ◘ Tab. 5.6 sind die **non-verbalen Intelligenztests nach Raven** (Advanced Progressive Matrices, APM, Bulheller und Häcker 1998; Coloured Progressive Matrices, CPM, Bulheller und Häcker 2002; Standard Progressive Matrices, SPM, Heller et al. 1998) sowie der **Figure Reasoning Test** (**FRT**; Booth und Horn 2004) nicht dargestellt, weil die deutschen Normen dieser Verfahren älter sind als 10 Jahre (APM: normiert 1997; CPM: normiert 2001; SPM: normiert 1998; FRT: normiert 2000 bis 2002). Aus demselben Grund ist die **Kaufman Assessment Battery for Children, Deutsche Version** (**K-ABC**; Melchers und Preuß 1991), ein gängiger Intelligenztest, der Untertests zur non-verbalen Intelligenz enthält, nicht aufgeführt (Normierung in den Jahren 1986 bis 1989). Nach Auskunft des Pearson-Verlages ist eine vollständige Neuauflage des K-ABC inklusive Neunormierung in Vorbereitung. Diese Neuauflage soll unter dem Namen K-ABC II voraussichtlich Ende 2013 oder Anfang 2014 erscheinen. Der **Kaufman-Test zur Intelligenzmessung für Jugendliche und Erwachsene** (**K-TIM**; Melchers et al. 2006), normiert in den Jahren 2000 bis 2003 und bestehend aus zwei Intelligenzskalen (kristalline versus fluide Intelligenz), ist in der Tabelle nicht enthalten, weil die fluide Intelligenzskala des K-TIM nicht mit einer non-verbalen Intelligenzskala gleichzusetzen ist und einzelne Untertests dieser Skala verbales Verständnis bzw. verbalen Ausdruck erfordern (Melchers et al. 2006). Bei den Testbatterien, die non-verbale Intelligenzleistungen neben Inhaltsbereichen außerhalb der Intelligenz erfassen, konnten die Intelligenz- und Entwicklungsskalen für Kinder von 5–10 Jahren (**Intelligence and Development Scales, IDS**; Grob et al. 2009) nicht berücksichtigt werden. Der kognitive Entwicklungstest (Intelligenztest) der IDS ist zwar erst 2007/2008 normiert worden und misst vorwiegend non-verbale Fähigkeiten, allerdings kann nur der Gesamtwert aller Untertests der Kognitionsskala, in den auch sprachbasierte Leistungen einfließen (z. B. Untertest zum phonologischen Arbeitsgedächtnis), in einen Intelligenzwert umgerechnet werden.

Tab. 5.6 Intelligenztests, die eine Messung der non-verbalen Intelligenz erlauben (Normierungszeitpunkt: 2003 oder später)

Testverfahren	Anwendungszeitraum [a]	Jahr der Normierung (Größe der Normierungsstichprobe)	Intelligenztest als Gruppentest durchführbar?	Durchführungsdauer
Intelligenztests zur Messung der non-verbalen Intelligenz				
Grundintelligenztest Skala 1 Revision (CFT 1-R; Weiß und Osterland 2013)	– Lebensalter 5;4–9;11	2010 (N=4641)	Ja	– Gruppentest: 45–60 Minuten – Einzeltest: 40 Minuten
Grundintelligenztest Skala 2 Revision (CFT 20-R; Weiß 2006)	– Kinder und Jugendliche von 8;5–19;11 Jahren – Erwachsene von 20–60 Jahren	2003 (N=4350 Kinder und Jugendliche; Altersnormen für Erwachsene nicht empirisch ermittelt, sondern aufgrund der Daten von CFT 20, CFT 2 und CFT 3 erschlossen)	Ja	Gruppentest: – Kurzform: 35–40 Minuten – Langform: 60 Minuten Einzeltest: – Kurzform: 25–30 Minuten – Langform: 50 Minuten
Snijders-Oomen non-verbaler Intelligenztest für Kinder und Erwachsene im Alter von 6;0–40;0 Jahren (SON-R 6–40; Tellegen et al. 2012)	– Lebensalter 6;0–40;0	2009–2011 (N=1933; deutsch-niederländische Stichprobe)	Nein	– 60 Minuten
Intelligenztests, die Untertests zur non-verbalen Intelligenz enthalten und eine IQ-Bestimmung auf Basis dieser Untertests ermöglichen				
Adaptives Intelligenz Diagnostikum 2, Version 2.2 (AID 2; Kubinger 2009) [b]	– Lebensalter 6;0–15;11	2006–2007 (deutsche Normen: N=844 zur Eichungskontrolle; türkische Normen: N=355)	Nein	– Deutsche Version: 30–75 Minuten (Gesamttest); – Türkische Version: 40–85 Minuten (Gesamttest)
Hamburg-Wechsler-Intelligenztest für Kinder IV (HAWIK-IV; Petermann und Petermann 2008)	– Lebensalter 6;0–16;11	2005–2006 (N=1650)	Nein	– 65–90 Minuten (Gesamttest)
Testbatterien, die die non-verbale Intelligenz neben Inhaltsbereichen außerhalb der Intelligenz erfassen				
Basisdiagnostik Umschriebener Entwicklungsstörungen im Grundschulalter (BUEGA; Esser et al. 2008) [c]	– Lebensalter 6;0–11;5	2005–2006 (non-verbaler Intelligenztest: N=1318)	Nein	– 40–60 Minuten (Gesamttest)

[a] Lebensalter angegeben in Jahren und Monaten (Jahre; Monate).
[b] Für jeden einzelnen der fünf Untertests, die non-verbale (manuell-visuelle) Fähigkeiten messen, kann ein IQ bestimmt werden. Die Bestimmung eines Gesamt-IQs für Aufgaben aus dem Bereich der non-verbalen Intelligenz ist dagegen nicht möglich.
[c] Angaben zu weiteren Inhaltsbereichen der BUEGA finden sich in Tab. 5.3 und Tab. 5.5

Eine Übersicht über aktuelle deutschsprachige Intelligenztests findet sich auch bei Hagmann-von Arx und Kollegen (2008).

5.7 Zusammenfassung

In diesem Kapitel haben wir uns mit verschiedenen anwendungsbezogenen Aspekten der Diagnostik der Lese-Rechtschreibstörung beschäftigt. Der erste Teil dieses Kapitels war der Diagnostik von kognitiven Grundlagen des Lesens und Schreibens gewidmet. Vor allem Fähigkeiten der phonologischen Informationsverarbeitung gelten heute als wichtige Grundlagen des Lese-Rechtschreiberwerbs (▶ Kap. 2). Die Diagnostik dieser Fähigkeiten kann deshalb mehreren Zielen dienen: Im Vorschul- und frühen Grundschulalter kann sie helfen, Risiken für Lese-Rechtschreibschwierigkeiten frühzeitig zu erkennen und durch anschließende präventive Fördermaßnahmen der Entstehung von Lese-Rechtschreibschwierigkeiten vorzubeugen (▶ Abschn. 6.2). Bei Vorliegen einer Lese-Rechtschreibstörung kann sie genutzt werden, um die Ursachen der Lese-Rechtschreibprobleme besser zu verstehen und um zu entscheiden, inwieweit die Einbindung der Förderung der phonologischen Informationsverarbeitung im Rahmen der Therapie der Lese-Rechtschreibstörung (▶ Abschn. 6.3) sinnvoll erscheint.

Der zweite Teil des Kapitels beschäftigte sich mit der Diagnostik der Lese-Rechtschreibstörung im engeren Sinne. Zunächst wurde skizziert, welche Schritte dazu notwendig sind und warum. Zentrale Elemente der Diagnostik sind die Durchführung eines Lesetests, eines Rechtschreibtests und eines Intelligenztests (vgl. auch ▶ Abschn. 3.6.2). Dabei gilt es aber zweierlei zu beachten: Zunächst sollte nur auf aktuell normierte Testverfahren zurückgegriffen werden, da veraltete Intelligenztestnormen zu einer Überschätzung der Intelligenz (Flynn-Effekt) führen können, veraltete Rechtschreibtestnormen hingegen zu einer Unterschätzung der Rechtschreibleistung. Zudem sollten zur Intelligenzdiagnostik nur Verfahren zum Einsatz kommen, mit denen die non-verbale Intelligenz gemessen wird, da Personen mit Lese-Rechtschreibstörung häufig Probleme im sprachlichen Bereich aufweisen, so

dass die Anwendung von Verfahren, die verbale Intelligenzleistungen erfassen, das Risiko der Unterschätzung der Intelligenz der Betroffenen in sich birgt. Im tabellarischen Überblick über Verfahren zur Diagnostik des Lesens, des Rechtschreibens und der Intelligenz, der dieses Kapitel abschließt, wurden deshalb nur Verfahren berücksichtigt, deren Normen nicht älter sind als 10 Jahre. Die Darstellung der Intelligenztests beschränkte sich auf Tests zur Erfassung der non-verbalen Intelligenz bzw. auf Testverfahren, die Untertests zur non-verbalen Intelligenz beinhalten.

Unser Ziel war es, den Lesern dieses Kapitels einige Grundsätze, die bei der Diagnostik der Lese-Rechtschreibstörung zu beachten sind, näherzubringen sowie durch die überblicksartige tabellarische Darstellung von Lese-, Rechtschreib- und Intelligenztests konkrete Hilfestellung bei der Auswahl geeigneter Verfahren zur Diagnostik der Lese-Rechtschreibstörung zu leisten.

? **Übungsfragen**

- Nennen Sie Verfahren, die zur Erfassung der phonologischen Bewusstheit im weiteren bzw. engeren Sinne im Vorschulalter geeignet sind.
- Welche Verfahren können zur Diagnostik des phonologischen Arbeitsgedächtnisses im Schulalter eingesetzt werden?
- Welche Schritte sind zur Diagnose einer Lese-Rechtschreibstörung erforderlich?
- Was versteht man unter dem »Flynn-Effekt«? Erläutern Sie dessen Bedeutung im Kontext der Abklärung einer Lese-Rechtschreibstörung.
- Warum sollte die Überprüfung der Intelligenzleistung bei der Abklärung einer Lese-Rechtschreibstörung mit Hilfe eines non-verbalen Intelligenzverfahrens erfolgen?
- Nennen Sie Verfahren, die zur Erfassung des Leseverständnisses in der Sekundarstufe geeignet sind.
- Nennen Sie Verfahren zur Erfassung von Rechtschreibleistungen, die eine qualitative Fehleranalyse ermöglichen.
- Eine Mutter wird mit ihren beiden Töchtern (9 Jahre, derzeit Klasse 3; 7 Jahre, derzeit Klasse 1) Ende des Schuljahres vorstellig. Beratungsan-

lass sind die schlechten Lese-Rechtschreibleistungen der Mädchen. Legen Sie Ihr diagnostisches Vorgehen differenziert dar (Zielsetzung, mögliche Verfahren usw.).

Literatur

Auer, M., Gruber, G., Mayringer, H., & Wimmer, H. (2005). *Salzburger Lese-Screening für die Klassenstufen 5-8 (SLS 5-8)*. Bern: Hans Huber.

Bäuerlein, K., Beinicke, A., Berger, N., Faust, G., Jost, M., & Schneider, W. (2012a). *Fähigkeitsindikatoren Primarschule (FIPS)*. Göttingen: Hogrefe.

Bäuerlein, K., Lenhard, W., & Schneider, W. (2012b). *Lesetestbatterie für die Klassenstufen 6–7 (LESEN 6-7)*. Göttingen: Hogrefe.

Bäuerlein, K., Lenhard, W., & Schneider, W. (2012c). *Lesetestbatterie für die Klassenstufen 8–9 (LESEN 8-9)*. Göttingen: Hogrefe.

Barth, K., & Gomm, B. (2004). *Gruppentest zur Früherkennung von Lese- und Rechtschreibschwierigkeiten: Phonologische Bewusstheit bei Kindergartenkindern und Schulanfängern (PB-LRS)*. München: Ernst Reinhardt.

Birkel, P. (2007a). *Weingartener Grundwortschatz Rechtschreib-Test für erste und zweite Klassen (WRT 1+)*. Göttingen: Hogrefe.

Birkel, P. (2007b). *Weingartener Grundwortschatz Rechtschreib-Test für zweite und dritte Klassen (WRT 2+)*. Göttingen: Hogrefe.

Birkel, P. (2007c). *Weingartener Grundwortschatz Rechtschreib-Test für dritte und vierte Klassen (WRT 3+)*. Göttingen: Hogrefe.

Birkel, P. (2007d). *Weingartener Grundwortschatz Rechtschreib-Test für vierte und fünfte Klassen (WRT 4+)*. Göttingen: Hogrefe.

Booth, J. F., & Horn, R. (2004). *Figure Reasoning Test (FRT) – Manual für FRT und FRT-J*. Frankfurt am Main: Swets Test Services.

Brunner, M. (2012). *Heidelberger Vokallängendifferenzierungstest (HVT)*. Binswangen: Westra.

Brunner, M., Pfeifer, B., Schlüter, K., Steller, F., Möhring, L., Heinrich, I., & Pröschel, U. (2001). *Heidelberger Vorschulscreening zur auditiv-kinästhetischen Wahrnehmung und Sprachverarbeitung (HVS)*. Wertingen: Westra.

Brunner, M., Seibert, A., Dierks, A., & Körkel, B. (2005). *Heidelberger Lautdifferenzierungstest (H-LAD)*. Wertingen: Westra.

Bulheller, S., & Häcker, H. O. (1998). *Raven's Progressive Matrices and Vocabulary Scales – Advanced Progressive Matrices (APM)*. Frankfurt/Main: Swets.

Bulheller, S., & Häcker, H. O. (2002). *Raven's Progressive Matrices and Vocabulary Scales – Coloured Progressive Matrices (CPM)*. Frankfurt/Main: Swets.

Bulheller, S., Ibrahimovic, H., & Häcker, H. O. (2005). *Rechtschreibtest – Neue Rechtschreibregelung (RST-NRR)*. Frankfurt am Main: Harcourt Test Services.

Deimel, W. (2002a). Diagnostik der Lese-Rechtschreibstörung. In G. Schulte-Körne (Hrsg.), *Legasthenie: Zum aktuellen Stand der Ursachenforschung, der diagnostischen Methoden und der Förderkonzepte* (S. 115–130). Bochum: Dr. Winkler.

Deimel, W. (2002b). Testverfahren zur Diagnostik der Lese-Rechtschreibstörung. Eine Übersicht. In G. Schulte-Körne (Hrsg.), *Legasthenie: Zum aktuellen Stand der Ursachenforschung, der diagnostischen Methoden und der Förderkonzepte* (S. 149–160). Bochum: Dr. Winkler.

Diehl, K., & Hartke, B. (2012). *Inventar zur Erfassung der Lesekompetenz im 1. Schuljahr (IEL-1)*. Göttingen: Hogrefe.

Esser, G., & Wyschkon, A. (2010). *Potsdam-Illinois Test für Psycholinguistische Fähigkeiten (P-ITPA)*. Göttingen: Hogrefe.

Esser, G., Wyschkon, A., & Ballaschk, K. (2008). *Basisdiagnostik Umschriebener Entwicklungsstörungen im Grundschulalter (BUEGA)*. Göttingen: Hogrefe.

Findeisen, U., & Melenk, G. (2011). *Bonner Silben-Lesetest/Test zur Prüfung der Dekodierungsleistung (BSL/TeDeL 1+)*. Bonn: Institut für Legasthenie- und Lerntherapie.

Fischbach, A., Schuchardt, K., Brandenburg, J., Klesczewski, J., Balke-Melcher, C., Schmidt, C., Büttner, G., Grube, D., Mähler, C., & Hasselhorn, M. (2013). Prävalenz von Lernschwächen und Lernstörungen: Zur Bedeutung der Diagnosekriterien. *Lernen und Lernstörungen, 2*, 65–76.

Flynn, J. R. (1987). Massive IQ gains in 14 nations: What IQ tests really measure. *Psychological Bulletin, 101*, 171–191.

Fricke, S., & Schäfer, B. (2011). *Test für Phonologische Bewusstheitsfähigkeiten (TPB)*. Idstein: Schulz-Kirchner Verlag.

Grob, A., Meyer, C. S., & Hagmann-von Arx, P. (2009). *Intelligence and Development Scales (IDS). Intelligenz- und Entwicklungsskalen für Kinder von 5–10 Jahren*. Bern: Huber.

Grund, M., Haug, G., & Naumann, C. L. (2003a). *Diagnostischer Rechtschreibtest für 4. Klassen (DRT 4)*. Göttingen: Beltz Test GmbH.

Grund, M., Haug, G., & Naumann, C. L. (2003b). *Diagnostischer Rechtschreibtest für 5. Klassen (DRT 5)*. Göttingen: Beltz Test GmbH.

Hagmann-von Arx, P., Meyer, C. S., & Grob, A. (2008). Intelligenz- und Entwicklungsdiagnostik im deutschen Sprachraum. *Kindheit und Entwicklung, 14*, 232–242.

Hasselhorn, M., Schumann-Hengsteler, R., Gronauer, J., Grube, D., Mähler, C., Schmid, I., Seitz-Stein, K., & Zoelch, C. (2012). *Arbeitsgedächtnistestbatterie für Kinder von 5 bis 12 Jahren (AGTB 5-12)*. Göttingen: Hogrefe.

Heine, A., Engl, V., Thaler, V. M., Fussenegger, B., & Jacobs, A. M. (2012). *Neuropsychologie von Entwicklungsstörungen schulischer Fertigkeiten*. Göttingen: Hogrefe.

Heller, K. A., Kratzmeier, H., & Lengfelder, A. (1998). *Matrizen-Test-Manual, Band 1. Ein Handbuch mit deutschen Normen zu den Standard Progressive Matrices von J. C. Raven*. Göttingen: Beltz.

Hulme, C., & Snowling, M. J. (2009). *Developmental disorders of language learning and cognition*. Oxford: Wiley-Blackwell.

Jansen, H., Mannhaupt, G., Marx, H., & Skowronek, H. (2002). *Bielefelder Screening zur Früherkennung von Lese-Rechtschreibschwierigkeiten (BISC)*. Göttingen: Hogrefe.

Kersting, M. & Althoff, K. (2004). *Rechtschreibungstest (RT)*. Göttingen: Hogrefe.

Kubinger, K. D. (2009). *Adaptives Intelligenz Diagnostikum 2, Version 2.2 (AID 2)*. Göttingen: Beltz Test.

Lehmann, R. H., Peek, R., & Poerschke, J. (2006). *Hamburger Lesetest für 3. und 4. Klassen (HAMLET 3-4)*. Göttingen: Hogrefe.

Lenhard, W., & Schneider, W. (2006). *Ein Leseverständnistest für Erst- bis Sechstklässler (ELFE 1-6)*. Göttingen: Hogrefe.

Lenhard, W., & Schneider, W. (Hrsg.) (2009). *Diagnostik und Förderung des Leseverständnisses*. Göttingen: Hogrefe.

Lenhard, W., Hasselhorn, M., & Schneider, W. (2011). *Kombiniertes Leistungsinventar zur allgemeinen Schulleistung und für Schullaufbahnempfehlungen in der vierten Klasse (KLASSE 4)*. Göttingen: Hogrefe.

Mannhaupt, G. (2006). *Münsteraner Screening zur Früherkennung von Lese-Rechtschreibschwierigkeiten (MÜSC)*. Berlin: Cornelsen.

Martschinke, S., Kammermeyer, G., King, M., & Forster, M. (2005). *Anlaute hören, Reime finden, Silben klatschen (ARS)*. Donauwörth: Auer.

Martschinke, S., Kirschhock, E.-M., & Frank, A. (2011). *Der Rundgang durch Hörhausen*. Donauwörth: Auer.

Marx, H. (1998). *Knuspels Leseaufgaben (KNUSPEL-L)*. Göttingen: Hogrefe.

Marx, H., Hasselhorn, M., Opitz-Karig, U., & Schneider, W. (2008). Deutschsprachige Tests zur Erfassung der Rechtschreibleistung bei Kindern und Jugendlichen. In W. Schneider, H. Marx, & M. Hasselhorn (Hrsg.), *Diagnostik von Rechtschreibleistungen und -kompetenz* (S. 211–224). Göttingen: Hogrefe.

Marx, P., & Schneider, W. (2000). Entwicklung eines Tests zur phonologischen Bewusstheit im Grundschulalter. In M. Hasselhorn, W. Schneider und H. Marx (Hrsg.), *Diagnostik von Lese-Rechtschreibschwierigkeiten* (S. 91–114). Göttingen: Hogrefe.

May, P. (2012). *Hamburger Schreib-Probe HSP 1+: Hinweise zur Durchführung und Auswertung*. Stuttgart: Klett/vpm.

Mayer, A. (2011). *Test zur Erfassung der phonologischen Bewusstheit und der Benennungsgeschwindigkeit (TEPHO-BE)*. München: Ernst Reinhardt.

Mayringer, H., & Wimmer, H. (2003). *Salzburger Lese-Screening für die Klassenstufen 1–4 (SLS 1–4)*. Bern: Hans Huber.

Melchers, P., & Preuß, U. (1991). *Kaufman Assessment Battery for Children, Deutsche Version (K-ABC)*. Frankfurt: Swets & Zeitlinger.

Melchers, P., Schürmann, S., & Scholten, S. (2006). *Kaufman-Test zur Intelligenzmessung für Jugendliche und Erwachsene (K-TIM)*. Leiden: PITS.

Mierau, J. (2007). Sozialrechtliche Aspekte von Legasthenie und Dyskalkulie. In G. Schulte-Körne (Hrsg.), *Legasthenie und Dyskalkulie: Aktuelle Entwicklungen in Wissenschaft, Schule und Gesellschaft* (S. 303–212). Bochum: Verlag Dr. Winkler.

Moll, K., & Landerl, K. (2009). Double dissociation between reading and spelling deficits. *Scientific Studies of Reading, 13*, 359–382.

Moll, K., & Landerl, K. (2010). *SLRT-II. Lese- und Rechtschreibtest. Weiterentwicklung des Salzburger Lese- und Rechtschreibtests (SLRT)*. Bern: Hans Huber.

Müller, R. (2003a). *Diagnostischer Rechtschreibtest für 1. Klassen (DRT 1)*. Göttingen: Beltz Test GmbH.

Müller, R. (2003b). *Diagnostischer Rechtschreibtest für 2. Klassen (DRT 2)*. Göttingen: Beltz Test GmbH.

Müller, R. (2003c). *Diagnostischer Rechtschreibtest für 3. Klassen (DRT 3)*. Göttingen: Beltz Test GmbH.

Petermann, F., & Daseking, M. (2012). *Zürcher Lesetest – II (ZLT-II). Weiterentwicklung des Zürcher Lesetests (ZLT) von Maria Linder und Hans Grissemann*. Bern: Verlag Hans Huber.

Petermann, F., & Petermann, U. (2008). *Hamburg-Wechsler-Intelligenztest für Kinder IV (HAWIK-IV)*. Bern: Hans Huber.

Schneider, W., & Stefanek, J. (2007). Entwicklung der Rechtschreibleistung vom frühen Schul- bis zum frühen Erwachsenenalter – Längsschnittliche Befunde der Münchner LOGIK-Studie. *Zeitschrift für Pädagogische Psychologie, 21*, 77–82.

Schneider, W., Schlagmüller, M., & Ennemoser, M. (2007). *Lesegeschwindigkeits- und -verständnistest für die Klassen 6–12 (LGVT 6–12)*. Göttingen: Hogrefe.

Schneider, W., Blanke, I., Faust, V., & Küspert, P. (2011). *Würzburger Leise Leseprobe – Revision (WLLP-R)*. Göttingen: Hogrefe.

Schnitzler, C. D. (2008). *Phonologische Bewusstheit und Schriftspracherwerb*. Stuttgart: Thieme.

Schöler, H., & Brunner, M. (2008). *Heidelberger Auditives Screening in der Einschulungsuntersuchung (HASE)*. Binswangen: Westra.

Schulte-Körne, G. (2010). Diagnostik und Therapie der Lese-Rechtschreibstörung. *Deutsches Ärzteblatt, 107*, 718–727.

Schweizer, K. (2006). Kapitel 1.1: Intelligenz. In K. Schweizer (Hrsg.), *Leistung und Leistungsdiagnostik* (S. 2–15). Heidelberg: Springer.

Skowronek, H., & Marx, H. (1989). Die Bielefelder Längsschnittstudie zur Früherkennung von Risiken der Lese-Rechtschreibschwäche: Theoretischer Hintergrund und erste Befunde. *Heilpädagogische Forschung, 15*, 38–49.

Souvignier, E., Trenk-Hinterberger, I., Adam-Schwebe, S., & Gold, A. (2008). *Frankfurter Leseverständnistest für 5. und 6. Klassen (FLVT 5-6)*. Göttingen: Hogrefe.

Stock, C., & Schneider, W. (2008a). *Deutscher Rechtschreibtest für das erste und zweite Schuljahr (DERET 1-2+)*. Göttingen: Hogrefe.

Stock, C., & Schneider, W. (2008b). *Deutscher Rechtschreibtest für das dritte und vierte Schuljahr (DERET 3-4+)*. Göttingen: Hogrefe.

Stock, C., Marx, P., & Schneider, W. (2003). *Basiskompetenzen für Lese-Rechtschreibleistungen. Ein Test zur Erfassung der phonologischen Bewusstheit vom ersten bis vierten Grundschuljahr (BAKO 1-4)*. Göttingen: Beltz.

Tellegen, P. J., Laros, J. A., & Petermann, F. (2012). *Snijders-Oomen Nonverbaler Intelligenztest für Kinder und Erwachsene von 6;0 bis 40;0 Jahren (SON-R 6-40)*. Göttingen: Hogrefe.

Tröster, H. (2009). *Früherkennung im Kindes- und Jugendalter – Strategien bei Entwicklungs-, Lern- und Verhaltensstörungen.* Göttingen: Hogrefe.

Walter, J. (2009). *Lernfortschrittsdiagnostik Lesen (LDL).* Göttingen: Hogrefe.

Walter, J. (2013). *Verlaufsdiagnostik sinnerfassenden Lesens (VSL).* Göttingen: Hogrefe.

Warnke, A. (2008). Umschriebene Entwicklungsstörungen. In H.-J. Möller, G. Laux, & H.-P. Kapfhammer (Hrsg.), *Psychiatrie und Psychotherapie – Band 2: Spezielle Psychiatrie* (S. 1119–1150). Heidelberg: Springer.

Warnke, A., Hemminger, U. & Plume, E. (2004). *Lese-Rechtschreibstörungen.* Göttingen: Hogrefe.

Weiß, R. H. (2006). *Grundintelligenztest Skala 2 Revision (CFT 20-R).* Göttingen: Hogrefe.

Weiß, R. H., & Osterland, J. (2013). *Grundintelligenztest Skala 1 Revision (CFT 1-R).* Göttingen: Hogrefe.

Wimmer, H., Landerl, K., & Frith, U. (1999). Learning to read German: normal and impaired acquisition. In M. Harris, & G. Hatano (Hrsg.), *Learning to read and write* (S. 34–50). Cambridge: Psychology Press.

Zerahn-Hartung, C., Strehlow, U., Haffner, J., Pfüller, U., Parzer, P., & Resch, F. (2002). Normverschiebungen bei Rechtschreibleistung und sprachfreier Intelligenz. *Praxis der Kinderpsychologie und Kinderpsychiatrie, 51,* 281–297.

Ziegler, J., Perry, C., Ma-Wyatt, A., Ladner, D., & Schulte-Körne, G. (2003). Developmental dyslexia in different languages: Language-specific or universal. *Journal of Experimental Child Psychology, 86,* 169–193.

Weiterführende Links

PubPsych ist ein frei zugängliches, kostenfreies Suchportal für internationale Psychologie-Publikationen, welches unter Federführung des Leibniz-Zentrums für Psychologische Information und Dokumentation (ZPID) bereitgestellt wird. PubPsych bietet auch Zugriff auf PSYNDEX, die Datenbank der Psychologie aus den deutschsprachigen Ländern. Diese Datenbank enthält u. a. Informationen zu diagnostischen Verfahren, die in deutschsprachigen Ländern entwickelt wurden oder zur Anwendung kommen. Zugang zu PubPsych unter:
▶ http://www.pubpsych.de

Tabellarische Übersichten zu gängigen Testverfahren zur Diagnostik des Lesens, des Rechtschreibens und der Intelligenz finden sich auch auf den Internetseiten der Klinik und Poliklinik für Kinder- und Jugendpsychiatrie, Psychosomatik und Psychotherapie der LMU München:
▶ http://www.kjp.med.uni-muenchen.de/forschung/legasthenie/diagnose.php

Prävention von Lese-Rechtschreibschwierigkeiten und Intervention bei Lese-Rechtschreibstörung

— Wie sind Studien zur Evaluation der Wirksamkeit von Förderprogrammen zu konzipieren?

— Welche Kriterien sind zur Beurteilung der Wirksamkeit eines Förderprogramms heranzuziehen?

— Welche Programme können zur Prävention von Lese-Rechtschreibschwierigkeiten im Vorschulalter bzw. im Schulalter eingesetzt werden und wie wirksam sind sie?

— Welche Ansätze zur Intervention bei Lese-Rechtschreibstörung gibt es und wie wirksam sind sie?

Die Menge der im deutschen Sprachraum vorliegenden Förderprogramme bei Lese-Rechtschreibstörung ist schier unüberschaubar (eine Übersicht geben Huemer et al. 2009 und von Suchodoletz 2006). Deshalb ist es notwendig, bei der Vorstellung von Förderprogrammen im Rahmen dieses Lehrbuchkapitels eine Auswahl zu treffen. Wir haben uns daher entschieden, nur wissenschaftlich evaluierte Förderprogramme zur Prävention von Lese-Rechtschreibschwierigkeiten und zur Intervention bei Lese-Rechtschreibstörung vorzustellen. Aufgrund der Vielzahl der Förderprogramme, zu denen bereits Evaluationsstudien vorliegen, ist es uns aber trotzdem nicht möglich, *alle* evaluierten Förderprogramme aus dem deutschen Sprachraum in das Kapitel aufzunehmen. Wir werden uns stattdessen auf eine Auswahl von Förderprogrammen beschränken, deren Wirksamkeit bereits im Rahmen von mindestens einer Evaluationsstudie überprüft wurde.

Da die Frage nach der Wirksamkeit von Förderansätzen für das vorliegende Kapitel zentral ist, wird zunächst in ▶ Abschn. 6.1 kurz erläutert, mit welchen Forschungsdesigns die Wirksamkeit von Förderprogrammen überprüft werden kann und welche Kriterien zur anschließenden Beurteilung der Wirksamkeit herangezogen werden. Danach werden evaluierte Programme zur Prävention von Lese-Rechtschreibschwierigkeiten (▶ Abschn. 6.2) bzw. zur Intervention bei Lese-Rechtschreibstörung (▶ Abschn. 6.3) vorgestellt und Ergebnisse von Evaluationsstudien zur Wirksamkeit dieser Programme berichtet. ▶ Abschn. 6.4 setzt sich schließlich zusammenfassend mit der Frage auseinander, welche Förderansätze im Bereich der Prävention von Lese-Rechtschreibschwierigkeiten und der

Intervention bei Lese-Rechtschreibstörung als am vielversprechendsten zu bewerten sind.

6.1 Evaluation der Wirksamkeit von Förderprogrammen

Das vorliegende Kapitel 6 widmet sich der Darstellung einer Auswahl evaluierter Förderprogramme zur Prävention von Lese-Rechtschreibschwierigkeiten bzw. zur Intervention bei Lese-Rechtschreibstörung. Wie aber sollte eine Studie zur Evaluation der Wirksamkeit eines Förderprogrammes aussehen? Und welche Kriterien werden herangezogen, um die Wirksamkeit eines Förderprogramms zu beurteilen? Auf diese Fragen wird in den folgenden zwei Abschnitten (▶ Abschn. 6.1.1 und ▶ Abschn. 6.1.2) genauer eingegangen (vgl. Langfeldt 2008; Klauer 2001).

6.1.1 Forschungsdesigns zur Evaluation der Wirksamkeit von Förderprogrammen

Wer die Wirksamkeit eines Förderprogramms evaluieren will, muss zunächst entscheiden, auf welche **Inhaltsbereiche** das Förderprogramm möglicherweise wirken könnte (z. B. könnte sich ein phonologisches Trainingsprogramm zur Therapie von Grundschülern mit Lese-Rechtschreibstörung auf die phonologische Bewusstheit, die Leseleistung und die Rechtschreibleistung auswirken) und geeignete Aufgaben (z. B. aus diagnostischen Verfahren, vgl. ▶ Kap. 5) zusammenstellen, mit denen die Leistung in diesen Inhaltsbereichen überprüft werden kann. Idealerweise sollten zusätzlich Aufgaben einbezogen werden, auf die sich die Förderung *nicht* auswirken sollte (z. B. sollte sich die Förderung mit einem phonologischen Trainingsprogramm nicht auf Mathematikleistungen auswirken). Dies ermöglicht eine Abschätzung, ob das Programm spezifisch auf die Inhaltsbereiche einwirkt, für die es entwickelt wurde. Alle Aufgaben werden mindestens zweimal mit den Studienteilnehmern durchgeführt, und zwar vor Beginn der Förderung (**Prätest**) und nach Abschluss der Förderung (**Posttest**). Sollen Aussagen darüber getroffen werden, wie sich die Effekte des Programms mit der Zeit verändern, so werden die Aufgaben zu mehreren Zeitpunkten nach Abschluss der Förderung wiederholt eingesetzt (z. B. direkt nach Abschluss der Förderung zur Ermittlung kurzfristiger Trainingseffekte und ein halbes Jahr nach Abschluss der Förderung zur Abschätzung längerfristiger Trainingseffekte).

In einer Evaluationsstudie sollten mindestens zwei Gruppen von Teilnehmern untersucht werden: eine Gruppe, die über einen festgelegten Zeitraum mit dem zu evaluierenden Programm gefördert wird (**Experimentalgruppe, Trainingsgruppe**) und eine zweite Gruppe, die über diesen Zeitraum nicht mit dem zu evaluierenden Programm gefördert wird (**Kontrollgruppe**). Die Einbeziehung von mindestens einer Kontrollgruppe ist notwendig, um etwaige Effekte mit einer gewissen Sicherheit auch tatsächlich auf die Förderung zurückführen zu können. Stellen Sie sich vor, Sie würden eine derartige Studie mit nur einer einzigen Gruppe, einer Trainingsgruppe, realisieren, die mit dem oben beispielhaft erwähnten Interventionsprogramm für lese-rechtschreibgestörte Grundschüler gefördert wird. Angenommen, bei dieser Gruppe zeigten sich nach einem Förderzeitraum von 12 Wochen bessere Leistungen in der phonologischen Bewusstheit, im Lesen und im Rechtschreiben als vor der Förderung. Dies könnte bedeuten, dass das Programm tatsächlich wirksam ist und die entsprechenden Fertigkeiten verbessert. Die Leistungsverbesserungen könnten aber ebenso z. B.

- auf allgemeine Entwicklungsprozesse zurückzuführen sein,
- den Erfolg des Schulunterrichts widerspiegeln,
- dadurch erklärbar sein, dass die Aufgaben aus dem Prätest im Posttest wiederholt wurden und die Studienteilnehmer einfach durch ihre Vertrautheit mit den Aufgaben bessere Leistungen erbrachten (**Testwiederholungseffekt**), oder
- darauf zurückgehen, dass den Teilnehmern im Rahmen der Studie besondere Aufmerksamkeit zuteil wurde und sie mit neuartigen Fördermaterialien umgehen durften, was ihre Motivation, sich im Posttest besonders anzustrengen, erhöht hat.

Deshalb ist im Rahmen der Evaluation der Wirksamkeit von Förderprogrammen der Trainingsgruppe immer mindestens eine Kontrollgruppe gegenüberzustellen, die der Trainingsgruppe möglichst ähnlich sein sollte (z. B. sollten die Gruppen bei der Evaluation des Förderprogramms für lese-rechtschreibgestörte Grundschüler u. a. vergleichbar sein hinsichtlich Alter, Klassenstufe und Intelligenz sowie hinsichtlich der Leistungen in den erhobenen Aufgaben im Prätest) und die im Prä- und Posttest die gleichen Aufgaben bearbeitet wie die Trainingsgruppe.

Bei der Zusammenstellung der Kontrollgruppe sind grundsätzlich verschiedene Ausgestaltungen denkbar, mit denen unterschiedliche Alternativerklärungen für vorliegende Leistungsverbesserungen ausgeschlossen werden können. Wird der Trainingsgruppe, die mit dem phonologischen Trainingsprogramm für Kinder mit Lese-Rechtschreibstörung gefördert wird, beispielsweise eine **ungeförderte Kontrollgruppe** aus lese-rechtschreibgestörten Kindern gegenübergestellt, welche keinerlei Förderung erhält, und zeigt die Trainingsgruppe im Posttest eine größere Leistungssteigerung als die ungeförderte Kontrollgruppe, so schließt dies aus, dass die Leistungsverbesserungen der Trainingsgruppe auf einen Testwiederholungseffekt, auf schulische Unterweisung oder auf allgemeine Entwicklungsprozesse zurückzuführen sind. Der Erfolg der Trainingsgruppe könnte allerdings weiterhin z. B. darauf zurückzuführen sein, dass diese im Gegensatz zur ungeförderten Kontrollgruppe eine neue Trainingsmethode nutzen durfte und durch die Teilnahme an der Trainingsstudie mit besonderer Aufmerksamkeit bedacht worden war, was die Motivation der Trainingsgruppenmitglieder zu einem guten Abschneiden im Posttest erhöht haben könnte. Ein Studiendesign mit einer **Kontrollgruppe, die eine Placebo-Förderung erhält**, würde helfen, derartige Alternativerklärungen für Leistungsverbesserungen auszuschließen. Bei diesem Design wird die Kontrollgruppe im gleichen Zeitraum und in ähnlichem Umfang gefördert wie die Trainingsgruppe, erhält aber eine sogenannte »Placebo-Förderung«, das heißt eine Förderung, die keinen Effekt auf die betrachteten Leistungen erbringen sollte. So sollte sich z. B. ein Training zur sozialen Kompetenz nicht auf die phonologische Bewusstheit, das Lesen und das Rechtschreiben auswirken. Will man schließlich wissen, ob ein zu evaluierendes Programm besser wirkt als ein Konkurrenzprogramm, das ähnliche Fähigkeitsbereiche trainiert (z. B. ein Lesetraining), so kann eine **Kontrollgruppe, die mit einem Alternativprogramm gefördert wird**, sinnvoll sein. Zeigt die Trainingsgruppe eine höhere Leistungssteigerung als diese Kontrollgruppe, so hat das evaluierte Programm eine höhere Wirksamkeit als das Alternativprogramm.

Jede der genannten Kontrollgruppen trägt also auf ihre Art dazu bei, mehr Sicherheit bezüglich der Interpretation etwaiger Leistungssteigerungen zu bekommen. Deshalb sollte eine Trainingsstudie – vom wissenschaftlichen Standpunkt aus betrachtet – idealerweise mehrere Arten von Kontrollgruppen beinhalten, was komplexe Forschungsdesigns mit drei untersuchten Gruppen (Trainingsgruppe, ungeförderte Kontrollgruppe, Kontrollgruppe mit Placebo-Förderung; Klauer 2001) oder sogar vier untersuchten Gruppen (Trainingsgruppe, ungeförderte Kontrollgruppe, Kontrollgruppe mit Placebo-Förderung, Kontrollgruppe mit Alternativ-Förderung; Langfeldt 2008) zur Folge hat. Wie wir bei der Vorstellung der Evaluationsstudien in ▶ Abschn. 6.2 und ▶ Abschn. 6.3 sehen werden, wird dies in Trainingsstudien mit Förderprogrammen zur Prävention von Lese-Rechtschreibschwierigkeiten und zur Intervention bei Lese-Rechtschreibstörung jedoch nur selten realisiert.

Ein Grund dafür liegt sicher darin, dass es sehr aufwendig und kostenintensiv ist, drei bzw. vier Gruppen von Kindern mit einem Risiko für Lese-Rechtschreibschwierigkeiten oder einer vorliegenden Lese-Rechtschreibstörung für eine Trainingsstudie zu gewinnen. Der wichtigere Grund ist aber darin zu sehen, dass es moralisch-ethische Probleme in sich birgt, Kindern, die ein Risiko für Lese-Rechtschreibschwierigkeiten oder eine Lese-Rechtschreibstörung aufweisen, eine Förderung zukommen zu lassen, bei der man davon ausgeht, dass sie nicht wirkt (Kontrollgrupppe mit Placebo-Förderung) oder ihnen eine Förderung gänzlich vorzuenthalten (ungeförderte Kontrollgrupppe). Um diesen moralisch-ethischen Problemen zu begegnen, werden Kontrollgruppen mit Placebo-Förderung in derartigen Studien eher selten eingesetzt und ungeförderte Kontrollgruppen oft als **Warte-Kontrollgruppen** realisiert, die im Rahmen der Evaluationsstudie als ungeförderte Kontrollgruppe fungieren, aber nach Abschluss des Posttests die gleiche Förderung erhalten wie die Trainingsgruppe. In Studien zur Evaluation der Wirksamkeit von Präventionsprogrammen besteht zusätzlich die Möglichkeit, auf **unausgelesene Stichproben** von Kindern zurückzugreifen und zu überprüfen, ob sich unausgelesene Kinder, die mit einem Programm zur Prävention von Lese-Rechtschreibschwierigkeiten gefördert werden (z. B. einem Training der phonologischen Bewusstheit), hinsichtlich der trainierten und der schriftsprachlichen Leistungen positiver entwickeln als ebenfalls unausgelesene Kontrollkinder.

6.1.2 Kriterien zur Bewertung der Wirksamkeit von Förderprogrammen

Nachdem in ▶ Abschn. 6.1.1 dargelegt wurde, wie Studien zur Evaluation der Wirksamkeit von Förderprogrammen konzipiert sein sollten, wird im Folgenden vorgestellt, welche Kriterien zur Beurteilung der Wirksamkeit von Förderprogrammen herangezogen werden können (vgl. Langfeldt 2008; Klauer 2001). Was sollte ein Förderprogramm auszeichnen, damit es als »wirksam« eingestuft werden kann?

Das Förderprogramm sollte zunächst eine **bereichsspezifische Wirksamkeit** zeigen, d. h., es soll zu einer Verbesserung der Fähigkeiten führen, die es direkt trainiert. Das in ▶ Abschn. 6.1.1 bereits beispielhaft angeführte phonologische Trainingsprogramm für Kinder mit Lese-Rechtschreibstörung sollte also die phonologischen Leistungen, die es unmittelbar trainiert hat, verbessern. Dies wird in einer Evaluationsstudie dadurch nachgewiesen, dass die Trainingsgruppe nach dem Training (im Posttest) bessere phonologische Leistungen zeigt als vor dem Training (im Prätest) und die Leistungsverbesserung von Prä- zu Posttest stärker ist als die der Kontrollgruppe(n).

Wünschenswert ist weiterhin ein **Transfer auf nicht trainierte Leistungen**. Ein Training sollte also nicht nur einen Effekt auf die Inhaltsbereiche zeigen, die direkt trainiert wurden, sondern darüber hinaus einen Transfer auf Inhaltsbereiche zeigen, die nicht unmittelbarer Bestandteil des Trainings waren. Dieses Kriterium ist im Rahmen des Themas des vorliegenden Lehrbuches besonders relevant für all jene Förderprogramme, die das Ziel haben, anhand eines Trainings der kognitiven Grundlagen des Schriftspracherwerbs einen Beitrag zur Prävention von Lese-Rechtschreibschwierigkeiten zu leisten oder eine vorliegende Lese-Rechtschreibstörung zu therapieren: Nur dann, wenn ein Transfer auf Lese- und/oder Rechtschreibleistungen erzielt wird, kann wirklich davon gesprochen werden, dass derartige Programme erfolgreich sind. Bezogen auf das Beispiel des phonologischen Trainingsprogramms für Kinder mit Lese-Rechtschreibstörung ist es zwar schön und gut, wenn sich die Kinder durch das Training in den direkt trainierten phonologischen Leistungen verbessern (bereichsspezifische Wirksamkeit) – aber nur dann, wenn die Trainingsgruppe auch eine größere Verbesserung im Lesen und Schreiben zeigt als die Kontrollgruppe(n), kann wirklich davon gesprochen werden, dass das Programm seinen Zweck erfüllt, nämlich die Lese-Rechtschreibleistungen von Grundschülern mit Lese-Rechtschreibstörung zu fördern.

Darüber hinaus kann eine Förderung nur dann als wirklich sinnvoll erachtet werden, wenn die Trainingseffekte, die durch die Förderung erzielt wurden, eine gewisse Zeit anhalten. Man spricht hier von der **Nachhaltigkeit von Trainingseffekten**. Diese kann überprüft werden, indem etwaige Fördereffekte nicht nur direkt nach Abschluss der Förderung gemessen werden, sondern auch eine gewisse Zeit danach (z. B. 3 Monate, ein halbes Jahr oder ein Jahr nach Abschluss der Förderung). Zeigt in unserem Beispiel die Gruppe, die mit dem phonologischen Trainingsprogramm gefördert wurde, beispielsweise auch noch ein halbes Jahr nach Abschluss der Förderung eine stärkere Leistungsverbesserung bezüglich der phonologischen Bewusstheit und bezüglich des Lesens und Schreibens als die Kontrollgruppe(n), so würde dies die Nachhaltigkeit der Trainingseffekte des Programms belegen. Zur Frage, wie viel Nachhaltigkeit von einem Förderprogramm erwartet

werden kann oder soll gibt es jedoch verschiedene Auffassungen. Auf der einen Seite ist denkbar, dass ein erfolgreiches Training Entwicklungsprozesse anstößt und deshalb auch nach Trainingsende noch große Fortschritte in den trainierten Leistungen sowie in den Leistungen, auf die ein Transfer erfolgt ist, bewirkt. Auf der anderen Seite ist es aber auch schlüssig anzunehmen, dass Trainingseffekte nach Abschluss der Förderung im Laufe der Zeit wieder abnehmen, weil sie, wie andere Gedächtnisinhalte auch, mit der Zeit verblassen, wenn sie nicht aufgefrischt werden (vgl. Klauer 2001). In der Tat werden die Trainingseffekte meist umso geringer, je länger die Förderung zurückliegt: Effekte eines Förderprogramms lassen sich in der Regel nur über einen begrenzten Zeitraum nachweisen. In jedem Fall sind aber Förderprogramme, für die eine gewisse Nachhaltigkeit belegt wurde, als positiver zu bewerten als solche, bei denen die Trainingserfolge nach Abschluss der Förderung relativ rasch wieder »verpuffen«.

Bei der Evaluation der Wirksamkeit von Förderprogrammen sollten also drei Fragen geprüft werden: Wie groß ist die bereichsspezifische Wirksamkeit des Förderprogramms? Auf welche nicht trainierten Leistungen findet ein Transfer statt? Wie nachhaltig sind die Fördereffekte? Für jedes der im Folgenden vorgestellten evaluierten Förderprogramme wird beleuchtet, inwieweit diese drei Fragen im Rahmen der Programmevaluation geprüft worden sind und mit welchem Ergebnis.

6.2 Prävention von Lese-Rechtschreibschwierigkeiten

Förderprogramme zur Prävention von Lese-Rechtschreibschwierigkeiten haben das Ziel, späteren Schwierigkeiten im Lesen und Schreiben durch Förderung kognitiver Grundlagen des Lesens und Schreibens vorzubeugen. Da die phonologische Informationsverarbeitung heute als wichtigste kognitive Grundlage des Schriftspracherwerbs gilt (▶ Abschn. 2.1.1), fokussieren Programme zur Prävention von Lese-Rechtschreibschwierigkeiten vorrangig auf diesen Inhaltsbereich. Wie wir im

Folgenden sehen werden, steht eine Teilkomponente der phonologischen Informationsverarbeitung, nämlich die phonologische Bewusstheit, im Zentrum der dargestellten Präventionsprogramme, während die anderen drei Teilkomponenten (Phonemwahrnehmung, phonologisches Arbeitsgedächtnis und Abruf phonologischer Informationen aus dem Langzeitgedächtnis; ▶ Abschn. 2.1.1) vorrangig nicht Inhalt der Förderung sind. Dies liegt an den vielfachen Belegen dafür, dass die phonologische Bewusstheit trainierbar ist und dass mit einem frühen Training der phonologischen Bewusstheit ein Transfer auf schriftsprachliche Leistungen erreicht werden kann (s. Metaanalysen von Ehri et al. 2001; Bus und van Ijzendoorn 1999). Demgegenüber hat sich die Phonemwahrnehmung zwar ebenfalls als trainierbar erwiesen, aber es ist unklar, ob ein Phonemwahrnehmungstraining auch Effekte auf schriftsprachliche Leistungen hat (Thomson et al. 2013; González et al. 2002). Die Kapazität des phonologischen Arbeitsgedächtnisses und die Geschwindigkeit des Abrufs phonologischer Repräsentationen aus dem Langzeitgedächtnis hingegen scheinen nach aktueller Befundlage eher nicht trainierbar zu sein (Kirby et al. 2010; Holmes et al. 2009).

In den folgenden Abschnitten werden Programme zur Prävention von Lese-Rechtschreibschwierigkeiten vorgestellt. Die Darstellung erfolgt getrennt für Programme, die für eine Anwendung im Vorschulalter konzipiert worden sind (▶ Abschn. 6.2.1) und solche, deren Anwendung in der frühen Grundschulzeit vorgesehen ist (▶ Abschn. 6.2.2). Es werden nur solche Programme dargestellt, die im deutschsprachigen Raum Verwendung finden und deren Wirksamkeit in mindestens einer Evaluationsstudie geprüft wurde. Da es sich um Programme zur Prävention von Lese-Rechtschreibschwierigkeiten handelt, wurden die berichteten Evaluationsstudien nicht mit leserechtschreibgestörten Kindern durchgeführt, sondern entweder mit **unausgelesenen Stichproben** oder mit Kindern, bei denen ein **Risiko für Lese-Rechtschreibschwierigkeiten** vorliegt.

6.2.1 Prävention von Lese-Rechtschreibschwierigkeiten durch Förderung kognitiver Grundlagen des Lesens und Schreibens im Vorschulalter

Im Folgenden werden insgesamt fünf Programme zur Prävention von Lese-Rechtschreibschwierigkeiten vorgestellt, die im Vorschulalter angewendet werden sollen. Drei dieser Programme sind als Programme zur Anwendung im Kindergarten konzipiert (*Hören, lauschen, lernen; Hören, lauschen, lernen 2; Lobo vom Globo – Kindergartenprogramm*), zwei der Programme sollen von den Eltern durchgeführt werden (*Lobo vom Globo – Elternprogramm; Lass uns lesen!*).

Hören, lauschen, lernen

Das Förderprogramm **Hören, lauschen, lernen – Sprachspiele für Kinder im Vorschulalter** (Küspert und Schneider 1999) ist ein Programm zur Förderung der phonologischen Bewusstheit (▶ Abschn. 2.1.1). Es ist für einen Einsatz in Kleingruppen von Kindergartenkindern konzipiert und soll im letzten Kindergartenhalbjahr vor der Einschulung über einen Zeitraum von 20 Wochen für 10 bis 15 Minuten pro Tag angewendet werden. Die Inhalte von *Hören, lauschen, lernen* und die Verteilung dieser Inhalte auf die 20 Trainingswochen sind schematisch in ◘ Tab. 6.1 dargestellt. Wie ◘ Tab. 6.1 zeigt, liegt der Fokus des Programms in den ersten 7 Trainingswochen auf der phonologischen Bewusstheit im weiteren Sinne (Reime, Sätze und Wörter, Silben), ab der achten Trainingswoche wird der Schwerpunkt dann auf ein Training der phonologischen Bewusstheit im engeren Sinne (Anlaute, Phoneme) verlagert.

Die **Wirksamkeit von Hören, lauschen, lernen** wurde im Rahmen von zwei Evaluationsstudien mit **unausgelesenen Stichproben** von Kindergartenkindern überprüft (Schneider et al. 1997). Dabei wurden Kinder, die mit *Hören, lauschen, lernen* trainiert wurden, mit einer **ungeförderten Kontrollgruppe** verglichen. Das Training wurde von den Erziehern im Kindergarten durchgeführt. In der ersten Studie wurde das Programm jedoch nicht von allen Erziehern konsequent angewendet, weshalb bei der Auswertung der Daten zwischen

Tab. 6.1 Überblick über die Inhalte des Trainingsprogramms *Hören, lauschen, lernen*. (Aus Küspert und Schneider 1999; (c) Vandenhoeck & Ruprecht; mit freundlicher Genehmigung)

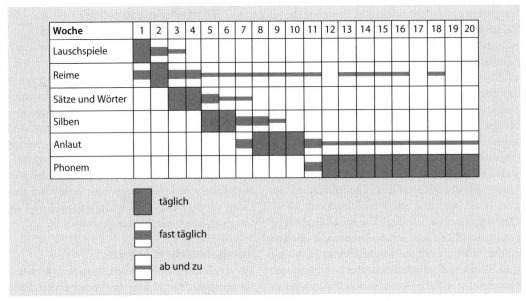

konsistent und inkonsistent trainierten Kindern unterschieden wurde. Das Training zeigte bei allen Kindern einen Effekt auf die phonologische Bewusstheit, aber nur bei den konsistent trainierten Kindern ergab sich ein Transfer auf das Lesen und Schreiben in Klasse 1. Dies zeigt, dass der Erfolg einer Fördermaßnahme auch von der **Qualität der Durchführung der Förderung** abhängig ist. Das Training zeigte keine Effekte auf das Lesen und Schreiben in Klasse 2. In der zweiten Studie wurden die Erzieher engmaschiger von den Projektmitarbeitern betreut, so dass die tägliche Durchführung exakt nach den Vorgaben des Trainingsmanuals gewährleistet war. Es ergaben sich, ähnlich wie in der ersten Studie, Effekte des Trainings auf die phonologische Bewusstheit. Weiterhin zeigten die trainierten Kinder sowohl in Klasse 1 als auch in Klasse 2 bessere Leistungen im Lesen und Schreiben als die Kinder der ungeförderten Kontrollgruppe. Um die Frage zu beantworten, ob auch **Risikokinder** von der Förderung mit dem Programm *Hören, lauschen, lernen* profitieren, wurden die Daten der zweiten Evaluationsstudie reanalysiert (Schneider et al. 1999). Die Reanalysen ergaben, dass Risikokinder in ähnlichem Ausmaß wie Kinder mit durchschnittlichen oder überdurchschnittlichen Leistungen in der phonologischen Bewusstheit von der Förderung profitieren, und zwar bezogen auf die phonologische Bewusstheit wie auch auf schriftsprachliche Leistungen in Klasse 1 und 2: Trainierte Risikokinder zeigten im Vergleich zu nicht trainierten Risikokindern eine stärkere Verbesserung in der phonologischen Bewusstheit und bessere Leistungen im Lesen in Klasse 1 sowie im Rechtschreiben in Klasse 1 und 2. In Klasse 2 waren die Leseleistungen beider Risikokinder-Gruppen mit denen einer Kontrollgruppe vergleichbar.

Zusammenfassend haben die beiden Evaluationsstudien gezeigt, dass das Programm *Hören, lauschen, lernen* **bereichsspezifisch wirksam** ist (d. h. sich positiv auf die Entwicklung der phonologischen Bewusstheit auswirkt), dass ein **Transfer** auf das Lesen und Schreiben stattfindet, und dass diese Transfereffekte **nachhaltig** sind (das Training im Vorschulalter zeigt noch am Ende von Klasse 1 und Klasse 2 Effekte bezogen auf das Lesen bzw. Schreiben). Nähere Informationen zum Programm *Hören, lauschen, lernen* sowie zu den vorgestellten Evaluationsstudien finden sich auch bei Schneider (2001) und Souvignier (2008).

Hören, lauschen, lernen 2

Das Förderprogramm **Hören, lauschen, lernen 2 – Spiele mit Buchstaben und Lauten für Kinder im Vorschulalter** (Plume und Schneider 2004) ist ein für den Einsatz mit Kleingruppen von Vorschulkindern konzipiertes Training zur Vermittlung von Buchstabe-Laut-Beziehungen (▶ Abschn. 2.1.1). Ziel ist es, Kindern im Vorschulalter spielerisch die zwölf häufigsten Buchstabe-Laut-Verknüpfungen des Deutschen zu vermitteln. Dies geschieht erstens mittels Buchstabe-Laut-Geschichten, die in einen bestimmten Laut mit dem dazugehörigen Buchstaben einführen, zweitens anhand der Nachbildung von Buchstaben mit dem Körper bei gleichzeitigem Sprechen des zum Buchstaben gehörenden Lautes und drittens mittels verschiedener Übungen zur Vermittlung von Buchstabe-Laut-Verknüpfungen im Wort. Die isolierte Durchführung des Programms nimmt bei einer täglichen Übungsdauer von 10 Minuten insgesamt 10 Wochen in Anspruch. Die Programmautoren empfehlen allerdings *Hören, lauschen, lernen 2* gemeinsam mit dem Programm zur Förderung der phonologischen Bewusstheit *Hören, lauschen, lernen* (Küspert und Schneider 1999) anzuwenden und somit das Training der Buchstabe-Laut-Zuordnung mit einem Training der phonologischen Bewusstheit zu kombinieren. Dies begründen sie mit der sogenannten **phonologischen Verknüpfungshypothese** (Hatcher et al. 1994), welche davon ausgeht, dass eine Verbindung phonologischer Übungen (z. B. aus dem Bereich der phonologischen Bewusstheit) mit der Vermittlung von Buchstabe-Laut-Zuordnungen eine besonders effektive Art der Förderung des Schriftspracherwerbs darstellt. Bei der Kombination der beiden Programme beträgt die Trainingsdauer 20 Wochen (10 Minuten pro Tag), und es kommen in der ersten Hälfte der Förderung (Woche 1–10) Übungen aus *Hören, lauschen, lernen* zum Einsatz, während in der zweiten Hälfte der Förderung (Woche 11–20) Übungen aus beiden Programmen kombiniert werden.

Die **Wirksamkeit von Hören, lauschen, lernen 2** (Plume und Schneider 2004) wurde in einer umfangreichen Studie evaluiert (Roth und Schneider 2002; Schneider et al. 2000). Drei Gruppen von Vorschulkindern mit einem **Risiko für Lese-Rechtschreibschwierigkeiten** (identifiziert mit dem BISC, ▶ Abschn. 5.1) wurden mit unterschiedlichen Trainingsprogrammen gefördert: Eine Gruppe wurde mit dem Programm *Hören, lauschen, lernen* trainiert, erhielt also eine Förderung der phonologischen Bewusstheit. Eine zweite Trainingsgruppe wurde mit *Hören, lauschen, lernen 2* trainiert und bekam somit Buchstabe-Laut-Verknüpfungen vermittelt. Die dritte Gruppe wurde mit einer Kombination aus *Hören, lauschen, lernen* und *Hören, lauschen, lernen 2* trainiert, sie erhielt also ein kombiniertes Training der phonologischen Bewusstheit und der Buchstabe-Laut-Zuordnung. Als **ungeförderte Kontrollgruppe** fungierte eine Gruppe von **unausgelesenen Kindern**, so dass geprüft werden konnte, inwieweit sich die geförderten Kinder durch das Training in ihren Leistungen denen der Kontrollgruppe annähern (vor dem Training zeigten alle Trainingsgruppen, da sie sich aus Risikokindern zusammensetzten, schlechtere Leistungen in der phonologischen Bewusstheit und der Buchstabenkenntnis als die Kontrollgruppe).

Die Buchstabenkenntnis der beiden Gruppen, die ein Training der Buchstabe-Laut-Zuordnung erhalten hatten (*Hören, lauschen, lernen 2*-Gruppe und kombinierte Gruppe), wies nach dem Training das Niveau der Kontrollgruppe auf (Schneider 2001). Im Bereich der phonologischen Bewusstheit glich sich die Gruppe, die mit *Hören, lauschen, lernen 2* trainiert worden war und somit ein isoliertes Training von Buchstabe-Laut-Zuordnungen erhalten hatte, den Leistungen der Kontrollgruppe an. Die Leistungen der beiden Gruppen, die bezüglich der phonologischen Bewusstheit trainiert worden waren (*Hören, lauschen, lernen*-Gruppe und kombinierte Gruppe), übertrafen sogar die der Kontrollgruppe. Die höchsten Leistungsverbesserungen zeigte die Gruppe, die isoliert bezüglich der phonologischen Bewusstheit trainiert worden war (Schneider et al. 2000). Im Lesen und Rechtschreiben in Klasse 1 und 2 erreichte nur die Gruppe mit dem kombinierten Training (phonologische Bewusstheit und Buchstabe-Laut-Verknüpfung) Leistungen, die mit denen der Kontrollgruppe vergleichbar waren, die anderen zwei Gruppen schnitten schlechter ab (Schneider et al. 2000). Dieses Ergebnismuster zeigte sich für das Rechtschreiben auch noch in Klasse 3. Bezüglich der Leseleistung gab es in Klasse 3 keinerlei Gruppenunterschie-

Tab. 6.2 Übersicht über die Inhalte des *Lobo vom Globo*-Kindergartenprogramms. (Adaptiert nach Fröhlich et al. 2010, S. 47/48)

Einführung	Einführen der Figur Lobo durch eine Geschichte
	Erhalten der Lobo-Mappen
	Einführen der Lobo-Aufgabe
	Lauschspiele
Phonologische Bewusstheit im weiteren Sinne	Reimen
	Silben segmentieren
Phonologische Bewusstheit im engeren Sinne und weitere sprachliche Übungen	Buchstabe-Laut-Zuordnung
	Lautsynthese
	Lautanalyse
	Textverständnis
	Dialogische Kompetenz
Abschluss	Wiederholung der erlernten Inhalte
	Abschied von Lobo

de mehr, hier hatten also auch die Kinder, die im Vorschulalter ausschließlich die phonologische Bewusstheit oder Buchstabe-Laut-Verknüpfungen trainiert hatten, ihren Rückstand gegenüber den anderen beiden Gruppen aufgeholt (Roth und Schneider 2002).

Es lässt sich also festhalten, dass bei einem Vergleich von trainierten Risikokindern mit unausgelesenen Kontrollkindern ein **isoliertes Training mit Hören, lauschen, lernen 2** (das sich auf die Vermittlung von Buchstaben-Laut-Beziehungen beschränkt) zwar **bereichsspezifisch wirksam** ist und die Buchstabenkenntnis auf das Niveau unausgelesener Kinder anhebt, aber keinen **Transfer** auf das Lesen und Schreiben zeigt. Ein **kombiniertes Training** aus *Hören, lauschen, lernen 2* (Buchstabe-Laut-Verknüpfungen) und *Hören, lauschen, lernen* (phonologische Bewusstheit) ist dagegen **bereichsspezifisch wirksam** (es zeigt Effekte auf Buchstabenkenntnis und phonologische Bewusstheit) und erbringt einen **Transfer** auf Lese- und Rechtschreibleistungen. Der Effekt auf das Lesen und Schreiben hält mindestens bis Klasse 2 an, womit die **Nachhaltigkeit** der Trainingseffekte ge-

geben ist. Weitere Informationen zum Programm *Hören, lauschen, lernen 2* sowie zu der vorgestellten Evaluationsstudie finden sich auch bei Schneider (2001) und Souvignier (2008).

Lobo vom Globo – Kindergartenprogramm

Das **Lobo vom Globo-Kindergartenprogramm** (Fröhlich et al. 2010) richtet sich an Kindergartenkinder im letzten Halbjahr vor der Einschulung. Das Programm ist in eine Rahmenhandlung um den kleinen Drachen Lobo vom Planeten Globo eingebettet, der auf die Erde kommt und die Kindergartenkinder bittet, ihm beim Erlernen ihrer Sprache zu helfen. Der Fokus des Programms liegt auf der Förderung der phonologischen Bewusstheit (► Abschn. 2.1.1), es enthält aber u. a. auch Übungen zur Buchstabe-Laut-Zuordnung, zum Textverständnis und zur dialogischen Kompetenz (Tab. 6.2). Das *Lobo vom Globo-Kindergartenprogramm* besteht aus 24 Trainingseinheiten, die von den Erziehern über einen Zeitraum von 12 Wochen (je 2 Einheiten à 30 Minuten pro Woche) in Kleingruppen von 6 bis zu 12 Vorschulkindern durchgeführt werden sollen.

Die **Wirksamkeit des Lobo vom Globo-Kindergartenprogramms** wurde bisher im Rahmen von zwei Evaluationsstudien untersucht (Rißling et al. 2011; Fröhlich et al. 2009). In der Studie von Fröhlich und Kollegen (2009) wurde eine Gruppe von **unausgelesenen Kindergartenkindern** mit dem *Lobo vom Globo-Kindergartenprogramm* gefördert und hinsichtlich ihrer Leistungsentwicklung in der phonologischen Bewusstheit mit einer **ungeförderten Kontrollgruppe** verglichen. Es ergaben sich Effekte des Trainings auf die phonologische Bewusstheit. In der Studie von Rißling und Kollegen (2011) wurde überprüft, ob Kinder, die im Vorschulalter mit dem *Lobo vom Globo-Kindergartenprogramm* gefördert wurden, in Klasse 2 bessere Lese- und Rechtschreibleistungen erzielen als eine **ungeförderte Kontrollgruppe**. Die beiden Gruppen unterschieden sich in Klasse 2 nicht signifikant bezüglich des Leseverständnisses und der Rechtschreibleistung, für das Rechtschreiben zeigte sich allerdings die Tendenz einer Überlegenheit der Trainingsgruppe. Dadurch, dass in dieser Studie keine Prätest-Daten berichtet werden (z. B. Leistungen in der phonologischen

Bewusstheit als wichtiger Vorläuferfertigkeit des Lesens und Schreibens, sprachliche Leistungen, Intelligenz) ist allerdings nicht zu entscheiden, ob die beiden Gruppen hinsichtlich ihrer Ausgangsvoraussetzungen für den Schriftspracherwerb vergleichbar waren (▶ Abschn. 6.1.1). Somit bleibt letztlich unklar, wie das Fehlen von Gruppenunterschieden in Klasse 2 zu interpretieren ist.

Zusammenfassend zeigt das *Lobo vom Globo-Kindergartenprogramm* eine **bereichsspezifische Wirksamkeit** für den Inhaltsbereich der phonologischen Bewusstheit. Die bisherigen Evaluationsergebnisse bezüglich des **Transfers** auf das Lesen und Schreiben (Rißling et al. 2011) sind wegen fehlender Prätest-Daten nicht eindeutig interpretierbar. Die Studie von Rißling und Kollegen (2011) untersuchte zusätzlich, inwiefern Kinder von einer Kombination aus *Lobo vom Globo-Kindergartenprogramm* und der Version des Programms für Schulkinder profitieren. Über diesen Teilaspekt der Studie berichten wir in ▶ Abschn. 6.2.2, in dem das *Lobo vom Globo-Schulprogramm* besprochen wird.

Lobo vom Globo – Elternprogramm

Mit dem **Lobo vom Globo-Elternprogramm** (Petermann et al. 2010) kann die phonologische Bewusstheit von Kindern im Alter von 4 bis 6 Jahren gefördert werden. Die Eltern der Kinder werden in Elternkursen durch Fachkräfte dazu angeleitet, die Übungen des *Lobo vom Globo-Elternprogramms* selbständig zu Hause mit ihren Kindern durchzuführen. Die Trainingssitzungen dienen aber nicht nur der Vermittlung der häuslichen Übungen, sondern auch der Schulung von Erziehungskompetenzen (z. B. Loben, Auffordern, Aufrechterhalten der Motivation) sowie dem Austausch mit anderen Eltern, die das Training anwenden. Das *Lobo vom Globo-Elternprogramm* erstreckt sich insgesamt über 5 Wochen. Jede Woche findet ein 90-minütiger Elternkurs statt. Die Übungen, die die Eltern im Kurs vermittelt bekommen, sollen in den folgenden 6 Tagen für jeweils 15 Minuten mit dem Kind durchgeführt werden. Im Anschluss an die Übungen soll es eine 15-minütige freie Spielzeit geben. Am siebten Tag findet dann der nächste Elternkurs statt, an dem in die Übungen für die kommende Woche eingeführt wird. In jeder der 5 Trainingswochen werden Übungen aus einem anderen

Tab. 6.3 Übersicht über die Inhalte des *Lobo vom Globo*-Elternprogramms. (Adaptiert nach Petermann et al. 2010, S. 48)	
Woche 1	Kennenlern- und Lauschspiele
Woche 2	Reimspiele
Woche 3	Wörter in Silben zerlegen (segmentieren)
Woche 4	Laute hören
Woche 5	Laute hören und in einzelne Laute zerlegte Wörter wieder zusammensetzen

Themenbereich der phonologischen Bewusstheit bearbeitet. ◻ Tab. 6.3 gibt eine Übersicht über die Inhalte des *Lobo vom Globo-Elternprogramms*. Mit dem Programm wird die phonologische Bewusstheit im weiteren (Woche 1–3) wie im engeren Sinne (Woche 4–5) trainiert.

Die **Wirksamkeit des Lobo vom Globo-Elternprogramms** bezogen auf die phonologische Bewusstheit wurde von Koglin und Kollegen (2008) untersucht. Eltern von **unausgelesenen Kindergartenkindern** im Alter von 4 bis 6 Jahren wurden wie oben beschrieben im Rahmen von Elternkursen geschult und führten die Übungen aus dem *Lobo vom Globo-Elternprogramm* mit ihren Kindern zu Hause durch. Die Leistungen der Kinder im Bereich der phonologischen Bewusstheit wurden mit denen einer **ungeförderten Kontrollgruppe** verglichen. Es zeigten sich Effekte der Förderung auf die phonologische Bewusstheit im weiteren Sinne, nicht aber auf die phonologische Bewusstheit im engeren Sinne. Bei getrennter Auswertung in zwei Altersgruppen (Vierjährige versus Fünf- bis Sechsjährige) fanden sich nur für die älteren Kinder Effekte des Trainings auf die phonologische Bewusstheit im weiteren Sinne, nicht aber für die jüngeren Kinder. In keiner der beiden Altersgruppen lagen Effekte auf die phonologische Bewusstheit im engeren Sinne vor.

Die **bereichsspezifische Wirksamkeit** des *Lobo vom Globo-Elternprogramms* konnte bisher also nur eingeschränkt nachgewiesen werden, und zwar für den Bereich der phonologischen Bewusstheit im weiteren Sinne. Ältere Kindergartenkinder im Alter von 5 und 6 Jahren scheinen dabei eher von dem Programm zu profitieren als jüngere Kinder

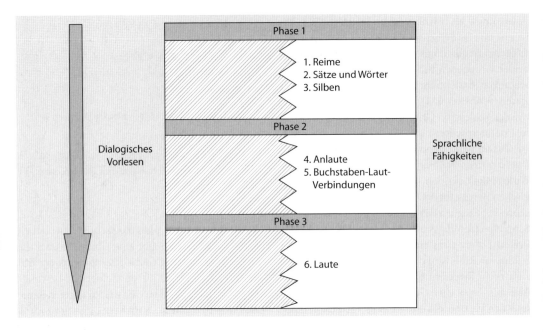

Abb. 6.1   Aufbau des Trainingsprogramms *Lass uns lesen!* (© Rückert et al. 2010b)

im Alter von 4 Jahren. Eine Prüfung möglicher **Transfereffekte** sowie der **Nachhaltigkeit** der Förderung mit dem *Lobo vom Globo-Elternprogramm* steht unseres Wissens noch aus.

Lass uns lesen!

Lass uns lesen! – Ein Eltern-Kind-Training zur Vorbereitung auf das Lesen- und Schreibenlernen (Rückert et al. 2010b) ist ein Training zur Förderung der Sprachkompetenz, das Eltern in den Monaten vor der Einschulung gemeinsam mit ihrem Kind durchführen können. Ein Schwerpunkt des Trainings liegt auf dem dialogischen Vorlesen, bei dem das Kind aktiv in ein Gespräch über die Inhalte der vorgelesenen Geschichte einbezogen wird. Durch das dialogische Vorlesen sollen Wortschatz, Textverständnis und Lesemotivation gefördert werden. Weiterhin besteht das Programm aus Übungen zur phonologischen Bewusstheit und zur Buchstabe-Laut-Verknüpfung (■ Abb. 6.1). Der Trainingszeitraum beträgt insgesamt 16 Wochen. An 4 Tagen in der Woche soll je eine Aktivität aus dem Trainingsprogramm (Dauer: 10–15 Minuten) durchgeführt werden. Weiterhin werden die Inhalte einer Woche im Rahmen einer Ergänzungsaktivität vertieft, die fakultativ durchgeführt werden kann.

Die **Wirksamkeit von *Lass uns lesen!*** wurde bisher im Rahmen von zwei Evaluationsstudien überprüft (Rückert et al. 2010a, 2010c). In einer ersten Studie untersuchten Rückert und Kollegen (2010c) bei **unausgelesenen Vorschulkindern** die Wirksamkeit des Programms im Vergleich zu *Hören, lauschen, lernen* (Küspert und Schneider 1999; ▶ Abschn. 6.2.1) und einer Kombination aus *Lass uns lesen!* und *Hören, lauschen, lernen*. Eine ungeförderte Kontrollgruppe wurde nicht einbezogen. In allen drei Trainingsgruppen ergaben sich ähnliche Verbesserungen im Bereich der phonologischen Bewusstheit. In dieser Studie konnte die phonologische Bewusstheit mit *Lass uns lesen!* somit ähnlich gut gefördert werden wie mit *Hören, lauschen, lernen* bzw. einer Kombination aus beiden Programmen. Es liegt nahe, dies als Beleg für die bereichsspezifische Wirksamkeit von *Lass uns lesen!* zu interpretieren, weil gut dokumentiert ist, dass eine Förderung mit *Hören, lauschen, lernen* Effekte auf die phonologische Bewusstheit zeigt. Da keine ungeförderte Kontrollgruppe einbezogen wurde und sich alle drei Trainingsgruppen vom Prä- zum Posttest vergleichbar stark verbesserten, ist die Interpretation der Ergebnisse allerdings erschwert (▶ Abschn. 6.1.1). In einer zweiten Evaluationsstudie (Rückert et al. 2010a) wurden ebenfalls **unausgelesene Vorschulkinder** von ihren Eltern mit *Lass uns lesen!* gefördert. Die Leistungsentwicklung dieser Kinder im Bereich der phonologischen Bewusstheit wurde diesmal aber mit der einer **ungeförderten Kontrollgruppe** verglichen. Da das Programm neben der phonologischen Bewusstheit auch den Wortschatz, das Textverständnis und die Buchstabenkenntnis von Vorschulkindern fördern soll, wurden Trainingseffekte auf diese Inhaltsbereiche ebenfalls überprüft. Es fanden sich signifikante Trainingseffekte auf die phonologische Bewusstheit im weiteren und im engeren Sinne und tendenzielle Trainingseffekte auf das Textverständnis, jedoch keine Trainingseffekte auf Wortschatz und Buchstabenkenntnis.

Die Evaluationsstudien zur Wirksamkeit von *Lass uns lesen!* zeigen, dass das Programm eine **bereichsspezifische Wirksamkeit** im Bereich der phonologischen Bewusstheit und tendenziell im Bereich des Textverständnisses aufweist. Dagegen findet sich nach bisherigen Erkenntnissen keine bereichsspezifische Wirksamkeit für die Inhaltsbereiche Wortschatz und Buchstabenkenntnis, die durch das Programm ebenfalls gefördert werden sollen. Studien, die sich mit der Frage beschäftigen, ob eine Förderung mit *Lass uns lesen!* im Vorschulalter einen **Transfer** auf das Lesen und Schreiben im Schulalter bewirkt und **nachhaltig** wirksam ist, stehen unseres Wissens bisher aus.

6.2.2 Prävention von Lese-Rechtschreibschwierigkeiten durch Förderung kognitiver Grundlagen des Lesens und Schreibens im frühen Grundschulalter

Im Folgenden werden drei evaluierte Programme (*Leichter lesen und schreiben lernen mit der Hexe Susi; Lobo vom Globo – Schulprogramm; Münsteraner Trainingsprogramm*) vorgestellt, deren Ziel es ist, mittels eines Trainings von kognitiven Grundlagen des Lesens und Schreibens zu Schulbeginn der Entstehung von Lese-Rechtschreibschwierigkeiten vorzubeugen. Alle Programme sind für einen Einsatz im Schulkontext konzipiert. Es sei darauf

hingewiesen, dass das Programm *PHONIT – Ein Trainingsprogramm zur Verbesserung der phonologischen Bewusstheit und Rechtschreibleistung im Grundschulalter* (Stock und Schneider 2011) ebenfalls ab Klasse 1 einsetzbar ist und somit auch als Programm zur Prävention von Lese-Rechtschreibschwierigkeiten verwendet werden kann. Da Kinder mit Lese-Rechtschreibstörungen aber die ursprüngliche Zielgruppe von *PHONIT* darstellen (Stock und Schneider 2011) und das Programm über die gesamte Grundschulzeit einsetzbar ist, werden wir *PHONIT* erst in ▶ Abschn. 6.3 im Rahmen der Programme zur Intervention bei Lese-Rechtschreibstörung behandeln.

Leichter lesen und schreiben lernen mit der Hexe Susi

Das für Schulanfänger konzipierte Trainingsprogramm **Leichter lesen und schreiben lernen mit der Hexe Susi** (Forster und Martschinke 2003) ist in eine Rahmenhandlung um die Hexe Susi eingebettet, die das Lesen lernen will und deshalb verschiedene Aspekte der phonologischen Bewusstheit trainiert. Das Programm kann im Schulunterricht angewendet werden (ca. 2 Unterrichtsstunden pro Woche) und fördert die phonologische Bewusstheit in vier Übungsbereichen, von denen die letzten beiden eine Verknüpfung der phonologischen Bewusstheit mit der Phonem-Graphem-Zuordnung und dem Lesen und Schreiben herstellen.

In den ersten 2 Wochen nach der Einschulung liegt im Übungsbereich 1 »Lausch- und Reimaufgaben« der Fokus auf der Schulung der akustischen Wahrnehmung und dem Reimen. Übungsbereich 2 »Aufgaben zur Silbe« nimmt ebenfalls zwei Wochen in Anspruch und befasst sich mit dem Segmentieren von Wörtern in Silben, dem Synthetisieren von Wörtern aus Silben und dem Erfassen des Wortes als sprachliche Einheit. Der Übungsbereich 3 »Aufgaben zu Phonemen (Phonem-Graphem-Zuordnung)« dauert insgesamt 12 Wochen und zerfällt in zwei Bereiche, nämlich das Lesetraining und das Schreibtraining. Das Lesetraining (8 Wochen) bildet den Schwerpunkt des Programms. Es soll zum einen die phonologische Bewusstheit im engeren Sinne trainieren, und zwar mit Aufgaben zum Hören von Anlauten, Inlauten und Endlauten. Zum anderen soll es mit abstrakten Symbolen (Zaubersteinen), also ohne Einbeziehung von Graphemen, in das Grundprinzip der Phonem-Graphem-Zuordnung einführen. Dies wird dadurch umgesetzt, dass die Kinder dazu angeleitet werden, lautgetreue Wörter in ihre Phoneme zu zerlegen und für jedes Phonem einen Zauberstein vor sich abzulegen. Durch anschließendes Kontrollieren, ob die Anzahl der Zaubersteine wirklich der Anzahl der Phoneme des Wortes entspricht, wird das synthetisierende Lesen angebahnt. Das sich anschließende Schreibtraining (4 Wochen), welches wie das Lesetraining Aufgaben zum Hören von Anlauten, Inlauten und Endlauten beinhaltet, bietet eine Übertragung auf die Schriftsprache, indem die Kinder für die Übungen zur Phonem-Graphem-Zuordnung nun nicht mehr die abstrakten Symbole (Zaubersteine) verwenden, sondern Buchstaben (Buchstabenmarken oder selbst geschriebene Buchstaben). Übungsbereich 4 »Aufgaben zum schnellen Lesen«, welcher ab dem zweiten Schulhalbjahr der Klasse 1 bearbeitet werden kann, hat das Ziel, die Lesegeschwindigkeit der Kinder zu erhöhen, indem die Lautebene verlassen wird und größere Einheiten beim Lesen in den Blick genommen werden. Hier wird das schnelle Erfassen häufigen Wortmaterials, die Gliederung von Wörtern in Silben und die Gliederung von Wörtern in Wortbausteine geübt.

Die **Wirksamkeit von *Leichter lesen und schreiben lernen mit der Hexe Susi*** wurde im Rahmen einer Evaluationsstudie mit **unausgelesenen Erstklässlern** (Einsiedler et al. 2002; Kirschhock et al. 2002) untersucht. In dieser Studie wurden drei Gruppen von Schülern miteinander verglichen: Eine Gruppe wurde im ersten Halbjahr von Klasse 1 mit *Leichter lesen und schreiben lernen mit der Hexe Susi* als Ergänzung zum lehrgangsorientierten Fibelunterricht gefördert, eine zweite Gruppe erhielt einen entwicklungsorientierten Unterricht (in dem u. a. Anlauttabellen zur Anwendung kommen und die Schüler rasch beginnen, eigenständig Wörter zu verschriften), und eine dritte Gruppe wurde mit einem traditionellen Fibellehrgang unterrichtet (**Kontrollgruppe**). In allen drei Gruppen wurde ähnlich viel Zeit mit dem Erlernen des Lesens und Schreibens verbracht. Zur Analyse der Effekte auf die phonologische Bewusstheit wurden die drei Gruppen auf Grundlage der Prätestdaten in je drei Untergruppen mit verschiedenen Leistungsniveaus

in der phonologischen Bewusstheit unterteilt. Bei Kindern mit schwachen Ausgangsleistungen in der phonologischen Bewusstheit zeigte die mit *Leichter lesen und schreiben lernen mit der Hexe Susi* geförderte Gruppe eine größere Leistungsverbesserung hinsichtlich der phonologischen Bewusstheit im weiteren und engeren Sinne als die anderen beiden Gruppen. Bezogen auf die Gesamtgruppen erbrachte am Ende von Klasse 1 die mit *Leichter lesen und schreiben lernen mit der Hexe Susi* geförderte Gruppe tendenziell bessere Leistungen in der Lesefertigkeit/Lesegeschwindigkeit, dem Leseverständnis und dem Rechtschreiben als die Gruppe, die den entwicklungsorientierten Unterricht erhielt (Einsiedler et al. 2002; Einsiedler und Kirschhock 2003). In der Mitte und am Ende von Klasse 2 bzw. am Ende von Klasse 2 zeigte die mit *Leichter lesen und schreiben lernen mit der Hexe Susi* geförderte Trainingsgruppe dann signifikant bessere Leistungen in der Lesegeschwindigkeit bzw. im Leseverständnis als die anderen beiden Gruppen. Demgegenüber waren keine Trainingseffekte auf Rechtschreibleistungen in Klasse 2 feststellbar, hier unterschieden sich die drei Gruppen nicht in ihren Leistungen (Einsiedler und Kirschhock 2003; Kirschhock et al. 2002).

Nach bisherigen Evaluationsergebnissen zeigt *Leichter lesen und schreiben lernen mit der Hexe Susi* also nur bei Kindern mit schlechten Ausgangsleistungen im Bereich der phonologischen Bewusstheit eine **bereichsspezifische Wirksamkeit** für diesen Inhaltsbereich. Ab der Mitte von Klasse 2 entfaltet sich die bereichsspezifische Wirksamkeit für den Bereich der Lesefertigkeit/Lesegeschwindigkeit (schnelles Lesen wird im letzten Teil des Programms trainiert). Ein **Transfer** auf das Rechtschreiben ist nicht beobachtbar, aber am Ende von Klasse 2 findet ein Transfer auf das Leseverständnis statt. Die Effekte des Trainings auf das Lesen sind **nachhaltig** bis mindestens zum Ende von Klasse 2.

Lobo vom Globo – Schulprogramm

Das **Lobo vom Globo-Schulprogramm** (Metz et al. 2010) hat das Ziel, die phonologische Bewusstheit sowie weitere sprachliche Kompetenzen, wie die Buchstabe-Laut-Zuordnung, das Textverständnis und die dialogische Kompetenz zu fördern (vgl. auch die anderen beiden Programme aus der Lobo vom Globo-Reihe in ▶ Abschn. 6.2.1). Die Inhalte des *Lobo vom Globo-Schulprogramms* entsprechen im Großen und Ganzen denen des *Lobo vom Globo-Kindergartenprogramms* (◘ Tab. 6.2). Das *Lobo vom Globo-Schulprogramm* soll im ersten Halbjahr der Klasse 1 angewendet werden. Es wurde für den Einsatz im Klassenverband konzipiert, kann jedoch auch in anderen Kontexten (z. B. im Rahmen einer Fördergruppe) eingesetzt werden. Das *Lobo vom Globo - Schulprogramm* besteht aus 24 Trainingseinheiten (à 45 Minuten), die über einen Zeitraum von 12 Wochen durchgeführt werden sollen.

In einer ersten Evaluationsstudie (Metz et al. 2011) wurde eine **unausgelesene Stichprobe** von Schulanfängern mit dem *Lobo vom Globo-Schulprogramm* gefördert und mit einer **ungeförderten Kontrollgruppe** verglichen. Es zeigten sich Effekte der Förderung auf die phonologische Bewusstheit. In der Mitte von Klasse 2 zeigte die Trainingsgruppe bessere Leistungen im Leseverständnis und tendenziell bessere Leistungen im Rechtschreiben als die Kontrollgruppe. Wie bereits in ▶ Abschn. 6.2.1 erwähnt, untersuchten Rißling und Kollegen (2011) in einer zweiten Evaluationsstudie wie **unausgelesene Kinder**, die sowohl das *Lobo vom Globo-Kindergartenprogramm* als auch das *Lobo vom Globo-Schulprogramm* durchlaufen, im Vergleich zu einer **ungeförderten Kontrollgruppe** im Leseverständnis und Rechtschreiben in Klasse 2 abschneiden. Die geförderten Kinder erbrachten in Klasse 2 bessere Leistungen im Leseverständnis und Rechtschreiben (bei Auswertung auf Graphembasis) als die Kontrollgruppe.

Nach den Ergebnissen von Metz und Kollegen (2011) zeigt das *Lobo vom Globo-Schulprogramm* eine **bereichsspezifische Wirksamkeit** bezogen auf die phonologische Bewusstheit. Ein isoliertes Training mit diesem Programm bewirkt einen **Transfer** und damit **nachhaltige Fördereffekte** auf das Leseverständnis und tendenziell auch auf das Rechtschreiben in Klasse 2. Die Ergebnisse zur kombinierten Förderung mit dem *Lobo vom Globo-Kindergartenprogramm* und dem *Lobo vom Globo-Schulprogramm* (Rißling et al. 2011) sprechen dafür, dass eine sowohl im Kindergarten als auch im ersten Schulhalbjahr durchgeführte Förderung mit dem *Lobo vom Globo-Programm* Effekte auf das Leseverständnis und auf das Rechtschreiben

zeigt. Aufgrund nicht berichteter Prätest-Werte ist die Interpretation dieser Ergebnisse aber erschwert (▶ Abschn. 6.2.1).

Münsteraner Trainingsprogramm (MÜT)

Das **Münsteraner Trainingsprogramm – Förderung der phonologischen Bewusstheit am Schulanfang** (**MÜT**; Mannhaupt 2006a) ist ein Präventionsprogramm für Kinder mit einem Risiko zur Entwicklung von Lese-Rechtschreibschwierigkeiten, das zu Beginn der ersten Klasse im Rahmen gesonderter Unterrichtszeiten im Schulkontext eingesetzt werden soll. Es kann auch bei Kindern mit sonderpädagogischem Förderbedarf angewendet werden. Das Programm kombiniert ein Training der phonologischen Bewusstheit (mit einem Schwerpunkt auf der phonologischen Bewusstheit im engeren Sinne) mit einem Training von Phonem-Graphem-Beziehungen. Das MÜT besteht aus insgesamt 80 Lerneinheiten (à 10–15 Minuten). An 5 Tagen pro Woche soll je eine Lerneinheit mit Kindern mit einem Risiko für Lese-Rechtschreibschwierigkeiten, die zuvor anhand von diagnostischen Verfahren (▶ Abschn. 5.1) oder durch die Beobachtung von Auffälligkeiten im Unterricht ermittelt wurden, durchgeführt werden. Das Programm mit einer Gesamtdauer von 16 Wochen besteht in den ersten 4 Wochen aus Übungen zur phonologischen Bewusstheit im weiteren Sinne (Aufgaben zum Reimen, zum Sätze-in-Wörter-Segmentieren und zum Wörter-in-Silben-Segmentieren) und fokussiert ab Woche 5 auf Übungen zur phonologischen Bewusstheit im engeren Sinne (◘ Tab. 6.4). Im Rahmen der Übungen zur phonologischen Bewusstheit im engeren Sinne werden zusätzlich beispielhaft Buchstaben eingeführt, und es werden Buchstabe-Laut-Verbindungen vermittelt.

In einer Studie von Hatz und Sachse (2010) wurde die **Wirksamkeit des MÜT** überprüft. Kinder, die zu Beginn von Klasse 1 ein **Risiko für die Entwicklung von Lese-Rechtschreibschwierigkeiten** aufwiesen (identifiziert mit dem Münsteraner Screening, ▶ Abschn. 5.1), wurden über einen Zeitraum von 21 Wochen an 4 Vormittagen pro Woche in Kleingruppen zusätzlich zum Deutschunterricht mit dem MÜT gefördert. Die Trainingsgruppe wurde hinsichtlich ihrer Leistungsentwicklung in der phonologischen Bewusstheit sowie im Lesen

◘ **Tab. 6.4**   Verteilung der Förderinhalte im Münsteraner Trainingsprogramm. (Adaptiert nach Mannhaupt 2010, S. 289)

Wochen	1	2	3	4	5	6	7	8	9	10	11	12	13	14	15	16
Reimen	■															
Wörter & Sätze		■														
Silben			■	■												
Anlaute					■	■	■	■								
Phoneme									■	■	■	■	■	■	■	■

und Schreiben mit einer **ungeförderten, ebenfalls aus Risikokindern bestehenden, Kontrollgruppe** verglichen, die den regulären Deutschunterricht besuchte. Das Training erbrachte im Vergleich zur Kontrollgruppe keine Effekte auf die phonologische Bewusstheit und die Buchstabenkenntnis. Weiterhin zeigte sich kein Transfer auf Lese- und Rechtschreibleistungen am Ende von Klasse 1 und 2.

Zusammenfassend ließen sich in der vorliegenden Studie von Hatz und Sachse (2010) weder die **bereichsspezifische Wirksamkeit** des MÜT bezogen auf die phonologische Bewusstheit und die Buchstabenkenntnis noch ein **Transfer** auf das Lesen und Schreiben in Klasse 1 und 2 (und damit eine **Nachhaltigkeit** des Trainings) nachweisen.

6.3   Intervention bei Lese-Rechtschreibstörung

Da es aufgrund der Fülle der im deutschen Sprachraum vorliegenden evaluierten Förderprogramme bei Lese-Rechtschreibstörung nicht möglich ist, alle evaluierten Programme im Rahmen eines Lehrbuchkapitels zu berücksichtigen (▸ Einleitung zu diesem Kapitel), möchten wir uns im Folgenden auf eine Auswahl dieser Programme konzentrieren, diese vorstellen und hinsichtlich ihrer Wirksamkeit bewerten. Dabei sollen grundlegende Unterschiede zwischen Förderprogrammen bezüglich des Vorgehens bei der Intervention deutlich gemacht werden. Wie in der Einleitung zu ▸ Kap. 4 bereits dargestellt wurde, gehen wir heute davon aus, dass der Lese-Rechtschreibstörung eine Störung in der Entwicklung der genetischen und neurobiologischen Grundlagen des Schriftspracherwerbs zugrunde

liegt (biologische Ebene), die zu Defiziten in den kognitiven Grundlagen des Schriftspracherwerbs (kognitive Ebene) und schließlich auf Verhaltensebene zu erwartungswidrig schwachen Leistungen im Lesen und Schreiben führt (▸ Abb. 4.1). Grundsätzlich wäre also auf jeder dieser drei Ebenen eine Intervention bei Lese-Rechtschreibstörung denkbar. Da eine Intervention auf biologischer Ebene nicht möglich ist, kann die **Intervention auf kognitiver Ebene**, d. h. bei den kognitiven Grundlagen des Lesens und Schreibens, ansetzen, und/oder **auf Verhaltensebene das Lesen und/oder Schreiben direkt trainieren**. Der Fokus eines Programms kann also erstens auf der Förderung kognitiver Grundlagen des Lesens und Schreibens liegen (▸ Abschn. 6.3.1). Zweitens kann bei einem Förderprogramm die Förderung kognitiver Grundlagen des Lesens und Schreibens mit einer Förderung des Lesens und/oder Schreibens im engeren Sinne kombiniert werden (▸ Abschn. 6.3.2). Schließlich können Programme das Lesen (▸ Abschn. 6.3.3), das Rechtschreiben (▸ Abschn. 6.3.4) oder das Lesen und Rechtschreiben (▸ Abschn. 6.3.5) im engeren Sinne fördern. Zu jedem dieser Förderansätze werden im Folgenden verschiedene Förderprogramme nebst den Ergebnissen zugehöriger Evaluationsstudien vorgestellt.

Vorwegzuschicken bleibt noch, dass in den nächsten Abschnitten nur Förderprogramme vorgestellt werden, die für das Deutsche konzipiert wurden oder im deutschen Sprachraum Verwendung finden und im Rahmen von mindestens einer Evaluationsstudie überprüft wurden. Da der Fokus dieses Teilkapitels auf der Überprüfung der Wirksamkeit von Förderprogrammen für **Personen mit Lese-Rechtschreibstörung** liegt, werden vorrangig solche Förderprogramme berücksichtigt, deren

Evaluation anhand von Studien erfolgte, in denen die **Trainings- wie auch die Kontrollgruppe(n) aus Kindern oder Jugendlichen mit schwachen Lese- und/oder Rechtschreibleistungen** bestanden (▶ Abschn. 6.1.1) und die **Trainingseffekte auf das Lesen und/oder Rechtschreiben** untersuchten. Evaluierte Programme zur Verbesserung der Lesekompetenz, deren primäres Ziel nicht die Intervention bei Lese-Rechtschreibstörung, sondern die Verbesserung der Lesefähigkeiten von Schülerinnen und Schülern im allgemeinen Schulkontext ist (einen Überblick gibt Lenhard 2013) werden im Folgenden nicht dargestellt.

6.3.1 Intervention bei Lese-Recht-schreibstörung durch Förderung kognitiver Grundlagen des Lesens und Schreibens

Wie wir in ▶ Kap. 2 gesehen haben, werden neben der phonologischen Informationsverarbeitung auch nicht-sprachliche auditive und visuelle Informationsverarbeitungsprozesse als relevante kognitive Grundlagen des Schriftspracherwerbs diskutiert (▶ Abschn. 2.1.2). Weiterhin sehen einige Theorien zur Entstehung der Lese-Rechtschreibstörung Defizite in nicht-sprachlichen auditiven und visuellen Informationsverarbeitungsprozessen als die zugrundeliegende Ursache der Lese-Rechtschreibstörung an (▶ Abschn. 4.3). Die Annahme, dass durch ein Training basaler auditiver und/oder visueller Informationsverarbeitungsprozesse eine Verbesserung der Lese-Rechtschreibleistungen von Personen mit Lese-Rechtschreibstörung erreicht werden kann, erscheint also grundsätzlich plausibel. In der Tat sind im deutschen Sprachraum einige Förderprogramme bei Lese-Rechtschreibstörung verfügbar, die aus einem Training nicht-sprachlicher auditiver und/oder visueller Informationsverarbeitungsprozesse bestehen. Vier dieser Programme (*FonoTrain*, *FixTrain*, *Brain-Boy* und *AUDILEX*) werden im Folgenden vorgestellt.

FonoTrain

Bei **FonoTrain** handelt es sich um ein adaptives Trainingsgerät, mit dem basale nicht-sprachliche Aspekte der auditiven Informationsverarbeitung

trainiert werden können. Folgende 5 Aufgabentypen sind vorhanden: 1. Lautstärke-Unterscheidung, 2. Tonhöhen-Unterscheidung, 3. Erkennen von Pausen zwischen zwei Tönen, 4. Erkennen der zeitlichen Ordnung von zwei Tönen (▶ Abschn. 4.3.2 Lese-Rechtschreibstörung als Störung der zeitlichen auditiven Verarbeitung), 5. Erkennen der Seitenordnung von zwei Tönen (links versus rechtes Ohr). Hat eine vorgeschaltete Diagnostik ergeben, dass eine Beeinträchtigung in einem oder mehreren dieser Teilaspekte der auditiven Informationsverarbeitung vorliegt, kann *FonoTrain* für tägliche Übungen zu Hause genutzt werden. Empfohlen wird, jede der betroffenen auditiven Funktionen 10 Minuten täglich über einen Zeitraum von 10 Tagen zu trainieren. Das Gerät speichert ein Trainingsprotokoll, das nach Trainingsabschluss die Ermittlung des Verlaufs des Trainings ermöglicht.

Die **Wirksamkeit von FonoTrain** wurde von Schäffler und Kollegen (2004) im Rahmen von zwei Evaluationsstudien überprüft (eine deutschsprachige Darstellung der Befunde findet sich in Fischer 2007). Eine erste Studie mit einer **Trainingsgruppe** aus 140 lese-rechtschreibgestörten Teilnehmern im Alter von 7 bis 21 Jahren, die in mindestens einem der Teilaspekte, die durch *FonoTrain* trainiert werden, beeinträchtigt waren (ermittelt durch Vergleich mit einer unbeeinträchtigten Referenzpopulation), zeigte, dass ein tägliches Training der beeinträchtigten auditiven Leistungen (pro Aufgabe: 10 Tage, 10–15 Minuten pro Tag) bei der Mehrzahl der 5 auditiven Aufgaben zu einer Leistungsverbesserung führt (Aufgabe 1–3 wurde von 70–80 % der vorher beeinträchtigten Teilnehmer erlernt, Aufgabe 4 von 36 % der Teilnehmer, Aufgabe 5 nur von 6 %). Dies weist auf Trainingseffekte hin. Aufgrund des Fehlens einer ungeförderten Kontrollgruppe ist dieser Schluss aber nicht eindeutig zu ziehen (▶ Abschn. 6.1.1). In einer zweiten Evaluationsstudie wurde bei Kindern mit Lese-Rechtschreibstörung überprüft, ob ein Training mit *FonoTrain* Effekte auf Phonemwahrnehmungsleistungen sowie auf das Rechtschreiben zeigt. Dabei wurde eine mit *FonoTrain* geförderte **Trainingsgruppe** (n=25) mit einer **Kontrollgruppe mit Placebo-Förderung** (welche mit einem baugleichen Trainingsgerät die Fixation der Augen trainierte; n=11) und einer **ungeförderten Kontrollgruppe** (n=6) verglichen.

Nur die Trainingsgruppe zeigte im Posttest eine Leistungssteigerung im Bereich der Phonemwahrnehmung und des Rechtschreibens. Da die Kontrollgruppen recht klein sind und darüber hinaus relevante Angaben zu den Gruppen (z. B. Alter, Intelligenz) nicht berichtet werden, können diese Ergebnisse aber ebenfalls nicht eindeutig als Trainingseffekte interpretiert werden.

Die erste Evaluationsstudie von Schäffler und Kollegen (2004) liefert Hinweise darauf, dass bestimmte nicht-sprachliche auditive Informationsverarbeitungsleistungen mit *FonoTrain* trainiert werden können (**bereichsspezifische Wirksamkeit**). Aufgrund methodischer Unklarheiten der zweiten Evaluationsstudie muss aber letztlich offen bleiben, ob eine Förderung mit *FonoTrain* wirklich einen **Transfer** auf die Phonemwahrnehmung und das Rechtschreiben leistet. Ein möglicher Transfer auf das Lesen sowie die **Nachhaltigkeit** der Fördereffekte wurden unseres Wissens bisher nicht untersucht.

FixTrain

FixTrain ist ein Gerät zum adaptiven Training des dynamischen Sehens sowie der Blicksteuerung und soll somit basale visuelle Prozesse trainieren, die im Rahmen der magnozellulären Theorie als ursächlich für die Entstehung der Lese-Rechtschreibstörung angenommen werden (▶ Abschn. 4.3.4). Mit *FixTrain* können die folgenden drei Aufgabentypen trainiert werden: 1. Fixation des Blickes auf visuelle Reize, 2. Blicksprünge in Richtung eines visuellen Reizes (Prosakkaden) und 3. Blicksprünge entgegen der Richtung eines visuellen Reizes (Antisakkaden). Nach Durchführung einer Diagnostik des dynamischen Sehens und der Blicksteuerung werden die individuell mit *FixTrain* zu trainierenden Aufgaben festgelegt. Das Gerät ist für die Anwendung zu Hause vorgesehen. Eine tägliche Nutzung über mehrere Wochen wird empfohlen. *FixTrain* speichert alle Trainingsdaten und ermöglicht so eine spätere Auswertung des Trainings.

Die **Wirksamkeit von FixTrain** wurde von Fischer und Hartnegg (2008) in zwei Evaluationsstudien überprüft. In einer Studie mit einer lese-rechtschreibgestörten **Trainingsgruppe** im Alter von 7 bis 17 Jahren (n=182, aufgeteilt in vier Altersgruppen) mit Defiziten in der Performanz bei Antisak-

kadenaufgaben (ermittelt anhand des Vergleichs mit einer unbeeinträchtigten Referenzpopulation) zeigte sich nach dem Training eine Verbesserung der Leistung in der Antisakkadenaufgabe. Dies deutet auf Trainingseffekte hin. Da keine **ungeförderte Kontrollgruppe** einbezogen wurde, ist diese Interpretation allerdings nicht eindeutig (▶ Abschn. 6.1.1). Der Transfer eines Trainings mit *FixTrain* auf die Leseleistung wurde in einer zweiten Trainingsstudie mit lese-rechtschreibgestörten Kindern im Alter von 7 bis 13 Jahren (**Trainingsgruppe**: n=11; **ungeförderte Kontrollgruppe**: n=10) untersucht. In der Studie wurden zwei Posttests umgesetzt: Posttest 1 direkt nach Abschluss des Trainings, Posttest 2 nach Durchführung einer zusätzlichen Leseförderung mit allen teilnehmenden Kindern. Fischer und Hartnegg (2008) berichten von einer stärkeren Verringerung der Lesefehler bei der Trainingsgruppe im Posttest, wobei die älteren Kinder dieser Gruppe mehr vom Training profitierten als die jüngeren Kinder. Leider wird nicht dargelegt, auf welchen der zwei Posttests sich diese Ergebnisse beziehen, und es fehlen noch weitere Informationen, die für eine Interpretation der Studienergebnisse relevant sind (z. B. Charakterisierung der Gruppen, Beschreibung der selbst entwickelten Leseaufgabe).

Zusammenfassend weisen die Ergebnisse der ersten Trainingsstudie von Fischer und Hartnegg (2008) darauf hin, dass ein Training mit *FixTrain* **bereichsspezifisch wirksam** ist und die Antisakkadensteuerung verbessert. Unseres Erachtens lassen die Ergebnisse der zweiten Trainingsstudie aber keinen Schluss darüber zu, ob ein Training mit *FixTrain* einen **Transfer** auf das Lesen zeigt und **nachhaltige** Effekte auf das Lesen erbringt. Ein Transfer eines Trainings mit *FixTrain* auf das Rechtschreiben wurde unseres Wissens bisher nicht untersucht.

Brain-Boy

Der **Brain-Boy** ist ein Gerät zum Training der Automatisierung von nicht-sprachlichen Verarbeitungsleistungen in der auditiven und visuellen Modalität sowie im Bereich der Motorik. Die aktuelle Version des *Brain-Boy* besteht aus 8 Trainingsspielen, die die auditive und die visuelle Zeitverarbeitung (▶ Abschn. 2.1.2 und ▶ Abschn. 4.3.2), das Richtungshören, die Tonhöhenunterscheidung, die auditiv-motorische Koordination (▶ Abschn. 4.3.3 Lese-Rechtschreibstörung als Automatisierungsdefizit), die Wahlreaktionszeit, die Tonfolgenerkennung und die Tonlängenunterscheidung trainieren sollen. Das Gerät ist für die Anwendung zu Hause vorgesehen. Der *Brain-Boy* erlaubt die Auswertung der erzielten Trainingsergebnisse anhand des Vergleichs der eigenen Ergebnisse mit denen einer Normstichprobe.

Die **Wirksamkeit des Brain-Boy** wurde in Studien von Tewes und Kollegen (2003; vgl. Tewes 2002) sowie von Berwanger und von Suchodoletz (2004) evaluiert (vgl. auch die Studie von Klicpera und Gasteiger-Klicpera 1996, in der eine Hörschulung mit einem Training der auditiven Ordnungsschwelle mit dem *Brain-Boy* kombiniert wurde). Tewes und Kollegen (2003) verglichen in einer Studie mit rechtschreibschwachen Drittklässlern eine **Trainingsgruppe**, die eine Förderung mit dem *Brain-Boy* erhielt, mit einer **zweiten Trainingsgruppe**, die eine Kombination aus dem *Brain-Boy*-Training und einem Lateraltraining absolvierte, und einer **Kontrollgruppe**, die am regulären Förderunterricht teilnahm. Die Förderung erstreckte sich über mehrere Monate und umfasste 48 Förderstunden à 45 Minuten (vgl. Tewes 2002). Nach dem Training zeigten beide Trainingsgruppen Leistungsverbesserungen in den mit dem *Brain-Boy* trainierten Verarbeitungsleistungen. Ihre Leistungen entsprachen nun annähernd der Altersnorm, während sie vor dem Training signifikant unterhalb der Altersnorm gelegen hatten (vgl. Tewes 2002). Weiterhin zeigten die Kinder der beiden Trainingsgruppen einen deutlicheren Rückgang der Fehlerzahlen im Rechtschreibtest als die Kontrollgruppe. Dies interpretieren Tewes und Kollegen (2003) als Beleg für einen Transfer des Trainings mit dem *Brain-Boy* auf das Rechtschreiben (vgl. auch Warnke und Hanser 2004). Da die Trainingsgruppen allerdings einen Teil der Trainingszeit für Lese- und Rechtschreibübungen aufwendeten (vgl. Tewes 2002), ist unklar, inwieweit die Verbesserungen im Rechtschreiben auf das Training mit dem *Brain-Boy* zurückzuführen sind. Berwanger und von Suchodoletz (2004) führten eine Studie mit lese-rechtschreibschwachen Fünftklässlern durch, in der eine mit dem *Brain-Boy* geförderte **Trainings-**gruppe, welche aber nur die Aufgaben zur auditiven und visuellen Zeitverarbeitung und zum Richtungshören bearbeitete, mit einer **ungeförderten Kontrollgruppe** verglichen wurde. Das über einen Zeitraum von 8 Wochen in mindestens 20 Übungseinheiten à 20 Minuten durchgeführte Training zeigte eine unmittelbare Wirkung auf die auditive und visuelle Zeitverarbeitung. Sechs Monate nach Abschluss der Förderung war nur noch der Effekt auf die visuelle Zeitverarbeitung nachweisbar. Weder direkt nach Abschluss der Förderung noch sechs Monate später zeigten sich Effekte des Trainings auf Lese- und Rechtschreibleistungen.

Die Ergebnisse der vorliegenden Evaluationsstudien belegen somit eine **bereichsspezifische Wirksamkeit** des *Brain-Boy* bezüglich der mit dem *Brain-Boy* trainierten nicht-sprachlichen Verarbeitungsleistungen. In der Studie von Berwanger und von Suchodoletz (2004) blieb der Effekt auf die visuelle (nicht aber auf die auditive) Zeitverarbeitung **nachhaltig** über ein halbes Jahr bestehen. Die Frage, ob ein Training mit dem *Brain-Boy* zu einem **Transfer** auf Lese-Rechtschreibleistungen führt, kann nach vorliegender Befundlage nicht beantwortet werden. Tewes und Kollegen (2003) berichten zwar von einem Transfer des *Brain-Boy*-Trainings auf das Rechtschreiben, dieser Transfer könnte aber auch durch im Trainingszeitraum zusätzlich durchgeführte Lese-Rechtschreibübungen erklärbar sein. Berwanger und von Suchodoletz (2004) konnten in ihrer Studie zwar keinen Transfer des Trainings mit dem *Brain-Boy* auf das Lesen und Schreiben feststellen, allerdings wurde in dieser Studie nur eine Auswahl von Trainingsaufgaben aus dem *Brain-Boy* eingesetzt, so dass nicht auszuschließen ist, dass ein Training mit allen *Brain-Boy*-Aufgaben zu einem anderen Ergebnis geführt hätte.

AUDILEX

Mit dem in Finnland entwickelten Computerprogramm **AUDILEX** (Karma 2003) soll die Fähigkeit zur Integration nicht-sprachlicher auditiver und visueller Informationen trainiert werden. Diesem Förderansatz liegt die Annahme zugrunde, dass Personen mit Lese-Rechtschreibstörung besondere Schwierigkeiten damit haben könnten, auditive und visuelle Informationen miteinander zu kombinieren (eine Annahme, die in der aktuellen For-

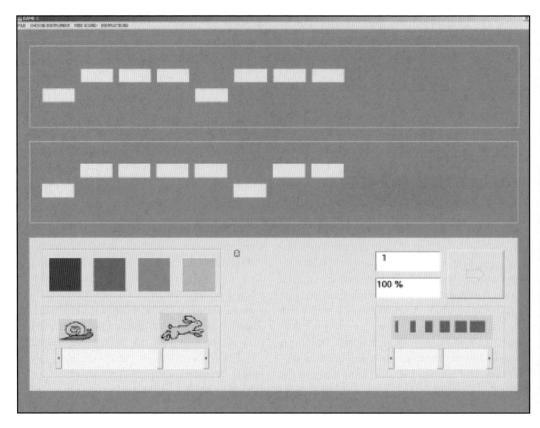

◘ Abb. 6.2   Screenshot zur Benutzeroberfläche des Spiels 1 von AUDILEX. (© Bitz et al. 2005; Schattauer Verlag; mit freundlicher Genehmigung)

schung durchaus diskutiert wird, z. B. Widmann et al. 2012; Pammer und Vidyasagar 2005, vgl. auch ► Abschn. 4.3.5 Lese-Rechtschreibstörung als funktionales Koordinationsdefizit). Das Programm besteht aus zwei Trainingsspielen zur simultanen Verarbeitung visueller (horizontale Reihe aus Rechtecken auf dem Computerbildschirm) und auditiver (gehörte Tonfolge) Reize. Dabei wird die Tonhöhe auf visueller Ebene durch die vertikale Position der Rechtecke in der Reihe symbolisiert, die Tondauer wird durch die Länge der Rechtecke dargestellt und die Tonintensität wird durch die Höhe der Rechtecke symbolisiert (eine ausführliche Darstellung des Programms gibt Schumacher 2012). In Spiel 1 (◘ Abb. 6.2) werden dem Nutzer auf dem Computerbildschirm zwei Reihen von Rechtecken dargeboten. Gleichzeitig wird per Kopfhörer eine Tonfolge präsentiert. Die Aufgabe des Nutzers besteht darin zu entscheiden, welche der beiden

Reihen aus Rechtecken mit der gehörten Tonfolge korrespondiert. In Spiel 2 (◘ Abb. 6.3) werden eine Reihe von Rechtecken und eine damit korrespondierende Tonfolge präsentiert. Die Aufgabe des Nutzers besteht darin, die Leertaste genau in dem Moment zu drücken, wenn der letzte Ton, der zur Rechteckreihe passt, erklingt. Zur Veränderung der Aufgabenschwierigkeit kann das Präsentationstempo der Tonfolge, die Pausendauer zwischen den Tönen sowie die Tonlänge variiert werden (s. Schieberegler in ◘ Abb. 6.2 und ◘ Abb. 6.3).

Da AUDILEX nicht-sprachliche auditive und visuelle Verarbeitungsleistungen trainiert, können bei der Darstellung von Ergebnissen zur **Wirksamkeit von AUDILEX** auch Studien einbezogen werden, die nicht aus dem deutschen Sprachraum stammen. Da zu AUDILEX mittlerweile eine Reihe von Evaluationsstudien mit Trainings- und Kontrollgruppen vorliegen, möchten wir uns im Fol-

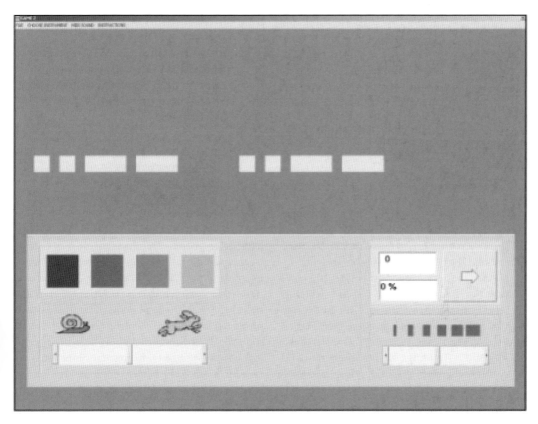

Abb. 6.3 Screenshot zur Benutzeroberfläche des Spiels 2 von AUDILEX. (© Bitz et al. 2005; Schattauer Verlag; mit freundlicher Genehmigung)

genden aber auf solche Studien beschränken, in denen die **Trainings- wie die Kontrollgruppe aus leseschwachen Kindern** bestand. Zwei der vorgestellten Studien stammen aus dem skandinavischen Sprachraum (Törmänen und Takala 2009; Kujala et al. 2001), eine aus Deutschland (Schumacher 2012; s. auch Koether et al. 2007). Kujala und Kollegen (2001) prüften mittels des Vergleichs einer leseschwachen **Trainingsgruppe** und einer leseschwachen **ungeförderten Kontrollgruppe** die Wirkung von AUDILEX auf die aufmerksamkeitsunabhängige auditive Verarbeitung, gemessen mit einem Mismatch-Negativity (MMN)-Paradigma im EEG (► Exkurs "Genauer betrachtet: Das Mismatch-Negativity-Paradigma" in ► Abschn. 4.3.1), auf die Fähigkeit zur audio-visuellen Integration (mit einer Diagnostik-Version des AUDILEX-Programms) und auf das Lesen. Die Trainingsgruppe trainierte über einen Zeitraum von 7 Wochen zweimal pro Woche

für 10 Minuten mit AUDILEX. Diese Gruppe zeigte nach dem Training eine Erhöhung der Amplitude der MMN bei einer Tonunterscheidungsaufgabe und eine höhere Leistungsverbesserung in der Fähigkeit zur audio-visuellen Integration. Weiterhin erbrachte das Training einen Effekt auf die Lesegenauigkeit und tendenziell auch einen Effekt auf die Lesegeschwindigkeit. In einer Studie von Törmänen und Takala (2009) mit leseschwachen Kindern zeigte die AUDILEX-**Trainingsgruppe** nach dem Training (zweimal pro Woche für je 15 Minuten über 8 Wochen) eine stärkere Verbesserung in der Fähigkeit zur audio-visuellen Integration sowie im Lesen von Pseudowörtern und in der Lesegeschwindigkeit als eine **ungeförderte Kontrollgruppe**. Ein Transfer auf das Rechtschreiben konnte nicht beobachtet werden. Schumacher (2012) verglich eine mit AUDILEX **trainierte Gruppe leseschwacher Kinder** mit einer **leseschwachen**

Kontrollgruppe, die ein Leseverständnistraining erhielt. Beide Trainingsgruppen wurden über einen Zeitraum von 3 Wochen gefördert (AUDI-LEX-Gruppe: 14 Trainingssitzungen à 10 Minuten; Leseverständnis-Gruppe: Lesen eines kurzen Texts pro Schultag und Ausfüllen von Multiple-Choice-Fragen zum Textinhalt) und verbesserten sich vom Prä- zum Posttest in vergleichbarem Umfang bezüglich ihrer Leseleistungen. Aus diesem Befundmuster lassen sich keine klaren Schlussfolgerungen hinsichtlich der Effektivität von AUDILEX ableiten (▶ Abschn. 6.1.1).

Zusammengefasst sprechen die beiden skandinavischen Evaluationsstudien dafür, dass das AUDILEX-Programm **bereichsspezifisch wirksam** ist und die Fähigkeit zur audio-visuellen Integration verbessert. Weiterhin belegen sie einen **Transfer** des Trainings auf das Lesen (nicht aber auf das Rechtschreiben). Ob auch die in der Studie von Schumacher (2012) festgestellten Verbesserungen in den Leseleistungen als Transfereffekte des AUDILEX-Trainings zu interpretieren sind, ist unklar. Schumacher (2012) selbst favorisiert die Interpretation ihrer Befunde als Testwiederholungseffekte, weil nicht davon auszugehen sei, dass ein über einen kurzen Zeitraum (3 Wochen) durchgeführtes Lesetraining mit kurzen Übungseinheiten die Lesefähigkeiten von leseschwachen Kindern signifikant verbessern kann. Unterschiede in den Trainingszeiträumen könnten eventuell auch die Ergebnisunterschiede zwischen den skandinavischen Studien auf der einen und der deutschen Studie auf der anderen Seite erklären: In allen drei Evaluationsstudien wurde zwar eine vergleichbare Anzahl von Trainingssitzungen und von Trainingsdauern pro Sitzung umgesetzt (14–16 Sitzungen à 10–15 Minuten), es wäre aber möglich, dass ein Trainingsdesign, in dem die AU-DILEX-Sitzungen über einen längeren Zeitraum verteilt werden (7–8 Wochen bei Törmänen und Takala 2009 und Kujala et al. 2001) zu besseren Trainingsergebnissen führt als ein Training über einen kürzeren Zeitraum (3 Wochen bei Schumacher 2012). Die **Nachhaltigkeit** der mit AUDILEX erzielten Trainingseffekte wurde unseres Wissens bisher nicht untersucht.

6.3.2 Intervention bei Lese-Rechtschreibstörung durch Kombination der Förderung kognitiver Grundlagen des Lesens und Schreibens mit einer Förderung des Lesens und/oder Schreibens

Im Folgenden werden zwei Trainingsprogramme bei Lese-Rechtschreibstörung vorgestellt, die die Förderung kognitiver Grundlagen des Lesens und Schreibens mit einer Förderung des Lesens und/oder Schreibens im engeren Sinne kombinieren (*PHONIT* und *Lautarium*). Beide Programme fokussieren beim Training kognitiver Grundlagen auf ein Training von Aspekten der phonologischen Informationsverarbeitung, die sich als trainierbar erwiesen haben (▶ Abschn. 6.2). Dabei steht bei *PHONIT* die phonologische Bewusstheit im engeren Sinne im Zentrum, während *Lautarium* die Phonemwahrnehmung und die phonologische Bewusstheit im engeren Sinne trainiert (▶ Abschn. 2.1.1). In beiden Programmen werden darüber hinaus Graphem-Phonem-Korrespondenzen geübt (▶ Abschn. 2.1.1). Im Rahmen des Trainings des Lesens und/oder Schreibens fokussiert *PHONIT* auf das Training des Rechtschreibens (wenn auch Leseübungen in geringem Umfang Teil des Programms sind) und trainiert sowohl das alphabetische als auch das orthographische Schreiben (▶ Abschn. 2.2.2), während *Lautarium* das alphabetische Lesen und Schreiben trainiert (▶ Abschn. 2.2.1 und ▶ Abschn. 2.2.2).

PHONIT

Das Programm *PHONIT – Ein Trainingsprogramm zur Verbesserung der phonologischen Bewusstheit und Rechtschreibleistung im Grundschulalter* (Stock und Schneider 2011) ist für einen Einsatz in den Klassenstufen 1 bis 4 konzipiert und ist im regulären Unterricht, im schulischen Förderunterricht und in der außerschulischen Therapie anwendbar. Damit kann die Anwendung von PHONIT auch zur Prävention von Lese-Rechtschreibschwierigkeiten im Grundschulalter beitragen (▶ Abschn. 6.2.2), Kinder mit Lese-Rechtschreibstörung werden von den Programmautoren aber als eine wichtige Zielgruppe des Programms benannt.

Ausgehend von der Annahme, dass Defizite in der phonologischen Informationsverarbeitung eine wichtige Rolle bei der Entstehung der Lese-Rechtschreibstörung einnehmen (► Abschn. 4.3.1), trainiert PHONIT die phonologische Bewusstheit im engeren Sinne (► Abschn. 2.1.1) und stellt gleichzeitig eine Verbindung zum Lese-Rechtschreibunterricht her, um eine adäquate Anwendung der trainierten phonologischen Inhalte auf die Schriftsprache zu gewährleisten. Da das Trainingsprogramm für den gesamten Grundschulbereich erstellt wurde, liegen verschiedene Schwierigkeitsebenen des Trainings der phonologischen Bewusstheit vor, die eine Anpassung des Trainings an verschiedene Altersstufen ermöglichen. Die Aufgaben des Trainingsprogramms weisen weiterhin Bezüge zu den Lehrplaninhalten auf und erlauben so den Einsatz von PHONIT im regulären Grundschulunterricht.

Das Trainingsprogramm besteht aus 5 Trainingskapiteln mit unterschiedlichen inhaltlichen Schwerpunktsetzungen. Das erste Trainingskapitel beschäftigt sich mit Übungen zu Buchstabe-Laut-Verbindungen und geht nach dem Erlernen von Lauten schließlich zum Schreiben von Lauten und lautgetreuen Wörtern über. Das zweite Trainingskapitel ist phonologischen Übungen gewidmet und beinhaltet u. a. Übungen zur Phonemsynthese und -analyse, Phonem- und Wortumkehraufgaben und Übungen zum Erkennen der Vokallänge. Das dritte Trainingskapitel konzentriert sich auf phonologische Schreibspiele und übt somit das alphabetische Schreiben (► Abschn. 2.2.2). Das vierte Trainingskapitel bietet eine Einführung von Rechtschreibregeln und anschließende Schreibübungen. Zu den Themen dieses Kapitels gehören u. a. die Konsonantendopplung, das Dehnungs-h, die ie-Schreibung und die Auslautverhärtung (vgl. ► Abschn. 2.2.2 zum orthographischen Schreiben). Das fünfte Trainingskapitel schließlich beschäftigt sich mit Leseübungen mit dem Ziel, die Verbindung zwischen Buchstaben und Lauten durch Lesen zu üben. PHONIT besteht aus über 300 Übungen für die verschiedenen Klassenstufen. Die Übungseinheiten sind in Form eines Baukastensystems strukturiert, so dass gezielt an den Schwachstellen der Kinder angesetzt werden kann. Zur Erleichterung der Anwendung von PHONIT enthält das Trainingsmanual eine Reihe von Leitfäden als Anregung zur

Gestaltung themenzentrierter Lektionen (z. B. zu den Themen Plosivlaute, Auslautverhärtung, Konsonantendopplung und Substantivendung). In diesen sind verschiedene Aufgabentypen kombiniert, die zusammen eine 45-minütige Übungseinheit ergeben. Zusätzlich ist vermerkt, für welche Klassenstufen die jeweiligen Lektionen empfohlen sind.

Die **Wirksamkeit von PHONIT** wurde von Stock und Schneider (2011) im Rahmen einer Evaluationsstudie mit Kindern der Klassenstufen 1 bis 3 untersucht. Da der Prätest in allen Klassenstufen kurz nach Schuljahresbeginn durchgeführt wurde, konnten die Lese-Rechtschreibleistungen der Erstklässler im Prätest noch nicht erfasst werden. Wir werden uns daher im Folgenden auf eine Darstellung der Ergebnisse für die Klassenstufen 2 und 3 beschränken. Getrennt für Klasse 2 und 3 wurde jeweils eine **mit PHONIT geförderte Trainingsgruppe** bestehend aus Kindern mit schwachen Lese- und/oder Rechtschreibleistungen und schwachen Leistungen in der phonologischen Bewusstheit im engeren Sinne (gemessen mit dem BAKO 1–4, ► Abschn. 5.1.4) mit einer **ungeförderten unausgelesenen Kontrollgruppe** verglichen. Die Trainingsgruppe trainierte mehrere Monate mit dem PHONIT-Programm. Die unausgelesene Kontrollgruppe beider Klassenstufen zeigte im Prätest bessere Leistungen im Lesen, Schreiben und in der phonologischen Bewusstheit als die Trainingsgruppe. Es sollte geprüft werden, inwieweit sich die Kinder der Trainingsgruppe durch das Training in ihren Leistungen an die Kinder der Kontrollgruppe annähern. Nach dem Training hatten sich die Leistungen der Trainingsgruppe in der phonologischen Bewusstheit und im Rechtschreiben, nicht aber die Leistungen im Lesen an die der Kontrollgruppe angeglichen.

Zusammenfassend sprechen die Ergebnisse der Studie von Stock und Schneider (2011) dafür, dass PHONIT **bereichsspezifisch wirksam** die phonologische Bewusstheit im engeren Sinne und das Rechtschreiben bei Zweit- und Drittklässlern mit schwachen Lese-Rechtschreibleistungen verbessern kann. Da keine lese-rechtschreibschwache Kontrollgruppe einbezogen wurde, ist dieser Schluss aber nicht eindeutig zu ziehen (► Abschn. 6.1.1). Ein Training mit PHONIT führt nach ersten Erkenntnissen nicht zu einer Verbesserung der Leseleistung, obwohl Leseübungen den Fokus eines der fünf Trainingskapitel ausmachen. Dieses Ergebnis kann damit erklärt werden, dass das Training mit PHONIT nicht primär auf das Lesen ausgerichtet ist (Stock und Schneider 2011). Die **Nachhaltigkeit** der Förderung mit PHONIT wurde bisher nicht untersucht.

Lautarium

Das computerbasierte adaptive Trainingsprogramm *Lautarium* (Klatte et al. 2013, im Druck) kombiniert ein phonologisches Training (Phonemwahrnehmung und phonologische Bewusstheit im engeren Sinne) mit Übungen zur Buchstabe-Laut-Zuordnung und zum lautgetreuen (alphabetischen) Lesen und Schreiben (▶ Abschn. 2.2). Das Programm ist für die Anwendung bei Grundschulkindern mit Lese-Rechtschreibstörung ab Klasse 3 konzipiert. Eine erste Erprobung des Programms im Anfangsunterricht spricht aber dafür, dass *Lautarium* auch in der frühen Grundschulzeit erfolgreich eingesetzt werden kann (vgl. Klatte et al. im Druck). Es wird empfohlen, *Lautarium* im Rahmen kurzer, aber dafür häufiger Fördereinheiten (z. B. 20 Minuten an 5 Tagen die Woche über einen Zeitraum von mehreren Wochen) einzusetzen. Dadurch, dass die Aufgabenschwierigkeiten adaptiv an den Leistungsstand des Nutzers angepasst werden und Instruktionen und Ergebnisrückmeldungen automatisiert über das Programm erfolgen, können Grundschulkinder das Programm weitgehend selbständig bearbeiten. Damit ist *Lautarium* nicht nur für den Einsatz in schulischen und therapeutischen Fördersettings, sondern auch für eine Förderung im häuslichen Rahmen geeignet.

Lautarium besteht aus aufeinander aufbauenden Aufgaben aus den Inhaltsbereichen Phonemwahrnehmung, phonologische Bewusstheit, Buchstabe-Laut-Zuordnung und lautgetreues Lesen und Schreiben. Im Programm wird die Verbindung zwischen phonologischen und schriftsprachlichen Inhalten frühzeitig hergestellt, und bereits Geübtes wird in späteren Trainingsphasen wieder aufgegriffen und gefestigt. Die Aufgaben zur Phonemwahrnehmung fokussieren zum einen auf die Diskrimination und Identifikation von Konsonanten (Plosiven). Zum anderen wird die Diskrimination und Identifikation von Vokallängen geübt, weil der

Vokallängenwahrnehmung eine besondere Bedeutung für das Lesen und Rechtschreiben im Deutschen zukommt. Die Aufgaben zur phonologischen Bewusstheit umfassen Aufgaben zur Lautanalyse und -synthese sowie Aufgaben zur Lautklassifikation. Auch hier gibt es Konsonanten- und Vokallängenaufgaben. Die phonologischen Aufgaben werden teilweise mit Realwörtern und teilweise mit Pseudowörtern durchgeführt. Dafür wird umfangreiches Sprachmaterial bestehend aus Audio-Aufnahmen von Real- und Pseudowörtern genutzt. Wenn Realwortaufgaben erfolgreich gelöst worden sind und die verwendeten Wörter bildlich darstellbar sind, werden die gesprochenen Wörter in den nachfolgenden Aufgaben durch Bilder ersetzt, so dass die Kinder die zum Wort gehörenden phonologischen Repräsentationen selbst konstruieren müssen. Für die bildbasierten Aufgaben greift das Programm auf leicht benennbare Bilder zurück. Die Aufgaben zur Buchstabe-Laut-Zuordnung und zum lautgetreuen Lesen und Schreiben werden unter Nutzung sogenannter Laut- und Graphembausteine durchgeführt. Die Lautbausteine bestehen aus Bildern, deren Bezeichnungen mit dem jeweiligen Laut anfangen (z. B. das Bild eines Balles für den Laut /b/). Die Graphembausteine repräsentieren die Basisgrapheme des Deutschen.

Die **Wirksamkeit von *Lautarium*** wurde von Klatte und Kollegen (im Druck) im Rahmen einer Evaluationsstudie mit lese-rechtschreibschwachen Drittklässlern überprüft. Alle Studienteilnehmer waren Schüler sogenannter LRS-Klassen im Freistaat Sachsen (▶ Exkurs »Genauer betrachtet: LRS-Klassen: Diagnostik und Förderung bei Lese-Rechtschreibstörung im Freistaat Sachsen« in ▶ Abschn. 1.3). Eine **Trainingsgruppe** wurde über einen Zeitraum von 8 Wochen an 5 Tagen pro Woche für je 20 Minuten im Rahmen des regulären Unterrichts mit *Lautarium* gefördert, während eine **ungeförderte Kontrollgruppe** am regulären Unterricht der LRS-Klassen teilnahm. Die Effekte des Trainings auf die Phonemwahrnehmung, die phonologische Bewusstheit sowie das Lesen und Schreiben wurden direkt nach Abschluss des Trainings (Posttest 1) sowie 2 Monate später (Posttest 2) überprüft. In einer von zwei durchgeführten Phonemwahrnehmungsaufgaben zeigte die Trainingsgruppe in Posttest 1 und 2 eine deutlichere

Leistungsverbesserung als die ungeförderte Kontrollgruppe. Ebenso fand sich ein Effekt auf die phonologische Bewusstheit für eine von zwei Testaufgaben. Dieser Effekt blieb ebenfalls zwei Monate nach Abschluss der Förderung bestehen. Die basale Lesefertigkeit wurde mit drei Lesetests (die das Lesen von Pseudowörtern, Realwörtern bzw. Sätzen erforderten) überprüft. Im Lesetest, in dem Sätze gelesen wurden, war kein Trainingseffekt feststellbar. In den anderen beiden Lesetests zeigte die Trainingsgruppe dagegen zu Posttest 2 (nicht aber zu Posttest 1) eine größere Leistungssteigerung als die Kontrollgruppe. Effekte des Trainings auf das lautgetreue Rechtschreiben fanden sich für zwei Testaufgaben zu Posttest 1, aber nur für eine dieser Aufgaben auch zu Posttest 2. Das Training wirkte sich hingegen erwartungsgemäß nicht auf das orthographische Rechtschreiben aus.

Nach den Ergebnissen der Studie von Klatte und Kollegen (im Druck) zeigt *Lautarium* eine **bereichsspezifische Wirksamkeit** für bestimmte Phonemwahrnehmungsaufgaben und bestimmte Aufgaben zur phonologischen Bewusstheit sowie für das lautgetreue Schreiben. Diese Effekte sind **nachhaltig** bis mindestens zwei Monate nach Abschluss des Trainings. Interessanterweise wirkte sich das Training mit *Lautarium* erst zwei Monate nach Abschluss der Förderung auf die basale Lesefertigkeit beim Lesen von Pseudowörtern und Realwörtern aus. Dies könnte bedeuten, dass durch das Training Entwicklungsprozesse bezüglich der Buchstabe-Laut-Zuordnungsfähigkeiten beim Lesen angestoßen wurden, die ihre positive Wirkung auf die Leseleistungen erst nach einer gewissen Zeit entfalteten (vgl. auch die Ausführungen zum Modell des funktionalen Koordinationsdefizits in ▸ Abschn. 4.3.5). Ein **Transfer** eines Trainings mit *Lautarium* auf das orthographische Schreiben war erwartungsgemäß nicht feststellbar. Das von Klatte und Kollegen (im Druck) gewählte Vorgehen, ausschließlich Kinder aus LRS-Klassen, die im Rahmen des regulären Unterrichts bereits eine intensive Förderung des Lesens und Schreibens sowie der kognitiven Grundlagen des Schriftspracherwerbs erhalten, in die Studie einzubeziehen, hat vermutlich das Aufdecken potenzieller Trainingseffekte eher erschwert. Deshalb sind die festgestellten Trainingseffekte als recht überzeugende Belege für

die Wirksamkeit von *Lautarium* zu bewerten. Eine Evaluation der Tauglichkeit des Programms für den Einsatz im Rahmen einer häuslichen Förderung steht aber noch aus.

6.3.3 Intervention bei Lese-Rechtschreibstörung durch Förderung des Lesens

In diesem Abschnitt werden zwei Programme zur Förderung von Lesefertigkeiten bei Kindern mit Lese-Rechtschreibstörung (*Flüssig lesen lernen* und *PotsBlitz*) und Ergebnisse aus Evaluationsstudien zu diesen Programmen vorgestellt. Beiden Programmen ist gemein, dass sie Lesestrategien fördern wollen, die nicht auf Buchstabe-Laut-Beziehungen, sondern auf größeren Einheiten wie z. B. Silben oder ganzen Wörtern basieren (▸ Abschn. 2.2.1 und ▸ Abschn. 2.3.1).

Flüssig lesen lernen

Das Programm ***Flüssig lesen lernen*** liegt in drei Programmversionen für unterschiedliche Klassenstufen vor (Klasse 1 und 2, Klasse 2 und 3, Klasse 4 und 5) und kann somit von Klassenstufe 1 bis 5 angewendet werden. Für jede der drei Programmversionen gibt es weiterhin eine Version für die Anwendung in der Schule und eine für das Üben zu Hause mit den Eltern. Die Versionen für das Üben zu Hause und im Unterricht können parallel oder unabhängig voneinander eingesetzt werden. Der bei *Flüssig lesen lernen* verfolgte Trainingsansatz geht von der Annahme aus, dass Probleme beim Erlernen des Lesens auf der Wortebene liegen und dass die Verinnerlichung der Elemente und Strukturen von Wörtern das Lesen unbekannter Wörter erleichtert. Deshalb liegt ein Schwerpunkt des Programms auf Übungen zur Gliederung von Wörtern in Einheiten, die größer sind als ein Buchstabe (z. B. Silben, Konsonantenverbindungen). Um die Fähigkeit zur Segmentierung von Wörtern in Einheiten oberhalb der Buchstaben- und unterhalb der Wortebene zu verbessern, werden mehrsilbige Wörter mit einer deutlichen Pause an der Silbengrenze gelesen. Weiterhin werden Gliederungsmöglichkeiten unterhalb der Silbenebene wie Konsonantenverbindungen am Silbenanfang und Silbenende thematisiert und geübt. Der letzte Teil jeder Programmversion besteht aus Übungen zum Lesen zusammenhängender Texte. Durch optische Markierungen von Wortstrukturen wird im Programm *Flüssig lesen lernen* das Lesen erleichtert (vgl. Tacke 2001a, o. A.).

Das Programm *Flüssig lesen lernen* gibt es bereits seit etwa 15 Jahren. Die Programmversionen für die Klassenstufen 1 bis 3 liegen mittlerweile als neubearbeitete Ausgaben vor. Neubearbeitungen der Programmversion für die Klassenstufe 4 und 5 sollen Ende 2013 bzw. Anfang 2014 erscheinen. *Flüssig lesen lernen* **für die Klassenstufen 1 und 2** (Tacke 2012a, 2012b) kann ab Mitte Klasse 1 eingesetzt werden. Diese Programmversion besteht aus Übungskapiteln mit verschiedenen thematischen Schwerpunkten, die von Übungen zu Grundlagen des Lesens (phonologische Bewusstheit, Buchstabe-Laut-Zuordnung, Zusammenschleifen von Buchstaben) über Übungen zum Erkennen von Wortstrukturen (Segmentieren von Wörtern in Silben, Lesen von Konsonantenverbindungen am Silbenanfang und Silbenende) bis hin zu Übungen zur Erhöhung der Lesegeschwindigkeit reichen. Den Abschluss dieser Programmversion bilden kurze Geschichten, die von den Kindern vorgelesen werden sollen. In diesen Geschichten sind – genau wie bei den vorausgegangenen Übungen – die Silben und Buchstabengruppen gekennzeichnet, um die Zerlegung von Wörtern in die zugrundeliegenden Einheiten zu verdeutlichen und somit den Leseprozess zu erleichtern. *Flüssig lesen lernen* **für die Klassenstufen 2 und 3** (Tacke 2012c, 2013a) verzichtet auf Übungen zu grundlegenden Fertigkeiten (phonologische Bewusstheit, Buchstabe-Laut-Zuordnung und Zusammenlauten) und konzentriert sich auf Übungen zum Erkennen von Wortstrukturen (Zerlegung von Wörtern in Silben, Erfassung von Konsonantenverbindungen). Im letzten Kapitel dieser Programmversion sind wiederum Geschichten zu lesen. Die Übungen zum Erkennen von Wortstrukturen und die zu lesenden Geschichten weisen gegenüber denen im Programm für Klasse 1 und 2 eine leicht erhöhte Schwierigkeit auf. Ebenso zeichnet sich *Flüssig lesen lernen* **für die Klassenstufen 4 und 5 der Grund- und Hauptschule** (Tacke 2005a, 2001b) durch eine höhere Schwierigkeit aus als die Programmversion für die Klassenstufen

2 und 3. Zu jeder der drei Programmversionen von *Flüssig lesen lernen* liegt zusätzlich ein **Schülerleseheft** mit weiteren Geschichten vor (Klasse 1 und 2: Tacke 2012d; Klasse 2 und 3: Tacke 2013b; Klasse 4 und 5: Tacke 2003).

Die **Wirksamkeit von** *Flüssig lesen lernen* wurde unter Verwendung früherer Ausgaben der Programmversionen für die Klassenstufen 1 und 2 bzw. 2 und 3 evaluiert (Tacke 2005b). Eine **Trainingsgruppe** von 29 lese- und rechtschreibschwachen Kindern wurde im ersten Halbjahr von Klasse 2 an fünf Tagen pro Woche in 20-minütigen Einzelsitzungen mit *Flüssig lesen lernen* gefördert und bezüglich ihrer Entwicklung im Lesen und Schreiben mit einer gleich großen **ungeförderten Kontrollgruppe**, die ebenfalls aus lese- und rechtschreibschwachen Zweitklässlern bestand, verglichen. Das Training mit *Flüssig lesen lernen* zeigte positive Effekte auf die Lese- und Rechtschreibleistungen der Kinder. Die Effekte auf das Lesen und Schreiben fielen bei Kindern, die im Rahmen der Förderung ein hohes Lesepensum erreichten, stärker aus als bei Kindern mit niedrigem Pensum.

Die Studie von Tacke (2005b) zeigt also zum einen, dass ein Training mit *Flüssig lesen lernen*, bei dem die Programmversionen für die Klassenstufen 1 und 2 bzw. 2 und 3 kombiniert angewendet werden, **bereichsspezifisch wirksam** ist und eine Verbesserung der Leseleistung bewirkt. Durch das Lesetraining kann aber auch ein **Transfer** auf das Rechtschreiben erzielt werden. Die **Nachhaltigkeit** der Trainingseffekte wurde unseres Wissens bisher nicht untersucht.

PotsBlitz

PotsBlitz – Das Potsdamer Lesetraining (Ritter und Scheerer-Neumann 2009) ist ein Programm zur Förderung der basalen Lesefähigkeiten (Lesegenauigkeit und Lesegeschwindigkeit). Der in *PotsBlitz* vertretene Förderansatz geht von der Annahme aus, dass effizientes Lesen die Nutzung größerer funktionaler Einheiten beim Worterkennen, das Üben des Leseprozesses und die direkte Erkennung häufiger Wörter erfordert. Eine Lesestrategie, die auf größeren Einheiten basiert, so die Annahme, entlastet das Arbeitsgedächtnis und führt zu einer Erhöhung der Lesegenauigkeit und der Lesegeschwindigkeit. In *PotsBlitz* werden deshalb explizit visuelle Segmentierungsstrategien vermittelt, die das Zerlegen von Wörtern in die funktionalen Einheiten Morphem (kleinste bedeutungstragende Einheit; vgl. auch das MORPHEUS-Programm ► Abschn. 6.3.4) und Silbe erlauben. Bezüglich der Morpheme werden einzelne Wörter als Bestandteile von zusammengesetzten Wörtern (z. B. *Haus-tür-schlüssel*) sowie Vorsilben (z. B. *ver-* wie in *ver-trauen, ver-binden* …) thematisiert. Zur Übung der Strukturierung von Wörtern in Silben werden neben Realwörtern auch Pseudowörter genutzt. Als Strukturtraining zur Anwendung der Silbenregel in Real- und Pseudowörtern wird u.a. das Blitzwortlesen eingesetzt, bei dem Wörter unter Zeitdruck gelesen werden sollen. Die Blitzwortleseübungen in *PotsBlitz* werden am Computer durchgeführt und sollen zu einer Erhöhung der Lesegeschwindigkeit beitragen. Um die Leseflüssigkeit zu erhöhen, wird die Methode des wiederholten Lesens eingesetzt, bei der Textabschnitte so lange geübt werden, bis die Lesegeschwindigkeit einem festgelegten Kriterium entspricht.

Das Lesetraining *PotsBlitz* besteht aus zwei Teilen und umfasst 18 Trainingseinheiten à 45 Minuten. Im ersten Teil des Trainingsprogramms (10 Trainingseinheiten) werden Strategien zum Unterteilen von Wörtern in Silben und zum Erlesen dieser Wörter vermittelt und eingeübt. Im zweiten Teil (8 Trainingseinheiten) wird das Erlesen komplexerer Wörter (zusammengesetzte Wörter, Wörter mit Vorsilben) geübt. Das Training ist für den Einsatz in der schulischen wie außerschulischen Förderung konzipiert und ist bei Kindern ab dem dritten Schuljahr einsetzbar. Als Voraussetzung für den erfolgreichen Einsatz des Programms gelten die Beherrschung von Graphem-Phonem-Korrespondenzen, eine ausreichende phonologische Bewusstheit sowie die Fähigkeit, Phoneme zu synthetisieren.

Die **Wirksamkeit von PotsBlitz** wurde im Rahmen einer Studie mit drei Gruppen von je 24 leseschwachen Dritt- und Viertklässlern untersucht (Ritter 2010): einer mit *PotsBlitz* geförderten **Trainingsgruppe**, einer **geförderten Kontrollgruppe**, die ein unspezifisches Vorlesetraining erhielt, und einer **ungeförderten Kontrollgruppe (Wartegruppe)**. Das Training beider trainierter Gruppen umfasste 18 Schulstunden und fand zweimal pro Woche statt. Direkt nach Abschluss der Förderung zeigten beide trainierten Gruppen eine stärkere Verbesserung in der Lesegeschwindigkeit als die ungeförderte Kontrollgruppe, wobei die *PotsBlitz*-Gruppe die größte Leistungssteigerung erzielte. Eine Verbesserung der Lesegenauigkeit ergab sich nur bei der Gruppe, die das *PotsBlitz*-Training erhalten hatte. Die Nachhaltigkeit der Trainingseffekte wurde vier Monate nach Abschluss des Trainings mit einem zweiten Posttest überprüft. Inzwischen war die ursprünglich ungeförderte Kontrollgruppe (Wartegruppe) ebenfalls mit dem *PotsBlitz*-Training gefördert worden. Von Posttest 1 zu Posttest 2 hatte sich die Lesegeschwindigkeit der ursprünglich mit *PotsBlitz* geförderten Trainingsgruppe deutlicher gesteigert als die der Vorlesetrainings-Gruppe. Die inzwischen auch mit *PotsBlitz* geförderte Wartegruppe zeigte die größte Steigerung der Lesegeschwindigkeit. Beide mit *PotsBlitz* geförderten Gruppen, nicht aber die Vorlesetrainings-Gruppe, konnten ihre Lesefehler von Posttest 1 zu Posttest 2 reduzieren.

Insgesamt konnte in der Studie von Ritter (2010) gezeigt werden, dass *PotsBlitz* **bereichsspezifisch wirksam** ist und die Leseleistungen von leseschwachen Dritt- und Viertklässlern verbessert. Diese Effekte erwiesen sich als **nachhaltig** über einen Zeitraum von mehreren Monaten. Befunde zu einem möglichen **Transfer** des Lesetrainings mit *PotsBlitz* auf das Rechtschreiben liegen bisher nicht vor.

6.3.4 Intervention bei Lese-Rechtschreibstörung durch Förderung des Rechtschreibens

Im Folgenden werden drei Programme zur Förderung des Rechtschreibens bei Lese-Rechtschreibstörung vorgestellt, die alle drei bereits in mehreren Studien hinsichtlich ihrer Wirksamkeit evaluiert wurden: Das *Marburger Rechtschreibtraining*, das *Morphemunterstützte Grundwortschatz-Segmentierungstraining (MORPHEUS)* und das *Dybuster-Rechtschreibtraining (Dybuster Orthograph)*. Die drei Programme verfolgen unterschiedliche Ansätze bei der Förderung des Rechtschreibens. Während beim *Marburger Rechtschreibtraining* die Vermittlung von Rechtschreibregeln und Lösungsstrategien im Fokus der Förderung steht, bildet beim *MORPHEUS*-Programm das Training von Morphemen und die Vermittlung des morphematischen Prinzips einen zentralen Bestandteil der Förderung, wenngleich MORPHEUS zusätzlich Rechtschreibregeln vermittelt. *Dybuster* schließlich setzt Konzepte des assoziativen und multimodalen Lernens im Rahmen eines adaptiven computergestützten Förderprogramms um.

Marburger Rechtschreibtraining

Im **Marburger Rechtschreibtraining – Ein regelgeleitetes Förderprogramm für rechtschreibschwache Kinder** (Schulte-Körne und Mathwig 2009) werden die typischen Rechtschreibprobleme rechtschreibschwacher Grundschüler bearbeitet. Das Programm lässt sich als Regeltraining der orthographischen Phase der Rechtschreibentwicklung zuordnen (▶ Abschn. 2.2.2). Weil es Regeln trainiert, kann es erst dann sinnvoll angewendet werden, wenn Kinder die Phonem-Graphem-Beziehungen erlernt haben (d. h. das alphabetische Schreiben grundsätzlich beherrschen, ▶ Abschn. 2.2.2) und auch kognitiv in der Lage sind, Rechtschreibregeln zu lernen und anzuwenden. Dementsprechend empfehlen die Programmautoren eine Anwendung des *Marburger Rechtschreibtrainings* ab Klasse 2. Das Programm ist für einen Einsatz in der Einzelförderung konzipiert, wobei das rechtschreibschwache Kind die Übungen gemeinsam mit einer betreuenden Person (Eltern oder Fachkräfte wie Pädagogen, Psychologen, Logopäden u. a.) bearbeitet, die Anwendung in Kleingruppen ist aber ebenfalls möglich. Für die Durchführung des *Marburger Rechtschreibtrainings* werden bis zu zwei Jahre benötigt, abhängig vom Leistungsniveau des Kindes und der Durchführungsintensität. Empfohlen wird, das Programm in Übungseinheiten von zweimal 45 Minuten pro Woche (mit einer reinen Lernzeit von maximal je 30 Minuten) durchzuführen.

Das *Marburger Rechtschreibtraining* besteht aus 12 Kapiteln, die jeweils in einen Anleitungs-, einen Lern- und einen Übungsbereich gegliedert sind. Innerhalb eines jeden Kapitels wird von einfacheren zu komplexeren Übungen fortgeschritten. Weiterhin bauen die Inhalte der einzelnen Kapitel aufeinander auf und steigern sich hinsichtlich der Schwierigkeit. In den 12 Kapiteln des *Marburger Rechtschreibtrainings* wird eine Vielzahl von Lern-

inhalten bearbeitet. Zu diesen Lerninhalten gehört – um nur einige der im Einführungskapitel des Programms genannten 35 Lerninhalte zu nennen – die Unterscheidung von lang und kurz gesprochenen Selbstlauten (Vokalen), die Verschriftlichung von Mitlauten (Konsonanten) nach lang und kurz gesprochenem Selbstlaut, die Verschriftlichung von Wortstämmen und Wortendungen, das Erkennen von Vorsilben, die Verschriftlichung des stummen -h sowie die Ableitung zur Auslautverhärtung bei Hauptwörtern, Tuwörtern und Wiewörtern. Die Umsetzung der einzelnen Lerninhalte wird anhand von umfangreichem Material geübt. In sogenannten Lernkästen werden Lernstrategien und unterstützende Informationen für die einzelnen Lernbereiche dargestellt. Die Lernstrategien bilden gemeinsam mit den 8 Rechtschreibregeln, die im *Marburger Rechtschreibtraining* vermittelt werden, das Grundgerüst des Programms. Über die Vermittlung von Regelwissen hinaus werden im *Marburger Rechtschreibtraining* aber auch Lösungsstrategien aufgezeigt, mit denen man zur korrekten Verschriftlichung eines Wortes gelangt. Dies geschieht anhand von graphisch dargestellten Rechtschreib-Algorithmen, in denen ausgehend von einer Problemstellung (z.B. Enthält das Wort einen lang gesprochenen Selbstlaut?) über einen Entscheidungsbaum mit Ja/Nein-Antworten die Lösungsschritte vermittelt werden (z. B.: Ja => Dann folgt nur ein Mitlaut; Nein => Dann folgen wenigstens zwei Mitlaute).

In der ersten Interventionsstudie zur Prüfung der **Wirksamkeit des *Marburger Rechtschreibtrainings*** (Schulte-Körne et al. 1998, 1997) wurde eine Gruppe rechtschreibschwacher Kinder von ihren Eltern mit dem *Marburger Rechtschreibtraining* gefördert. Nach einem Jahr zeigten sich verbesserte Rechtschreibleistungen im geübten Regelbereich. Die Leistungsentwicklung, die diese Trainingsgruppe im allgemeinen Rechtschreiben zeigte, wurde unter Heranziehung der im Test erreichten T-Werte nicht mit Bezug auf eine Kontrollgruppe, sondern mit Bezug auf eine Normstichprobe interpretiert. Nach zwei Jahren Förderung mit dem *Marburger Rechtschreibtraining* hatte sich die allgemeine Rechtschreibleistung verbessert. Dieses Ergebnis deutet auf Trainingseffekte hin. Da keine Kontrollgruppe einbezogen wurde, können diese

Leistungssteigerungen aber nicht mit Sicherheit als spezifische Fördereffekte interpretiert werden (▶ Abschn. 6.1.1).

Mehrere Folgestudien nutzten ein Kontrollgruppendesign (Groth et al. 2013; Ise und Schulte-Körne 2010; Schulte-Körne et al. 2003, 2001). So untersuchten Schulte-Körne und Kollegen (2001) rechtschreibgestörte Zweit- bis Viertklässler und verglichen eine mit dem *Marburger Rechtschreibtraining* geförderte **Trainingsgruppe** mit einer **geförderten Kontrollgruppe**, die ein Phonologietraining erhielt. Beide Trainings wurden über einen Zeitraum von 3 Monaten zweimal wöchentlich in 45-minütigen Trainingssitzungen in Einzelförderung mit den Teilnehmern durchgeführt, die zusätzlich Hausaufgaben bearbeiteten. Nur in der Gruppe, die mit dem *Marburger Rechtschreibtraining* gefördert wurde, fanden sich im Posttest Verbesserungen in den Lese- und Rechtschreibleistungen. In einer weiteren Studie (Schulte-Körne et al. 2003) wurde erprobt, ob das *Marburger Rechtschreibtraining* auch in der schulischen Förderung einsetzbar ist. Zweit- und Drittklässler, die von den Lehrkräften als rechtschreibschwach benannt wurden, wurden in die Studie eingeschlossen und der **Trainingsgruppe,** die das *Marburger Rechtschreibtraining* absolvierte, oder einer **geförderten Kontrollgruppe**, die den üblichen schulischen Förderunterricht erhielt, zugewiesen. Beide Gruppen wurden über einen Zeitraum von zwei Jahren zweimal pro Woche je 45 Minuten in Kleingruppen gefördert und hatten sich nach zwei Jahren in ihrer Lese- und Rechtschreibfähigkeit (T-Werte) verbessert, was darauf hindeutet, dass beide Arten von schulischen Fördermaßnahmen effektiv sind. Da sich aber auch eine nicht geförderte Vergleichsgruppe verbesserte, ist unklar, inwieweit die Leistungsverbesserungen in den beiden geförderten Gruppen als Trainingseffekte interpretiert werden können. Groth und Kollegen (2013) führten eine Interventionsstudie mit lese- und rechtschreibgestörten Drittklässlern durch, in der eine mit dem *Marburger Rechtschreibtraining* geförderte **Trainingsgruppe** mit einer **geförderten Kontrollgruppe**, die mit dem *Kieler Leseaufbau* (▶ Abschn. 6.3.5) trainierte, und einer **ungeförderten Kontrollgruppe** verglichen wurde. Die Förderung mit dem *Marburger Rechtschreibtraining* bzw. dem *Kieler Lese-aufbau* fand jeweils über einen Zeitraum von 20 Wochen zweimal pro Woche für je 45 Minuten im Rahmen einer Einzelförderung statt. Alle Gruppen lese-rechtschreibgestörter Kinder, auch die ungeförderte Kontrollgruppe, wiesen im Posttest vergleichbare Leistungsverbesserungen im Lesen und Schreiben auf. Es zeigte sich, dass alle Kinder der ungeförderten Kontrollgruppe in dem Zeitraum, in dem die anderen beiden Gruppen trainiert worden waren, an einem Förderunterricht in der Schule teilgenommen hatten. Eindeutige Schlüsse über die Effektivität der verschiedenen Förderansätze können deshalb aus den Ergebnissen der Studie nicht gezogen werden. Schließlich nutzten Ise und Schulte-Körne (2010) eine modifizierte Version des *Marburger Rechtschreibtrainings*, um in zwei Teilstudien die Wirksamkeit des Programms bei rechtschreibgestörten Fünft- und Sechstklässlern in Einzelförderung zu untersuchen. In Teilstudie 1 wurden rechtschreibgestörte Fünftklässler über einen Zeitraum von 15 Wochen einmal pro Woche für eine Stunde mit dem modifizierten *Marburger Rechtschreibtraining* gefördert, in Teilstudie 2 mit rechtschreibgestörten Fünft- und Sechstklässlern wurde das Training bei einer vergleichbaren wöchentlichen Trainingsdauer über einen Zeitraum von 12 Wochen durchgeführt. In einer kombinierten Analyse der Daten der zwei Teilstudien zeigte die **Trainingsgruppe** eine stärkere Verbesserung im Rechtschreiben als eine **ungeförderte Kontrollgruppe**. Effekte auf das Lesen wurden nur in Teilstudie 1 untersucht. Hier zeigte die Trainingsgruppe (n=10) im Posttest eine Verbesserung in den Leseleistungen, eine statistische Analyse der Entwicklung der Leseleistungen in der Kontrollgruppe konnte aufgrund der geringen Gruppengröße (n=4) aber nicht erfolgen. In Teilstudie 2 wurde zusätzlich der Effekt des modifizierten *Marburger Rechtschreibtrainings* auf das orthographische Wissen untersucht. Die Trainingsgruppe zeigte im Posttest einen größeren Anstieg im orthographischen Wissen als die ungeförderte Kontrollgruppe.

Das *Marburger Rechtschreibtraining* kann mit Schülern der Klassenstufen 2 bis 4 nach vorliegender Befundlage (Groth et al. 2013; Schulte-Körne et al. 2003, 2001, 1998, 1997) in verschiedenen Fördersettings (mit den Eltern, in der Einzelförderung und in Kleingruppen im schulischen Kontext) eingesetzt werden. Zwei Studien von Schulte-Körne und Kollegen (2001, 1998) sprechen dafür, dass das Programm bei Schülern der Klassenstufen 2 bis 4 die Rechtschreibleistungen verbessert (**bereichsspezifische Wirksamkeit**). Die Ergebnisse zweier anderer Studien (Groth et al. 2013; Schulte-Körne et al. 2003) sind diesbezüglich schwer zu interpretieren. Eine modifizierte Fassung des *Marburger Rechtschreibtrainings* zeigte in der Anwendung mit Fünft- und Sechstklässlern eine bereichsspezifische Wirksamkeit hinsichtlich des Rechtschreibens und des orthographischen Wissens (Ise und Schulte-Körne 2010). Schulte-Körne und Kollegen (2001) stellten bei Zweit- bis Viertklässlern einen **Transfer** des Trainings mit dem *Marburger Rechtschreibtraining* auf das Lesen fest, bei älteren Schülern der Klassenstufen 5 und 6 fanden sich Hinweise auf einen derartigen Transfer bei Anwendung des modifizierten *Marburger Rechtschreibtrainings* (Ise und Schulte-Körne 2010). Die Untersuchung der **Nachhaltigkeit** der Förderung mit dem *Marburger Rechtschreibtrainings* steht unseres Wissens bisher noch aus.

Morphemunterstütztes Grundwortschatz-Segmentierungstraining (MORPHEUS)

Das **Morphemunterstützte Grundwortschatz-Segmentierungstraining (MORPHEUS**; Kargl und Purgstaller 2010) ist ein Rechtschreibtraining für Schüler der Klassenstufen 4 bis 8. Es ist für einen Einsatz im Regel- und Förderunterricht sowie im Rahmen einer Förderung durch die Eltern oder im Selbststudium (bei älteren Schülern) konzipiert. MORPHEUS verwendet Wörter aus einem empirisch erhobenen Rechtschreibgrundwortschatz für die vierte Schulstufe, welcher auf Morphemen basiert, und trainiert die häufigsten Morpheme des Deutschen. Dabei werden Morpheme verstanden als die kleinsten lexikalisch definierten Einheiten, aus denen Wörter zusammengesetzt sind.

Ein zentraler Bestandteil des MORPHEUS-Programms ist die Vermittlung des morphematischen Prinzips (Stammprinzip): Im Deutschen werden Wortstämme immer gleich geschrieben. Weiterhin werden im Deutschen viele Wörter gebildet, indem Vor- und Nachsilben zum Wortstamm hinzugefügt werden (z. B. *be-halt-en, Halt-*

ung, Ver-halt-en). Ein Vorteil des in MORPHEUS verfolgten Trainingsansatzes wird darin gesehen (vgl. Kargl et al. 2011), dass auf Basis des morphematischen Prinzips verschiedenste Arten von Schreibungen erschlossen werden können, die mit einer alphabetischen Rechtschreibstrategie zu Fehlern führen (▶ Abschn. 2.2.2). So heißt es »verraten« (nicht *feraten*) weil das Wort aus der Vorsilbe »ver-«, dem Wortstamm »rat« und der Nachsilbe »-en« gebildet wird. Ebenso heißt es »kräftig« (statt *kreftich*), weil der Wortstamm von »Kraft« abgeleitet ist (Kraft => kräft-ig) und die Nachsilbe »-ig« angehängt wird. Für ein morphemorientiertes Training spreche auch, dass das Einprägen der immer wiederkehrenden Morpheme zu einer Entlastung des Gedächtnisses führt. Im MORPHEUS-Programm werden weiterhin wichtige orthographische Regeln des Deutschen (z. B. Dehnung und Dopplung) vermittelt. MORPHEUS besteht aus einem Übungsbuch (das u. a. die wichtigsten Erklärungen und Regeln zum morphematischen Prinzip enthält und vielfältige handschriftliche Übungen beinhaltet), einem PC-Programm (das mittels 15 Übungsformen die Automatisierung und Festigung der Wortschreibung trainiert), einem Wortbaukasten (der die kombinatorische Arbeit mit Vorsilben, Wortstämmen und Nachsilben ermöglicht) und Memory-Kärtchen (zur spielerischen Wiederholung des Grundwortschatzes).

Die **Wirksamkeit von MORPHEUS** wurde zum einen in mehreren Verhaltensstudien (Kargl et al. 2011, 2008, Schneeberger et al. 2011) evaluiert. Zum anderen wurde in zwei Bildgebungsstudien mit der Methode der Magnetresonanztomographie (MRT, ▶ Exkurs "Genauer betrachtet: Funktionsweise von PET und fMRT" in ▶ Abschn. 2.4; Gebauer et al. 2012a, 2012b) geprüft, ob ein Training mit MORPHEUS zu Veränderungen auf neurobiologischer Ebene führt. Kargl und Kollegen (2008; Studie 1) untersuchten die Wirksamkeit von MORPHEUS in einer Studie mit rechtschreibschwachen Kindern und Jugendlichen im Alter von 10 bis 15 Jahren (rechtschreibschwache Trainingsgruppe vs. rechtschreibschwache Kontrollgruppe). Weiterhin prüften sie, ob auch Kinder und Jugendliche mit unbeeinträchtigten Rechtschreibleistungen vom Training mit MORPHEUS profitieren, indem zusätzlich eine unbeeinträchtigte Trainingsgruppe und eine unbeeinträchtigte Kontrollgruppe in die Studie eingeschlossen wurden. Im Posttest zeigten beide **mit MORPHEUS geförderten Trainingsgruppen** (Trainingspensum: 60 Minuten pro Tag über einen Zeitraum von 2,5 Wochen), nicht aber die **ungeförderten Kontrollgruppen** eine Verbesserung in der Rechtschreibleistung, wobei die rechtschreibschwache Trainingsgruppe den stärksten Leistungsanstieg aufwies. Bei beiden Trainingsgruppen fand sich darüber hinaus ein Zuwachs in der Anwendung einer morphematischen Rechtschreibstrategie. In einer Studie mit lese-rechtschreibschwachen Fünft- bis Achtklässlern (Kargl et al. 2011) wurde eine **Trainingsgruppe** mit MORPHEUS gefördert, eine **geförderte Kontrollgruppe** erhielt ein Lesetraining und eine dritte Gruppe fungierte als **ungeförderte Kontrollgruppe**. Die Trainings fanden über einen Zeitraum von 4 Wochen einmal pro Woche für 2 Schulstunden statt, zusätzlich übten die Teilnehmer zu Hause. Beide trainierten Gruppen verbesserten sich in ihren Leseleistungen, aber eine Steigerung in der Rechtschreibleistung sowie in der morphematischen Rechtschreibstrategie konnte nur in der mit MORPHEUS trainierten Gruppe beobachtet werden. Diese Gruppe zeigte auch die deutlichsten Leistungszuwächse hinsichtlich der morphematischen Bewusstheit (Fähigkeit, Morpheme zu erkennen und mit ihnen umzugehen). Schneeberger und Kollegen (2011) untersuchten erstmalig die Nachhaltigkeit der Trainingseffekte von MORPHEUS. Drei Gruppen von lese-rechtschreibschwachen Kindern und Jugendlichen im Alter von 9 bis 16 Jahren wurden untersucht: eine mit MORPHEUS geförderte **Trainingsgruppe**, eine mit einem Lesetraining **geförderte Kontrollgruppe** und eine **ungeförderte Kontrollgruppe**. Beide trainierten Gruppen wurden über einen Zeitraum von 5 Wochen in 2 Schulstunden pro Woche trainiert und hatten zusätzlich Hausaufgaben zu bearbeiten. Es konnten keinerlei Trainingseffekte auf das Lesen festgestellt werden. Unmittelbar nach Abschluss der Förderung zeigte die mit MORPHEUS trainierte Gruppe eine Verbesserung ihrer Rechtschreibleistung, die sich zum zweiten Posttest einen Monat später wieder verschlechterte, aber immer noch über dem Prätestniveau lag. Auch die Lesetrainingsgruppe konnte ihre Rechtschreibleistungen vom Prätest zum ersten Posttest verbessern. Nur die mit MORPHEUS trainierte Gruppe zeigte durch das Training eine Verbesserung in der Anwendung der morphematischen Rechtschreibstrategie. Diese blieb auch bei Posttest 2 bestehen. Die Verhaltensdaten einer fMRT-Studie mit rechtschreibschwachen Kindern und Jugendlichen im Alter von 10 bis 15 Jahren (Gebauer et al. 2012a), in der eine **mit MORPHEUS geförderte Trainingsgruppe** mit einer **ungeförderten Kontrollgruppe** verglichen wurde, repliziert frühere Befunde, dass ein Training mit MORPHEUS Effekte auf die Rechtschreibleistungen rechtschreibschwacher Kinder zeigt. Es fanden sich darüber hinaus Trainingseffekte auf das Leseverständnis (nicht aber auf basale Leseleistungen). Auf neuronaler Ebene führte das Training zu erhöhten Aktivierungen in bestimmten Regionen der linken Hemisphäre, was vermutlich die Anwendung der morphematischen Rechtschreibstrategie widerspiegelt. Die Ergebnisse einer MRT-Studie zu trainingsinduzierten neuroanatomischen Veränderungen (Gebauer et al. 2012b), die mit derselben Ausgangsstichprobe durchgeführt wurde, weisen darauf hin, dass ein erfolgreiches Training mit MORPHEUS zu Veränderungen in der weißen Substanz des Gehirns führen könnte.

Zusammenfassend sprechen die Ergebnisse verschiedener Studien (Gebauer et al. 2012a; Kargl et al., 2011, 2008; Schneeberger et al. 2011) für die **bereichsspezifische Wirksamkeit** von MORPHEUS: Das Trainingsprogramm verbessert die allgemeine Rechtschreibleistung, die Anwendung einer morphematischen Rechtschreibstrategie sowie die morphematische Bewusstheit. Bezüglich des **Transfers** auf Leseleistungen sind die bisherigen Studienergebnisse widersprüchlich, ein Transfer auf das Lesen wird in zwei Evaluationsstudien (Gebauer et al. 2012a; Kargl et al. 2011) nachgewiesen, in einer dritten (Schneeberger et al. 2011) aber nicht. Die Effekte des Trainings mit MORPHEUS auf das Rechtschreiben und die Anwendung einer morphematischen Rechtschreibstrategie sind bis mindestens einen Monat nach Trainingsende **nachhaltig** (Schneeberger et al. 2011).

Dybuster

Dybuster ist ein adaptives computergestütztes Programm zum Training der Rechtschreibung. In

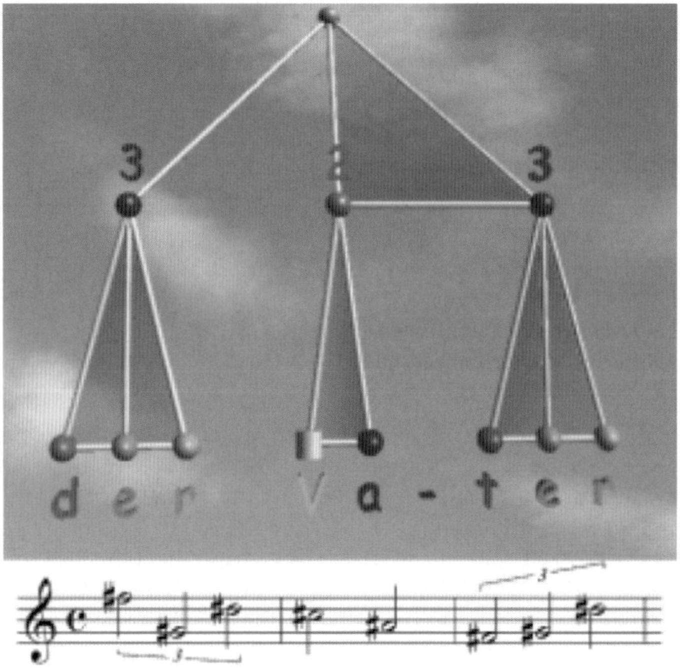

◘ Abb. 6.4   Screenshot zur Benutzeroberfläche von *Dybuster*. (© Dybuster AG; mit freundlicher Genehmigung)

diesem Programm werden Buchstaben mit verschiedenen bedeutungshaltigen visuellen und auditiven Informationen verknüpft. Dies geschieht unter der Grundannahme, dass die Recodierung des sequenziellen Buchstabencodes in eine multimodale Repräsentation die Verankerung von Phonem-Graphem-Korrespondenzen im Gedächtnis stärkt. Es werden also in diesem Programm Konzepte des assoziativen und multimodalen Lernens umgesetzt. So ist jeder Buchstabe mit einer bestimmten Farbe assoziiert und wird farblich codiert auf dem Bildschirm ausgegeben. Die Formen Zylinder, Kugel und Pyramide zeigen an, ob ein Großbuchstabe, ein Kleinbuchstabe oder ein Umlaut eingegeben werden muss. Darüber hinaus wird die Struktur eines zu schreibenden Wortes mit Hilfe eines Silbengraphen visualisiert. Schließlich wird die Farb-, Form- und Silbeninformation zusätzlich mit bestimmten Tonhöhen, Instrumenten bzw. Tondauern assoziiert, so dass sich für jedes Wort eine bestimmte Melodie ergibt, die als zusätzliche Information herangezogen werden kann (◘ Abb. 6.4). Bei der Anwendung von *Dybuster* besteht die Aufgabe konkret darin, Wörter mit Hil-

fe der Computertastatur zu schreiben. Vor jeder Schreibaufgabe werden dem Anwender aber alle alternativen Repräsentationen der Buchstaben, aus denen das jeweilige Wort besteht, präsentiert. Zunächst erscheint der Silbengraph auf dem Bildschirm, und es werden die Formen (Zylinder für Großbuchstaben, Kugeln für Kleinbuchstaben und Pyramiden für Umlaute) in den mit dem jeweiligen Buchstaben assoziierten Farben ausgegeben. Dann diktiert eine Stimme das zu schreibende Wort, und die mit dem Wort assoziierte Melodie wird gespielt. Nun soll der Anwender das Wort schreiben. Bei der Eingabe des Wortes gibt das Programm direkt visuelles und auditives Feedback bezüglich der Korrektheit der eingegebenen Buchstaben. Es erfolgt somit eine direkte Korrektur der Rechtschreibfehler, noch bevor das Wort zu Ende geschrieben ist. Vor Anwendung dieses Rechtschreibspiels (Lernspiel), welches den eigentlichen Kern des Programms bildet, spielen die Anwender zwei Spiele zur Einführung in das *Dybuster*-Programm. Im ersten Spiel, dem Farbspiel, wird die Farb-Buchstaben-Zuordnung trainiert. Es werden im *Dybuster*-Programm insgesamt 8 Farben verwendet, die den 26 Buchstaben des Alphabets zugeordnet sind, wobei darauf geachtet wurde, dass Buchstaben, die von lese-rechtschreibgestörten Personen leicht verwechselt werden, in unterschiedlichen Farben dargestellt werden. Im zweiten Spiel, dem Graphspiel, wird in die Art der Darstellung der Silbentrennung im *Dybuster-Programm* eingeführt. Hier müssen Wörter graphisch in die Struktur der dem Wort zugrunde-liegenden Silben und Buchstaben segmentiert werden. Dabei wird das Wort mit Hilfe der Silbengraphen visualisiert. Im *Dybuster*-Programm sind die zu trainierenden Wörter in Modulen angeordnet, die je aus 100 Wörtern bestehen und nach Häufigkeit und Schwierigkeit geordnet sind. Das Training beginnt mit einfachen und häufigen Wörtern. Im Verlauf des Trainings passt das Programm basierend auf dem Lern- und Fehlerverhalten des Anwenders die Wortauswahl individuell an (vgl. Kast et al. 2011, 2007; s. auch Gross und Voegeli 2007).

Die **Wirksamkeit von *Dybuster*** wurde bisher in zwei Studien überprüft (Kast et al. 2011, 2007). An einer ersten Studie von Kast und Kollegen (2007) nahmen vier Gruppen von Kindern teil: Zwei Gruppen lese-rechtschreibgestörter Kinder und zwei Gruppen von Kindern mit unbeeinträchtigten schriftsprachlichen Leistungen. In der ersten Phase der Studie **trainierte** je eine Gruppe von lese-rechtschreibgestörten Kindern und Kindern mit unbeeinträchtigten Lese-Recht-schreibleistungen mit dem *Dybuster*-Programm und die beiden anderen Gruppen fungierten als **ungeförderte Kontrollgruppen**. In der zweiten Phase der Studie erhielten dann die bisher ungeför-derten Gruppen das Training mit dem *Dybuster*-Programm. Das Training wurde jeweils über einen Zeitraum von 3 Monaten durchgeführt (viermal pro Woche für 15–20 Minuten). Effekte des Trai-nings auf das Rechtschreiben wurden mit einem selbst entwickelten Rechtschreibtest überprüft, bei dem die Kinder insgesamt 100 Wörter schreiben mussten, von denen die Hälfte mit dem *Dybuster*-Programm trainiert worden war, die andere Hälfte nicht. Nach der ersten Studienphase zeigten die geförderten Gruppen im Vergleich zu den unge-förderten Gruppen eine stärkere Verbesserung im Rechtschreiben, und zwar bezogen auf trainierte wie nicht trainierte Wörter. Für die zunächst ungeförderten Gruppen, die dann in Studienphase 2 mit

dem Dybuster-Programm trainierten, zeigten sich nach Trainingsabschluss ebenfalls Trainingseffekte auf das Rechtschreiben. Bei den Gruppen, die in der ersten Studienphase mit *Dybuster* trainiert hat-ten, blieben die Trainingseffekte auch drei Monate nach Abschluss des Trainings (also am Ende der zweiten Studienphase) erhalten. In einer zweiten Studie überprüften Kast und Kollegen (2011), ob sich mit einer veränderten Version des *Dybuster*-Trainings noch stärkere Trainingseffekte erzielen lassen. In dieser neuen Version wird zum einen an-hand einer zusätzlichen visuellen Markierung, die in den Silbengraphen eingebettet wird, angezeigt, wenn ein einzelnes Phonem auf Graphemebene durch mehrere Buchstaben repräsentiert wird (z. B. sch, ie, ei; vgl. ▶ Tab. 2.1). Zum anderen werden Rechtschreibfehler, die durch Schwierigkeiten in der Phonem-Graphem-Konvertierung entstehen, nun zusätzlich bei der Auswahl der zu trainieren-den Wörter berücksichtigt. Im Rahmen der Eva-luationsstudie wurden lese-rechtschreibgestörte Kinder im Alter von 8 bis 12 Jahren in **zwei Trai-ningsgruppen** aufgeteilt, von denen eine mit der ursprünglichen Version des Programms und die zweite mit der veränderten Version trainierte. Bei-de Gruppen trainierten 20 Minuten lang an 5 Tagen pro Woche über einen Zeitraum von 12 Wochen. Die Gruppe, die mit der veränderten Version trai-nierte, zeigte eine stärkere Reduzierung im Bereich der Phonem-Graphem-Konvertierungsfehler als die Gruppe, die mit der Ursprungsversion des Pro-gramms trainierte. Dieses Ergebnis spricht dafür, dass die Änderungen in *Dybuster* zu einer Erhö-hung der Wirksamkeit des Programms geführt ha-ben. Da zur Bewertung der Rechtschreibleistungen aber ausschließlich die im Rahmen des Trainings generierten Schreibungen herangezogen wurden und kein zusätzlicher Rechtschreibtest durchge-führt wurde, ist diese Schlussfolgerung nicht ein-deutig zu ziehen.

Die Ergebnisse der Studie von Kast und Kollegen (2007) sprechen dafür, dass *Dybuster* **bereichsspe-zifisch wirksam** ist und die Rechtschreibleistungen von lese-rechtschreibgestörten Kindern verbessert. Eine veränderte Version des Programms fördert das Rechtschreiben vermutlich noch effizienter als die zunächst evaluierte Ursprungsversion (Kast et al. 2011). Die Effekte des Trainings mit *Dybuster* sind

nachhaltig bis mindestens drei Monate nach Abschluss der Förderung (Kast et al. 2007). Ein möglicher **Transfer** des Trainings auf das Lesen wurde unseres Wissens bisher nicht untersucht.

6.3.5 Intervention bei Lese-Rechtschreibstörung durch Förderung des Lesens und Rechtschreibens

Wir beschließen die Vorstellung ausgewählter evaluierter Förderprogramme mit zwei Programmen zur Intervention bei Lese-Rechtschreibstörung, die das Lesen und Schreiben im engeren Sinne fördern. Das erste vorgestellte Programm besteht aus zwei Teilprogrammen, dem *Kieler Leseaufbau* und dem *Kieler Rechtschreibaufbau*. Das zweite vorgestellte Programm ist die *Lautgetreue Lese-Rechtschreibförderung*.

Kieler Leseaufbau und Kieler Rechtschreibaufbau

Dummer-Smoch und Hackethal haben in den 1980er Jahren mit dem *Kieler Leseaufbau* (Dummer-Smoch und Hackethal 2008, 2007) und dem *Kieler Rechtschreibaufbau* (Dummer-Smoch und Hackethal 2002, 2001) zwei getrennte Programme zur Förderung des Lesens bzw. Rechtschreibens vorgelegt, die unabhängig voneinander eingesetzt werden können. Da die Programme dennoch aufeinander aufbauen, der *Kieler Leseaufbau* neben dem zentralen Inhalt des Lesens auch Rechtschreibübungen beinhaltet und in der unten dargestellten Evaluationsstudie (Strehlow et al. 1999) beide Programme miteinander kombiniert wurden, möchten wir im Folgenden die Programme gemeinsam besprechen.

Der *Kieler Leseaufbau* (Dummer-Smoch und Hackethal 2007; vgl. Dummer-Smoch 2007) wurde entwickelt, um leseschwachen Kindern einen erleichterten Zugang zum Lesen zu ermöglichen. Das Programm kann bei Kindern in der ersten Phase des Lesenlernens wie auch bei älteren Schülern eingesetzt werden. Das Konzept des *Kieler Leseaufbaus* sieht das silbenweise lautierende Erlesen als die Basis des Lesenlernens. Im Zentrum des Programms steht die Förderung des alphabetischen Lesens (▶ Abschn. 2.2.1). In das Programm sind aber auch Übungen zum alphabetischen Rechtschreiben integriert. Im *Kieler Leseaufbau* werden Buchstabe-Laut-Verbindungen getrennt in 14 Stufen mit zunehmendem Schwierigkeitsgrad eingeführt. Bezüglich der Konsonanten werden im zu lesenden Wortmaterial bis Stufe 4 nur dehnbare Konsonanten verwendet, ab Stufe 5 wird auch mit nicht dehnbaren Konsonanten gearbeitet, und in Stufe 11 werden dann Konsonantenverbindungen eingeführt. Bezüglich der Vokale werden bis Stufe 2 ausschließlich lange Vokale verwendet, ab Stufe 3 wird außer langen Vokalen auch das kurze /e/ in der Wortendung benutzt, und in Stufe 12 werden dann kurze Vokale eingeführt. Weiterhin steigt die Komplexität der Wortstrukturen über die Stufen an: Bis Stufe 10 sind die Wörter zweisilbig und enthalten keine Konsonantenverbindungen, ab Stufe 11 werden Konsonantenverbindungen in zweisilbigen Wörtern verwendet, in Stufe 14 schließlich kommen auch Wörter mit mehr als drei Silben zum Einsatz. Ein zentraler Bestandteil des *Kieler Leseaufbaus* ist die Verwendung von Lautgebärden. Lautgebärden sind Handzeichen, die beim silbenweisen Sprechen der Sprachlaute in Wörtern gleichzeitig Laut für Laut gezeigt werden. Lautgebärden sollen als Begleitung des silbenweisen Lesens u. a. die vollständige Erfassung der in der Silbe enthaltenen Laute, die Einhaltung der Reihenfolge der Konsonanten bei Konsonantenverbindungen und die Unterscheidung ähnlich klingender Laute erleichtern. Beim Schreiben sollen sie die Erfassung der rhythmischen Gliederung des silbenweise gesprochenen Wortes unterstützen. Im Rahmen der Durchführung des *Kieler Leseaufbaus* werden weiterhin fünf Strategien eingeübt. Die ersten beiden sollen die Anfangsphase des Leselernprozesses erleichtern, die letzten drei begleiten die Lernprozesse bis zur Automatisierung des Lesens und Schreibens. Die Strategie des Lautierens vermittelt, dass Buchstaben beim Lesen nicht buchstabiert, sondern lautiert werden (z. B. Bezeichnung des Buchstaben F als /f/ nicht /ef/). Die zweite Strategie unterstützt die Kinder beim Erlernen des Verschleifens zweier Laute zur Silbe. Die dritte Strategie ist die Strategie des Silbenschwingens und Dehnsprechens beim Schreiben. Hier wird das Silbenschwingen nach Buschmann angewendet, welches mit einem tiefen Armschwung der Schreibhand in Schreibrichtung durchgeführt und von einem Seitwärtsschritt begleitet wird. Es dient der Grobgliederung des gesprochenen Wortes und macht als »Silbentanzen« die Silbengliederung eines Wortes mit dem ganzen Körper erfahrbar. Daran schließt sich das Dehnsprechen, ein silbenweises Mitsprechen während des Schreibens, an. Dieses soll die Feingliederung innerhalb der Silbe unterstützen. Als vierte Strategie wird die Strategie der nachträglichen Selbstkontrolle mit Lautgebärden beim Schreiben vermittelt. Diese Strategie des kontrollierenden Lesens ist eine zentrale Übung im Anschluss an jede Schreibübung, bei der die Kinder durch silbenweises gedehntes Lesen und unter Verwendung von Lautgebärden kontrollieren, ob sie das jeweilige Wort richtig geschrieben haben. Schließlich werden Strategien zur Unterscheidung von ähnlich klingenden Konsonanten und Vokalen vermittelt (z. B. das Lautwortoperationsverfahren nach Kossow). Der *Kieler Leseaufbau* beinhaltet umfangreiches Material mit Spielkarten, Karteikarten und Arbeitsblättern (Silbenteppiche, Wortlisten), die den jeweiligen Stufen zugeordnet sind. Weiterhin enthält es Lese- und Übungstexte, die nicht nach Stufen geordnet sind. Das ursprüngliche Material wurde mit der Zeit um zusätzliche Arbeits- und Lesehefte erweitert. Es liegen außerdem Übungsmaterialien anderer Autoren sowie eine Übungssoftware vor, die auf den Prinzipien des *Kieler Leseaufbaus* basiert (vgl. Dummer-Smoch und Hackethal 2007).

Der **Kieler Rechtschreibaufbau** (Dummer-Smoch und Hackethal 2001) festigt zunächst die Fähigkeit des alphabetischen Schreibens und fokussiert dann auf die Förderung des orthographischen Schreibens (▶ Abschn. 2.2.2). Der *Kieler Rechtschreibaufbau* gliedert sich in 7 Schwierigkeitsstufen. Die Stufen sind unter dem Aspekt der Strategien gegliedert, die jeweils angewandt werden müssen, wenn man sich hinsichtlich der Schreibung eines Wortes unsicher ist. Dabei entsprechen die Stufen 1 und 2 weitgehend den Stufen des *Kieler Leseaufbaus* und dienen der Festigung des alphabetischen Schreibens. Auf diesen ersten beiden Stufen werden ausschließlich sogenannte Mitsprechwörter (lautgetreue Wörter) verwendet. Die Stufen 3 bis 7 sind dann dem Aufbau des orthographischen Schreibens gewidmet. Auf Stufe 3 (Ableitungen) werden Ableitungsregeln anhand von sogenannten Probierwörtern (Wörter, bei denen man durch Ableitung, z.B. Mehrzahlbildung, die richtige Lösung finden kann) erarbeitet. Auf Stufe 4 (Dopplungen) werden sogenannte Pilotsprach-Wörter eingesetzt, die man dann richtig lösen kann, wenn man sich die Lautfolge künstlich wahrnehmbar macht (z. B. kom-men). Auf den Stufen 5 und 6 (Dehnungen, orthographischer Bereich) wird das Schreiben von sogenannten Merkwörtern, also Wörtern, deren Schreibung man sich merken muss, geübt. Auf Stufe 7 schließlich werden Fremdwörter geschrieben. Nach Dummer-Smoch und Hackethal (2001) wird in den Stufen 5 bis 7 der orthographische Bereich im engeren Sinne aufgebaut, weil die Schreibungen auf diesen Stufen nur durch zusätzliches Rechtschreibwissen gelöst werden können, während die Wörter der Stufen 3 und 4 noch anhand von Ableitung (Stufe 3) bzw. unter Anwendung einer Pilotsprache (Stufe 4) korrekt geschrieben werden können. Die Übungs- und Spielmaterialien zum *Kieler Rechtschreibaufbau* bestehen aus einer Übungskartei, verschiedenen Kartenspielen und Vorlagen zu verschiedenen Rechtschreibspielen. Zusätzlich liegt eine Übungssoftware vor, die auf den Prinzipien des Kieler Rechtschreibaufbaus basiert (vgl. Dummer-Smoch und Hackethal 2001).

Die **Wirksamkeit einer kombinierten Verwendung des *Kieler Leseaufbaus* und des *Kieler Rechtschreibaufbaus*** wurde im Rahmen einer Evaluationsstudie von Strehlow und Kollegen (1999) untersucht. An dieser Studie nahmen lese-rechtschreibschwache Drittklässler als Trainings- und geförderte Kontrollgruppe sowie eine unausgelesene Stichprobe von Drittklässlern als **ungeförderte Kontrollgruppe** teil. Die lese-rechtschreibschwachen Kinder wurden entweder der mit dem *Kieler Leseaufbau* und dem *Kieler Rechtschreibaufbau* geförderten **Trainingsgruppe** oder einer **geförderten Kontrollgruppe**, die nach einer ganzheitlichen Lese-Rechtschreib-Trainingsstrategie gefördert wurde, zugewiesen. Beide geförderten Gruppen erhielten über ein Jahr ein Einzeltraining von 45 Minuten pro Woche (durchschnittlich 30 Sitzungen), bearbeiteten zusätzlich an 4 Tagen pro Woche Hausaufgaben im Umfang von 5 bis 10 Minuten und übten täglich für 15 Minuten mit einem Elternteil das laute Lesen. In beiden geförderten Gruppen zeigten sich Verbesserungen der

◻ **Tab. 6.5**   Vier elementare Bestandteile strategiegeleiteten Lernens im Rahmen der *Lautgetreuen Lese-Rechtschreibförderung*. (Aus Reuter-Liehr 2007).

1. Zweckbezogene Sprachsystematik	Entwicklungsorientierter Schriftspracherwerb: von der phonemischen zur morphemischen Strategie
2. Lautanalytisch ausgewähltes Wortmaterial	Mitsprechwörter Regelwörter/Speicherwörter
3. Sensomotorisch orientierte/sprachstrukturierende Methoden	Lautgebärden Rhythmisches Syllabieren Morphemsegmentierung
4. Verhaltenstherapeutische Verstärkung	Gezielte Belohnung von Anstrengungen Visualisieren und Verstärken von Erfolgen Selbstinstruktion Aufbau von Eigenverantwortung

Rechtschreibleistungen vom Prä- zum Posttest, die bei der geförderten Kontrollgruppe stärker ausfielen als bei der Trainingsgruppe. Beide geförderten Gruppen glichen sich im Posttest in ihren Rechtschreibleistungen an die Leistungen der unausgelesenen ungeförderten Kontrollgruppe an. Dies weist auf ein echtes Aufholen der geförderten Gruppen hin. Weiterhin verbesserten sich beide geförderten Gruppen in ihren Leseleistungen. Auch beim Lesen zeigte die geförderte Kontrollgruppe eine stärkere Leistungsverbesserung als die mit dem *Kieler Leseaufbau* und dem *Kieler Rechtschreibaufbau* geförderte Trainingsgruppe.

Zusammenfassend weist die Studie von Strehlow und Kollegen (1999) darauf hin, dass eine kombinierte Förderung mit dem *Kieler Leseaufbau* und dem *Kieler Rechtschreibaufbau* zu einer Verbesserung der Lese- und Rechtschreibleistungen von lese-rechtschreibschwachen Kindern führt, was für die **bereichsspezifische Wirksamkeit** der kombinierten Anwendung der beiden Programme spricht. Da keine ungeförderte Kontrollgruppe mit schwachen Lese-Rechtschreibleistungen einbezogen wurde, ist dieser Schluss allerdings nicht eindeutig (▶ Abschn. 6.1.1). Die **Nachhaltigkeit** einer Förderung mit dem *Kieler Leseaufbau* und/oder dem *Kieler Rechtschreibaufbau* wurde unseres Wissens bisher nicht untersucht. Abschließend sei noch einmal auf die in ▶ Abschn. 6.3.4 dargestellte Studie zur Wirksamkeit des *Marburger Rechtschreibtrainings* hingewiesen, in der eine mit dem *Kieler Leseaufbau* geförderte Gruppe lese-rechtschreibge-

störter Drittklässler als geförderte Kontrollgruppe fungierte (Groth et al., 2013). Wie der Darstellung in ▶ Abschn. 6.3.4 entnommen werden kann, können aus dem Ergebnismuster dieser Studie leider keine eindeutigen Schlüsse über die Effektivität der beiden Förderansätze gezogen werden.

Lautgetreue Lese-Rechtschreibförderung

Die **Lautgetreue Lese-Rechtschreibförderung** liegt als umfangreiches Programm in insgesamt fünf Bänden vor (Reuter-Liehr 2010, 2008, 2006a, b, c, d). Das Konzept der *Lautgetreuen Lese-Rechtschreibförderung* verknüpft vier elementare Bestandteile mit dem Ziel, ein strategiegeleitetes Lernen zu ermöglichen (einen Überblick gibt ◻ Tab. 6.5). Der erste elementare Bestandteil der *Lautgetreuen Lese-Rechtschreibförderung* (◻ Tab. 6.5) ist die zweckbezogene Sprachsystematik. Damit ist gemeint, dass Erkenntnisse über Häufigkeiten und Regelmäßigkeiten der deutschen Orthographie, die für das lese-rechtschreibgestörte Kind hilfreich und nachvollziehbar sind, in den Schriftsprachaufbau einbezogen werden. Die Sprachsystematik der *Lautgetreuen Lese-Rechtschreibförderung* folgt den Phasen des Schriftspracherwerbs (▶ Abschn. 2.2). So wird zunächst das alphabetische Lesen und Schreiben (phonemische Strategie) gefördert, danach wird systematisch eine orthographische bzw. morphemische Lese-Rechtschreibstrategie etabliert. Der zweite elementare Bestandteil der *Lautgetreuen Lese-Rechtschreibförderung* (◻ Tab. 6.5) ist die Verwendung von lautanalytisch ausgewähltem Wortmaterial. Dem liegt die Annahme zugrunde, dass dem lese-rechtschreibgestörten Kind nur bei Verwendung von lautanalytisch exakt ausgewähltem Wortmaterial die Einsicht in die strukturellen Regelmäßigkeiten der Schriftsprache gelingt. Deshalb verlangt das jeweils eingesetzte Wortmaterial konsequent nur den Einsatz von Strategien, die bereits trainiert wurden. Sogenannte Mitsprechwörter (lautgetreue Wörter) bilden die Grundlage für das lautgetreue Lesen und Schreiben und werden im Rahmen der Förderung der phonemischen Strategie eingesetzt. Die Mitsprechwörter werden in 6 im Schwierigkeitsgrad steigende Stufen, die Phonemstufen 1 bis 6, eingeteilt, um den systematischen Aufbau der phonemischen Strategie zu ermöglichen. Zum Aufbau der morphemischen Strategie kommen dann zunächst sogenannte Regelwörter zum Einsatz. Regelwörter enthalten Regelhaftigkeiten, die von der Lauttreue abweichen, dabei aber begründbar sind. Abschließend erfolgt ggf. ein Training mit sogenannten Speicherwörtern. Diese müssen auswendig gelernt werden, da sie von den Regelhaftigkeiten der deutschen Orthographie abweichen. Der dritte elementare Bestandteil der *Lautgetreuen Lese-Rechtschreibförderung* (◨ Tab. 6.5) ist die Anwendung sensomotorisch orientierter/sprachstrukturierender Methoden. Hier wird davon ausgegangen, dass eine gewinnbringende Verknüpfung von Sprachsystematik und Wortmaterial nur durch den Einsatz sensomotorisch orientierter, die gesprochene Sprache strukturierender und das Lesen und Schreiben steuernder Methoden gelingen kann. Beim Aufbau der phonemischen Strategie sollen zum einen Lautgebärden das Erlernen von Buchstabe-Laut-Zuordnungen, die Synthese beim Lesen und die Differenzierung ähnlich klingender Laute erleichtern (vgl. *Kieler Leseaufbau* ▸ Abschn. 6.3.5). Zum anderen wird die Methode des rhythmischen Syllabierens nach Buschmann (vgl. *Kieler Leseaufbau* ▸ Abschn. 6.3.5) eingesetzt, um eine Mitsprechstrategie aufzubauen. Hier beginnt das Training mit einem Sprechtraining, indem das rhythmisch-silbierende Schwingen mit gleichzeitigem Sprechen und in Schreibrichtung Seitwärts-Tanzen kombiniert wird. Dieser Sprechrhythmus wird dann auf das, silbengliedernde synchrone Sprechschreiben

übertragen. Schließlich wird das Lesen mit Silbenbögen geübt, welches das Erfassen des Silbenrhythmus vertiefen, das Erkennen der Silbengliederung beim Lesen üben und die Lesegenauigkeit erhöhen soll. Die Entwicklung der morphemischen Strategie (vgl. auch *PotsBlitz*, ▸ Abschn. 6.3.3, und MORPHEUS, ▸ Abschn. 6.3.4) wird anhand des systematischen Aufbaus orthographischer Strukturen auf der Grundlage der Morphemsegmentierung (Einteilung von Wörtern in Wortbausteine) geübt. Dabei wird ein Regeltraining in 6 Schwierigkeitsstufen durchgeführt. Dieses trainiert zunächst das Erkennen von Anfangsmorphemen (Vorsilben) und Endmorphemen (Nachsilben), um so die Isolierung von Hauptmorphemen (Stammmorphemen) zu ermöglichen. Darauf aufbauend werden dann übergeordnete Ableitungsstrategien erarbeitet. Der vierte elementare Bestandteil der *Lautgetreuen Lese-Rechtschreibförderung* (◨ Tab. 6.5) besteht in der verhaltenstherapeutischen Verstärkung mit dem Ziel der Optimierung des Lernprozesses. Dabei werden Anstrengungen des Kindes gezielt belohnt und der Aufbau des Selbstwertgefühls durch das Visualisieren von Erfolgen (z. B. durch das Zählen richtig geschriebener Wörter) unterstützt. Weiterhin werden Steuerungshilfen in Form von Selbstinstruktionen und Signalzeichen (z. B. Symbole zum Aufbau der Mitsprechstrategie) angeboten. Ein in das Training integriertes häusliches Strategietraining, welches das Kind eigenständig ohne die Eltern durchführt, hilft beim Aufbau von Eigenverantwortung (vgl. Reuter-Liehr o. A., 2007).

Da der *Lautgetreuen Lese-Rechtschreibförderung* ein Konzept zugrunde liegt, welches auf der untersten Ebene der Schriftsprachentwicklung (alphabetische/phonemische Phase) ansetzt und bis zum Umgang mit Ausnahmen der deutschen Orthographie (Speicherwörter) reicht, ist der Einsatzbereich des Programms auf keine Altersgruppe begrenzt. Abhängig vom Schweregrad der Lese-Rechtschreibstörung dauert die Therapie etwa zwischen 80 und 120 Stunden. Es wird eine Stunde Therapie pro Woche gekoppelt mit einem regelmäßigen häuslichen Strategietraining von 10 Minuten pro Tag empfohlen. Aufgrund der Komplexität der *Lautgetreuen Lese-Rechtschreibförderung*, des individuell auf das Kind abzustimmenden Methodeneinsatzes und des Einsatzes verhaltenstherapeutischer Elemente wird der Qualifikation des durchführenden Therapeuten ein hoher Stellenwert für die Erfolg der Förderung beigemessen (Reuter-Liehr o. A., 2007).

Die **Wirksamkeit der** *Lautgetreuen Lese-Rechtschreibförderung* wurde im Rahmen von mehreren Evaluationsstudien untersucht (Unterberg 2005; Klicpera et al. 2004, zitiert nach Reuter-Liehr 2008; Weber et al. 2002; Reuter-Liehr 1993). In einer Studie von Reuter-Liehr (1993) wurde eine **Trainingsgruppe** aus rechtschreibschwachen Fünftklässlern über einen Zeitraum von 20 Monaten im schulischen Rahmen (eine Doppelstunde pro Woche; 60 Sitzungen) durch die Programmautorin bzw. einen Projektmitarbeiter nach dem Konzept der *Lautgetreuen Lese-Rechtschreibförderung* gefördert und mit **zwei ungeförderten Kontrollgruppen**, die ebenfalls aus rechtschreibschwachen Fünftklässlern bestanden, verglichen: Die erste ungeförderte Kontrollgruppe stammte aus der gleichen Schule wie die Trainingsgruppe. Hier nahmen die Lehrer an einer Fortbildung zum in der Trainingsgruppe eingesetzten Förderkonzept teil und hospitierten bei der Förderung mit dem Ziel eines Transfers in den Deutschunterricht. Außerdem wurde begleitend Elternarbeit durchgeführt. Die zweite ungeförderte Kontrollgruppe stammte aus Kontrollschulen. Nach Abschluss der Förderung am Ende von Klasse 6 zeigte die Trainingsgruppe eine Verbesserung im Rechtschreiben von durchschnittlich 15 T-Wert-Punkten gegenüber dem Prätest und die ungeförderte Kontrollgruppe aus derselben Schule eine Verbesserung von ca. 7 T-Wert-Punkten. Die ungeförderte Kontrollgruppe aus den Kontrollschulen verbesserte sich nicht signifikant im Rechtschreiben. In einer zweiten Teilstudie (Reuter-Liehr 1993) wurde die Wirksamkeit der *Lautgetreuen Lese-Rechtschreibförderung* bei Anwendung durch speziell geschulte Lehrkräfte überprüft. Hier verbesserten sich die Rechtschreibleistungen einer rechtschreibschwachen **Trainingsgruppe** nach 45 Sitzungen um durchschnittlich 12 T-Wert-Punkte. Weber und Kollegen (2002) evaluierten die Wirksamkeit der *Lautgetreuen Lese-Rechtschreibförderung* im Rahmen einer Studie mit lese-rechtschreibschwachen Drittklässlern. Eine **Trainingsgruppe** wurde über einen Zeitraum von 4 Monaten in 15 Sitzungen à 90 Minuten mit dem Programm gefördert, während eine **ungeförderte Kontrollgruppe** keine Förderung erhielt. Die Trainingsgruppe zeigte vom Prä- zum Posttest stärkere Verbesserungen im Rechtschreiben, nicht aber in der Lesegeschwindigkeit, als die ungeförderte Kontrollgruppe. Klicpera und Kollegen (zitiert nach Reuter-Liehr 2008) förderten lese-rechtschreibschwache Drittklässler in **zwei Trainingsgruppen** (Trainingsdauer Gruppe 1: zweimal 45 Minuten pro Woche; Trainingsdauer Gruppe 2: eimal 45 Minuten pro Woche) über einen Zeitraum von 17 Monaten mit der *Lautgetreuen Lese-Rechtschreibförderung*. Beide Trainingsgruppen zeigten nach Abschluss der Förderung eine stärkere Verbesserung der Lese- und Rechtschreibgenauigkeit, nicht aber der Lesegeschwindigkeit, als eine **ungeförderte Kontrollgruppe**, die ebenfalls aus lese-rechtschreibschwachen Drittklässlern bestand. Schließlich analysierte Unterberg (2005) Dokumentationen von Therapien nach dem Konzept der *Lautgetreuen Lese-Rechtschreibförderung*. Die rechtschreibschwachen Therapieteilnehmer (n = 164, Durchschnittsalter zu Beginn der Therapie: 10 Jahre; durchschnittliche Anzahl von Therapiestunden: 79) hatten nach Abschluss der Therapie ihre Rechtschreibleistungen im Mittel um fast 19 T-Wert-Punkte verbessert. Eine Evaluation langfristiger Therapieerfolge, die Unterberg (2005) durchschnittlich 4 Jahre (Range: 6 Monate bis 10 Jahre) nach Abschluss der Förderung mit einer Teilstichprobe der Therapieteilnehmer (n = 46) durchführte, zeigte eine mittlere Verbesserung der Rechtschreibleistung um fast 12 T-Wert-Punkte vom Prätest zum Posttest 2.

Die vorliegenden Evaluationsstudien (Unterberg 2005; Klicpera et al. 2004 zitiert nach Reuter-Liehr 2008; Weber et al. 2002; Reuter-Liehr 1993) belegen, dass die *Lautgetreue Lese-Rechtschreibförderung* bezüglich des Rechtschreibens **bereichsspezifisch wirksam** ist und die Rechtschreibleistungen rechtschreibschwacher Kinder verbessert. Ebenso fördert das Programm die Lesegenauigkeit bei leseschwachen Kindern (Klicpera et al. 2004, zitiert nach Reuter-Liehr 2008). Dagegen konnte ein Effekt der *Lautgetreuen Lese-Rechtschreibförderung* auf die Lesegeschwindigkeit bisher nicht nachgewiesen werden (Klicpera et al. 2004, zitiert nach Reuter-Liehr 2008; Weber et al. 2002). Die

Studie von Unterberg (2005) liefert erste Hinweise darauf, dass eine Therapie mit der *Lautgetreuen Lese-Rechtschreibförderung* **nachhaltig** sein könnte. Die Aussagekraft dieser Untersuchung ist aufgrund der selegierten Stichprobe (nur 27 % der Ausgangsstichprobe nahm an der Erhebung teil), der unterschiedlichen Zeitabstände zwischen Posttest 1 und Posttest 2 (6 Monate bis 10 Jahre) und aufgrund des Fehlens einer Kontrollgruppe allerdings eingeschränkt.

6.4 Welcher Förderansatz ist besonders vielversprechend?

In ▶ Abschn. 6.2 und ▶ Abschn. 6.3 haben wir eine ganze Reihe von Programmen zur Prävention von Lese-Rechtschreibschwierigkeiten bzw. zur Intervention bei Lese-Rechtschreibstörung vorgestellt und hinsichtlich ihrer Wirksamkeit bewertet. Zum Abschluss dieses Kapitels sollen nun, unter besonderer Berücksichtigung von vorliegenden Metaanalysen und Literaturübersichten zum Thema, einige allgemeine Aussagen zum aktuellen Forschungsstand bezüglich der Wirksamkeit verschiedener Förderansätze formuliert werden.

6.4.1 Förderansätze zur Prävention von Lese-Rechtschreibschwierigkeiten

Wie wir in ▶ Abschn. 6.2 gesehen haben, fokussieren Programme zur Prävention von Lese-Rechtschreibschwierigkeiten vorrangig auf die **Förderung der phonologischen Bewusstheit**. Dies hat grundsätzlich seine Berechtigung: Die phonologische Informationsverarbeitung mit ihren verschiedenen Teilkomponenten hat sich zwar als eine wichtige Grundlage des Lesens und Schreibens herauskristallisiert (▶ Abschn. 2.1.1), die anderen Komponenten der phonologischen Informationsverarbeitung sind aber, wie wir zu Beginn von ▶ Abschn. 6.2 bereits erläutert haben, nach bisherigem Stand der Forschung vermutlich eher nicht trainierbar (Kapazität des phonologischen Arbeitsgedächtnisses, Geschwindigkeit des Abrufs phonologischer Informationen aus dem Langzeitgedächtnis) oder

bewirken für sich genommen keinen Transfer auf das Lesen und Schreiben (Phonemwahrnehmung). Dagegen haben internationale Metaanalysen (Ehri et al. 2001; Bus und van Ijzendoorn 1999) deutlich gezeigt, dass die phonologische Bewusstheit im Rahmen von Förderprogrammen trainiert werden kann (**bereichsspezifische Wirksamkeit**) und dass bei einer präventiven Förderung ein **Transfer** auf schriftsprachliche Leistungen (basale Lesefertigkeit, Leseverständnis, Rechtschreiben) möglich ist. Eine frühe Förderung der phonologischen Bewusstheit kann demnach einen wichtigen Beitrag zur Prävention von Lese-Rechtschreibschwierigkeiten leisten. Dennoch ist der Erfolg, mit dem ein Kind das Lesen und Schreiben erlernt, von einer Reihe von Faktoren beeinflusst und nicht einzig und allein von der Entwicklung der phonologischen Bewusstheit abhängig. So zeigt die Metaanalyse von Ehri und Kollegen (2001), dass die Kompetenz in der phonologischen Bewusstheit bei Vorschulkindern etwa 28 % der Variabilität der späteren Leseleistungen aufklärt. Bei Kindern mit einem Risiko für Lese-Rechtschreibschwierigkeiten erklärt sie sogar 31 % der langfristigen Leseleistung. Dies untermauert auf der einen Seite die Relevanz der frühen Förderung der phonologischen Bewusstheit für den späteren Leseerfolg, bedeutet auf der anderen Seite aber auch, dass ein substanzieller Anteil der Variabilität der Leseleistung (hier 72 % bzw. 69 %) durch andere Faktoren erklärt wird. So erwies sich beispielsweise das Ausmaß, zu dem Kinder im Kindergartenalter mit ihren Eltern Bücher lesen bzw. Bilderbücher anschauen, als wichtiger Einflussfaktor auf die spätere Schriftsprachentwicklung (vgl. Ehri et al. 2001; Bus und van Ijzendoorn 1999).

Bezüglich der Relevanz einer Förderung der phonologischen Bewusstheit für den Schriftspracherwerb zeigen die oben genannten Metaanalysen zusätzlich übereinstimmend, dass die **Effektivität einer Förderung der phonologischen Bewusstheit mit steigendem Alter abnimmt**. Je früher ein reines Training der phonologischen Bewusstheit erfolgt, desto effektiver ist es also. Des Weiteren kommen beide Metaanalysen zu dem Schluss, dass ein Trainingsansatz, der eine **Förderung der phonologischen Bewusstheit mit einer Förderung der Buchstabe-Laut-Zuordnung** kombiniert, besonders effektiv ist. Ehri und Kollegen (2001) vermuten, dass die Nutzung von Buchstaben bei der Manipulation von Sprachlauten den Kindern hilft, den Transfer auf das Lesen und Schreiben zu meistern. Dies entspricht genau der Argumentation im Rahmen der sogenannten **phonologischen Verknüpfungshypothese** (Hatcher et al. 1994), welche davon ausgeht, dass ein Training, das den Kindern mittels einer Förderung der Buchstabe-Laut-Zuordnung hilft, explizite Verbindungen zwischen phonologischen Fähigkeiten (z. B. phonologische Bewusstheit) und der Schriftsprache herzustellen, eine besonders effektive Art der Förderung des Schriftspracherwerbs darstellt. Besonders für Kinder mit einem Risiko für Lese-Rechtschreibschwierigkeiten könnte also eine reine Förderung der phonologischen Bewusstheit keine optimale Förderstrategie darstellen, weil diese Kinder ganz besonders einer Förderung bedürfen, die deutlich macht, wie phonologische Fähigkeiten auf die Schriftsprache zu übertragen sind. Diese Annahme wurde in einer Studie von Hatcher und Kollegen (2004), die die Effektivität verschiedener Ansätze zur Förderung des Schriftspracherwerbs bei Schulanfängern miteinander verglich, bestätigt. Kinder mit unbeeinträchtigter Schriftsprachentwicklung benötigten im Lese-Anfangsunterricht (welcher phonologisch orientiert war und auch Buchstabe-Laut-Zuordnungen behandelte) kein zusätzliches phonologisches oder Buchstabe-Laut-Zuordnungs-Training, um das Lesen zu erlernen. Für Kinder mit einem Risiko für Lese-Rechtschreibschwierigkeiten war dagegen ein zusätzliches kombiniertes Training der phonologischen Bewusstheit und der Buchstabe-Laut-Zuordnung für das Erlernen des Lesens förderlich. Risikokinder, die nur ein Training der phonologischen Bewusstheit erhielten, konnten ihre Wortlesefähigkeiten nicht im gleichen Ausmaß verbessern wie Kinder mit einem kombinierten Training.

Zusammenfassend ist nach dem internationalen Stand der Wissenschaft heute belegt, dass Kinder mit Schwierigkeiten in der phonologischen Informationsverarbeitung ein Risiko für die Entwicklung von Lese-Rechtschreibschwierigkeiten aufweisen (▶ Abschn. 2.1.1 und ▶ Abschn. 4.3.1). Eine frühe Förderung der phonologischen Bewusstheit kann zur Prävention von Lese-Rechtschreibschwierigkeiten beitragen. Besonders effektiv scheint eine

präventive Förderung zu sein, die ein Training der phonologischen Bewusstheit mit einem Training der Buchstabe-Laut-Zuordnung kombiniert (vgl. auch Snowling und Hulme 2011). Bezüglich der Frage, wie effektiv individuelle Präventionsprogramme aus dem deutschen Sprachraum der Entstehung von Lese-Rechtschreibschwierigkeiten vorbeugen, sei auf die ausführliche Darstellung in ▶ Abschn. 6.2 verwiesen.

6.4.2 Förderansätze zur Intervention bei Lese-Rechtschreibstörung

Wie wir in ▶ Abschn. 6.3 aufgezeigt haben, sind bezüglich der Intervention bei Lese-Rechtschreibstörung verschiedene Vorgehensweisen denkbar. Die Förderung kann ausschließlich bei vermuteten kognitiven Grundlagen des Lesens und Schreibens ansetzen oder eine Förderung von kognitiven Grundlagen mit einer Förderung des Lesens und/oder Schreibens kombinieren. Sie kann weiterhin direkt das Lesen bzw. das Rechtschreiben fördern oder eine Kombination der Förderung des Lesens und Rechtschreibens zum Ziel haben. Egal welcher dieser Ansätze gewählt wird, das wichtigste Ziel einer jeden Förderung bei Lese-Rechtschreibstörung ist die Verbesserung des Lesens und/oder Schreibens. Deshalb bemisst sich die **Wirksamkeit eines jeden dieser Förderansätze daran, inwiefern er im Bereich des Lesens und/oder Rechtschreibens eine Leistungssteigerung bewirkt.**

Im deutschen Sprachraum wie auch international liegen eine Reihe von Förderprogrammen vor, die eine Intervention bei Lese-Rechtschreibstörung anhand des **Trainings basaler nicht-sprachlicher auditiver und/oder visueller Informationsverarbeitungsleistungen** vornehmen. Die Grundidee dieser Programme ist es, an der kognitiven Ursache der Lese-Rechtschreibstörung anzusetzen und durch eine Beseitigung von Defiziten in der kognitiven Informationsverarbeitung quasi ein neues Fundament für den Lese- und Rechtschreibprozess zu legen. Die Aufgaben, die in derartigen Förderprogrammen verwendet werden, sind teilweise an Theorien zur kognitiven Ursache der Lese-Rechtschreibstörung (▶ Abschn. 4.3) orientiert. Wie wir in ▶ Abschn. 4.3 anhand der Darstellung verschiedener etablierter Theorien zur kognitiven Ursache der Lese-Rechtschreibstörung deutlich gemacht haben, herrscht heute aber noch **Uneinigkeit darüber, ob der Lese-Rechtschreibstörung überhaupt ein basales nicht-sprachliches Verarbeitungsdefizit zugrunde liegt**, und, falls ja, welches. Weiterhin weist die aktuelle Forschung darauf hin, dass **Subtypen der Lese-Rechtschreibstörung** unterschieden werden können, bei denen unterschiedliche kognitive Ursachen für die Lese-Rechtschreibproblematik verantwortlich zu machen sind (Heim et al. 2008; Lachmann et al. 2005). Die Argumentation, mit Trainingsmethoden auf basaler nicht-sprachlicher Ebene die Ursache der Lese-Rechtschreibstörung beheben zu können, ist also schon deshalb kritisch zu sehen, weil für die Lese-Rechtschreibstörung keine eindeutige Ursache identifiziert wurde. Außerdem ist das Vorliegen basaler Defizite in einem Wahrnehmungsbereich noch kein Beleg dafür, dass diese Defizite wirklich die Ursache der Lese-Rechtschreibstörung darstellen (von Suchodoletz 2007a; Frith 1999). In der Tat ist nicht eindeutig, ob mit Förderansätzen, die basale nicht-sprachliche Grundlagen des Lesens und Schreibens trainieren, ein **Transfer auf Lese- bzw. Rechtschreibleistungen** erreicht werden kann (▶ Abschn. 6.3.1). Eine Metaanalyse von Ise und Kollegen (2012) zur Wirksamkeit deutschsprachiger Förderansätze bei Lese-Rechtschreibstörung kommt zu dem Schluss, dass eine Förderung nicht-sprachlicher kognitiver Grundlagen des Lesens und Schreibens nicht zu einer Verbesserung der Lese-Rechtschreibleistung führt.

In ▶ Abschn. 4.3.6 haben wir bezüglich der Ursachen der Lese-Rechtschreibstörung zusammengefasst, dass die phonologische Theorie der Lese-Rechtschreibstörung diejenige kognitive Theorie der Lese-Rechtschreibstörung ist, die durch die meisten und klarsten Belege gestützt wird. Vergegenwärtigt man sich zusätzlich, dass ein Training der phonologischen Bewusstheit als erfolgversprechende Maßnahme zur Prävention von Lese-Rechtschreibschwierigkeiten gilt (▶ Abschn. 6.4.1), so erscheint die Idee, Kinder mit Lese-Rechtschreibstörung durch eine **Förderung kognitiver Grundlagen des Lesens und Schreibens auf der Ebene der phonologischen Bewusstheit** zu behandeln, grundsätzlich vielversprechend. Ise und Kollegen

(2012) kommen in ihrer Metaanalyse allerdings zu dem Schluss, dass isolierte Phonologietrainings bei Lese-Rechtschreibstörung nicht wirksam sind. Ebenso wird in der in ▶ Abschn. 6.4.1 bereits vorgestellten Metaanalyse von Ehri und Kollegen (2001) für Kinder mit Lese-Rechtschreibstörung zwar ein Transfer eines Trainings der phonologischen Bewusstheit auf das Lesen, nicht aber auf das Rechtschreiben, berichtet. Einen Erklärungsansatz für diese unerwarteten Ergebnisse liefert die ebenfalls in ▶ Abschn. 6.4.1 besprochene **phonologische Verknüpfungshypothese**. Kinder mit Lese-Rechtschreibstörung könnten eine explizite Verbindung zwischen phonologischen Leistungen und schriftsprachlichen Leistungen benötigen, um von einem phonologischen Training profitieren zu können. Dies bestätigte sich in einer Trainingsstudie von Hatcher und Kollegen (1994): Ein Trainingsansatz, der ein phonologisches Training mit einem Lesetraining kombinierte, verbesserte die Leseleistungen leseschwacher Kinder stärker als Ansätze, die bei ähnlichem Zeitumfang auf ein reines phonologisches Training oder ein reines Lesetraining fokussierten. Dabei scheinen die phonologischen Übungen zum Aufbau phonologischer Repräsentationen beigetragen zu haben, während die Leseübungen die Verbindungen zwischen phonologischen und orthographischen Repräsentationen von Wörtern gestärkt haben, so dass schließlich ein Effekt auf das lautgetreue Lesen resultierte (Hulme und Snowling 2009). Einen weiteren Erklärungsansatz dafür, warum ein Training, das eine **Förderung phonologischer und schriftsprachlicher Leistungen kombiniert**, einen empfehlenswerten Förderansatz bei Lese-Rechtschreibstörung darstellen könnte (vgl. auch die in ▶ Abschn. 6.3.2 vorgestellten deutschsprachigen Trainingsprogramme) liefert der **funktionale Koordinationsdefizit-Ansatz der Lese-Rechtschreibstörung** (▶ Abschn. 4.3.5). Aus den Grundannahmen dieses Ansatzes ergibt sich, dass ein reines Training von kognitiven Grundlagen des Schriftspracherwerbs (z. B. der phonologischen Bewusstheit) bei Kindern mit Lese-Rechtschreibstörung nicht notwendigerweise zu einer Verbesserung der Lese-Rechtschreibleistungen führt. Der Grund dafür liegt darin, dass diese Kinder bereits eine suboptimale Koordination der am Lesen und Schreiben beteiligten Prozesse automatisiert haben.

Ein erneutes Training der Koordination und deren Automatisierung (z.B. durch ein Training der phonologischen Bewusstheit und anschließende Übertragung phonologischer Leistungen auf die Schriftsprache) erscheint hier vielversprechender.

In Überblicksarbeiten zur Wirksamkeit deutschsprachiger Förderprogramme bei Lese-Rechtschreibstörung kommen verschiedene Autoren zu dem Schluss, dass **Programme, die direkt an den Defiziten im Lesen und Schreiben ansetzen** (vgl. die in ▶ Abschn. 6.3.3 bis ▶ Abschn. 6.3.5 vorgestellten Förderprogramme), am erfolgreichsten sind (von Suchodoletz 2007b; Mannhaupt 2006b; Scheerer-Neumann 1979). Dies wird durch die aktuelle Metaanalyse zur Wirksamkeit deutschsprachiger Förderansätze von Ise und Kollegen (2012) bestätigt. In dieser Metaanalyse zeigte sich, dass symptomspezifische Förderansätze (welche einen direkten Bezug zur Symptomatik aufweisen, d. h. Lese-Rechtschreibtrainings und Phonologietrainings) wirksamer sind als Funktions- und Wahrnehmungstrainings (welche nicht-sprachliche kognitive Grundlagen des Lesens und Schreibens wie z. B. die auditive oder visuelle Verarbeitung trainieren). Bezüglich der symptomspezifischen Förderansätze erwiesen sich insbesondere die Lese- und/oder Rechtschreibtrainings als effektiv. Die Metaanalyse zeigte auch, dass die Effekte einer Förderung auf das Rechtschreiben in der Regel stärker sind als die Effekte auf das Lesen. Weiterhin erwiesen sich Förderprogramme, die über einen Zeitraum von mehr als 20 Wochen durchgeführt wurden, als effektiver als Programme, die über kürzere Zeiträume durchgeführt wurden. Schließlich scheint der Einsatz verhaltenstherapeutischer Maßnahmen (Verstärker, Token) die Wirksamkeit einer Förderung bei Lese-Rechtschreibstörung zu erhöhen.

Es ist aber zu beachten, dass Maßnahmen zur Förderung des Lesens und Schreibens bei Lese-Rechtschreibstörung nur dann effektiv sein können, wenn sie auf den **Entwicklungsstand des Kindes** abgestimmt sind (von Suchodoletz 2007b; Mannhaupt 2006b). Wie wir in ▶ Abschn. 2.2 im Rahmen der Darstellung des **Phasenmodells der Lese-Rechtschreibentwicklung** nach Frith gesehen haben, durchlaufen Kinder zunächst eine Phase des alphabetischen Lesens und Schreibens (in

der Buchstabe-Laut-Zuordnungen zum Lesen und Schreiben genutzt werden), bevor sie in der orthographischen Phase größere Einheiten (z. B. ganze Wörter, Morpheme) beim Lesen und Schreiben nutzen. Da die Phasen nacheinander durchlaufen werden und aufeinander aufbauen, müssen die zu bearbeitenden Schriftsprachprobleme am Entwicklungsstand des Kindes orientiert sein. Trainings für die erste Klasse sollten sich somit auf Übungen zum Lesen und Schreiben auf alphabetischem Niveau konzentrieren. Der Einsatz von Aufgaben auf orthographischem Niveau ist erst ab Mitte der zweiten bzw. Anfang der dritten Klasse möglich (Mannhaupt 2006b). Auch bei älteren Kindern gibt aber der Entwicklungsstand der Kinder vor, auf welcher Ebene der Schriftsprache die Förderung ansetzt. Erst wenn die Beherrschung der alphabetischen Strategie gesichert ist, sollte zu orthographischen Trainingsinhalten übergegangen werden (Mannhaupt 1994). Bereitet auch die Buchstabe-Laut-Zuordnung den Kindern noch Schwierigkeiten, so können Übungen zur phonologischen Bewusstheit und zur Buchstabe-Laut-Zuordnung sinnvoll sein (von Suchodoletz 2007b). Vor Beginn einer Förderung sollte deshalb nach Mannhaupt (2006b) immer zunächst ermittelt werden, welche konkreten Schriftsprachprobleme bei einem Kind vorliegen, auf welchem Stand es bezüglich der Schriftsprachentwicklung ist und welche Voraussetzungen es braucht, um die nächsten Lernschritte zu bewältigen. Dies erfordert, eine entsprechende **Diagnostik** unter Einsatz geeigneter diagnostischer Verfahren durchzuführen (▶ Kap. 5). Erst nach Ermittlung des Entwicklungsstandes des Kindes kann dann entschieden werden, welches Förderprogramm konkret eingesetzt werden sollte.

Zusammenfassend sprechen die vorgestellten Überblicksarbeiten sowie die Metaanalyse zur Wirksamkeit deutschsprachiger Förderansätze bei Lese-Rechtschreibstörung dafür, dass Förderansätze, die direkt am Lesen und Schreiben ansetzen, besonders vielversprechend sind. Allerdings ist hier zu beachten, dass eine Förderung den konkreten Schriftsprachproblemen und dem Stand der Schriftsprachentwicklung angepasst sein sollte. Deshalb kann es u. U. sinnvoll sein, auch phonologische Übungen in die Förderung bei Lese-Rechtschreibstörung zu integrieren. Dies wird auch durch die phonologische Verknüpfungshypothese unterstützt, die davon ausgeht, dass eine explizite Verbindung aus phonologischen und schriftsprachlichen Trainingsinhalten die Entwicklung der alphabetischen Lese-Rechtschreibstrategie bei Kindern mit Lese-Rechtschreibstörung fördert. Die Wirksamkeit von Förderansätzen, die kognitive Funktionen auf der nicht-sprachlichen Ebene trainieren, wird in den vorliegenden wissenschaftlichen Übersichtsarbeiten eher bezweifelt. Allerdings liegen z. B. für das AUDILEX-Programm, welches die nicht-sprachliche audio-visuelle Integration trainiert, Wirksamkeitsbelege aus zwei internationalen Studien vor (▶ Abschn. 6.3.1). Es kann also nach heutigem Stand der Wissenschaft unseres Erachtens nicht ausgeschlossen werden, dass ein Einsatz von Trainingsprogrammen, die nicht-sprachliche kognitive Funktionen trainieren, im Rahmen der Förderung bei Lese-Rechtschreibstörung sinnvoll sein kann. Allerdings sind hier weitere Evaluationsstudien vonnöten. In jedem Fall ist unseres Erachtens nicht davon auszugehen, dass ein alleiniges Training nicht-sprachlicher kognitiver Funktionen im Rahmen der Förderung bei Lese-Rechtschreibstörung ausreichend ist. Von Lese-Rechtschreibstörung betroffene Kinder weisen in der Regel Defizite in der phonologischen Informationsverarbeitung auf (▶ Abschn. 4.3.1) und sind durch stark unterdurchschnittliche Leistungen im Lesen und/oder Rechtschreiben charakterisiert. Diese Defizite bestehen bereits seit längerer Zeit (eine zuverlässige Diagnose der Lese-Rechtschreibstörung ist erst ab dem Ende der zweiten Klasse möglich, ▶ Kap. 5) und haben die bisherige Schriftsprachentwicklung und damit die Automatisierung des Lese-Rechtschreibprozesses (▶ Abschn. 2.2 und ▶ Abschn. 2.3) behindert oder zu einer ungünstigen Koordination und Automatisierung der am Lesen und Schreiben beteiligten Prozesse geführt (▶ Abschn. 4.3.5). Es erscheint schwer vorstellbar, dass ein Training, das auf einer vermuteten nicht-sprachlichen kognitiven Verursachungsebene der Lese-Rechtschreibstörung ansetzt, diese Folgen einer meist über Jahre ungünstig verlaufenden Entwicklung des Lesens und Schreibens einfach so kompensieren und die schriftsprachlichen Leistungen normalisieren kann. Stattdessen ist vermutlich eine langwierige Übung der noch nicht beherrschten Aspekte der Schriftsprachentwicklung (z. B. phonologische Bewusstheit, Buchstabe-Laut-Zuordnung, alphabetisches und orthographisches Lesen und Schreiben) notwendig, um das Lesen und Schreiben zu verbessern. Nicht umsonst geht von Suchodoletz (2007b) davon aus, dass als Behandlungszeitraum für eine Therapie bei Lese-Rechtschreibstörung mindestens 1 bis 2 Jahre zu veranschlagen sind.

6.5 Zusammenfassung

Im vorliegenden Kapitel 6, welches dieses Lehrbuch zum Thema Lese-Rechtschreibstörung abschließt, haben wir zunächst einen Überblick darüber gegeben, wie das Design von Studien zur Überprüfung der Wirksamkeit von Förderprogrammen aussehen sollte und welche Kriterien zur Bewertung der Wirksamkeit von Förderprogrammen herangezogen werden können. Dann wurden evaluierte Förderprogramme zur Prävention von Lese-Rechtschreibschwierigkeiten im Vorschul- und Grundschulalter vorgestellt und hinsichtlich ihrer Wirksamkeit bewertet. Aufgrund der Fülle der im deutschen Sprachraum vorliegenden evaluierten Programme zur Förderung bei Lese-Rechtschreibstörung war es nicht möglich, in diesem Kapitel alle derartigen Programme darzustellen. Deshalb wurden – getrennt für verschiedene Förderansätze, die man bei der Intervention bei Lese-Rechtschreibstörung verfolgen kann – beispielhaft Interventionsprogramme vorgestellt und hinsichtlich ihrer Wirksamkeit bewertet. Abschließend wurden unter besonderer Berücksichtigung von Überblicksarbeiten und Metaanalysen einige allgemeinere Aussagen zu der Frage formuliert, welcher Förderansatz zur Prävention von Lese-Rechtschreibschwierigkeiten und zur Intervention bei Lese-Rechtschreibstörung besonders vielversprechend erscheint.

Es war uns ein Anliegen, in diesem Kapitel deutlich zu machen, welche Inhalte grundsätzlich in Förderprogrammen zur Prävention von Lese-Rechtschreibschwierigkeiten bzw. zur Intervention bei Lese-Rechtschreibstörung umgesetzt werden und warum. Als Grundlage dafür dienten vor allem die Ausführungen zu kognitiven Grundlagen des Lesens und Schreibens und zur Schriftsprachentwicklung in ▶ Kap. 2 sowie die Darstellung der

Theorien zu kognitiven Ursachen der Lese-Rechtschreibstörung in ▶ Abschn. 4.3. Wir hoffen, dem Leser anhand dieser Grundlagen aus früheren Kapiteln und der Formulierung allgemeinerer Aussagen zum Stand der Forschung bezüglich der Effektivität von Förderansätzen sowie der Vorstellung und Bewertung konkreter Förderprogramme eine Art Rüstzeug an die Hand gegeben zu haben, das für die weitere theoretische Auseinandersetzung mit Förderansätzen und Förderprogrammen genutzt, aber auch bei der konkreten Planung und Durchführung von Fördermaßnahmen berücksichtigt werden kann.

❓ Übungsfragen

- Welche Studiendesigns sind zur Evaluation von Präventions- und Interventionsprogrammen möglich? Nennen Sie mögliche Vor- und Nachteile der jeweiligen Konzeption.
- Welche Kriterien sind zur Beurteilung der Wirksamkeit eines Förderprogramms heranzuziehen?
- Nennen Sie Programme, die zur Prävention von Lese-Rechtschreibschwierigkeiten im Kindergarten- bzw. im Grundschulalter eingesetzt werden können.
- Erläutern Sie die Inhalte eines Präventionsprogramms, das Sie für den Einsatz in einem Kindergarten vorschlagen würden, und begründen Sie Ihre Wahl.
- Welche Förderansätze können im Rahmen der Intervention bei Lese-Rechtschreibstörung grundsätzlich verfolgt werden? Wie sind diese jeweils begründet?
- Nennen Sie Programme zur Intervention bei Lese-Rechtschreibstörung, die auf der Ebene des Rechtschreibens ansetzen, und stellen Sie Unterschiede zwischen diesen Programmen heraus.
- Welcher Förderansatz bei Lese-Rechtschreibstörung ist nach aktuellem Stand der Forschung besonders vielversprechend? Was ist bei der Planung einer konkreten Fördermaßnahme zu beachten?

Literatur

Berwanger, D., & von Suchodoletz, W. (2004). Erprobung eines Zeitverarbeitungstrainings bei Kindern mit Lese-Rechtschreibschwierigkeiten. *Zeitschrift für Kinder- und Jugendpsychiatrie und Psychotherapie, 32*, 77–84.

Bitz, U., Gust, K., Vogt, K., Steinbrink, C., & Hille, K. (2005). Auswirkungen des AUDILEX-Trainingsprogramms auf die Lese-/Rechtschreibleistung von Grundschülern der 2. Klasse. *Nervenheilkunde, 3*, 184–189.

Bus, A. G., & van Ijzendoorn, M. H. (1999). Phonological awareness and early reading: A meta-analysis of experimental training studies. *Journal of Educational Psychology, 91*(3), 403–414.

Dummer-Smoch, L. (2007). *Der Kieler Leseaufbau.* ▶ http://bvl-legasthenie.de/sites/bvl-legasthenie.de/files/documents/file/Kieler_Leseaufbau.pdf. Zugegriffen: 26. September 2013.

Dummer-Smoch, L., & Hackethal, R. (2001). *Kieler Rechtschreibaufbau – Handbuch* (4. überarbeitete Auflage). Kiel: Veris.

Dummer-Smoch, L., & Hackethal, R. (2002). *Kieler Rechtschreibaufbau* (Neuausgabe). Kiel: Veris.

Dummer-Smoch, L., & Hackethal, R. (2007). *Kieler Leseaufbau – Handbuch* (7. Auflage). Kiel: Veris.

Dummer-Smoch, L., & Hackethal, R. (2008). *Kieler Leseaufbau* (8. Auflage). Kiel: Veris

Ehri, L. C., Nunes, S. R., Willows, D. M., Schuster, B. V., Yaghoub-Zadeh, Z., & Shanahan, T. (2001). Phonemic awareness instruction helps children learn to read: Evidence from the National Reading Panel´s meta-analysis. *Reading Research Quarterly, 36*(3), 250–287.

Einsiedler, W, & Kirschhock, E.-M. (2003). Forschungsergebnisse zur phonologischen Bewusstheit. *Grundschule, 9*, 55–57.

Einsiedler, W., Frank, A., Kirschhock, E.-M., Martschinke, S., & Treinies, G. (2002). Der Einfluss verschiedener Unterrichtsmethoden auf die phonologische Bewusstheit sowie auf Lese- und Rechtschreibleistungen im 1. Schuljahr. *Psychologie in Erziehung und Unterricht, 49*, 194–209.

Fischer, B. (2007). Studien zur sprachfreien auditiven Differenzierung bei Legasthenie. *Forum Logopädie, 3*(21), 30–35.

Fischer, B., & Hartnegg, K. (2008). Saccade control in dyslexia: development, deficits, training and transfer to reading. *Optometry & Vision Development, 39*, 181–190.

Forster, M., & Martschinke, S. (2003). Leichter lesen und schreiben lernen mit der Hexe Susi. Donauwörth: Auer.

Frith, U. (1999). Paradoxes in the definition of dyslexia. *Dyslexia, 5*, 192–214.

Fröhlich, L. P., Metz, D., & Petermann, F. (2009). Kindergartenbasierte Förderung der phonologischen Bewusstheit »Lobo vom Globo«. *Kindheit und Entwicklung, 18*, 204–212.

Fröhlich, L. P., Metz, D., & Petermann, F. (2010). *Förderung der phonologischen Bewusstheit und sprachlicher Kompetenzen – Das Lobo-Kindergartenprogramm*. Göttingen: Hogrefe.

Gebauer, D., Fink, A., Kargl, R., Reishofer, G., Koschutnig, K., Purgstaller, C., Fazekas, F., & Enzinger, C. (2012a). Differences in brain function and changes with intervention in children with poor spelling and reading abilities. *PLoS ONE, 7*(5), e38201. DOI: 10.1371/journal.pone.0038201

Gebauer, D., Fink, A., Filippini, N., Johansen-Berg, H., Reishofer, G., Koschutnig, K., Kargl, R., Purgstaller, C., Fazekas, F., & Enzinger, C. (2012b). Differences in integrity of white matter and changes with training in spelling impaired children: a diffusion tensor imaging study. *Brain Structure and Function, 217*, 747–760.

González, M. O., Espinel, A. G., & Rosquete, R. G. (2002). Remedial interventions for children with reading disabilities: Speech perception – An effective component in phonological training? *Journal of Learning Disabilities, 35*, 334–342.

Gross, M., & Voegeli, C. (2007). A multimedia framework for effective language training. *Computers & Graphics, 31*, 761–777.

Groth, K., Hasko, S., Bruder, J., Kunze, S., & Schulte-Körne, G. (2013). Interventionseffekte bei Lese-Rechtschreibstörung: Evaluation von zwei Förderkonzepten unter besonderer Betrachtung methodischer Aspekte. *Lernen und Lernstörungen, 2*(3), 161–175.

Hatcher, P. J., Hulme, C., & Ellis, A. W. (1994). Ameliorating early reading failure by integrating the teaching of reading and phonological skills: The Phonological Linkage Hypothesis. *Child Development, 65*, 41–57.

Hatcher, P. J., Hulme, C., & Snowling, M. J. (2004). Explicit phoneme training combined with phonic reading instruction helps young children at risk of reading failure. *Journal of Child Psychology and Psychiatry, 45*, 338–358.

Hatz, H., & Sachse, S. (2010). Prävention von Lese-Rechtschreibstörungen: Auswirkungen eines Trainings phonologischer Bewusstheit und eines Rechtschreibtrainings im ersten Schuljahr auf den Schriftspracherwerb bei Risikokindern. *Zeitschrift für Entwicklungspsychologie und Pädagogische Psychologie, 42*, 226–240.

Heim, S., Tschierse, J., Amunts, K., Wilms, M., Vossel, S., Willmes, K., Grabowska, A., & Huber, W. (2008). Cognitive subtypes of dyslexia. *Acta Neurobiologiae Experimentalis, 68*, 73–82.

Holmes, J., Gathercole, S. E., & Dunning, D. L. (2009). Adaptive training leads to sustained enhancement of poor working memory in children. *Developmental Science, 12*, F9–F15.

Huemer, S. M., Pointner, A., & Landerl, K. (2009). Evidenzbasierte LRS-Förderung. Bericht über die wissenschaftlich überprüfte Wirksamkeit von Programmen und Komponenten, die in der LRS-Förderung zum Einsatz kommen. ▶ http://www.schulpsychologie.at/uploads/media/lrs_evidenzbasiert.pdf. Zugegriffen: 18. Juli 2013

Hulme, C., & Snowling, M. J. (2009). Reading Disorders I: Developmental Dyslexia. In C. Hulme & M. Snowling (Hrsg.), *Developmental Disorders of Language Learning and Cognition* (S. 37–89). Chichester: Wiley-Blackwell.

Ise, E., & Schulte-Körne, G. (2010). Spelling deficits in dyslexia: evaluation of an orthographic spelling training. *Annals of Dyslexia, 60*, 18–39.

Ise, E., Engel, R. R., & Schulte-Körne, G. (2012). Was hilft bei Lese-Rechtschreibstörung? – Ergebnisse einer Metaanalyse zur Wirksamkeit deutschsprachiger Förderansätze. *Kindheit und Entwicklung, 21*(2), 122–136.

Kargl, R., & Purgstaller, C. (2010). *MORPHEUS – Morphemunterstütztes Grundwortschatz-Segmentierungstraining*. Göttingen: Hogrefe.

Kargl, R., Purgstaller, C., Weiss, S., & Fink, A. (2008). Effektivitätsüberprüfung eines morphemorientierten Grundwortschatz-Segmentierungstrainings (MORPHEUS) bei Kindern und Jugendlichen. *Heilpädagogische Forschung, 34*(3), 147–156.

Kargl, R., Purgstaller, C., Mrazek, C., Ertl, K., & Fink, A. (2011). Förderung der Lese-und Rechtschreibkompetenz auf Basis des morphematischen Prinzips. *Zeitschrift für Heilpädagogik, 2*, 61–68.

Karma, K. (2003). *AUDILEX 2.0*. Helsinki: Comp-Aid Ltd.

Kast, M., Meyer, M., Voegeli, C., Gross, M., & Jaencke, L. (2007). Computer-based multisensory learning in children with developmental dyslexia. *Restorative Neurology and Neuroscience, 25*, 355–369.

Kast, M., Baschera, G.-M., Gross, M., Jaencke, L., & Meyer, M. (2011). Computer-based learning of spelling skills in children with and without dyslexia. *Annals of Dyslexia, 61*, 177–200.

Kirby, J. R., Georgiou, G. K., Martinussen, R., & Parrila, R. (2010). Naming speed and reading: From prediction to instruction. *Reading Research Quarterly, 45*, 341–362.

Kirschhock, E.-M., Martschinke, S., Treinies, G., & Einsiedler, W. (2002). Vergleich von Unterrichtsmethoden zum Schriftspracherwerb mit Ergebnissen zum Lesen und Rechtschreiben im 1. und 2. Schuljahr. *Empirische Pädagogik, 16*, 433–452.

Klatte, M., Steinbrink, C., Bergström, K., & Lachmann, T. (2013). Phonologische Verarbeitung bei Grundschulkindern mit schwacher Lesefähigkeit. *Lernen und Lernstörungen, 2*, 199–215.

Klatte, M., Steinbrink, C., Prölß, A., Estner, B., Christmann, C., & Lachmann, T. (im Druck). Effekte des computerbasierten Trainingsprogramms »Lautarium« auf die phonologische Verarbeitung und die Lese-Rechtschreibleistungen von Grundschulkindern. In Schulte-Körne, G. (Hrsg.), *Legasthenie und Dyskalkulie - Übergänge gestalten von der frühen Kindheit bis ins Erwachsenenalter*. Bochum: Winkler.

Klauer, K.J. (2001). Trainingsforschung: Ansätze – Theorien – Ergebnisse. In K.J. Klauer (Hrsg.), *Handbuch kognitives Training* (S. 3–66). Göttingen: Hogrefe.

Klicpera, C., & Gasteiger-Klicpera, B. (1996). Auswirkungen einer Schulung des zentralen Hörvermögens nach edu-kinesiologischen Konzepten auf Kinder mit Lese-und Rechtschreibschwierigkeiten. *Heilpädagogische Forschung, 22*(2), 57–64.

Koether, R., Schumacher, B., Scheller, K., van Leeuwen, C., & Lachmann, T. (2007). The relation between speed of visual-auditory integration and general intelligence in dyslexics and normal reading children. In S. Mori, T. Miyaoka & W. Wong (Hrsg.), *Fechner Day 2007. Proceedings of the 23rd annual meeting of the International Society for Psychophysics* (S. 357–362). Tokyo, Japan: The International Society for Psychophysics.

Koglin, U., Fröhlich, L. P., Metz, D., & Petermann, F. (2008). Elternbezogene Förderung der phonologischen Bewusstheit im Kindergartenalter. *Kindheit und Entwicklung, 17,* 173–181.

Küspert, P. & Schneider, W. (1999). *Hören, lauschen, lernen – Sprachspiele für Kinder im Vorschulalter.* Göttingen: Vandenhoeck & Ruprecht.

Kujala, T., Karma, K., Ceponiene, R., Belitz, S., Turkkila, P., Tervaniemi, M., & Näätänen, R. (2001). Plastic neural changes and reading improvement caused by audiovisual training in reading-impaired children. *Proceedings of the National Academy of Sciences, 98,* 10509–10514.

Lachmann, T., Berti, S., Kujala, T., & Schröger, E. (2005). Diagnostic subgroups of developmental dyslexia have different deficits in neural processing of tones and phonemes. *International Journal of Psychophysiology, 56,* 105–120.

Langfeldt, H.-P. (2008). Über den Umgang mit Trainingsprogrammen. In H.-P. Langfeldt & G.Büttner (Hrsg.), *Trainingsprogramme zur Förderung von Kindern und Jugendlichen – Ein Kompendium für die Praxis* (S. 2–15). Weinheim: Beltz.

Lenhard, W. (2013). *Leseverständnis und Lesekompetenz: Grundlagen – Diagnostik – Förderung.* Stuttgart: Kohlhammer.

Mannhaupt, G. (1994). Deutschsprachige Studien zu Intervention bei Lese-Rechtschreibschwierigkeiten: Ein Überblick zu neueren Forschungstrends. *Zeitschrift für Pädagogische Psychologie, 8,* 123–138.

Mannhaupt, G. (2006a). *Münsteraner Trainingsprogramm: Förderung der phonologischen Bewusstheit am Schulanfang.* Berlin: Cornelsen.

Mannhaupt, G. (2006b). Ergebnisse von Therapiestudien. In W. von Suchodoletz (Hrsg.), *Therapie der Lese-Rechtschreib-Störung (LRS)* (S. 93–110). Stuttgart: Kohlhammer.

Mannhaupt, G. (2010). Frühe schulinterne Erfassung und Prävention von Lese-Rechtschreibschwierigkeiten: Münsterisches Screening und münsterisches Trainingsprogramm. In P. Hanke, G. Möwes Butschko, A. K. Hein, D. Berntzen & A. Thieltges (Hrsg.), *Anspruchsvolles Fördern in der Grundschule* (S. 285–290). Münster: ZfL-Verlag.

Metz, D., Fröhlich, L. P., & Petermann, F. (2010). *Schulbasierte Förderung der phonologischen Bewusstheit und sprachlicher Kompetenzen – Das Lobo-Schulprogramm.* Göttingen: Hogrefe.

Metz, D., Fröhlich, L. P., Rißling, J.-K., & Petermann, F. (2011). Kurz- und Langzeiteffekte einer Förderung der phonologischen Bewusstheit bei Schulanfängern. *Zeitschrift für Psychiatrie, Psychologie und Psychotherapie, 59,* 65–72.

Pammer, K., & Vidyasagar, T. R. (2005). Integration of the auditory and visual networks in dyslexia: a theoretical perspective. *Journal of Research in Reading, 28,* 320–331.

Petermann, F., Fröhlich, L. P., Metz, D., & Koglin, U. (2010). *Elternbasierte Sprachförderung im Vorschulalter – Das Lobo-Programm.* Göttingen: Hogrefe.

Plume, E. & Schneider, W. (2004). *Hören, lauschen, lernen 2 – Spiele mit Buchstaben und Lauten für Kinder im Vorschulalter.* Göttingen: Vandenhoeck & Ruprecht.

Reuter-Liehr, C. (o. A.). *Das Konzept der »Lautgetreuen Lese-Rechtschreibförderung« und seine Fortsetzung im Regelbereich.* ▶ http://bvl-legasthenie.de/sites/bvl-legasthenie.de/files/documents/file/Reuter_Liehr.pdf. Zugegriffen: 14. September 2013.

Reuter-Liehr, C. (1993). Behandlung der Lese-Rechtschreibschwäche nach der Grundschulzeit: Anwendung und Überprüfung eines Konzeptes. *Zeitschrift für Kinder- und Jugendpsychiatrie, 21,* 135–147.

Reuter, Liehr, C. (2006a). *Lautgetreue Lese-Rechtschreibförderung, Band 2/1: Elementartraining Phonemstufe 1.* Bochum: Winkler.

Reuter-Liehr, C. (2006b). *Lautgetreue Lese-Rechtschreibförderung, Band 3: Lerngruppe I: 40 exakte Stundenabläufe je 90 Minuten für die Förderung ab Mitte 3. Klasse.* Bochum: Winkler.

Reuter-Liehr, C. (2006c). *Lautgetreue Lese-Rechtschreibförderung, Band 4: Lerngruppe II: 30 exakte Stundenabläufe je 90 Minuten für die Förderung ab 5. Klasse.* Bochum: Winkler.

Reuter-Liehr, C. (2006d). *Lautgetreue Lese-Rechtschreibförderung, Band 5: Das Lernspiel SpielSpirale mit 240 Wortkarten zu den Phonemstufen 1 bis 6.* Bochum: Winkler.

Reuter-Liehr, C. (2007). Das Konzept der »Lautgetreuen Lese-Rechtschreibförderung«. In G. Schulte-Körne (Hrsg.), *Legasthenie und Dyskalkulie: Aktuelle Entwicklungen in Wissenschaft, Schule und Gesellschaft* (S. 107–133). Bochum: Winkler.

Reuter-Liehr, C. (2008). *Lautgetreue Lese-Rechtschreibförderung, Band 1: Eine Einführung in das Training der phonemischen Strategie auf der Basis des rhythmischen Syllabierens mit einer Darstellung des Übergangs zur morphemischen Strategie.* Bochum: Winkler.

Reuter-Liehr, C. (2010). *Lautgetreue Lese-Rechtschreibförderung, Band 2/2: Elementartraining Phonemstufe 2.* Bochum: Winkler.

Rißling, J.-K., Metz, D., Melzer, J., & Petermann, F. (2011). Langzeiteffekte einer kindergartenbasierten Förderung der phonologischen Bewusstheit. *Kindheit und Entwicklung, 20,* 229–235.

Ritter, C. (2010). *Empirische Evaluation eines Lesetrainings auf Silbenbasis zur Förderung der basalen Lesefähigkeit von Grundschulkindern mit Leseschwierigkeiten.* Potsdam: Abschlussbericht an die DFG.

Ritter, C., & Scheerer-Neumann, G. (2009). *PotsBlitz – Das Potsdamer Lesetraining.* Köln: ProLog.

Roth, E., & Schneider, W. (2002). Langzeiteffekte einer Förderung der phonologischen Bewusstheit und der Buchstabenkenntnis auf den Schriftspracherwerb. *Zeitschrift für Pädagogische Psychologie, 16,* 99–107.

Rückert, E. M., Kunze, S., Schillert, M., & Schulte-Körne, G. (2010a). Prävention von Lese-Rechtschreibschwierigkeiten – Effekte eines Eltern-Kind-Programms zur Vorbereitung auf den Schriftspracherwerb. *Kindheit und Entwicklung, 19,* 82–89.

Rückert, E., Kunze, S., & Schulte-Körne, G. (2010b). *Lass uns lesen! – Ein Eltern-Kind-Training zur Vorbereitung auf das Lesen- und Schreibenlernen.* Bochum: Winkler.

Rückert, E. M., Plattner, A., & Schulte-Körne, G. (2010c). Wirksamkeit eines Elterntrainings zur Prävention von Lese-Rechtschreibschwierigkeiten – Eine Pilotstudie. *Zeitschrift für Kinder- und Jugendpsychiatrie und Psychotherapie, 38,* 169–179.

Schäffler, T., Sonntag, J., Hartnegg, K., & Fischer, B. (2004). The effect of practice on low-level auditory discrimination, phonological skills and spelling in dyslexia. *Dyslexia, 10,* 119–130.

Scheerer-Neumann, G. (1979). Intervention bei Lese-Rechtschreibschwäche. Bochum: Kamp.

Schneeberger, B., Kargl, R., Purgstaller, C., Kozel, N., Gebauer, D., Vogl, J., Rohrer, S., & Fink, A. (2011). Förderung von Kindern und Jugendlichen mit Problemen im Schriftspracherwerb. *Zeitschrift für Heilpädagogik, 12,* 476–483.

Schneider, W. (2001). Training der phonologischen Bewusstheit. In K.J. Klauer (Hrsg.), *Handbuch kognitives Training* (S. 69–95). Göttingen: Hogrefe.

Schneider, W., Küspert, P., Roth, E., & Visé, M. (1997). Short- and long-term effects of training phonological awareness in kindergarten: Evidence from two German studies. *Journal of Experimental Child Psychology, 66,* 311–340.

Schneider, W., Ennemoser, M., Roth, E., & Küspert, P. (1999). Kindergarten prevention of dyslexia: Does training in phonological awareness work for everybody? *Journal of Learning Disabilities, 32,* 429–436.

Schneider, W., Roth, E., & Ennemoser, M. (2000). Training phonological skills and letter knowledge in children at risk for dyslexia: A comparison of three kindergarten intervention programs. *Journal of Educational Psychology, 92*(2), 284–295.

Schulte-Körne, G., & Mathwig, F. (2009). *Das Marburger Rechtschreibtraining – Ein regelgeleitetes Förderprogramm für rechtschreibschwache Kinder* (4. durchgesehene und erweiterte Auflage). Bochum: Winkler.

Schulte-Körne, G., Schäfer, J., Deimel, W., & Remschmidt, H. (1997). Das Marburger Eltern-Kind-Rechtschreibtraining. *Zeitschrift für Kinder- und Jugendpsychiatrie, 25,* 151–159.

Schulte-Körne, G., Deimel, W., & Remschmidt, H. (1998). Das Marburger Eltern-Kind-Rechtschreibtraining – Verlaufsuntersuchung nach zwei Jahren. *Zeitschrift für Kinder- und Jugendpsychiatrie, 26,* 167–173.

Schulte-Körne, G., Deimel, W., Hülsmann, J., Seidler, T., & Remschmidt, H. (2001). Das Marburger Rechtschreib-Training – Ergebnisse einer Kurzzeit-Intervention. *Zeitschrift für Kinder- und Jugendpsychiatrie und Psychotherapie, 29,* 7–15.

Schulte-Körne, G., Deimel, W., & Remschmidt, H. (2003). Rechtschreibtraining in schulischen Fördergruppen – Ergebnisse einer Evaluationsstudie in der Primarstufe. *Zeitschrift für Kinder- und Jugendpsychiatrie und Psychotherapie, 31,* 85–98.

Schumacher, B. (2012). The training program AUDILEX – What is it good for? In *Deficient basic functions of reading in developmental dyslexia* (S. 63-127). Dissertationsschrift, Technische Universität Kaiserslautern.

Snowling, M. J., & Hulme, C. (2011). Evidence-based interventions for reading and language difficulties: Creating a virtuous circle. British Journal of Educational Psychology, 81, 1–23.

Souvignier, E. (2008). Hören, lauschen, lernen – Sprachspiele für Kinder im Vorschulalter. In H.-P. Langfeldt, & G. Büttner (Hrsg.), *Trainingsprogramme zur Förderung von Kindern und Jugendlichen – Ein Kompendium für die Praxis* (S. 63–85). Weinheim: Beltz.

Stock, C., & Schneider, W. (2011). *PHONIT – Ein Trainingsprogramm zur Verbesserung der phonologischen Bewusstheit und Rechtschreibleistung im Grundschulalter.* Göttingen: Hogrefe.

Strehlow, U., Haffner, J., Busch, G., Pfüller, U., Rellum, T., & Zerahn-Hartung, C. (1999). An Schwächen üben oder durch Stärken ausgleichen? Vergleich zweier Strategien in der Förderung von Kindern mit einer umschriebenen Lese-Rechtschreib-Schwäche. *Zeitschrift für Kinder- und Jugendpsychiatrie und Psychotherapie, 27,* 103–113.

Suchodoletz von, W. (2006). *Therapie der Lese-Rechtschreib-Störung (LRS).* Stuttgart: Kohlhammer.

Suchodoletz von, W. (2007a). Kausale Behandlungsansätze in der Legasthenie-Therapie. In G. Schulte-Körne (Hrsg.), *Legasthenie und Dyskalkulie: Aktuelle Entwicklungen in Wissenschaft, Schule und Gesellschaft* (S. 73–79). Bochum: Winkler.

Suchodoletz von, W. (2007b). Welche Behandlung ist bei der Legasthenie wirksam? *Monatsschrift Kinderheilkunde, 155,* 351–356.

Tacke, G. (o. A.). *Ein Programm zur Verbesserung der Lesefähigkeit: Flüssig lesen lernen.* ▶ http://www.leserechtschreibfoerderung.de/. Zugegriffen: 6. September 2013.

Tacke, G. (2001a). Leseförderung in der Schule und zu Hause. *Grundschule, 33*(12), 54–56.

Tacke, G. (2001b). *Flüssig lesen lernen Klasse 4 und 5 der Grund- und Hauptschule – Elternband.* Stuttgart: Klett.

Tacke, G. (2003). *Flüssig lesen lernen Klasse 4 und 5 – Schülerleseheft.* Stuttgart: Auer.

Tacke, G. (2005a). *Flüssig lesen lernen Klasse 4 und 5 der Grund- und Hauptschule – Lehrerband mit Arbeitsblättern.* Stuttgart: Klett.

Tacke, G. (2005b). Evaluation eines Lesetrainings zur Förderung lese- rechtschreibschwacher Grundschüler der zweiten Klasse. *Psychologie in Erziehung und Unterricht, 52,* 3, 198–209.

Tacke, G. (2012a). *Flüssig lesen lernen 1/2 – Für das Üben im Unterricht und in Fördergruppen.* Stuttgart: Klett.

Tacke, G. (2012b). *Flüssig lesen lernen 1/2 – Für das Üben zu Hause*. Stuttgart: Klett.

Tacke, G. (2012c). *Flüssig lesen lernen 2/3 – Für das Üben zu Hause*. Stuttgart: Klett.

Tacke, G. (2012d). *Flüssig lesen lernen 1/2 – Schülerleseheft*. Stuttgart: Klett.

Tacke, G. (2013a). *Flüssig lesen lernen 2/3 – Für das Üben im Unterricht und in Fördergruppen*. Stuttgart: Klett.

Tacke, G. (2013b). *Flüssig lesen lernen 2/3 – Schülerleseheft*. Stuttgart: Klett

Tewes, U. (2002). *Forschungsbericht über das Forschungsvorhaben zum Einsatz des Brain-Boy-Universal und des Lateraltrainers nach Warnke*. ▶ http://www.meditech.de/fileadmin/forschung/Warnke-Verfahren/LRS%20 und%20Lernprobleme/im%20Schulalter/Tewes-Forschungsbericht.pdf. Zugegriffen: 6. September 2013.

Tewes, U., Steffen, S., & Warnke, F. (2003). Automatisierungsstörungen als Ursache von Lernproblemen. *Forum Logopädie, 1*(17), 24–30.

Thomson, J. M., Leong, V., & Goswami, U. (2013). Auditory processing interventions and developmental dyslexia: a comparison of phonemic and rhythmic approaches. *Reading and Writing, 26*, 139–161.

Törmänen, M. R. K., & Takala, M. (2009). Auditory processing in developmental dyslexia: An exploratory study of an auditory and visual matching training program with Swedish children with developmental dyslexia. *Scandinavian Journal of Psychology, 50*, 277–285.

Unterberg, D. J. (2005). *Die Entwicklung von Kindern mit LRS nach Therapie durch ein sprachsystematisches Förderkonzept*. Bochum: Winkler.

Warnke, F., & Hanser, H. (2004). Nachhilfe ade? *Gehirn & Geist, 1*, 64–67.

Weber, J.-M., Marx, P., & Schneider, W. (2002). Profitieren Legastheniker und allgemein lese-rechtschreibschwache Kinder in unterschiedlichem Ausmaß von einem Rechtschreibtraining? *Psychologie in Erziehung und Unterricht, 49*, 56–70.

Widmann, A., Schröger, E., Tervaniemi, M., Pakarinen, S., & Kujala, T. (2012). Mapping symbols to sounds: electrophysiological correlates of the impaired reading process in dyslexia. *Frontiers in Psychology, 3*, 60. DOI: 10.3389/fpsyg.2012.00060

Weiterführende Literatur

Suchodoletz von, W. (2006). *Therapie der Lese-Rechtschreib-Störung (LRS)*. Stuttgart: Kohlhammer.

Weiterführende Links

Huemer, S. M., Pointner, A., & Landerl, K. (2009). Evidenzbasierte LRS-Förderung. Bericht über die wissenschaftlich überprüfte Wirksamkeit von Programmen und Komponenten, die in der LRS-Förderung zum Einsatz kommen. Broschüre erstellt im Auftrag des Bundesministeriums für Unterricht, Kunst und Kultur Österreich. Kostenloser Download unter: ▶ http://www.schulpsychologie.at/uploads/media/lrs_evidenzbasiert.pdf

Stichwortverzeichnis

Printing: Ten Brink, Meppel, The Netherlands
Binding: Ten Brink, Meppel, The Netherlands